古代歷史文化研究輯刊

二十編

王明蓀 主編

第 17 冊

南宋寺院經濟與社會

劉軍峰 著

國家圖書館出版品預行編目資料

南宋寺院經濟與社會／劉軍峰 著 — 初版 — 新北市：花木蘭
文化事業有限公司，2018〔民107〕
序4+ 目4+266 面；19×26 公分
（古代歷史文化研究輯刊 二十編；第17 冊）
ISBN 978-986-485-549-0（精裝）
1. 寺院 2. 宗教與社會 3. 南宋
618   107011994

ISBN-978-986-485-549-0

9 789864 855490

古代歷史文化研究輯刊
二十編　第十七冊   ISBN：978-986-485-549-0

南宋寺院經濟與社會

作　　者	劉軍峰
主　　編	王明蓀
總 編 輯	杜潔祥
副總編輯	楊嘉樂
編　　輯	許郁翎、王筑　美術編輯　陳逸婷
出　　版	花木蘭文化事業有限公司
發 行 人	高小娟
聯絡地址	235 新北市中和區中安街七二號十三樓
	電話：02-2923-1455 ／傳眞：02-2923-1452
網　　址	http://www.huamulan.tw 信箱 hml810518@gmail.com
印　　刷	普羅文化出版廣告事業
初　　版	2018 年 9 月
全書字數	2392222 字
定　　價	二十編 25 冊（精裝）台幣 66,000 元

南宋寺院經濟與社會

劉軍峰 著

作者簡介

劉軍峰（1984～），山東省泰安新泰人，現定居浙江省寧波市，2012年7月畢業於四川大學道教與宗教文化研究所，獲哲學博士學位，曾先後在寧波工程學院、江蘇省委黨校任職，現爲寧波職業技術學院公共教學部教師。2006年至今，一直從事佛道文化的學習與研究，已在國內各類期刊上發表學術論文三十餘篇，主持市廳級課題三項，主持國家社科基金項目（青年課題）一項。

提　要

　　寺院通過農業、手工業、工商業等經營積累必要的財富，可以爲僧眾生活的改善、宗教修行的開展提供重要的善增上緣。寺院經濟活動是謀求自身發展的內在需求，同時也爲社會生產力的進步、經濟的發展、文化價值的傳播等創造了必要的條件。以南宋時期寺院經濟及其與社會的關係問題爲研究對象，可以發現此時期寺院經濟活動所具有的鮮明的世俗化傾向以及政治彌撒性，體現出寺院與南宋政府即相互利用又相互排斥的政治關係，以及佛教在世俗社會發展中其自身性格的兩面性：既有謀求自身獨立發展的強烈要求，同時又有服務體制、順應體制，極力尋求與世俗政權積極合作的強烈願望。

　　以史爲鑒，可以知古今，對南宋時期的寺院經濟進行研究具有重要的理論意義和現實意義，一方面可以揭示南宋社會佛教與經濟發展的基本面貌，反映佛教歷史發展規律和文化傳統，另一方面可以爲當前寺院社會經濟文化建設，以及政府解決宗教問題提供重要的歷史參考，爲當前佛教在現代化社會中的未來尋求合理的出路。本書以南宋時期的寺院經濟爲研究對象，立於宗教文化、社會歷史以及政治經濟的綜合視角，將寺院的經濟活動狀況放置到包括寺院本身在內的社會以及歷史發展中去考察，並結合宗教信仰理論、經濟活動行爲、政治階級學說等等理論學說，探討南宋時期寺院經濟、政治經濟文化、社會發展之間的相互關係及其影響。

寧波職業技術學院高層次人才引進科研項目
《南宋寺院經濟與社會》

序　言

段玉明

　　無論怎樣狡辯，宗教經濟都是宗教研究不可迴避的一大分枝。雖然「經濟」一詞在有信仰的人聽來有些格格不入、有些世俗、有些銅臭，但作爲信仰的基礎，卻是一切宗教事業無法選擇的立足之處，正像我在《中國寺廟文化》裏所說：「幾乎所有的人爲宗教都把財富的佔有視爲萬惡之源，都號召其信徒仗義疏財，但一當它接觸到如何使上帝的事業永存的本質時就會發現，獨立雄厚的經濟的存在對這個事業是那麼重要以至不可或缺。」所以，不管有信仰的人如何厭惡，宗教研究學者都不可以一瞑不視、避溺山隅，因其關乎宗教生存、發展與演變如此緊密。同時，又如我在《中國寺廟文化》裏曾強調過的：「無論從發生學還是發展學的觀點出發，與其把它稱爲宗教經濟還不如把它稱爲寺廟經濟更爲合適。理由十分簡單，在一種沒有寺廟的宗教裏，獨立的經濟的存在幾乎是沒有必要的。」如此，宗教經濟研究事實上需要落實到寺廟之中，尤其是落實到那些具有龐大僧侶集團的寺廟之中。是即寺院經濟研究得以存在的理由，亦是南宋寺院經濟研究得以成立的理由。

　　後現代文化研究已經證實，經濟行爲不是純粹的理性行爲。經過文化代償，經濟活動中的理性行爲必定發生偏轉，乃至在很多情形下出現文化先決。最後的結果，往往不是經濟的理性考慮，而是文化的驅逼選擇。此種情形，尤其表現在有信仰的人群之中，經濟的理性考慮總是被非理性的信仰先決。因而，寺院經濟研究必須穿越純經濟學的視角，在更爲廣闊的社會處境（context）裏考察、觀照與分析。唯其如此，我們才能在理性與非理性的雙維度中看清寺院經濟的本相（reality）。是即寺院經濟研究何以需與社會、信仰等等關聯的理由，因其既不是一個純經濟現象，也不是一個純信仰現象。

　　自 20 世紀上半葉始，中國寺院經濟研究已經取得了可喜的成就，儘管何茲全先生相較於其他領域和學科仍不滿意。尤其漢晉南北朝時期的寺院經濟研究，在現有材料的基礎上，幾乎已無多少剩餘可供開展。而在敦煌學的推動下，隋唐五代寺院經濟研究也已有了驕人的成績，並在廣度和深度上豎立了前所未有的高標。即使相對較弱的宋元寺院經濟研究，仍然有何茲全《宋元寺院經濟》、黃敏枝《宋代佛教社會經濟史論集》、游彪《宋代寺院經濟史稿》、龔劍鋒《論宋代浙江地區寺觀經濟》、劉秋根《試論宋元寺院金融事業》、曾我部靜雄《宋代度牒雜考》、塚本善隆《宋朝廷的財政權與佛教教團》等一批專門論著出現（詳細的研究回顧可參看本書的「緒論」）。如何在已有研究的基礎上推進寺院經濟的研究，是一個頗有難度的抉擇。《南宋寺院經濟與社會》將視角對準「寺院經濟已與前代有了諸多的變化」而「研究仍舊還是一片歷史的荒原」的南宋寺院經濟，以求接續前人自晉南北朝而下至於兩宋的學術傳統，將中國寺院經濟的研究薪火相傳、綿延於後。同時，有鑒於前此研究的過渡經濟化、歷史化傾向，該書在方法學上突破單向度的學術觀照，「將寺院的經濟活動狀況放置到包括寺院本身在內的社會以及歷史發展中去考察，以瞭解信仰、經濟、社會發展之間的相互關係」，爲我們展現了更爲廣闊的寺院經濟處境。藉此兩點，無論該書的研究結論是否爲人接受，其存在的學術價值都已毋庸置疑。

　　《南宋寺院經濟與社會》分別從寺院財產的構成、寺院的生產經營、寺院的稅收、僧團管理中的經濟因素、寺院的慈善公益活動、政府對寺院經濟的監控幾個部分，全面系統地勾畫出了南宋寺院經濟的基本圖景，並在此基礎上分析探討了其與南宋社會的複雜勾聯，很多結論讓人耳目一新。如在追蹤寺院財產的構成後，揭示出「寺院與南宋政府即相互利用又相互排斥的社會關係」，以及佛教在世俗社會發展中呈現出來的兩面性格；在描述了寺院的生產經營後，認爲寺院經濟並非完全是寄生性的；寺院稅收的成立以及蠲免、外徵，證實寺院經濟各個要素已被「全面置入社會化大語境中」，一定程度上加強了政府之於佛教的管理控制；度牒的濫發是「政府與寺院共同作用下的結果」，免丁錢的繳納「加重了佛教宗派和寺院僧眾內部的等級分化」，功德墳寺「使寺院經濟發展的獨立性逐漸減弱」；慈善公益活動增強了「佛教對世俗社會的適應性」，寺院自身的經濟發展亦由此「產生了更爲廣闊的社會空間」；如此等等，不可一一枚舉。最終，提煉出財產構成的多樣化、經營管理

的社會化、寺院經濟發展的政治化、世俗化等等特點，爲我們認識南宋寺院經濟給出了簡明扼要的答案。

　　總之，《南宋寺院經濟與社會》是一部值得一讀的寺院經濟研究著述。雖然不免過度詮釋之處，但總體上，仍能給人頗多啓益。至於讀後的是是非非，則是如人飲水、冷暖自知的事了。

　　　　　　　　　　　　　　　　　2017 年 10 月 18 日於成都酸心齋

目次

緒　論

第一節　本書寫作緣起與國內外研究現狀

　　宗教揭示了人需求融合的根源，教導人們向這個要源回歸。在歐洲語言中，「Religion」（宗教）一詞的意思是「再一次聯結」，其本義上具有「向融和根源回歸」的意義。〔註1〕就佛教來說，在教理上它積極提倡成佛之道，尤其是禪宗以「明心見性，見性成佛」爲標識受到了眾多修道者的青睞，爲其自身發展帶來了良好的群眾基礎，此外從世俗社會的角度來看，佛教的發展也並不是自我封閉以追求自身的成佛作聖、究竟涅槃，而是積極融入世俗社會、服務世俗社會，將宗教修行與社會生活緊密的聯結起來，農禪的產生與發展就是對此最好的證明。在歷史的進程中，寺院經濟的發展應該是一個值得關注的事項，寺院這一具有神聖意義的信仰載體緣何被賦予世俗經濟之意義？佛教信仰是否成爲一種純粹謀生的手段，是否與世俗經濟本就是天然的對立物？寺院經濟發展中的社會關係、政治經濟文化意義及影響又是什麼，其發展路徑又是怎樣的，又有何特殊性？對於這些問題的研究仍舊需要進行必要地細化，並且需要結合所處的客觀環境進行重新探討分析，無論如何對於寺院經濟的研究也絕不應該是一個剝離了社會歷史去看的簡單過程。

　　以史爲鑒，可以知古今，對南宋時期的寺院經濟進行研究具有重要的理論意義和現實意義，一方面可以揭示南宋社會佛教與經濟發展的基本面貌，

〔註 1〕　劉元春：《化導與反思──佛教入世之道》，北京：中國社會科學出版社，2004年版，第 230 頁。

反映佛教歷史發展規律和文化傳統，另一方面可以爲當前我國寺院經濟文化建設以及政府解決宗教的若干問題提供重要的歷史參考，爲當前佛教在現代化社會的未來尋求積極的出路。對南宋寺院經濟進行研究，是基於學術研究現狀的客觀考慮，就目前爲止，學界對於寺院經濟的研究多是集中在南北朝至隋唐這段寺院經濟發達鼎盛的歷史時期，而南宋及以後的寺院經濟研究相對較少，雖然作爲社會經濟史研究的一個重要內容，兩宋寺院經濟的一些史料文獻比較雜亂且缺乏系統完備的梳理，尤其是有關南宋時期的寺院史料文獻，直到現在有關南宋時期寺院經濟的研究仍舊還是一片歷史的荒原。就南宋寺院經濟本身來說，隨著社會的大變遷以及由此產生的各種社會因素的影響，寺院經濟已與前代有了諸多的變化，爲適應新的發展而開始呈現出一種與以往不同的經濟模式和發展路徑，而這需要放到南宋這一特定的歷史階段中去看，去探討其財產構成的多樣化、經營管理的社會化、寺院經濟發展的政治化、世俗化等等各項內容，這可以爲當前我國寺院經濟發展，尤其是爲當前佛教寺院在社會經濟建設中的作用及具體發展尋求積極的出路，並積極引導佛教與社會主義社會相適應。

自上個世紀 30 年代以至其後的五十年間中國學界對於宋以來的寺院經濟的研究極少，即使是漢唐時期的相關研究也並不多，根據何茲全先生粗略地統計，自 20 世紀 30 年代直至其後的五十餘年間，學界發表的關於漢唐佛教寺院經濟的有關文章，只有二十七八篇，連他自己也不得不感慨，比起其他領域和學科的研究成果，可謂少矣！近二三十年間大陸學者對於宋代寺院經濟的研究出過一些成果，諸如何茲全《宋元寺院經濟》（載《世界宗教研究》1992 年 2 月）、游彪《宋代寺院經濟史稿》（河北大學出版社，2003 年 3 月）、《關於宋代寺院、僧尼的賦役問題》（載《中國經濟史研究》1990 年 1 月）、《略論宋代寺院、僧尼經營的商業和高利貸》（載《河北學刊》1990 年 6 月）、《論宋代寺院經濟的地域差異》（載《中國社會經濟史研究》1990 年 3 月）、《論宋代福建路的寺院經濟》（載《中國史研究》1991 年 1 月）、龔劍鋒《論宋代浙江地區寺觀經濟》（載《中國史研究》1993 年 1 月）、劉秋根《試論宋元寺院金融事業》（載《世界宗教研究》1992 年 3 月）、田光烈《度牒在宋代社會經濟中的地位》（載《現代佛學》1962 年第 5～6 期）、史旺成《宋代經濟財政中的「度牒」》（載《北京師院學報》，1984 年第二期）、傅崟《南宋前期的財政虧空與度牒出賣述補》（載《齊魯學刊》，1988 年第三期）、曹旅寧《試論宋代

的度牒制度》（載《青海師範大學學報》（社會科學版），1990 年第一期）、《宋元明清僧籍制度概說》（載《長沙水電師院學報》，1992 年 10 月，第七卷第四期）、顧吉辰《關於宋代「度牒」問題的探討》（載《駐馬店師專學報》（社會科學版），1990 年第四期）、汪聖鐸《宋代釋道披剃制度研究》（載《浙江大學學報》，1999 年 9 月，第 5 卷第 3 期）、白文固《唐宋時期戒牒和六念牒管理制度》（載《青海社會科學》，2005 年第二期）、《宋代僧籍管理制度管見》（載《世界宗教研究》，2002 年第二期）、白文固、趙春娥《中國古代僧尼名籍制度》（青海人民出版社，2002 年）等等。

　　以上著述及文章都有著十分獨到的見解，但一些著述也存在一些尚待解決的問題。比如北京師範大學博士生導師游彪所著專著《宋代寺院經濟史稿》一書，此書作者僅僅站在歷史史學的角度去看寺院經濟狀況，對於佛教文化知識的瞭解並非太過於深厚，在書中佛教史料的一些引用及分析上有時會存在失誤，在其分析過程中亦有一定主觀臆斷的傾向，現舉例作爲說明，書中第 243 頁中作者引用一則史料：「（石霜慶諸禪師）聞湘中有南宗法道，往造大潙，時祐禪師席下萬指，諸願籍名役作，勤勞杵臼間甚久。祐見之簸處曰：檀信物不可拋撒。曰：不敢。祐俯拾一粒。」〔註2〕作者在書中引用這一記載並且說是引自宋人惠洪所著《禪林僧寶傳》卷《潭州石霜禪師》，這段史料是出自惠洪所著《禪林僧寶傳》這並沒有錯，然而卻非《潭州石霜禪師》而是《潭州石霜諸禪師》，收錄於《卍新纂續藏經》第 79 冊。根據作者所引的這則史料，往造大潙禪師的也只能是石霜慶諸禪師，因爲兩人皆是唐時期的高僧，而不可能是宋代的石霜楚圓禪師，但是在《宋代寺院經濟史稿》一書中作者卻將兩人混淆了，並且用於說明宋代寺院內部的結構，這則是魚目混珠了。另外從分析上看，作者觀點亦存在偏差，游先生指出：「從這則史料中可以看出，慶諸和尚（屬於下層僧侶）是在寺院統治者的監督下勞作的，連簸出一粒米也被主僧發現並加以叱問。」〔註3〕佛教講究惜福、節儉，一粒米皆是寺僧與供養信眾辛苦的汗水所得來，故而不可拋撒，制止浪費自然無可厚非，何況祐禪師作爲慶諸禪師的老師親自俯拾，言傳身教，極盡職責所在，師徒情誼可見一斑。最後根據文獻記載來看，本書作者只是將這段完整史料

〔註2〕　〔宋〕惠洪撰：《禪林僧寶傳》卷 5，載《卍新纂續藏經》第 79 冊，第 501 頁下。

〔註3〕　游彪：《宋代寺院經濟史稿》，保定：河北大學出版社，2003 年版，第 243 頁。

的前面部分斷章取義地引用過來了，對其後的文字卻未加引用，其後的文字如下：「此非拋撒者耶，諸擬對之。祐曰：勿輕此一粒，百千粒從此粒生，曰：即如是，此粒從何生乎？祐爲大笑。」〔註4〕從其後文字中圍繞一粒米而產生的活潑潑的禪機問答證實了作者先前理解的偏差，老師既無斥責之心，學生亦無反抗之意，一問一答，禪機妙趣盈然其中。當然這本書中類似這樣的錯誤不在少數，筆者將在本文各章節中進行有選擇的舉例及分析。而以本書爲鑒，就「南宋寺院經濟與社會」的關係研究來說，如何對史料進行正確的引用和解讀，避免斷章取義，最終即要能過宗教的關，又要能夠過歷史的關，最後還不至於被經濟學界叱爲淺薄，這實在是本書研究寫作過程中的重要突破點。

另外大陸還有一些宗教學、史學方面的著述文章，亦能發現一點涉及宋代寺院經濟狀況的資料，其中不乏重要的學術信息，諸如《寺廟經濟論——兼論道觀清眞寺教堂經濟》（羅莉著，宗教文化出版社，2004 年）、《南宋宗教史》（楊倩描著，人民出版社出版，2008 年）、《中國經濟通史・宋代經濟卷》（漆俠著，經濟日報出版社出版，1999 年）、《宋代經濟史》第六章《宋代土地所有制形式》（上）之第四節《寺院對土地的佔有》（漆俠著，中華書局，2009 年）、《宋代政教關係研究》（汪聖鐸著，人民出版社，2010 年 5 月）、《南宋臨安宗教》（鮑志成著，杭州出版社，2010 年 3 月）、王曾瑜《宋朝階級結構》（中國人民大學出版社，2010 年 1 月）、《南宋佛教制度文化研究》（上下冊，王仲堯著，商務印書館，2012 年 12 月）等等著作，然而一些問題也需要重新進行研究，比如《寺廟經濟論——兼論道觀清眞寺教堂經濟》一書，其中的問題就有很多，首先書中前兩章先是將佛寺與道觀分別討論，第三章將佛寺與道觀拋開，單就佛教與道教財富觀作論述，其中缺乏大量的必要歷史材料作爲事實論據，對於兩者經濟特點作者雖在強調其不同，然而究竟有何區別作者未加明確說明，更無詳盡的史料證明，而在接下來的第三節——《寺觀經濟的特徵》，作者又將兩者毫無差別地統一起來討論，這樣一來便造成了一種「選擇性失明」，只強調佛教寺院和道教寺觀經濟特點的共性，對其特點的個性方面卻視而不見，論證多少流於片面。其次，就宋代寺院經濟的內容作者在第六章「金融性的『無盡藏』寺院經濟形態」中有所涉及，作者將三階教的建立與無盡藏之制的淵源結合起來探討，這是否符合「無盡藏」歷史

〔註 4〕 〔宋〕惠洪撰：《禪林僧寶傳》卷 5，載《卍新纂續藏經》第 79 冊，501 頁下。

的本來面目？三階教是隋代僧人信行創立的一個教團組織，而無盡藏則專指佛教的財物積累，始建於南北朝時代的梁武帝時期，然而作者未加思考以「三階教及『無盡藏』的產生」為標題展開研究，眾所周知自隋朝始，三階教盛倡無盡藏法，並且把「無盡藏」作為最重要的修行手段，但這並不代表三階教的形成就是「無盡藏」歷史的淵源，但作者卻錯會了，將這節內容僅分為「三階教的形成」和「無盡藏的經濟含義」兩個簡單淺顯的內容來討論，將南北朝及其後無盡藏的產生和之後的發展在歷史中徹底遺漏了，另外將「無盡藏的經濟含義」作為側重點不及其餘地論述，也完全丟掉了歷史的背景。最後，作者既以「金融性的『無盡藏』寺院經濟形態」為題，以「無盡藏」演化為「長生庫」作為一個重要的歷史線索，探討宋元寺院的長生庫問題，然而為何不依此思路把「無盡藏」之前的「質庫」問題進行一些重點的研究，以更好地切中「無盡藏寺院經濟形態」這一題旨，這也是頗讓人費解的事情。總之，像以上這些出現的問題是本書在寫作研究中所極力避免的。

　　與大陸學者一樣，臺灣地區的學者多年來對於寺院經濟的研究也作了很大的努力，他們的一些研究成果為今後的研究提供了重要的參考。張曼濤先生主編的《現代佛教學術叢刊》之《佛教經濟研究論集》（大乘文化出版社出版，1977 年），此書收集了《宋代寺院所經營之工商業》、《宋代寺觀與莊園之研究》等四篇有關宋代寺院經濟的文章，具有重要的參考價值。黃敏枝先生的專著《宋代佛教社會經濟史論集》這本書對宋代寺田、工商業之經營、寺院慈善事業等內容進行了全面地介紹研究，引用的資料極其豐富，是進行宋代寺院經濟研究不可多得的參考著述，但是其中也不乏錯誤知見和理解偏差的地方，比如：在本書第六章第二節中作者探討了宋代寺院經營工商業的資本問題——寺田，其中作者說道：「宋代佛寺，普遍擁有莊園，有些名剎大院，莊園之多之大，更是達到令人咋舌的地步，如明州阿育王寺，年收米三萬石，天童寺在宋代有常住田三千二百八十四畝，山有一萬八千九百五十畝，臨安上天竺寺，自紹興三年至景定三年（1133～1262 年），單是敕賜的田山即達三萬三千畝之多，徑山寺也有田數萬畝，靈隱寺在天聖八年（1030 年），有糧田一萬三千畝，廬山圓通寺為江左名剎，南唐時賜田千頃……這些記錄說明了宋代寺院廣占莊園的情形。」〔註5〕作者在此根據靈隱寺、天童寺等寺院及其具體擁有田畝數目以

〔註 5〕黃敏枝：《宋代佛教社會經濟史論集》，臺北：臺灣學生書局，1989 年版，第203 頁。

說明宋代寺院廣占莊園的基本情形，這是具有說服力的，但是最後通過引用盧山圓通寺南唐時期（937～975 年）賜田千傾用於說明之後的宋代寺院廣占莊園則明顯不能令人信服，另外，黃先生在文化地域上還存在一個認識不清的問題，盧山圓通寺爲盧山名刹，但是在歷史地域中屬於江右，而非江左，這也是須糾正的地方。關於在《宋代佛教社會經濟史論集》中所出現的史料引用及分析上的失誤不當之處，筆者將在本書諸章節中進行分析辨正。

此外國外亦有一些著作值得筆者借鑒參考，諸如法國學者謝和耐所著《中國 5～10 世紀的寺院經濟》（上海古籍出版社，2004 年 11 月），此書爲敦煌學研究的一大標誌性著述，書中亦涉及到部分有關南宋寺院經濟的內容，諸如南宋時期免丁錢、度牒等問題，其觀點新穎及論證給力，堪稱寺院經濟研究中份量最重的一部歐美專著，在資料的翔實、涉及到問題的深度與廣度等方面至今無出其右者。涉足寺院經濟領域的日本學者既有史學、社會學的基礎，又對佛教有相當的認知與瞭解，許多研究出自佛教學者而非社會經濟史研究人士。日本駒澤大學設有佛教經濟研究所，其創辦的《佛教經濟研究》是至今唯一專門探討佛教經濟的期刊。〔註6〕曾我部靜雄《宋代度牒雜考》（《史學雜誌》卷 41，1930 年）、塚本善隆《宋朝廷的財政權與佛教教團》（《宗教研究》第 7 卷，1930 年）等文從宋代財政收支的社會學關係視角探討了宋代度牒對於政府政治活動之意義，以及政權管理下佛教教團世俗化的重要趨向。中村元等學者從宋代「文治政治」的社會發展特點剖析指出宋代佛教譯經事業的政治化因素，及佛教譯經爲繁榮社會經濟、引導佛教服務王權統治的深刻影響。（中村元等著《中國佛教發展史》，天華出版事業股份有限公司，1984年）歷來日本學者的研究十分強調佛教戒律、教義、信仰本身對寺院經濟的作用，並積極對寺院經濟作佛教社會發展史的觀照整理，具有代表性的著述還有日本宗教史研究會《寺院經濟史研究》（東京三教書院出版，1935 年）、竹內理三《寺領莊園の研究》（東京吉川弘文館，1983 年）、道端良秀《中國佛教と社會福祉事業》（京都法藏館，1967 年）、友松圓諦所著《佛教經濟思想研究》第一卷《印度古代佛教寺院所有に關する學說》（東京東方書院，1932年）、第二卷《佛教に於ける分配の理論と實際》（東京春秋社，1965 年）、第三卷《佛教に於ける分配の理論と實際》（東京春秋社，1970 年）等等。

〔註 6〕 針對佛教寺院經濟研究的國內外學術動態及歷程，可參看張蕾蕾：《佛教寺院經濟研究小史》，載《法音》2015 年第 2 期，第 44～46 頁。

第二節　本書研究的主要內容和相關方法

　　知識的儲備是思想接受的前提，知識的變動是思想變動的先兆，〔註7〕知識的選擇是進行研究的重要基礎，如果缺乏必要的知識背景，寺觀經濟的研究注定將要失敗，因為寺觀經濟的研究是一個對於宗教、社會歷史、經濟以及其他領域的知識性的研究，畢竟寺觀經濟無論如何也不應該從宗教、社會史學以及經濟等學術領域單獨地分離出去。

　　寺觀經濟涉及多學科多領域的交叉，無論是站在宗教的視角，還是歷史以及經濟的視角去看，對於寺觀經濟進行研究都應當結合各種理論知識綜合研究。四十多年前，隨著文化大革命的結束，繼而改革開放的逐漸加深，佛教的研究亦呈現出復興繁榮的發展勢頭，佛教的研究涵蓋了經籍文獻、歷史發展、宗派義理、佛教哲學、寺院經濟、寺院建築、佛教文化藝術、地方佛教、高僧傳記、佛教與中國傳統文化的關係等領域。然而，在社會學領域，包括佛教在內的宗教研究不受重視；在宗教學領域，社會學理論和方法的運用也不多見。〔註8〕現代佛教的研究如何將宗教學與社會學、甚至是與經濟學等其他理論學科相結合，避免在單一領域內看待佛教經濟問題，是當前宗教學術所關注的一個新動向，而對於佛教研究者來說，具備多學科的知識背景則至關重要。寺院經濟的研究需要以宗教、歷史、經濟等一定的理論為知識背景，以前曾有學者對寺觀經濟這一研究領域的所屬範疇作出過簡單的總結：自古至今，寺院經濟或稱之為佛教經濟發展，原本就是中國佛教的一個傳統。佛教系統如欲在世俗人間與寺院和僧侶們維持著兩大關係，那麼，其一屬於經濟範疇，其二則屬於宗教範疇。〔註9〕如果單從「寺院」與「經濟」的簡單組合去看，寺院經濟理應包含著以上兩大範疇，然而從兩個詞彙的概念及意義去理解去擴展，寺院經濟涉及的領域和範疇則更多，例如政治、歷史文化、甚至是自然地理等範疇。

　　「宗教學是研究宗教現象的本質、作用及其發展規律的一門獨立學科。由於宗教信仰具有多樣性、複雜性等特徵，加之研究者的信仰立場及其方法

〔註7〕　葛兆光：《中國思想史——導論：思想史的寫法》，上海：復旦大學出版社，2004年版，第29頁。

〔註8〕　李向平：《佛教信仰與社會變遷》，北京：宗教文化出版社，2007年版，第2頁。

〔註9〕　李向平：《佛教信仰與社會變遷》，北京：宗教文化出版社，2007年版，第124頁。

的差異性，因而宗教學理論的研究進路亦複雜多樣且各具特色，並先後形成了宗教哲學、宗教社會學、宗教心理學、宗教人類學、宗教史學、比較宗教學、宗教現象學等分支學科。而這些分支學科及其方法從宗教學在西方誕生起，便一直存在於西方宗教學研究領域。」〔註10〕如果將以上所涉及的各個宗教分支學科的理論知識加以分門別類的運用，以進行宗教學術的研究無疑是全面徹底的，然而對於各個理論的把握和應用實際上則往往帶有很大的難度，一方面需要研究者具備各個分支學科全面的知識，另一方面需要研究者思考各個理論的組織和運用如何能達到有條不紊，且能恰如其分地總括和揭示研究對象本來的面貌。此外，對於研究者來說，針對某些宗教現象應該採用哪些宗教理論加以敘述研究，也是一個費盡心思的問題，比如對於中國寺院經濟的研究。在面對「佛教是否是宗教」這樣一個爭論性議題，在面對東西方不同社會政治體制、歷史背景、文化差異、思維差異的情況下，中國寺院經濟作為一個所謂的宗教現象能否被西方的那一套宗教理論知識所解釋？這是一個值得探討的問題，而單就宗教社會學這一個分支來說，以西方基督教為研究對象，並由此發展出的以宗教類型學為代表的各種理論分析框架對佛教顯然缺乏解釋力。〔註11〕可以說，不同宗教類型之間有著相同點，但也存在特殊的差異，對於不同宗教類型的研究需要把它放置到各自信仰體系下去探討，另外還要結合不同的社會歷史文化背景，對於基督教和佛教的研究需要有這樣的認識，對於中國佛教和其他國家佛教的研究亦應該如此。所以對於寺院經濟的研究，自然不僅僅要從佛教信仰的角度去看，還要從社會發展的具體歷史中去看，這即是本文進行南宋寺院經濟研究的一個總體路徑。《南宋寺院經濟與社會》的研究就是要將寺院的經濟活動狀況放置到包括寺院本身在內的社會以及歷史發展中去考察，以瞭解信仰、經濟、社會發展之間的相互關係，在這一研究過程中，宗教信仰因素雖然對於寺院經濟發生最重要的作用，然而在敘述上它不再成為唯一明確的主線，而是與社會歷史發展、經濟活動的兩條敘述研究線索相互交織。這一研究除了要有宗教、歷史的理論作為支撐以外，經濟理論的運用亦不可或缺。

〔註10〕 閔麗：《2000 年以來國內宗教學理論研究述評》，載《宗教學研究》2008 年第 2 期，第 133 頁。

〔註11〕 李向平：《佛教信仰與社會變遷》，北京：宗教文化出版社，2007 年版，第 1 頁。

　　經濟是一個語境範圍極爲寬泛的詞，大到國民生產的一切財富，小到家庭以及個人金錢財物的收支，對於寺院經濟來說如何限定「經濟」一詞的語境範圍以便進行本書的寫作研究，這是一個貫穿全書的結構性問題。寺院經濟的研究首先要關注寺院財產的來源與構成，這裡面還要涉及寺院財產的分類以及規模，其次要考察財產的運營管理情況，而這一部分首先要探討財產多樣化的經營手段，主要包括土地的經營、手工業和工商業的生產、資本運營等的情況，同時對寺院經濟中的生產組織方式和佔有關係作出一個梳理。本書的研究將寺院經濟放到社會歷史的大環境中去考察，具體是將寺院經濟活動與當時政教關係、社會變遷等各個因素聯繫起來以揭示其發展面貌，當然這一過程是一個多向討論的過程。

　　從寺院經濟到與社會的關係問題，這其中存在二大土要內容：

　　其一、寺院自身的經濟財產構成及管理設置，具體包括常住財產、經濟管理組織、僧尼私有財產、經濟相關活動四個方面。

　　其二、寺院經濟的發展不單單是寺院經濟自身的發展問題，其發展的基本路徑和具體面貌還要受到社會因素與政治王權因素的影響，其諸多因素構築了寺院經濟與社會的基本關係。

　　其三、寺院經濟與社會的關係問題是一個系統的工程，涉及面非常廣，同時兩者的關係又對寺院經濟發展的具體面貌、諸多社會制度及相關活動的變遷發展起著不小的作用，可以說寺院經濟與社會之間的關係，抽象地看，是對立統一的辨證關係。

　　關於本書研究的主要內容，如下圖所示：

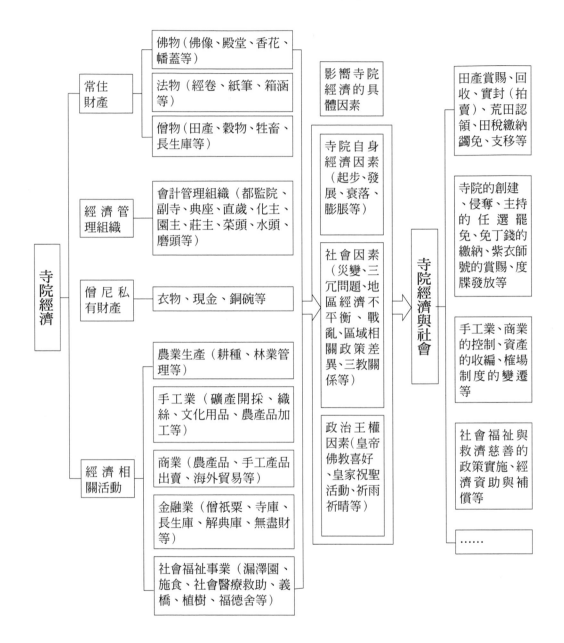

　　哲學家康德曾在《純粹理性批判》中指出：無內容的概念是空泛的，無概念的觀點是盲目的。如何將觀點、概念、內容有機結合起來，有根有據，避免空泛與盲目，這將是進行本書研究的方法論問題，而就結合南宋寺院經濟的研究來說，要想作得更詳盡縝密，更具說服力，無疑最好的辦法就是用事實說話，通過對於史料文獻的合理利用來論證研究觀點及其內容。寺院經濟的研究需要遵從「論從史出」的基本原則，要求研究者「以史為師」，切忌「己自不明，好自為師」的錯誤傾向。另外，史料文獻的引用和分析既涉及本研究的結構性內容，同時又關係研究論證的邏輯性問題，故而要慎之又慎，要做到像胡適先生曾經說過的那樣：「有一分史料就說一分話」。那麼如何從眾多的史料文獻中選擇適用的材料呢？這首先是一個研究的技術性問題，其次才涉及方法論，也就是說本書研究的首要任務是如何選取歷史文獻資料，選取什麼樣的歷史文獻資料，其次才涉及如何利用的問題。

　　關於歷史資料的採用，復旦大學葛兆光先生在其所著《中國思想史》的導論部分指出：人們應當重視「無意識的歷史資料」，他這樣說：「無意識的史料並不是向人們『陳述』，只是給人們陳列，敘述有敘述者的意識，而陳列只是呈現。很多無意識的歷史資料被排除在思想史之外，讓人覺得很可惜，也使思想史並不那麼切中實存的思想世界。」〔註 12〕對於寺院經濟這一研究內容來說，重視無意識的史料十分關鍵，因為相比「有意識的歷史資料」來說，「無意識的歷史資料」往往更加客觀，比如寺院寺志、地方志、金石志等文獻就往往比《資治通鑒》、《續資治通鑒長編》、《建炎以來繫年要錄》、《宋大詔令集》等史料更精細更客觀，而官方史籍還往往存在很多紕漏，比如《宋史》這部官修正史，由起草到成書時間僅用了兩年零七個月，而且時值元朝瀕臨崩潰的前夕，因此編纂得比較草率，編寫中對史料缺乏認真鑒別考訂，資料也沒有精心裁剪，書的結構較為混亂，另外，《宋史》尊奉道學的官方意識傾向亦很明顯，不可否認《宋史》雖然具有極高的史學研究價值，對於歷史、政治及其他領域的研究不可或缺，然而一旦在寺觀文化研究中採用就要結合寺志、地方志、金石志等文獻資料加以綜合考察及利用，筆者認為這樣做對於本書的研究寫作無疑具有重大意義。

〔註12〕　葛兆光：《中國思想史——導論：思想史的寫法》，上海：復旦大學出版社，2004 年版，第 20 頁。

在進行《南宋寺院經濟與社會》的研究寫作中，如何將研究的史料盡大程度地還原到眞實的歷史語境中，解決這一問題唯有將「無意識的歷史資料」與「有意識的歷史資料」進行結合對比，並且放到當時社會的大背景中去考察分析，總結歸納出規律性的認識，而在這一過程中筆者亦參見了不少前人的史料分析，並對其中的一些分析總結進行了重新辨正，並採用一些宗教學的理論。在對待歷史資料的問題上，漆俠認爲有兩種偏向值得注意：一種是唯材料主義傾向，認爲材料是「實學」，而理論則是空疏的；只要有了材料就能解決問題。這種只要材料不要理論的做法，就使自己的研究失去了正確理論的支撐，而患上了站立不起來的軟骨症了。另一種偏向則認爲，只要能抱住幾條萬古不變的教條，就能解決任何問題，而誰認眞搜集材料，從分析材料入手，誰就被他們譏諷爲「吃材料飯」。結果是瘦骨嶙峋，突出了幾根青筋，患了嚴重的貧血症。這兩種偏向，不時交叉地表現出來，批判了其中的一種偏向，則又暴露出來了另一種偏向，不時地干擾我們研究工作的正常進行。而後一種偏向的危害，較諸前者有過之而無不及。〔註 13〕所以爲避免這兩種偏向的出現，筆者在本書的研究中對史料進行分析時結合了宗教信仰理論、經濟行爲理論、經濟倫理理論、社會階級學說等等理論學說，以期更爲客觀詳實、科學可靠。

本書在相關史料文獻與前人學者研究的基礎上，構思南宋寺院經濟與社會關係的基本框架，以問題爲導向，匯總了寺院經濟與社會關係的可能性與確切性觀點，結合相關學科理論的邏輯聯繫，圍繞寺院自身經濟面貌、與社會的關係、政權對其管控的策略等等內容進行了文獻資料的篩選。總體上，本書採用複合交叉性研究方法對文獻資料進行分析，結合史料及時對照相關理論方法，參考相關歷史因素，對寺院經濟與社會關係問題進行總結分析，得出最終結論與啓示。關於本書所採用的符合交叉性研究方法，可參看下表：

〔註13〕漆俠：《宋代經濟史》，北京：中華書局，2009 年版，第 37 頁。

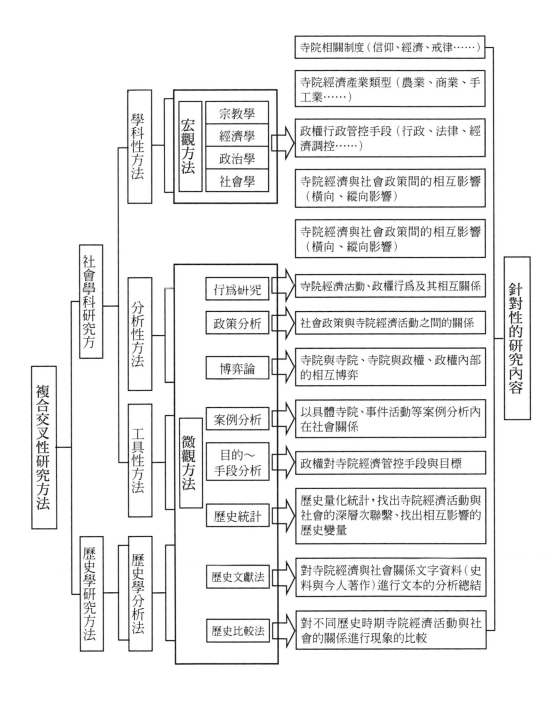

第三節　本書的篇什結構及簡要內容

　　本文以南宋時期的寺院經濟為研究對象，立於宗教文化、社會歷史以及政治經濟的綜合視角，將寺院的經濟活動狀況放置到包括寺院本身在內的社會以及歷史發展中去考察，並結合宗教信仰理論、經濟行為理論、社會倫理理論、政治階級學說等等理論學說，探討南宋時期寺院經濟、政治文化、社會發展之間的相互關係及其影響。

　　本書的篇什結構分為六個部分。緒論部分就選題緣起、國內外學術研究動態、研究理論視角和方法論的選擇作出概述，對國內外相關的研究著述進行必要地述評和分析，並針對本書文獻資料的利用和注意事項作出相關說明。

　　第一章以南宋寺院財產構成為論述的出發點，從宗教屬性、自然屬性、產業類型三個方面對其進行分類，並結合寺院財產管理的僧職設置、寺院產業的財富積累活動、寺院財產管理體制作出分析，並對南宋寺院田產來源及其社會關係進行再討論。寺院財產構成和分類揭示出寺院常住財產在宗教儀軌、法事等活動中的作用及其不可侵犯的神聖性，通過揭示寺院田產來源的途徑及其背後諸如社會政治、自身社會發展等因素又可以發現寺院常住財產所具有的世俗化特色，體現出寺院與南宋政府即相互利用又相互排斥的社會關係以及佛教在世俗社會發展中其性格的兩面性。

　　第二章對南宋時期寺院農業、手工業、工商業、借貸業的經營進行多角度地透視。這一時期寺院農田的開墾及其多樣化種植，反映出其自身發展的內在需要以及追求自我生存的社會權力，體現出它並非完全具有寄生性這一社會特徵。從以普請製和租佃制為主要農業生產管理操作模式來看，其農業生產既反映出宗教意義上的「人人皆有佛性」的平等觀，又反映出僧眾作為社會土地所有者在整個社會階層中所帶有的剝削性質。以宗教、科學技術與社會的關係視角去探討南宋寺院手工業可以發現寺院經濟的發展與社會科學技術的進步有莫大的關係，從整個社會的角度看，寺院僧眾從事手工業，有促使寺院僧眾從土地束縛中脫離的跡象，這對政府進行僧團控制帶來了不小的壓力，因此政府對僧眾從事手工業的生產活動的控制勢必加強，這既是出於政府對社會經濟控制的目的，又是出於其宗教管理控制的目的。從事商業經營是南宋寺院經濟基礎的一個重要方面，而政府對於寺院商業活動，諸如販茶活動的控制體現出政府社會管理及宗教管理政策的靈活性特點。從宗教信仰理論的角度看，佛教社會與世俗社會的財富觀存在著一定的差異，僧眾

不以財富爲執著，而是將其作爲修行的善增上緣，但是從佛教世俗化的發展來看，僧眾商業活動對其信仰力的鞏固確實亦帶來了極大的挑戰。相對於商業活動，寺院借貸業的發展在南宋時期亦十分興盛，用途也十分廣泛，且對於寺院乃至對社會作用意義都十分重大。從具體社會歷史境遇來看，長生庫的設置爲社會的發展及穩定作出了不小的貢獻，尤其在社會災變情況下，諸多佛教慈善活動其資費許多都來自寺院的長生庫，同時長生庫的管理亦存在一些亂象，諸如內部僧眾的管理失範、貪污佔用，外部社會資本的注資侵損，都對長生庫的發展產生著不可忽視的社會影響。

　　第三章探討南宋時期寺院的稅收問題。這一時期寺院兩稅的繳納是政府控制寺院經濟過分膨脹的一個重要手段，這對於此時期佛教的發展起到了一定的規範作用，這亦再次證明：佛教在產生及發展過程中其各個要素遲早要被全面置入社會化大語境中，其信仰的精神層面及物質層面應時時地契合佛教所處的時代，兩稅的繳納說明佛教在南宋這一社會歷史時期下，其自身發展對於世俗王道秩序的遵守。另外，其兩稅的蠲免實際上是世俗政權對於佛教經濟強化行政干預的一個重要表現，一定程度上使政府加強了對於佛教的管理與控制，佛教的社會發展亦因此更爲倚重世俗政權。此外政府對寺院多項附加稅的苛斂在一定程度上擾亂了社會正常經濟發展秩序，這種付諸於政治強權的經濟掠奪對於政府財政收入起到了一定的緩解作用，但是這種緩解亦只是暫時的，其對於經濟推動的可持續力在逐步地降低，所帶來的社會矛盾實際上愈來愈多，而寺院逋賦行爲的亂象則是這一矛盾的具體表現形式，反映出寺院在面臨苛捐雜稅壓力下與世俗政權之間的博弈和鬥爭，同時亦反映出寺院自身經濟發展過程中寺院僧眾對於社會政治經濟環境的不當適應。

　　第四章以「南宋時期僧團管理與寺院經濟」爲題目，重點探討度牒、免丁錢、功德墳寺三個重要內容。度牒除了具有經濟支付功能以外，其所帶有的宗教意義及由此而產生的某些經濟特權是世人爭相購買的一個最主要原因。總體來看，度牒的大量發售既是源於政府解決財政短缺、籌集軍費、救災費用等原因，又是源於度牒獨特的身份，這種身份即帶來宗教利益同時又帶來政治利益，而根本上說是世俗的經濟利益，換言之，度牒的濫發是政府與寺院共同作用下的結果，是政權與教權相互結合所產生的社會現象。免丁錢的徵收使政府對於僧道的人身控制趨於加強，而以佛教宗派及僧眾等級差別爲標準進行免丁錢的繳納，極大程度地加重了佛教宗派和寺院僧眾內部的

等級分化，反映出政府在經濟、宗教政策實施過程中沒有採用「宗教平等」之原則，這是南宋政府宗教政策的一大失範。此外，功德墳寺的創建造成了世俗政權對於寺院財產的侵奪，雖然寺院往往還會享受到一系列的權益，但是在整個社會來看，世俗統治階級通過創建功德墳寺進行財產經濟擴張，致使寺院經濟發展的獨立性逐漸減弱。

第五章先以「佛教社會救濟」這一具體內容，對南宋時期佛教僧眾慈善救助的行為進行分析，並結合其社會影響和對僧團自身建設和發展的作用進行討論，揭示出佛教通過社會救濟活動實現其自身發展的宗教信仰因素和政治經濟因素，並且認為從事社會救濟活動，極大程度地改善了寺院與政府的關係，尤其是佛教僧眾與仕紳之間的關係，一定程度上消除了政府對於佛教發展的某些顧慮，對於緩和政教矛盾以及佛教獲得政治支持起到了一定的作用，為寺院經濟之發展帶來了良好的社會政治條件。其次本章通過對寺院參與漏澤園事業及社會橋樑建造的活動進行分析，意在表明佛教與社會之間存在雙贏互惠的模式，通過參與社會公益活動改善了寺院經濟發展的自然環境及外部物質條件，同時對於世人乃至是現在的人都帶來了福祉，使佛教對世俗社會的適應性得以加強，寺院自身的經濟發展亦產生了更為廣闊的社會空間，所以參與社會慈善公益是南宋乃至是當前時期寺院經濟發展的一個良好的契機。

第六章「以南宋政權對寺院經濟的監理管控」為題，先就中央政府的佛教管理制度進行探討，南宋初期中央政府對道釋管理事務機構進行了改革，將鴻臚寺併入祠部，強化了僧官制度，同時將僧尼管理的相關職務職能作了更為明確的界定，且以「度牒鬻賣發授」為探討個案，對僧尼事務管理的政治、宗教、經濟職能的發揮及其意義作必要的引證。本章第二節具體就南宋政府對寺院經濟的管控策略進行探討論述。南宋政府佛教管理制度具體體現為中央及地方各級僧尼管理機構、中央及地方各級僧官制度、度僧制度、主持敕差制度等，這些制度的設置為規範佛教事務發展提供了重要的政治組織保障，但是另一方面卻也對佛教自身經濟發展產生了重要影響。除了佛教管理制度的管控約束之外，政府還通過社會法律條令、臨時調控等手段措施對寺院土地經營、手工業、商業等活動作出監理調控。最後，根據全章的論述將政權網格下寺院經濟發展的總體特徵作簡要的總結。

第四節　本書的研究價值和力求的特色創新

　　對南宋時期的寺院經濟進行研究具有重要的理論意義和現實意義，本書的寫作，其主要目的一方面在於揭示南宋社會佛教與經濟發展的基本面貌，以得出佛教歷史發展的基本規律和傳統關係，另一個目的在於通過揭示寺院經濟與所處歷史及社會各個因素的相互關係，最終爲當前我國寺院經濟文化建設以及政府解決宗教經濟的若干問題提供重要的歷史參考，爲當前佛教在現代化社會中的未來發展尋求積極的出路。

　　從學術思想「史學」方面，作爲一個邊界不定的研究領域，思想史需要社會史、政治史、經濟史、宗教史等爲其營造敘述的背景，需要在文獻、遺跡中細心發掘思想之歷史語境。「寺院經濟與社會關係」作爲學術思想史的一個研究專題，是將宗教經濟思想、社會文化思想，放置在具體社會歷史背景下進行綜合的敘述與分析，避免學術思想的「單一想像」。

　　本書的創新點主要集中在以下三個大的內容上：

　　其一、本書研究的時空範圍對象爲南宋時期諸路寺院，相比針對北宋及以前時期的寺院經濟的研究，對南宋時期寺院經濟的研究相對較少，且史料文獻繁多雜亂缺乏系統完備的梳理，這爲本書的研究提出了一個不同以往的新任務：對南宋時期諸路寺院經濟發展的具體面貌特質開展全面的歷史考察，並總結出與以往寺院經濟發展不同的新特點。因此本書要對南宋寺院經濟進行一個較爲全面的多稜透視，還原並充實這段歷史時期寺院經濟的構成及發展，將寺院經濟的諸多具體現象與社會基本理論相互結合，並對南宋歷史、政治、經濟文化進行理性的考察。通過本書的研究，筆者認爲南宋時期佛教具有現代意義上「制度化宗教」（Institutional Religion）的全部特徵，較前朝佛教的發展更爲全面而具體。「寺院經濟活動」作爲佛教制度化的重要表徵，在組織制度、經濟管理理念、叢林營爲水平等方面，均較前代有極大提高。此外，南宋社會，尤其是政權對於寺觀經濟的影響與管控隨著具體歷史環境的不同而有差異，同時由於存在地域經濟水平、地理行政規劃、政策具體實施等的差別，寺院經濟的社會發展體現出「規範與失範」、「靈活與僵化」等「對立統一」的基本特色。最後，以「寺院經濟」與「社會」具體關係來看，寺院田產經營、工商業、金融業等活動與世俗社會經濟制度混雜在一起，不斷加快了佛教世俗化、社會化的進程，佛教政治「彌散性」（Diffusivity）特徵愈加突出。

　　其二、力求在研究方法上進行創新。本書對於南宋寺觀經濟的研究是一個對於宗教、社會、歷史、經濟、政治以及其他領域的知識性、基礎性的學術研究，寺觀經濟涉及多學科多領域的交叉，無論是站在宗教的視角，還是歷史以及經濟的視角去看，對於寺觀經濟進行研究都應當結合各種理論知識綜合研究，本書正是立於這一研究認識之上，將南宋時期佛教宗教信仰因素對於寺院經濟的重要作用作出闡釋，同時在敘述上，本書不再將此作為唯一明確的主線，而是與南宋社會歷史發展、經濟活動、政治文化等多條敘述研究線索相互交織。本書採用複合交叉性研究方法，全景式開展對史料的科學「敘事」，結合現實具體歷史條件得出超越時代的規律認識，這一研究方法的運用可以有效保證本書內容的規範性、邏輯性、科學性與創新性，有效避免落入斷章取義的窠臼。

　　其三、對於寺院經濟的研究，前人已經有豐碩的成果，這對本書的研究寫作十分具有借鑒參考意義，但是其中一些研究亦有認識不當或是結論紕漏之處，本書通過對南宋時期寺院經濟的研究發現並揭示出前人著作中的一些研究失誤，並將其重新進行對比歸納總結，力求得出新的認識。

　　總結以上，本書的研究成果是在遵從「論從史出」的基本原則下將南宋寺院經濟分為若干個部分來考察——南宋寺院經濟與宗教信仰、與政治因素、與社會經濟因素、科學文化、社會突發事件等等的關係，並將諸關係所涉及的基本內容進行相互交叉，以得出南宋時期佛教寺院經濟發展與當時政治、經濟、文化等等社會因素的相互構建與相互作用。

第一章　南宋寺院財產構成及其社會關係

第一節　寺院財產的構成與管理

　　從僧眾的生活實踐來看，寺院既是僧眾吃飯穿衣、驅寒避暑的生活場所，又是他們進行念經、禮懺等宗教儀式的場所。作為僧眾生活的場所，寺院體現出明顯的世俗化，而作為宗教儀式的場所，寺院又顯然具有神聖性，因為「宗教人渴望只活動於聖化了的世界中，亦即神聖空間中。」〔註1〕。可以說，寺院是神聖信仰與世俗社會相互融合的產物，其身份首先是進行宗教活動的基本場所，在這個意義上說它絕對是一個神聖空間，信仰的神聖性是其自身存在的充要條件，同時信仰又必須面對世俗社會才具有存在的價值與意義。一個走向人自身的「心靈空間」，一個走向自然的、社會的「外物空間」，這兩個空間的存在和統一體現出佛教對於「心物」關係的看法，「毋庸置疑，在心物關係上，佛教注重治心，但不否定物；『物』必要的改善，乃是安身安心的善增上緣。」〔註2〕從這個意義上說，寺院財產的建置與管理將是必不可少的重要事項。

〔註 1〕　〔美〕伊利亞德著，楊素娥譯：《聖與俗——宗教的本質》，臺北：桂冠圖書公司，2000 年版，第 78 頁。
〔註 2〕　羅顥：《試論都市佛教與人間佛教之關係及展開》，載覺醒主編《都市中的佛教》，北京：宗教文化出版社，2004 年版，第 252 頁。

一、寺院恆產的構成及分類

寺院恆產又稱爲「寺院常住」、「三寶物」,其涵蓋了寺院所有的常住類型,如下圖所示:

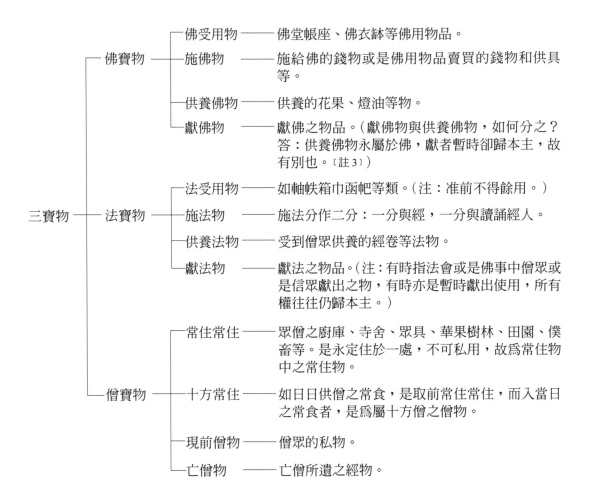

從以上所列視圖中可以看出寺院財產的基本類型,首先按三寶類型分爲三大部分,這三大部分又因使用範圍、用途、公私所屬等內容分爲不同的財產類型。諸如佛受用物、法受用物、常住常住都是屬於三寶財產,帶有宗教性的意義,因而是絕對不可侵犯的,一般情況下,不可以互轉或是出賣。施佛物、供養佛物和獻佛物三種財產在物品類型上並無多大區別,但是由於施

<hr />

〔註 3〕 〔吳越〕景霄纂:《四分律鈔簡正記》卷 10,載《卍新纂續藏經》第 43 冊,第 264 頁下。

捨、供養、供應等具體行爲不同，因而往往具有不同的使用用途或是應用範圍，諸如施佛物是施捨給佛的物品，此外還包括佛用物品賣出後所得到的錢財，或是由這筆錢所購買的佛的供具。供養佛物是僧眾用以供養的物品，而獻佛物往往不完全被僧眾用於供養，只是在特定場合貢獻出來使用，使用完之後還會歸還本主，諸如抄經用的筆墨紙硯等等。

相比佛寶物和法寶物，僧寶物有一定的特殊性，即：有明顯的公私之分。對於這一點可以從兩個方面來看：一是寺院的常住物，二是僧眾的私物。常住物又分兩個方面：其一、常住常住，其二、十方常住。寺院中的常住常住是寺院所擁有的財產，其中包括寺院建築庫房、田產、山林、奴隸、牲畜等等財產，而十方常住則還包括用於供養十方僧眾的日常飲食等。這也就是說，從寺院與其他寺院的關係來看，常住常住屬於本寺院的財產，而十方常住往往還包括提供給其他來此寺院行腳、坐夏或是常住僧眾的日常飲食，因此從這一點上可以體現出寺院與寺院之間的公私問題。另外就寺院與僧眾之間財產關係來看，又分爲財產的公有和私有，常住常住和十方常住是寺院和僧眾的共同財產，而現前常住則爲在世的寺院僧眾之個人財物，而亡僧物，顧名思義是已故僧眾的物品。

此外對於寺院三寶物構成分類也可按財產自然屬性劃分爲不動產和動產，對此有學者指出：「大體而言，寺院財產可分爲動產和不動產兩大類，對佛教寺院來說，動產和不動產的經營都需要寺院僧尼的努力。」〔註4〕寺院不動產亦即不可移動的財產，諸如寺院建築、寺田、山林等，另外未成熟的穀物米糧等土地定著物亦在此之列，而動產則爲可以移動的財物、法器、生產工具、奴僕、牲畜等。實際上立於現代社會的角度，許多寺院財產隨著歷史的發展及進步已經不再帶有最初的社會背景，諸如奴僕這一財產形式，此前有學者曾引用古羅馬奴隸的例子：奴隸在古羅馬曾作爲喘氣的財產與不喘氣的財產中的前一種財產存在，後來因爲人權的進步這種財產分類被淘汰。」〔註5〕同樣隨著社會的進步，奴僕已經不再作爲中國寺院的財產了，但是在古代寺院擁有一定數量的奴僕則並不是稀奇之事。《太平廣記》中記載：「後周武帝時，敷州義陽寺僧曇歡有羊數百口，恆遣沙彌及奴放於山谷。」〔註6〕又如

〔註4〕游彪：《宋代寺院經濟史稿》，保定：河北大學出版社，2003年版，第31頁。
〔註5〕徐國棟：《現代的新財產分類及其啓示》，《廣西大學學報》（哲學社會科學版）2005年第6期，第49頁。
〔註6〕〔北宋〕李昉等編：《太平廣記》（第三冊）卷一百三十一《僧曇歡》，北京：中華書局，1961年版，第933頁。

唐元和年間，徐州節度使王智興以家財萬計助開元寺明遠，幫其措置殿閣堂亭廊庖廩藏，洎僧徒、臧獲（按：奴婢的賤稱）、傭保、馬牛之舍凡二千若干百十間，其中像設之儀、器用之具一無闕。〔註7〕宋太宗時期薛奎「為隰州軍事推官，州民常聚博僧舍，一日盜殺寺奴取財去，博者適至，血偶浣衣，邏卒捕送州，考訊誣伏，奎獨疑之。」〔註8〕由此可見作為寺院財產的奴僕，其社會地位往往比較低下，反映出宗教在封建社會中的階級性與坐食性。

根據以上的基本分類，恆產的構成可以是「橫向」的，呈現為寺院三寶物的各組成要素。此外，恆產的構成還包含著形成其自身的歷史進程，因而其構成又是「縱向」的。佛教寺院的恆產自然不是一開始就存在的，而是伴隨著佛教自身的發展而不斷建構起來的。從當前的研究來看，宗教道場恆產形成最早、實力最雄、影響最大的自然當推佛寺。東晉時期，高僧釋道桓曾稱當時寺僧「或墾殖田圃，與農夫齊流；或商旅博易，與眾人竟利；……或聚蓄委積，頤養有餘；或執掌空談，坐食百姓」。〔註9〕由此可知，中國佛教寺廟的恆產至遲不晚於東晉時期已經普遍形成。〔註10〕從歷史的發展來看，佛教三寶之物雖然被稱為「恆產」，但卻不是恆久不變的，或是伴隨著寺院自身的經營狀況，或是伴隨著社會的發展，產生增益或者侵損的情況，其自身財產結構或包括農田產業，或包括手工製造業，乃至商業貿易等，但是，無論寺院具有多大規模的常住產業，從事何種經濟活動，開展什麼樣的經營，其宗教神聖屬性不能隨其財力的擴張與衰敗，其自身經濟活動的展開或停頓而有所喪失。從當代對於財產的定義，寺院作為一個宗教活動的開展場所，即是可以用感官感知的財富「有體物」，又是一個非物理性的「心靈無體物」。作為「心靈無體物」，它輸出信仰產品，尤其是在進行社會撫慰救濟過程中產生不小的價值，從這個角度講它應被視為寺院「虛擬財產」，是一種非物化的財產形式，與寺院的不動產和動產有明顯的區別，但是正是由於這一「虛擬財產」的存在，寺院建設發展之歷史的、現實的意義才能很好地體現出來。

〔註7〕 〔清〕董誥等編：《全唐文》（第六冊）卷六七八《大唐泗洲開元寺臨壇律德徐泗濠三州僧正明遠大師塔碑銘（並序）》，北京：中華書局影印本，1983年版，第6935頁下。

〔註8〕 〔元〕脫脫等編：《宋史》卷二百八十六《列傳第四十五·薛奎》，北京：中華書局，1977年版，第9629頁。

〔註9〕 〔梁〕僧祐撰：《弘明集》卷六，載《大正藏》第52冊，第35頁上。

〔註10〕 段玉明：《中國寺廟文化》，上海：上海人民出版社，1994年版，第317頁。

二、寺產維護管理的職位設置

對於三寶物的使用及管理是十分慎重的事，對此佛教的戒律中指出：

> 三寶物重，不可不慎，若與用有方則順教有善，若費損無度則
> 違理招愆，若欲曲知三寶物者，必須深達戒相識輕重，謹心畏罪乃
> 可任掌，若不爾者，速當遠離如避火坑也。〔註11〕

在實際的操作管理中，寺院對於三寶物的管理者所提出的基本要求是相當高的，南宋僧淨善重集《禪林寶訓》中有一段晦堂寶覺與其師黃龍禪師的對話：

> 晦堂一日見黃龍有不豫之色，因逆問之，黃龍曰：監收未得人，
> 晦堂遂薦感副寺，黃龍曰：感尚暴，恐爲小人所謀。晦堂曰：化侍
> 者稍廉謹。黃龍謂：化雖廉謹，不若秀莊主有量而忠，靈源嘗問晦
> 堂，黃龍用一監收，何過慮如此，晦堂曰：有國有家者，未嘗不本
> 此，豈特黃龍爲然，先聖亦曾戒之。〔註12〕

「監收」在此相當於北宋《禪苑清規》中「庫頭」一職，其職責範圍是「主執常住錢穀、出入歲計之事。所得錢物，即時上歷收管，支破分明。齋料米麥，常知多少有無，及時舉覺收賣。十日一次計歷，先同知事簽押，一月一次通計，住持人已下同簽。金銀之物，不宜謾藏。見錢常知數目，不得衷私借貸與人。如主人並同事非理支用，即須堅執，不得順情。常住之財，一毫已上並是十方僧眾有分之物，豈可私心專輒自用？」〔註13〕從中可以看出監收一職相當於現在所謂的財務總管。此外還有一種「諸莊監收」的職位，這一職位與上面的「監收」稍有些不同，而是負責收取寺院所屬田莊農業租稅，一般認爲是元代寺院所設職務，從現存的一些記載看，通過任諸莊監收一職而謀利的情況應該不在少數，而且自寺院設立此職開始便有違規行爲了：

> 古規初無莊主監收，近代方立此名，此名一立其弊百出，爲住
> 持私任匪人者有之，因利曲徇者有之，爲勤舊執事人連年占充者有
> 之，托勢求充者有之，樹黨分充者有之，角力爭充者有之，蠹公害
> 私不可枚舉，雖欲匡救末如之何，倘得廉正勤舊輔佐住持，公選區

〔註11〕佚名：《四部律並論要用抄》卷上，載《大正藏》第85冊，第703頁中。

〔註12〕〔宋〕淨善重集：《禪林寶訓》卷1，載《大正藏》第48冊，第1020頁中。

〔註13〕〔宋〕宗賾著，蘇軍點校：《禪苑清規》，鄭州：中州古籍出版社，2001年版，第45頁。

　　用，或對眾鬮拈之充，充此職者當克己爲念奉眾爲心，毋苟取佃戶。

　　毋虧損常住，則自他俱利矣。〔註14〕

以上就庫房、諸莊監收的管理職位而言，根據前一節所述，寺院還包括其他的財產，對於這些財產的維護管理，寺院亦根據不同的工作範圍設定具體職位，在《禪苑清規》中對於寺院日常農業生產的管理維護其具體職位還有莊主、廨院主、園頭、磨頭、直歲。莊主主管二稅，耕種鋤耨，收刈持梢，栽接窠木，泥築垣牆，收般糞土，負責處理死亡的農畜，秋收後與佃戶結算地租稅物。園頭負責種菜，澆水耘草，所種蔬菜如有剩餘則與典座融通進行出售。廨院主輔助莊主收糴買賣，實際上爲莊主的助理。磨頭負責糧食的加工，諸如淘麥磨麵，餵養牲口等。直歲之職，是寺院生產作務的主管。其職責範圍是爲院門修造僚舍門窗牆壁、動用什物逐時修換嚴飾，及提舉碾磨、田園、莊舍、油坊、後槽鞍馬舡車，掃灑栽種，巡護山林，防警賊盜，差遣人工，輪撥莊客等等〔註15〕。此外對於佛寶和法寶財產的打掃維護，還專門設置有打掃閣堂的殿主、閣主、塔主、羅漢堂主、水院堂主等，還有負責打掃鐘樓的鐘頭。另外還有專門供養、書寫或是維修法寶的職位，有書寫供養《華嚴經》的華嚴頭，書寫供養《般若經》的般若頭，供養彌陀經的彌陀頭，負責修補藏經的經頭，還有負責掌管寺院藏經文書的藏主。

　　在《禪苑清規》中，關於寺院管理職位還有「四知事」和「六頭首」之說，四知事爲監院、維那、典座、直歲。監院爲住持方丈之外最高的職位，其職責總領院門諸事，但不是住持，只能被稱爲長老，對此《釋氏要覽》中說：「監者，總領之稱，所以不稱寺院主者，蓋推尊長老。」〔註16〕維那職責在於管理僧眾日常生活，使僧眾和悅安寧。典座是掌管大眾齋粥的職務，負責寺院廚房中的事務。直歲剛才已提到，是寺院生產作務的主管。六頭首即首座（負責糾正僧眾不如法事之行爲）、書狀（負責與寺院之外的書信來往）、藏主（負責藏經文書）、知客（負責接待外來人員）、庫頭（負責庫房財產管理）、浴主（負責僧眾洗浴事務）。

〔註14〕　〔元〕德輝重編：《勅修百丈清規》卷4，載《大正藏》第48冊，第1133頁中。

〔註15〕　〔宋〕宗賾著，蘇軍點校：《禪苑清規》，鄭州：中州古籍出版社，2001年版，第36頁。

〔註16〕　〔宋〕釋道誠集：《釋氏要覽》卷下，載《大正藏》54冊，第301頁下。

以上是從清規戒律的角度來看寺院財產的管理和維護，從上述僧職分類來看，寺院各項活動分工精細，且互相協作相互融通及扶持，形成了一種完備的寺院清規制度。這一制度的設立其主要目的就是將禪寺納入「律」和「禮」的規範化生活中來，〔註17〕以使寺院生活更加和諧有序，而非人爲的設置寺院僧眾之間的等級差別，實際上從「普請製」這一勞作制度就可以反映出寺院僧眾在生產勞動中的地位是平等無差的，反映在宗教上即所謂「人人皆有平等之佛性」。「普請」一詞自早期印度原始佛教中就曾已存在，《釋氏要覽》中記載：

> 律云：因佛說掃地勝利，時諸老宿比丘皆棄禪誦掃地，佛止曰：
> 我爲知事人說其知事，又不遍掃，佛令鳴犍椎總集共爲之，此普請
> 之始也。〔註18〕

在佛教早期，僧眾不事生產，依靠乞食度日，但是日常內務掃作還是有的，故而有普請之說，並且以佛教戒律的形式加以確定，佛教傳入中國並且產生農禪之風後，普請亦作爲一項制度被確定下來，而這得益於百丈懷海禪師，《敕修百丈清規》對普請之法作了相關的規定：

> 普請之法蓋上下均力也，凡安眾處有必合資眾力而辦者，庫司
> 先稟住持，次令行者傳語首座維那，分付堂司行者報眾掛普請牌，
> 仍用小片紙書貼牌上云：(某時某處) 或聞木魚或聞鼓聲，各持絆膊
> 搭左臂上，趨普請處宣力，除守寮直堂老病外，並宜齊赴，當思古
> 人一日不作一日不食之誡。〔註19〕

所以以此看來參與生產勞作的僧眾不僅僅是《禪苑清規》中所規定的莊主、廨院主、園頭、磨頭、直歲等職僧，有時住持、監院、維那、典座等也直接參與其中。

寺院清規最初的目的雖然不是人爲的製造僧眾等級差別，但是，從以上的一些記載情況來看，寺院僧眾往往借助職位之便謀取私利，獲得經濟特權，這種情況在佛教發展後期實際上已經不能算作特殊的個案了，而是具有相當的普遍性。另外一點，從佛教經濟的發展歷程來看，許多寺院的財產管理並

〔註17〕　〔宋〕宗賾著，蘇軍點校：《禪苑清規》，鄭州：中州古籍出版社，2001 年版，第 200 頁。

〔註18〕　〔宋〕釋道誠集：《釋氏要覽》卷下，載《大正藏》第 54 冊，第 302 頁中。

〔註19〕　〔元〕德輝重編：《勅修百丈清規》卷6，載《大正藏》第 48 冊，第 1144 頁上。

不是嚴格按照以上僧職管理範圍來實施的，單就南宋這一時期來說，這種情況的出現不在少數，諸如功德寺觀、墳寺的財產運作及管理就涉及諸多這樣的問題，當然這些情況的出現往往具有特殊的社會背景，對於這些問題筆者將在下面的章節中進行討論。

三、南宋時期寺院產業財富的積累

　　長期以來由於佛教清規戒律的存在，寺院通過從事各種類型生產而取得財富的活動一直受到或多或少的限制，對此有學者認為：「財物的儲備、以物易物的交換和買賣都受到了戒律的約束和限制，仍停留在一種相當初級的經濟範疇。它還需要邁出新的一步，這就是利用它來求利投資。」〔註20〕從宋代《禪苑清規》中看寺院買賣活動，尤其是農產品的買賣還是受到了寺院戒律一定的支持，其中講到常令蔬菜「存留好者供眾，有餘方可出賣。」〔註21〕這即是以門規戒律形式規定下來的經濟活動。

　　實際上拋開寺院戒律而言，僧眾因法寶物的供養或是法事活動從事財富積累已經不是什麼秘密，南宋紹興二十八年（1158年）的時候，「明州天童山東谷庵的無盡燈，有紹興府上虞縣上管鄉市郭尚得坊第三保陳五娘施三十六貫文，燭長明燈一碗，供養覺和尚禪師妙光塔。」〔註22〕雖然在這裡陳五娘花費三十六貫文買長明燈是用於供養天童正覺禪師的塔，屬於一種宗教行為，但是寺院收取一定錢財並由此帶來財富收入的行為，從現代意義上看，還是應該被看作一種經濟現象。另外從世俗經濟活動來看，寺院進行財富積累的手段更是多種多樣，限定在「寺院產業類型」這一範圍，包括從事農業生產、手工業、工商業和金融業等所獲得的經濟收入。農業生產是寺院最普遍的財富積累方式，在大的歷史環境來看也是最易得到社會支持的一種生產活動類型，南宋時期寺院對於農業生產十分重視，所收穫的農產品亦是豐富多彩。除了米稻等糧食作物以外，還多經營菜圃果林等產業以獲得園林作物。稻米黍粟等糧食作物是寺院農業經營的主要產出物，在寺院的農業收入中佔

〔註20〕〔法〕謝和耐著，耿昇譯：《中國 5～10 世紀的寺院經濟》，上海：上海古籍出版社，2004 年版，第 164 頁。
〔註21〕〔宋〕宗賾著，蘇軍點校：《禪苑清規》，鄭州：中州古籍出版社，2001 年版，第 48 頁。
〔註22〕曾棗莊、劉琳主編：《全宋文》第 214 冊，上海：上海辭書出版社，2006 年版，第 218 頁。

據大量比例，有許多寺院爲增加糧食生產積極開墾穀田，光宗時期鄞縣（按：今寧波地區）天童寺自紹熙四年（1193 年）始，歷時三年時間，花費兩萬緡錢大建海灘塗地，建成的海莊其後投入生產獲得了豐收，其收穫的穀物達三千斛之多。〔註 23〕宋理宗景定三年（1262 年）、四年（1263 年）臨海縣（今台州地區）龜峰寺主持捐衣資開墾大量穀田，租計壹十五石有餘。〔註 24〕光宗、理宗時期已是南宋中後期，其經濟人口的發展已趨向飽和，而在南宋初期，由於戰亂及社會動盪造成了大量寺院農田荒蕪閒置，高宗執政時期尚書省曾提出各州縣召集僧道耕墾農田，並根據稅租無拖欠者並差撥住持，〔註 25〕可見寺院對於農業生產的積極投入，而在這一過程中，政府亦往往給力不少。實際上政府和官吏對於寺院財產，尤其是田產的授賜和施捨對於其財富的積累往往起到不小的促進作用。〔註 26〕

　　手工業在南宋時期亦爲寺院財富的積累起到了促進作用，從南宋社會手工業發展情況來看，其多受到農業生產的制約，即越是在農業生產發達的精耕細作的地區，手工業就越是得到發展，手工業就越顯得緊密，諸如植桑養蠶、種植木棉、甘蔗、茶樹等經濟作物，都是在農業生產發達的地區發展起來，並成爲新的農業分支。〔註 27〕農業發展爲寺院從事手工行業提供了諸多的條件，諸如糧食的生產帶動了寺院碾磑業的繁榮，寺院茶園的大面積開闢帶動了製茶業的發展，另外宗教集體生活的方式也爲寺院從事這手工行業產生了影響，對此有學者通過研究宋代寺院經濟指出：「由於佛教寺院非常特殊，他們是宗教團體，基本上過著集體生活，因而所需生活資料比一般百姓家庭要多得多，爲了滿足僧侶們的生活需要，寺院斥資建設碾磑也是勢在必行。」〔註 28〕除了從事磑碾業，南宋時期寺院從事手工業的類型還有紡織業、

〔註 23〕〔清〕釋德介纂：《天童寺志》（上），載白化文、張智主編：《中國佛寺叢刊》第 84 冊，揚州：廣陵古籍刻印社，1996 年版，第 89 頁。

〔註 24〕〔清〕阮元編錄：《兩浙金石志十八卷（附補遺一卷）》卷 7《宋正直院碑・增田紀實》，收錄於中國東方文化研究會歷史文化分會編：《歷代碑誌叢刊》第十九冊，南京：江蘇古籍出版社，1998 年版，第 158 頁。

〔註 25〕〔宋〕李心傳撰：《建炎以來繫年要錄》卷六十一「紹興二年壬子」，北京：中華書局，1956 年版，第 1052 頁。並見於〔清〕徐松輯：《宋會要輯稿・食貨》61 之 81，北京：中華書局 1957 年影印本，第 5914 頁上。

〔註 26〕對於這一點，筆者擬在下一節「南宋寺院田產來源及其社會關係的再討論」一節中進行討論。

〔註 27〕漆俠：《宋代經濟史》，北京：中華書局，2009 年版，第 546 頁。

〔註 28〕游彪：《宋代寺院經濟史稿》，保定：河北大學出版社，2003 年版，第 182 頁。

冶礦業、印刷業、製茶業等等，可以看出寺院財富積累途徑的多樣化形式。寺院僧眾通過從事手工行業往往獲利豐厚，甚至超過了其農業收益，諸如冶礦業，南宋有史料記載：

> 西融州有鉛坑，鉛質極美，桂人用以製粉，澄之以桂水之清，故桂粉聲聞天下，桂粉舊皆僧房罨造，僧無不富，邪僻之行多矣。厥後，經略司專其利，歲得息錢二萬緡，以資經費。群僧乃往衡嶽造粉，而以下價售之，亦名桂粉。雖其色不若桂，然桂以故發賣少遲。〔註29〕

對於冶礦業這一手工業類型在南宋寺院產業經營中並不多見，因為其受到資源地域分佈及手工業技術的限制，加之冶礦業還受到社會政治的控制，故而從事這一行業的寺院並不多，關於南宋手工業的這些情況筆者擬在其後加以詳察。

宋代寺院商業活動主要還是圍繞著土地產品及手工業產品而展開，其中有些商業活動亦有兩者的交叉，南宋從事商業銷售活動的類型大致分三種：一、農業種植產品（諸如瓜果蔬菜等）的銷售，這一類型被稱為農商經濟。二、手工業產品（諸如紡織刺繡、冶煉金屬）的銷售，這一類型被稱為手工商業。三、貿易經商，這一部分脫離開「農業種植、手工業產品生產——商業銷售——農業種植、手工業產品生產」這樣簡單的經濟模式，更多的帶有現代商業模式的特點，其商業資金在這一模式中佔有重要地位，尤其是海外貿易更能體現這一點。對於商業貿易這一類型的貿易活動，寺院一般不會直接參與，而是大多由僧眾個人來從事。對於這一點亦有學者指出：「除了寺院的經商活動以外，宋代僧侶經商更為普遍，這些僧侶商人與世俗個體商人有著共同的特徵，簡州僧希問『貯緡錢數百貿易諸物』。而且不少僧人經商者成為富翁，尤其是廣南地區，『廣南風俗，市井坐估，多僧人為之，率皆致富，又例有室家，故其婦女多嫁於僧』」。〔註30〕可見僧眾從事商業活動在客觀上打破了以往傳統寺院對僧眾的戒律束縛，但是對於脫離開寺院清規束縛的僧眾是否是真正的僧人或是虔誠的宗教信仰者，對於這個問題還是應有所注意。

〔註29〕〔宋〕周去非著，楊武泉校注：《嶺外代答》卷7《鉛粉》，北京：中華書局，1999 年版，第 277～278 頁。

〔註30〕游彪：《宋代寺院經濟史稿》，保定：河北大學出版社，2003 年版，第 194～195 頁。

　　寺院從事各類行業所得財富一般都放入長生庫中進行生息，通過財產生息的方式往往獲利豐厚，甚至成爲寺院財富來源的主要途徑之一。長生庫從產業類型上應屬於金融典當業，這一產業在宋之前很早時期的寺院中就已經有其雛形，有「質庫」、「典庫」、「庫子」等多種名謂，有史料表明早在南北朝時期就有寺院通過當鋪進行放貸的活動，《南史》卷二十八《（彥回從弟）炤傳》中記載：

　　　　彥回薨，澄以錢一萬一千就招提寺贖高帝所賜彥回白貂坐褥，
　壞作裘及襖，又贖彥回介幘犀導及彥回常所乘黃牛。〔註31〕

據此可知，可以用以典當的物品涉及衣物、日常用品、交通工具等各種物類。甚至還有典當黃金的記載，《南史·甄法崇傳》有記載：「法崇孫彬，彬有行業，鄉黨稱善，嘗以一束苧就州長沙寺庫質錢，後贖苧還，於苧束中得五兩金，以干巾裹之，彬得送還寺庫，道人驚云：『近有人以此金質錢，時有事不得舉而失，檀越乃能見還，輒以金半仰酬。』往復十餘，彬堅然不受。」〔註32〕典當業作爲一個古老的金融行當，經過長時間的歷史發展已經逐漸形成了一個較爲成熟的經營管理體系。

　　關於南宋寺院長生庫的機構組織情況如何，史料中未有過多詳盡的闡述，不過應沒有近現代當鋪機構的設置更爲完備這則是肯定的事情，從《禪苑清規》的記載只知寺院專門設置「庫頭」、「監收」等僧職進行管理看護，此外就是一些關於長生庫的典當及放貸經營了。《夷堅志》中記載南宋寧宗時期永寧寺羅漢院中的一則例子：

　　　　永寧寺羅漢院，萃眾童行本錢，啓質庫，儲其息，以買度牒，
　謂之長生庫。鄱陽並諸邑無問禪律，悉爲之。院僧行政擇其徒智禧，
　主掌出入。慶元三年四月二十九日，將結月簿，點檢架物，失去一
　金釵，遍索廚櫃不可得，禧窘甚云云。〔註33〕

從這一記載中看質庫的日常看護可能由「庫頭」來做，但是涉及質庫的經營出入則有可能由寺院高層另行指派僧徒進行負責，記載中關於院僧行政及其

〔註31〕〔唐〕李延壽撰：《南史》卷二十八《列傳第十八·（彥回從弟）炤》，北京：中華書局，1975 年版，第 756 頁。

〔註32〕〔唐〕李延壽撰：《南史》卷七十《列傳第六十·甄法崇》，北京：中華書局，1975 年版，第 1705 頁。

〔註33〕〔宋〕洪邁撰，何卓校點：《夷堅志》（第三冊），《夷堅支癸卷第八·徐謙山人》，北京：中華書局，1981 年版，第 1280 頁。

徒智禧的具體職務不清楚，但是從「結月簿」、「點檢架物」等來看應是嚴格按照寺院規定而進行經營的。寺院利用長生庫進行高利貸的營生，其所貸之物包括金銀錢財、穀物米糧等等，《台州金石志》卷十一《宋正增院增田記》中記載南宋度宗時期正增院將長生庫穀物貸給佃戶並收取利息的事例：

> 應貸火佃之穀各三斗，問舟之日來，請以資其用，是憐其窘匱也，春務易爲力矣。秋收來償，依社倉規增二分息，吾門之夏坐也。
> 〔註34〕

在這裡寺院通過貸給火佃（按：佃戶的一種）穀米而秋收後則多收取「二分利息」，這一程序是按「社倉」（按：南宋一種儲糧制度）的規定而實行的。另外黃敏枝先生和游彪教授都曾提到寺院有長生牛出租之事，黃敏枝先生對此說：「寺院甚至將信徒施捨之牛租給民間，到期取息，此種牛即稱長生牛，長生一詞本爲寺院用語，但是，因爲寺院的長生錢物（包括長生牛）貸出頗爲普遍，結果，長生一詞經常被引用而一般化了，連民家向官莊貸牛給息也以長生牛呼之。」〔註35〕

此外，關於長生庫經營所得財物，其使用途徑亦十分廣泛，諸如購買度牒用以度僧，如紹興十一年（1141年）天寧寺「僧珵立《規式》庵中，課督群行者甚力，輟前所給水手錢米入長生局爲度牒之本，以勸勉之」〔註36〕用以僧眾日常之需及寺院建設，諸如大慧住持育王廣利寺時：「施者委金帛，創爲長生局五所，百需皆備，月施金錢，飯僧以萬計，又造金塔以奉舍利。」〔註37〕此外長生庫所生之財用作寺院農業、手工業及商業等的周轉資金亦是應該可以想到的，諸如用於山林田產的購買，諸如紹興年間崇福院：「田之以畝計者，千有六百，稻米之以秤若斛計者四百，蓋以子本（按：子爲利息，本爲本金）之錢，皆明衣缽之所自營，未嘗求諸外也。」〔註38〕這裡通過經營長

〔註34〕〔民國〕黃瑞撰：《台州金石錄十三卷（附磚錄五卷闕訪四卷）》卷十一《台州金石錄·宋正增院增田記》，民國五年劉氏嘉業堂刊本，第452頁。

〔註35〕黃敏枝：《宋代佛教社會經濟史論集》，臺北：臺灣學生書局，1989年5月版，第226頁。

〔註36〕〔宋〕梁克家修纂，福州市地方志編纂委員會整理：《淳熙三山志》卷五《地理類五·浮橋》，福州：海風出版社，2000年版，第54頁。

〔註37〕〔明〕明河撰：《補續高僧傳》卷11，載《卍新纂續藏經》第77冊，第446頁上。

〔註38〕〔宋〕潛說友編：《咸淳臨安志》卷七十七《寺觀三之崇福院》，載《宋元方志叢刊》第四冊，北京：中華書局編，1989年版，第4053頁下。

生庫本金，以獲取利息，並用於買田進行農事生產，可見起到了資金周轉的重要作用。

　　總得看來，寺院財富的積累並不是一個簡單的過程，其中涉及了諸多的社會關係，財富積累亦往往通過多種渠道實現，除了寺院本身的產業經營以外，還有檀越對寺院的布施供養。從佛教戒律的角度看，寺院財物中可以形成三寶的產業一般都是禁止僧眾個人佔有的，在任何情況下都不允許三寶產業在他們之間進行私自分配，另外謝和耐通過研究還認為，根據律藏的規定，只允許出家人擁有「輕物」（按：即僧眾日常生活所用個人物品）。佛教倫理認為，出家人擁有價值貴重的或明顯具有世俗特點的財產為「不淨」。相反，對於那些僧眾共有的財產，律藏中的規定則不同程度地有所放寬，對於那些由於宗教法事之需要而使最早的原則放寬的財產，律藏中的規定則更為寬容。和尚們為了出家人的「淨」、為使他們的權威純潔無損而不能保留的東西，僧伽允許將之用於其成員的共同需要或宗教儀規的需要。〔註 39〕謝和耐的這段話頗有些拗口，但是卻也完整地表述出寺院從事世俗產業的一個內在原因，簡單來講，寺院世俗產業對於僧眾個人來說，被視為「不淨」物，但是當其作為寺院共同的財產，並用於滿足宗教儀軌、法事等活動時，它則具有不可侵犯的神聖性，這是從宗教的角度或是佛教倫理的角度去看寺院財產的，然而隨著社會歷史的發展及佛教世俗化的演化，其財產是否仍舊具有這種性質則需另當別論了。

四、歷史衍變中的寺院經濟管理體制

　　寺院的諸職務設置體現出寺院體制與主持制度的某些特徵，在宋之前的唐代時期，寺院中主要以「上座」、「寺主」、「都維那」三綱為核心，形成具體的管理體制。由於禪宗叢林制度的發展，寺院生存狀態與相應制度文化發生了重大調整，南宋時系統地形成了以主持為核心的寺院制度體系，可稱為「主持制度」〔註40〕據其他學者的研究，關於「主持制度」，在宋代又可分為甲乙徒弟制度、十方主持制度，後者依照任命者的不同，又分為敕差主持和

〔註39〕　〔法〕謝和耐著，耿昇譯：《中國 5～10 世紀的寺院經濟》，上海：上海古籍出版社，2004 年版，第 71 頁。

〔註40〕　王仲堯：《南宋佛教制度文化研究》（上冊），北京：商務印書館，2012 年版，第 156 頁。

疏請主持。〔註 41〕故而在寺院財產管理體系中，宋代寺院內部財產實施「主持負責制」，下設具體管理職務，且以清規戒律爲重要的體系保障。

唐時期義淨法師曾在其《西域求法高僧傳》中記述唐時期印度那爛陀寺的僧職構建，其中講到：

> 寺內但以最老上座而爲尊主，不論其德。諸有門鑰，每宵封印，將付上座，更無別置寺主、維那。但造寺之人，名爲寺主，梵云毗訶羅莎弭。若作番直，典掌寺門及和僧白事者，名毗訶羅波羅，譯爲護寺。若鳴犍稚及監食者，名爲羯磨陀那，譯爲授事，言維那者，略也。眾僧有事，集眾平章，令其護寺，巡行告白，一一人前，皆須合掌各伸其事，若一人不許，則事不得成，全無眾前打槌秉白之法，若見不許以理喻之，未有挾強便加壓伏。〔註42〕

從上可以看出，唐時期，印度寺院管理職務的設置比較簡單，以僧眾最年長者爲上座，其主要管理職責在於將寺院鎖鑰收歸保有，對寺院僧眾總體負責。以造寺之人作寺主，進行寺院平時的營修管理，當具體涉及到寺院日常的巡查執勤、寺門開關、集合僧眾、處理法務工作時，還設置有護寺一職。其職之後，又有從事鳴鐘、烹飪等具體工作的僧眾，名爲授事、維那。從這些職務其寺院內部管理職能來看，上座、寺主、護寺、維那的職能責任也相對簡單，對於寺院各大事務的運行管理實行民主原則。這些職能總體設置，在唐朝時期寺院中也有不少類似的記載，《唐六典》中記載：

> 凡天下寺總五千三百十八所。每寺上座一人，寺主一人，都維那一人，共綱統眾事。而僧持行者有三品：其一曰禪，二曰法，三曰律。大抵皆以清淨慈悲爲宗。〔註43〕

上座一般以僧臘較老者擔任，主要從事弘法事務，由於年齡的關係一般不從事寺院財物的具體管理。寺主負責寺院日常雜務的管理，類似於管家之職，寺院中日常事務的疏通管理全在其職責之內，而到了維那之職，管理寺院事務則就更細化具體了。據王仲堯老師的研究，隨著寺院經濟在唐朝的發展壯大，寺院經濟開始興盛起來，三綱制度下開始有了更爲細化的職務劃分，諸如開始設置

〔註41〕 劉長東：《宋代佛教政策論稿》，成都：巴蜀書社，2005 年版，第 176 頁。

〔註42〕 〔唐〕義淨撰：《西域求法高僧傳》卷 1，載《大正藏》第 51 冊，第 35 頁上。

〔註43〕 〔唐〕李林甫等纂，陳仲夫點校：《唐六典》卷四《祠部郎中》，北京：中華書局，1992 年點校本，第 125 頁。

了典座、直歲等執事僧職，分攤各項具體事務性工作，較大的寺院中還出現更多的僧職，如有莊園田產的寺院設置有「知莊」、「知墅」等。〔註44〕此時期寺院中主要進行財產具體管理的職務主要是典座、直歲、庫司、知事等東序班子。東序屬於「兩序」（又稱為「兩班」）之一，主要負責世俗雜務的管理，以都寺、監寺、副寺、維那、典座、直歲為次第。長於學德者歸為西序班子，又稱為頭首，以首座、書記、知事（知藏、知客、知浴、知莊、知殿等）為次第。東西兩序的安排設置往往並不固定，分類依據往往也並不嚴格，諸如知事職務往往並不是固定的。東序班子雖然主要從事粗事的管理，但從佛學造詣德行上來說往往也並不比西序班子差，諸如唐時期諸多高僧大德都有過從事具體俗務司役的經歷，據《五燈會元》中所載：雪峰在洞山為飯頭（職掌大眾齋粥事務），慶諸在溈山為米頭（掌管碾米、舂米等作務），道匡在招慶為桶頭（掌管桶類之職務），灌溪在末山為園頭（從事菜園作務），紹遠在石門為田頭（從事糧田作務），智通在溈山為直歲（以年、月等為一工作期限的雜役幹事），曉聰在雲居為燈頭（掌管寺院燈燭），稭山在投子為柴頭（掌管柴薪役務），義懷在翠峰為水頭（掌管水務），佛心在海印為淨頭（掌管廁所事務）等等〔註45〕。

　　較之同時代的印度佛寺，並且較之中國之前的歷史時期，唐時期寺院財產管理職務的劃分界定，普遍更為細化了，這種變化一方面是源於經濟的發展帶來的勞動細化，寺院在社會經濟中發展中所體現出來更為世俗化的趨向。另一方面，從佛教本身的發展來看，佛教禪宗的確立發展為叢林制度的建立確定了重要的組織保障。自唐初道信定居雙峰山之後，在山林地區大開「擇地開居，營宇立像」之風，這與早期禪師或借律院以居〔註46〕，

〔註44〕 王仲堯：《南宋佛教制度文化研究》（上冊），北京：商務印書館，2012 年版，第 156 頁。

〔註45〕 黃敏枝先生曾在著述中總結得一語到位：「一個高級的僧眾，多半也要由下往上慢慢爬升，所以，在還未成為正式沙門以前，通常要先在寺院的大和尚跟前學習，先做侍者童行淨人等低賤的工作，當然多少也要參與農事的，然後再慢慢成為一個正式沙門，成為正式沙門後，再由較低的執事僧做起，漸漸爬至高位，成為一個主持僧。」參看黃敏枝：《宋代佛教社會經濟史論集》，臺北：臺灣學生書局，1989 年版，第 106 頁。

〔註46〕 北宋釋道誠在《釋氏要覽》卷 3《主持・禪主持》中記述說：「大宋傳燈錄云：禪門主持規式，自洪州百丈山大智禪師懷海創置也，略云，以禪宗自少室山至曹溪已來，多居律寺，雖住別院，然於說法主持，未有規度。常爾介懷，博約折中，設於制範，務其儀也，遂創意別立禪居。」見於〔宋〕釋道誠集：《釋氏要覽》卷 3，載《大正藏》第 54 冊，第 301 頁中。

或「宜處深山，未可行化」〔註 47〕的狀況完全不同，也正因爲大辟道場，宣明大法，僧侶俗眾，參學雲集，禪宗傳播發展的根據地得以大量的開闢，若再過四處行化、住無定所的生活，已不合適宜，而同那些「都城僧侶」置身於政治漩流，迎合於權貴，受到官方經濟支持的狀況不同。早期，大多居於山林的禪宗如若生存下來，必須自己動手，豐衣足食，解決僧眾吃飯穿衣的問題。再者從寺院自身發展的角度看，在農業社會，農作本身就是僧眾要從事的一項工作，在田產較少的山林地區，其勞作的協作化也可以帶來生產效率的改善提高，盡此極力滿足大量僧眾的生活需求。到了百丈懷海時期，叢林清規制度便首先在禪宗中誕生了，將寺院財物管理及生產勞作的樣式作了制度化的確定，比律藏中的相關規定更爲系統，對寺院管理的具體實施運作，可以說更有針對性，其對於隨後的兩宋之際乃至現當代都有重要的規範指導作用。

實際上，百丈清規自宋代之初就已經散佚失傳了，北宋初期太宗淳化年間擔任史館修撰的文學家楊億，其撰有《古清規序》篇是百丈清規的在宋時最早的簡要介紹。其後又有一些關於古清規的編排引撰，可以肯定的是，宋代叢林清規其內容各有不同，諸如南宋末年咸淳十年（1274 年）惟勉曾在其所撰《咸淳清規》序中說道：

> 叢林規範百丈大智禪師已詳，但時代濅遠，後人有從簡便遂至循習，雖諸方或有不同，然亦未嘗違其大節也，余處眾時，往往見朋輩抄錄叢林日用清規，互有虧闕，後因暇日悉假諸本，參其異存其同而會焉，親手繕寫頗爲詳備，目曰《叢林校定清規總要》，釐爲上下卷，庶便觀覽。吾氏之有清規猶儒家之有禮經，禮者從宜因時損益，此書之所以繼大智而作也，是皆前輩宿德先後共相講究紀錄，愚不敢私以所聞所見，而增減之。如前所謂參其異存其同而會焉爾耳，觀者幸勿病，諸咸淳十年甲戌歲結制前二日，後湖比丘惟勉書於寄玩軒。〔註48〕

隨著社會經濟的發展，兩宋之際，除田產經營以往，還大量存在手工業、商業、借貸業等多種較爲高級的經營項目。故而寺院內部管理體制設置會更加

〔註47〕 〔宋〕道原撰：《景德傳燈錄》卷 3，載《大正藏》第 51 冊，第 221 頁上。
〔註48〕 〔元〕德輝重編：《勅修百丈清規》卷 8，載《大正藏》第 48 冊，第 1158 頁中。

細化，其社會化、體系化程度相比以前自然就更高了，故而在具體清規設置上就略有差別了。諸如某些寺院不存在碾磨、油坊產業，其在具體職務設置上就不會有磨頭、坊頭，具體清規戒律中自然也就不會進行相關規定了。再比如更早些，懷海在世時期，曾規定「不立佛殿，唯樹法堂」〔註49〕，自然就不存在「殿主」之名的設置。兩宋時期，從目前的資料來看，關於寺院財物管理的諸多職務的設置，及相關規定，主要體現在北宋宗賾所集《禪苑清規》十卷，南宋宗壽輯錄《入眾日用》一卷、《入眾須知》一卷，南宋惟勉編錄《叢林校定清規總要》兩卷之中，此外元時期德輝法師曾在天曆二年（1329年）掌理百丈寺，並在順宗至元元年（1335年）奉敕輯集百丈清規，第二年頒佈遵行，其時距離南宋滅亡亦不過五十六七年，故其所編輯的《敕修百丈清規》中的內容基本上也可以反映南宋時期寺院經濟管理的相關規制，且從內容上也收錄了宋人關於清規的一些編輯。此外，在《敕修百丈清規》之前，元代律宗省悟律師亦曾在泰定二年（1325年）編述《律苑事規》十卷。《敕修百丈清規》之後，天台宗僧人自慶法師在至正七年（1347年）編述過《增修教苑清規》兩卷。

根據以上各清規的相關內容進行總結，可以看出兩宋時期寺院經濟管理體系實際上已經較爲成熟了，其職務及其管理職能的安排設置如下：

1、監院。此職總領院門諸事，借貸往還，院門歲計，錢穀有無，支收出入，每年僧眾的齋料米麥、油鹽醬醋等的買辦等事務全在其職務之內。如果當逢齋會法事這些較大活動，其力不足時，可以與知事、頭首合力營辦。如果遇到需要招請莊主、醬頭、粥頭、園頭、磨頭、水頭等雜役時，需要向主持提出申請，由主持進行審批。如若寺院僧眾有經濟問題，還要及時向主持反映眞實情況，並保持寺院經濟的正常運轉。

2、維那。此職主要是負責禪堂事務，比如寮舍、門戶、窗牖、床帳如有缺少損壞，需要報備庫司及直歲進行添換。禪堂內的器物置辦、聖僧（佛像）侍者、主持侍者（諸如燒香侍者、書狀侍者、請客侍者、衣缽侍者（幫助掌管主持財務）、湯藥侍者、衣物侍者等）的招用，都有維那負責。但是，由於禪堂物品較多，往往也較爲貴重，尤其是信眾供養給聖僧的財物，所以涉及禪堂殿閣中一些較爲貴重的物品直接由主持處理，涉及主持侍者的招用，有

〔註49〕〔元〕德輝重編：《敕修百丈清規》卷8，載《大正藏》第48冊，第1158頁中。

時也由主持自行招請。如果涉及堂中物品的遺失則及時報告主持。聖僧錢（供養佛像的錢）只可用來購買香油供具，不可以另行他用，所得的聖僧供養錢財要入帳簿，支取時要與聖僧侍者溝通報備。如果涉及大的財務，還需要張貼告示，以作解釋說明。此外，亡僧的度牒、紫衣師號文牒的繳納報官，估唱衣物（按：亡僧遺物分與現前之比丘，先定其價，謂之估衣，次於大眾之前競賣，謂之唱衣，類似於現代的拍賣。）的活動都要積極與官府溝通，可以看出，維那一職雖然司職禪堂，但是由於要與政府人士進行相關工作的對接，因而其職務工作範圍實際上不囿於寺院禪堂。維那職務之所以重要的另一個方面在於，其不僅是從事寺院財物管理，從事與政府的對接工作，同時還有矯正僧眾修行、正法除弊的意味，宋僧善卿在《祖庭事苑》中記載：

> 維是綱維，華言也。那是略梵語，刪去羯磨陀三字，此云悦眾也。又《十誦》云「以僧坊中無人知時限，唱時至，及打楗椎。又無人塗治、掃灑講堂、食處，無人相續鋪床，眾亂時無人彈指等。佛令立維那，又聲論翻為次第，謂知事之次第者也。今禪門令掌僧籍，及表白等事，必選當材。〔註50〕

3、典座。主要負責僧眾的飯食齋粥，是寺院廚房、齋堂的負責人。其職責有監管食品安全、避免浪費，在食品種類、數量的採辦供給上預先要與庫司〔註51〕、知事商議，及時抽換添補壞掉的灶釜什物。

4、直歲。直歲之職，是寺院生產作務的主管，字面含義來看，一般是以一年為工作期限，但是實際上具體管理工作期限往往並不確定，也有一月或數月任職期限，多則數年。其職責範圍是為院門修造僚舍門窗牆壁、動用什物逐時修換嚴飾，及提舉碾磨、田園、莊舍、油坊、後槽鞍馬舡車，掃灑栽種，巡護山林，防警賊盜，差遣人工，輪撥莊客等等。如果要矩劃大工程、大作務，要稟告主持裁決，並與同事商議，不得專用己見。

一些經營類型較多的大寺院，往往職務分工及其運行更為細化些，從記載及相關研究總結來看，還有主管財會的副寺、管理磨坊的磨頭、管理莊園及佃戶的莊主等等，這些之前也已經提及到了。

〔註50〕〔宋〕善卿編正：《祖庭事苑》卷 8，載《卍新纂續藏經》第 64 冊，第 341 頁中。

〔註51〕庫司又稱庫子，相當於現在的會計出納。有時又同「司庫」，指管理倉庫的僧人。

　　寺院主持制度體系在南宋至元諸清規中記載頗詳，寺職設置整齊劃一，高度規範。〔註52〕完備的寺院管理體系建構起來了，那麼在具體管理中，尤其是經濟管理中又是什麼樣的情況？這是一個全篇性的問題，其答案及原因是複雜多面的。從目前南宋寺院經濟經營狀況的史料來看：

　　寺院僧眾營務給力，致使自身發展興盛者有之——諸如南宋釋寶曇撰《橘洲文集》中曾記載孝宗乾道年間，鄞縣仗錫山延勝院常住山林有三萬兩千畝之多，但是農業耕地卻寥寥無幾，故而僧眾生計十分窘迫，經常要出外行乞，即使如此猶苦不足，後監院蘊信深入山林水澗終於開闢出若干畝還算肥沃的農田，其後「從人貸得四十萬錢，裹糧百里外，縛茅茨，具畚鍤，築塘五，為田若干畝。」收穫之後，「所種之秫，先易麻廿斛以出油外，餘以供田事。」〔註53〕

　　此外，寺院僧眾經營不善，導致自身道場破敗者有之——諸如：理宗嘉熙庚子年間大旱，本來就「廩入素薄，歲上熟猶不足以給眾」的本覺禪院，因有司勸糴，寺僧則竭力以應，以至於本寺最終連稀粥都無法自給，最終落得個緇徒星散的下場。〔註54〕

　　還有，寺院僧眾沒有按照清規中職務職責要求來做，甚至經營過程中違法亂紀者也有之——諸如理宗淳祐年間（1241～1252 年）陳慶勉曾上奏朝廷，陳述寺院主持僧眾與官府勾結，侵損盜取常住財產的情況：

> 近年以來，僧不以戒行任主持，惟以奔競住持耳。官因常住之多寡，立為租息之定額，利租息之入，開告訐之門。大率常住有千緡之數，則租千緡之半。今日僧請增輸，則乙可攘甲之處，明日許其小過，則可毀丙之處，是官與僧同盜常住也。某仕於韶，如端溪、英石諸州多所經歷，每到寺院，東倒西傾，未嘗有一榻可臥，一灶可炊者。積弊所由，蓋常住歸於郡守之囊橐，寺院壞於客僧之住持。〔註55〕

〔註52〕　王仲堯：《南宋佛教制度文化研究》（上冊），北京：商務印書館，2012 年版，第 203 頁。

〔註53〕　〔宋〕釋寶曇撰：《橘洲文集》卷十《仗錫山無盡燈記》，日本元祿 11 年刊本，第 73 頁。

〔註54〕　〔元〕徐碩撰：《至元嘉禾志》卷二十二《本覺禪院記》，載《宋元方志叢刊》第五冊，北京：中華書局編，1990 年版，第 4581 頁上。

〔註55〕　〔元〕陳櫟撰：《定宇集》卷 9《通守陳公（慶勉）傳》，載景印文淵閣本《四庫全書》第 1205 冊，臺北：臺灣商務印書館，1984 年影印本，第 277 頁下。

　　另外，寺院僧眾經營中與民爭訟者有之──例如南宋時期理學家黃榦曾有著作《勉齋集》，其中記載了撫州金溪縣白蓮寺僧如璉與官員盧嘉猷爭奪田產的訟案：

> 盧嘉猷之田在港東，白蓮寺之田在港西，兩家之訟，初爭田，次則捨田而爭水圳，其終又捨水圳而爭水港。〔註56〕

除以上，寺院被官府重剝者、規占者亦有之──例如南宋林希逸曾記載崑山縣廣孝寺因官府重賦而破敗，並發出感慨：

> 今久而弊矣，爲之上者乃因其居而籍之，利其有而賦稅之，又從而多取以困之，故其居漸廢，而貧無以自復，余常以是慨之。
> 〔註57〕

被官家佔有的情況，對此有史料記載，宋理宗淳祐十年（1250年）冬十一月，左藏官（掌管國庫的官職）薛師魯規占上天竺廨院（佛教寺院中會計、接待辦公的場所）爲廳，時主持天台法照不許，即渡江東歸。〔註58〕

　　從以上簡要的引述中可以看到，寺院經營由於僧眾管理能力、持戒德行而往往帶來寺院財產的增益或者損毀，同時由於政府民間對於寺院的規占欺奪，也往往對寺院財產造成不小的侵害，此外，社會戰亂、自然災變等的影響對於寺院財產也有重大的影響，這也是不可不注意到的。

第二節　南宋寺院田產來源及其社會關係的再討論

　　關於宋時期寺院田產的來源途徑，黃敏枝先生在《宋代佛教社會經濟史論集》第二章《宋代寺田的來源與成立》中歸納爲六條：賜田、捨田、購買、開墾、規占、租佃，並且羅列了諸多的實例進行證明，其中不乏精彩的史料陳述，這爲筆者的研究帶來了一定的方便，但是其中亦有一些問題值得注意，諸如其章節末尾所列《宋代敕賜寺田表》就存在一些問題，對於這些問題的

〔註56〕〔宋〕黃榦撰：《勉齋集》，卷32《白蓮寺僧如璉論陂田》，文淵閣《四庫全書》全文檢索電子版，上海人民出版社、迪志文化出版有限公司，1999年版。並見於中國社會科學院歷史研究所、宋遼元金史研究室點校：《名公書判清明集》（下冊），北京：中華書局，1987年版，第580～581頁。

〔註57〕〔宋〕林希逸撰：《竹溪鬳齋十一槀續集》卷十《重建崑山縣廣孝寺記》，載《宋集珍本叢刊》第八十三冊，北京：線裝書局，2004年版，第466頁上。

〔註58〕〔明〕釋廣賓纂：《杭州上天竺講寺志》，杭州：杭州出版社，2007年版，第217～218頁。

辨正，汪聖鐸在《宋代政教關係研究》一書中有針對性地進行了討論和糾正。
〔註 59〕此外對於寺田的來源途徑，黃敏枝先生在書中進行了詳盡的史實羅
列，但是對於寺田來源的社會因素及其根源的分析仍需進行必要的細化，故
而針對這一點，筆者擬在本節就南宋寺院田產的來源途徑爲考察對象，並通
過相關史料分析，以期揭示寺院田產來源途徑的社會因素及其內在動因。

一、南宋寺院田產來源及其政治因素——以賜田爲例

南宋寺院田產的來源不外乎以上所提到的六種途徑，但是從田產的授受
關係上來說，無非是兩種，一種是寺院接受田產施捨，諸如賜田和捨田。另
一種是寺院主動獲取，諸如購買、開墾、規占和租佃。如果從政治合法性方
面來看，寺院獲得田產的途徑又有合法與非法之分，諸如規占這一形式就帶
有濃厚非法性的色彩，往往受到世人詬病，故而一旦發現往往招致訴訟及政
府查處，對於這一形式黃敏枝先生在其著述中已經作了詳盡的史料舉證，筆
者對此不再贅述。〔註 60〕而最具政治合法性的寺田來源途徑爲賜田，關於賜
田這一途徑的記載史料中最多，因爲是來自皇家的布施，故而帶有賞賜招撫
的味道，且具有極爲濃重的政治意義，所以大多記錄在案。從目前的史料及
寺志來看，南宋時期政府一直未曾間斷過賜田的寺院爲上天竺寺，根據《上
天竺寺志》的記載，南宋歷史上有記載的賜田記錄達八次之多，從高宗紹興
三年開始自南宋末年一直未曾間斷，而且從賜田的數量上看最少的爲十頃，
最多達五十頃之多，諸如紹興三年（1133 年）賜平江府一塊莊田二十頃，淳
熙十一年（1184 年）賜秀州田十頃，嘉定六年（1213 年）賜崇德縣田十五頃，
最多的一次爲理宗景定三年賜湖州府德清、烏程、歸安、長興縣田五十頃。〔註
61〕這種高頻次的賜田行爲在中國各朝歷代中都是極爲少見的。黃敏枝先生在
分析皇室賜田時指出：「賜給的寺院主要集中於行在臨安，共有十八所，佔了
全部三十六所的二分之一。因爲臨安既是京畿所在，又是佛教特別發達的地
區，名刹巨寺絕大部分是所謂五山十刹（禪院和教院），如靈隱、淨慈、徑山、

〔註59〕 汪聖鐸：《宋代政教關係研究》，北京：人民出版社，2010 年版，第 695～699
頁。
〔註60〕 可參看黃敏枝：《宋代佛教社會經濟史論集》第二章「宋代寺田的來源與成立」
第六節「規占」，第 46～48 頁，臺北：臺灣學生書局，1989 年版。
〔註61〕 〔明〕釋廣賓纂：《杭州上天竺講寺志》，杭州：杭州出版社，2007 年版，第
173～174 頁。

阿育王等寺皆是禪院五山，上天竺寺則是教院五山，其他也都是當地著名的佛刹。」〔註62〕關於這一說法確實也有一定道理，但是亦有一些值得推敲的地方，關於禪院五山其評定時間一般認爲是嘉定年，即1208～1224年，田汝成在《西湖遊覽志餘》卷十四中指出：

> 嘉定間（1208～1224年）品第江南諸寺，以餘杭徑山寺，錢唐靈隱寺、淨慈寺，寧波天童寺、育王寺，爲禪院五山。錢唐中天竺寺，湖州道場寺，溫州江心寺，金華雙林寺，寧波雪竇寺，台州國清寺，福州雪峰寺，建康靈谷寺，蘇州萬壽寺、虎丘寺，爲禪院十刹。以錢唐上天竺寺、下天竺寺，溫州能仁寺，寧波白蓮寺，爲教院五山。錢唐集慶寺、演福寺、普福寺，湖州慈感寺，寧波寶陀寺，紹興湖心寺，蘇州大善寺、北寺，松江延慶寺，建康瓦棺寺，爲教院十刹。杭州律院，……不在五山十刹之列。〔註63〕

其中以禪院五山等級最高，尤以徑山寺爲最，統領各路諸刹，據一些史料及寺志的記載，自五山十刹評定之後，淨慈寺有兩次賜田記錄，紹定初年賜泰寧莊田地蕩三千畝，景定五年（1264年）賜天錫莊田地山蕩計三千七百三十三畝有餘。〔註64〕靈隱寺有一次即淳祐十年（1250年）理宗賜古蕩千畝、圩田若干畝以補償爲閻妃奪靈隱寺茶園地。〔註65〕而餘杭徑山寺、寧波天童寺及育王寺自評定五山十刹之後則鮮有賜田，而上天竺教寺則有五六次之多，另外如果從整個南宋寺院賜田記錄來看，上天竺寺賜田比五山禪院賜田記錄總數還要多，對於如此頻繁且大量的賜田，不得不引起一定的關注，那對此如何進行解釋？

　　汪聖鐸先生在對宋代賜田事由進行分析後，列出接受賜田的寺院有九種類型：1、皇家（御前）寺院。2、皇家功德寺。3、后妃功德寺。4、崇寧（天寧、報恩廣孝、報恩光孝）寺。5、潛邸和出生地。6、名聖地寺院。7、特殊政治需要。8、與皇帝或太后有特殊關係的寺院。9、關於地方官將官田撥給

〔註62〕 黃敏枝：《宋代佛教社會經濟史論集》，臺北：臺灣學生書局，1989年版，第24頁。

〔註63〕 〔明〕田汝成輯撰：《西湖遊覽志餘》上海：上海古籍出版社，1980年版，第260頁。

〔註64〕 〔明〕釋際禪纂：《淨慈寺》（二），載白化文、張智主編：《中國佛寺叢刊》第64冊，揚州：廣陵古籍刻印社，1996年版，第491頁。

〔註65〕 〔清〕孫治撰：《靈隱寺志》，載白化文、張智主編：《中國佛寺叢刊》第60冊，揚州：廣陵古籍刻印社，1996年版，第177頁。

寺院。〔註66〕從寺院政治身份及與皇帝特殊因緣去看寺院賜田實際上是最主
要的一種理解途徑，因爲賜田多是帶有極強烈的政治含義，且契合了政治統
治的內在需要，但是如果僅從政治角度去看寺院賜田則不免會有片面之嫌，
因爲這往往忽視寺院在皇帝賜田行爲中的影響因素，所以對於賜田活動不僅
要放置到政教關係中去考慮，也要結合寺院本身的社會功能及具體活動去
看，將寺院社會活動的研究進行細化，帶著這樣的思維去看上天竺寺的賜田
就比較容易下手了。

　　上天竺寺與其他寺院，諸如徑山寺、靈隱寺等相比有明顯的不同，除了
在於它是一所教院以外，還是宋代王室的祈雨道場，且以觀音靈驗相傳。雖
然其他寺院亦有祈雨的記載，諸如護國仁王禪寺，淳祐年間時值大旱，理宗
命慧開禪師在寺中祈雨。〔註67〕又明慶寺，嘉熙四年（1240年）七月理宗幸
寺祈雨等等〔註68〕，但是上天竺寺相比這些寺院更爲特別，因爲在宋時此寺
院爲觀音道場，有祈雨祈晴之風尚，且以靈驗著稱，故而受到南宋朝廷的特
殊尊崇，並有皇帝親爲寫贊的不少記載。北宋不說，南宋孝宗即位不久就下
詔迎天竺觀音祈晴：

　　　　昨晚詔迎天竺觀音祈晴，今日雨意垂垂，僅能成禮，有旨：光
　　堯壽聖太上皇帝上尊號，進銀五萬兩，壽聖太上皇后三萬兩，八月
　　二十一日生辰進銀三萬兩。〔註69〕

孝宗曾爲上天竺寺觀音大士寫贊文：

　　　　觀音大士以所謂普門示現神通力，故應跡於杭之天竺山，其來
　　尚矣，朕每有祈禱，隨念感應，曰雨曰暘，不愆晷刻，是有助於沖
　　人者也。因爲作贊，曰：狥歟大士，本自圓通，示有言說，爲世之
　　宗，明照無二，等觀以慈，隨感隨應，妙不可思。〔註70〕

〔註66〕　汪聖鐸：《宋代政教關係研究》，北京：人民出版社，2010年版，第699～706
　　　　　頁。
〔註67〕　〔明〕田汝成輯撰：《西湖遊覽志》，上海：上海古籍出版社，1980年版，第
　　　　　116頁。
〔註68〕　〔明〕田汝成輯撰：《西湖遊覽志》，上海：上海古籍出版社，1980年版，第
　　　　　258頁。
〔註69〕　〔宋〕周必大撰：《廬陵周益國文忠公集》卷一百六十四，載《宋集珍本叢刊》
　　　　　第五十一冊，北京：線裝書局，2004年版，第466頁上。
〔註70〕　〔宋〕潛說友編：《咸淳臨安志》卷四十二《上天竺大士贊》，載《宋元方志
　　　　　叢刊》第四冊，北京：中華書局編，1990年版，第3737頁下。

有皇帝親爲之寫贊文的情況在歷史上實屬不多，而理宗同樣對上天竺寺推崇備至：

> 慶元嘉定間永充教寺，有旨蠲免租役，有旨是豈佞佛者哉，所
> 以答景貺也，朕以涼德，嗣丕基歷年於茲，海宇寧義，繄我佛力，
> 曰雨曰晹，有請必應，其所以福生民、壽王國者至矣，頃嘗賜像與
> 贊及心經、秉爐，昭示尊奉之意。〔註71〕

從以上上天竺寺的記載來看，其受到大量錢物賞賜、田稅蠲免以及如此眾多的賜田並非是皇室一時的心血來潮，從根本上源於佛教在社會政治經濟中的服務功能。對此有學者認爲：「宗教要想在一個社會立足，就必須滿足這一社會某些方面的需求。中國古代社會既是一個農業社會，則天氣的變化就成爲朝野上下共同關心的事，當人們的命運受到惡劣天氣的威脅時，人們不可避免地會求助於一種超自然神力。佛教適應這種需求，充當了這種情況下人神溝通的中介，於是，通過佛教祈雨祈晴的活動就發展起來了。」〔註72〕從以上記載看上天竺寺的賜田實際上是伴隨著寺院社會政治經濟功能而展開的，從宗教之意義上看，佛教的某些活動能爲農業生產發展帶來裨益，又能促進政治統治和國家安寧穩定，撫慰社會人心，故而受到政府額外重視。在賜田這一點上政府採取了實用主義之態度，相比上天竺寺這樣實用性比較強的寺院來說，其他寺院則明顯稍遜一籌。

以上通過上天竺寺的例子可以看出政府賜田行爲絕不是不加考慮的恩賜，而是有其必然的社會政治經濟因素。另外，上天竺寺的例子僅代表了皇帝賜田的一種情況，此外還有一些賜田則需要結合皇帝與寺院的獨特因緣而論，實際上在王權大於教權的時代，賜田最終還是取決於世俗統治者對於佛教的態度及行爲，諸如旌德顯慶寺嘉定初年爲寧宗皇后楊氏功德院，寺院存有寧宗皇帝之御書，後理宗皇帝買田以賜，達三千畝之多，爲盡復其賦。〔註73〕在此事例中有皇帝親自買田並賜田的記錄，這在整個南宋歷代皇帝中也是極爲少見的情形，那麼對此如何看待這一賜田背後的緣由？據南宋相關史料來看，理宗與顯慶寺關係較之他與其他寺院關係更爲密切，顯慶寺歷來爲宋

〔註71〕 〔宋〕潛說友編：《咸淳臨安志》卷四十二《天竺廣大靈感觀音殿記》，載《宋元方志叢刊》第四冊，北京：中華書局編，1990 年版，第 3740 頁下。

〔註72〕 汪聖鐸：《宋代政教關係研究》，北京：人民出版社，2010 年版，第 297 頁。

〔註73〕 〔宋〕潛說友編：《咸淳臨安志》卷七十八《寺觀四之旌德顯慶寺》，載《宋元方志叢刊》第四冊，北京：中華書局編，1990 年版，第 4071 頁下。

朝祖宗功德寺，在淳祐庚戌年時，（1250 年）理宗曾爲其寵幸的貴妃閻氏建功
德寺於附近的九里松〔註 74〕。此外顯慶寺還是寧宗皇后楊氏的香火院，而寧
宗皇后楊氏對於理宗有「再造之功」——楊氏曾與權臣史彌遠合作廢黜太子，
並收理宗爲子，後將其扶上皇位。這在《資治通鑑後編》卷一百三十六、《御
批歷代通鑑輯覽》卷九十一、《宋史紀事本末》卷二十四、《經濟類編》卷三
等史料中均有相似的記載。現僅引用《宋史紀事本末》卷八十八《史彌遠廢
立》中的記述，如下：

> 閏月丁酉，帝崩，彌遠遣皇后兄子谷石以廢立事白后，后不可，
> 曰：皇子竑先帝所立，豈敢擅變，谷等一夜七往返，后終不許，谷
> 等乃拜泣曰：內外軍民皆以歸心，苟且不立之（按：宋理宗趙昀），
> 禍變必生，則楊氏無噍類矣，后默然良久，曰：其人安在？彌遠即
> 於禁中遣快行宣昀令之，曰：今所宣是沂清惠王府皇子，非萬歲巷
> 皇子……昀入宮見后，后拊其背曰：汝今爲吾子矣……九月帝追封
> 所生父希瓐爲榮王，生母全氏爲國夫人，而以弟與芮嗣之。〔註 75〕

可見作爲恩人的功德院而享受到理宗的賜田，從個人行爲來看，宋理宗買田
並賜田顯慶寺無疑帶有濃重的感恩及祈福之意味。

　　此外對於賜田還有一點是值得說明的，黃敏枝及汪聖鐸兩位先生亦曾提
到，只是在此仍舊需要補充一些問題，即：出於特殊政治需要及地方官將官
田撥給寺院的問題。實際上這兩者有一些聯繫，諸如賜田給一些專爲死於兵
禍將士祈福而修建的寺院，黃敏枝先生對此曾舉建隆寺的例子〔註 76〕，只是
不甚詳細，故而在此重新引用：

> 詔宣徽北院使李公知軍府事尋以行在立爲梵宮，取僧之有德行
> 者處焉，是時光主事道暉本居孝先，眾所推擇，李公列狀以聞，即
> 可其奏，仍改法名爲道堅，以紀年爲寺額，墾田四頃隸省一莊咸以
> 賜之，供香積而飯緇流也。〔註 77〕

〔註 74〕〔元〕劉一清撰：《錢塘遺事》卷 1《顯慶寺》，上海：上海古籍出版社，1985
　　　　年版，第 24～25 頁。
〔註 75〕〔明〕陳邦瞻撰：《宋史紀事本末》，北京：中華書局，1977 年版，第 991～
　　　　992 頁。
〔註 76〕黃敏枝：《宋代佛教社會經濟史論集》，臺北：臺灣學生書局，1989 年版，第
　　　　58 頁。
〔註 77〕〔宋〕王禹偁撰：《王黃州小畜集》卷十七《揚州建隆寺碑》，載《宋集珍本
　　　　叢刊》第一冊，北京：線裝書局，2004 年版，第 641 頁下。

這一記載爲北宋建隆二年（960 年）的事例，關於南宋這樣的賜田實際上也有，只是黃敏枝先生在其著作中有所遺漏，對於這則材料其賜田動機，汪聖鐸將其列爲「特殊的政治需要」〔註 78〕但是其中根據「墾田四頃隸省一莊咸以賜之」的記載來看，是否是通過地方官員上奏朝廷故而受到賜田並未指出，但是亦不能排除這樣的可能性，加之汪先生認爲：「地方官措撥官田給寺院的事，因宋朝地方官無決策權，凡事例須上奏，朝廷准奏下敕，稱爲敕賜田頗勉強，因非朝廷主動，或可另作一類。」〔註 79〕對於賜田原因的這一分類，筆者認爲王聖鐸先生將其排除在「敕賜田」的範圍而另單作一類略顯多餘，既是承認爲朝廷所賜，又怎能排除不是朝廷賜田？另外筆者再引述一則證明材料，《宋會要輯稿》中記載：宋孝宗淳熙三年（1176年），添差兩浙西路馬步軍副總管開趙爲安葬隨自己南下後死亡的「忠義歸正人」，在平江府閶門外購買了三百畝山地作爲義墳又建造一座寺院，供養僧人。宋孝宗爲激勵士氣，一面爲這座庵舍賜名爲「及優恤其」，一面又下令常平司撥賜係官田（按：「係官田」作爲一種固定稱謂，常見於宋代官府檔中，從廣義上來說，與「官田」這一稱謂無異，狹義上是指常平司、轉運司及州縣管轄的一部分「官田」）〔註 80〕五百畝充寺院常住田產。」〔註 81〕爲激勵士氣或是爲戰爭亡者祈福，故而對所修建的寺院賜田，以供養僧眾，只是這一賜田爲朝廷下令授權常平司，再由常平司撥賜官田，實際上仍屬於「敕賜田」的範圍，只是程序上多了「常平司撥賜」這一環節而已，但是無論寺院賜田採用何種形式，其都是被置於南宋朝廷的政治管理的網絡中，則是毫無疑問的。

二、南宋寺院自我發展及其社會條件——以寺院買田爲例

關於宋朝禁止寺觀買田的問題，游彪在《宋代「禁寺觀毋市田」新解》〔註 82〕一文及《宋代寺院經濟史稿》一書中已經論述得相當詳細〔註 83〕，

〔註 78〕汪聖鐸：《宋代政教關係研究》，北京：人民出版社，2010 年版，第 705 頁。
〔註 79〕汪聖鐸：《宋代政教關係研究》，北京：人民出版社，2010 年版，第 706 頁。
〔註 80〕對「係官田」這一稱謂的詳細含義可參看姜密：《宋代「係官田產」釋義》一文，載《廈門大學學報》（哲學社會科學版）2003 年第 4 期，第 121～128 頁。
〔註 81〕〔清〕徐松輯：《宋會要輯稿·兵》16 之 7，北京：中華書局 1957 年影印本，第 7032 頁上。
〔註 82〕游彪：《宋代「禁寺觀毋市田」新解》，載《中國經濟史研究》2002 年第四期，第 129～133 頁。

而汪聖鐸在《宋代政教關係研究》中亦有精彩論述，故本小節不再將其列爲重點討論對象，而僅就寺院買田的史料事例及社會背景進行分析，揭示南宋寺院發展過程中的自我調適及其社會關係。關於南宋時期寺院買田的活動，漆俠在《宋代經濟史》一書中認爲：「南宋以來，限制寺院買田的禁令越來越失去效用，寺院又挾其雄厚的貨幣力量，兼併大量土地。」〔註84〕限制寺院買田的禁令越來越失去效用這倒是事實，但是筆者在此亦認爲對於寺院買田的活動不能貶之過甚，亦不能褒之過甚，而是應該放到特定的社會歷史條件下客觀地去看。

關於寺院買田的記載在南宋時期並不少見，而北宋時期政府「禁寺觀不得市田」〔註85〕的禁令在此時實際上已成爲一紙空文，有史料顯示南宋高宗初期就曾下詔准許寺院買田，只是這一情況還比較少見，陸游在《明州育王山買田記》中記載了這史實：

> 紹興元年（1131年），高皇帝行幸會稽，詔明州阿育王山廣利禪寺，上仁宗皇帝賜僧懷璉詩頌親劄，念無以鎮名山慰眾志，乃書佛頂光明之塔以賜，又申以手詔，特許買田贍其徒，逾五十年，未能奉詔，佛照禪師德光以大宗師自靈隱歸老是山，慨然曰：僧寺毋輒與民質產，令也，今特許勿用令。高皇帝恩厚矣，其可弗承，且昔居靈隱時壽皇聖帝召入禁闥，顧問佛法，屢賜金錢，其敢爲他費，乃盡以所賜及大臣長者居士修供之物買田，歲入穀五千石。〔註86〕

從這一記載可以看出，高宗下詔允許育王寺買田，但是育王寺之後五十年間一直沒有買田，後佛照德光用朝廷所賜及士大夫、信徒捐供的錢物購買了大量的田產，漆俠根據「入穀」的情況估測此次買田數量大約爲兩千畝。〔註87〕另外從「毋輒與民質產」一條可知寺院買田往往對民戶財產有所置換規占，

〔註83〕 參看游彪：《宋代寺院經濟史稿》第二章「寺院田產的來源」第三節「購置田產與巧取豪奪」，第95～106頁，保定：河北大學出版社，2003年版，第194～195頁。

〔註84〕 漆俠：《宋代經濟史》，北京：中華書局，2009年版，第274頁。

〔註85〕 〔宋〕李燾撰：《續資治通鑑長編》（第八冊）卷一百零二，北京：中華書局點校本，1985年版，第2363頁。

〔註86〕 〔宋〕陸游撰：《渭南文集》，載《陸游集》第五冊卷十九《明州育王山買田記》，北京：中華書局點校本，1976年版，第2148頁。

〔註87〕 漆俠：《宋代經濟史》，北京：中華書局，2009年版，第274頁。

但是有材料顯示高宗時期這種現象雖然存在但是並不常見，這與南宋初期社會土地荒置及供求關係鬆緩不無關係，然而到了孝宗時期這一情況則開始氾濫，對此曾有官吏直陳其中利害，孝宗時官員陳造曾說：

> 寺觀不許典買田宅，法也，今也公然取之，漫無禁止，田入寺觀豈得復爲民物？今寺觀寖富，民田寖少，向之有田者服役，僧道而仰食者，日以加多未止也。〔註88〕

寺院買田對於民眾的土地財產定會產生一些不利的影響，但是如同游彪所說：「寺院、道觀買田似乎並沒有引起爭議，更無法律訴訟案件的出現，大多數買田記錄都名正言順，順理成章，大有合法之勢，而且，可以肯定，史書保留下來的恐怕只是寺院買田的部分史實，甚至可以說，這些僅僅是相當有限的一部分，宋代數萬所寺院中買賣田產的史實大部分併沒有流傳下來，這是不言而喻的。」〔註89〕從現存史料看，寺院買田確實很少引起民間法律訴訟，這一現象確實應該值得注意，游彪認爲其中一個重要的原因在於百姓只要有土地便有義務繳納國家賦稅、服徭役，而宋代徭役之重使不少百姓傾家蕩產，故而百姓與其坐等破產不如通過賣出的方式轉讓給那些不時享有免稅免役特權的寺院道觀。〔註90〕這或許是一個值得考慮的方面。

寺院買田應是基於公平買賣的原則，且是雙方自願的前提下進行操作，故而引起訴訟的情況不大多，或許也是自然，但是在田產所有權的問題上，則往往會引起一些爭執訴訟，諸如南宋時期理學家黃榦曾有著作《勉齋集》，其中記載了撫州金溪縣白蓮寺僧如璉與官員盧嘉猷爭奪田產的訟案：

> 盧嘉猷之田在港東，白蓮寺之田在港西，兩家之訟，初爭田，次則捨田而爭水圳，其終又捨水圳而爭水港。〔註91〕

又北宋仁宗時期，少室山有百姓伐薪爲炭，後被山中寺僧所毆，其後兩造

〔註88〕〔宋〕陳造撰：《江湖長翁文集》卷二十四，載《宋集珍本叢刊》第六十冊，北京：線裝書局，2004 年版，第 604 頁上。

〔註89〕游彪：《宋代寺院經濟史稿》，保定：河北大學出版社，2003 年版，第 100 頁。

〔註90〕游彪：《宋代寺院經濟史稿》，保定：河北大學出版社，2003 年版，第 101 頁。

〔註91〕〔宋〕黃榦撰：《勉齋集》卷三十二《白蓮寺僧如璉論陂田》，文淵閣《四庫全書》全文檢索電子版，上海人民出版社、迪志文化出版有限公司，1999 年版。並見於中國社會科學院歷史研究所、宋遼元金史研究室點校：《名公書判清明集》（下冊），北京：中華書局，1987 年版，第 580～581 頁。

於縣，僧曰：此地自唐以來皆在寺籍，碑識具存，請以爲驗，君一見辨其
僞。〔註 92〕實際上圍繞田產產權而引起的訴訟在兩宋時期還是有不少，可
見這其中即有田產的歷史遺留問題，又有寺院採用規占豪奪等手段奪取田
產的原因。

　　南宋時期由於財政緊張，往往需要出售大量的田產以回籠資金，寺院亦
成爲其銷售的對象，在寺院購買政府官田時，往往要按實封法來實施，實封
類似於現在的拍賣，以土地出價最高者得之。南宋初期，張守知福州時曾與
當地官員實行實封，「存留上等四十餘刹，以待眞僧傳法，餘悉爲實封，金多
者得之，歲入不下七八萬緡，以是助軍兵春冬二衣，餘寬百姓非泛雜科。」〔註
93〕從記載上看，這些田產歲入極爲豐富，應是品質不錯的田地，資助軍兵春
冬二衣綽綽有餘，亦起到了緩解社會壓力的作用。劉克莊曾對南宋後期福建
地區寺院接受實封的情況有所記載，他說：

　　　　閩中僧刹千五百區，舊例，住持入納，以十年爲限，謂之實封。
　　官府科需，皆僧任之，不以病民。近以州用不足，減爲七年或五年，
　　甚者不一歲，托以詞訟，數易置……〔註94〕

也就是說官府將田產賜予寺院，並任寺院住持進行管理，屆時收取田產科敷，
如出現州用不足亦即財政短缺的情況時，政府則將住持任期縮短，由十年改
爲七年或五年，甚至一年，通過這種方式每立一次住持便可向寺院徵收大量
田稅，從政教關係的角度看，通過實封制，政府實際上控制了寺院的經濟及
住持的任命大權。

　　此外，寺院有時還存在變相購買寺田的手段，即由寺院出錢轉由信眾檀
越買得田產之後捐施捨給寺院，或是寺觀以民戶的名義進行私買然後掩人耳
目歸入常住。楊倩描在《南宋宗教史》一書中舉湖州朱仁寵廣募士庶，量力
而行，並將募得錢貨購買田地捨給祇園寺的例子。〔註 95〕關於這則例子楊先
生認爲是屬於「變相購買」，但是沒有材料顯示這部分錢是來源於寺院的，或

〔註92〕〔宋〕蘇頌撰，王同策等點校：《蘇魏公文集》（下）卷六十《太常少卿李君
　　　　墓誌銘》，北京：中華書局點校本，1988 年版，第 926 頁。
〔註93〕〔清〕徐松輯：《宋會要輯稿·食貨》26 之 42，北京：中華書局 1957 年影印
　　　　本，第 5254 頁下。
〔註94〕〔宋〕劉克莊撰：《後村先生大全集》卷一百四十六《忠肅陳觀文神道碑》，
　　　　載《宋集珍本叢刊》第八十二冊，北京：線裝書局，2004 年版，第 471 頁下。
〔註95〕楊倩描：《南宋宗教史》，北京：人民出版社，2008 年版，第 338 頁。

是由於寺院授權支持下的行爲，只是屬於朱仁寵個人的民間募捐集資活動，所以屬於「捨田」應更恰當一些，歸爲寺院「變相購買」實屬牽強。這一事例與上述筆者所舉理宗皇帝買田三千多畝，最後捨給旌德顯慶寺的例子在本質上實際上沒有什麼區別。但是寺院變相購買田產的事實也是存在的，元朝歐陽玄在《圭宅文集》中曾有記錄：

> 昔前宋咸淳癸酉（1273 年），分宜民曰宋應槐訟其鄉有田稱梁子思所置，立戶爲萬壽庵長明莊者，崇法院僧正冲之所作僞也。宋田令：寺已有常住田不得買民業，冲違法私買，妄稱梁氏所置。故應槐發之漕使鍾某，閱實據法罪冲等而沒其田，以畀分宜縣學養士，士刻石爲記，其文載縣志甚明，越三年宋亡。〔註96〕

其中講到宋法律中所規定寺院「有常住田不得買民業」，故而正冲採用變相購買的方式獲得寺田，但是由於其違法性質，加之受到官司訴訟，這部分田產其後被政府沒收，所以以此來看，變相購買在合法性上往往更易受到質疑，且帶有不同程度的欺騙性質。

通過買田以擴充寺院常住及經濟實力，甚至有時會通過一些欺騙的手段來實現這一目的，這裡不禁要問原因究竟爲何？實際上通過上述的材料舉例可知，許多情況下寺院買田在法律上是被禁止的，然而政府卻又屢次爲寺院買田大開綠燈，其中亦不能否認「寺院買田，政府得利」的現象，諸如田產實封制，寺院通過高價得到田產，而政府亦得到財政收入，此外還能控制寺院住持任命權，所以兩者之間往往存在互相利用的成分，亦即有利益捆綁。另外從南宋初年與末年的田產情況進行對比來看，紹興元年高宗皇帝授予育王寺買田的特權，當時社會仍舊有大量的閒置荒田和因戰爭造成的絕戶田，農業生產相比北宋已經落後許多，且從事農業生產的戶口明顯銳減，漆俠通過研究亦對此指出：「在南宋時，京西路徒具其名，實際上在北宋末已置於女眞貴族統治之下，兩淮路、荊湖北路也由於戰爭的破壞而戶口爲之銳減；同時隨著人口的銳減，農業生產也就倒退到耕種魯莽滅裂，『廣種薄收』的落後狀態中。」〔註97〕在這樣一種社會局面下，政府下令寺院買田對於恢復生產維持社會穩定無疑有著重要的作用，故而政府下詔授予育王寺買田特權，但

〔註96〕〔元〕歐陽玄撰：《圭齋文集》，卷6《分宜縣學復田記》，文淵閣《四庫全書》全文檢索電子版，上海人民出版社、迪志文化出版有限公司，1999 年版。
〔註97〕漆俠：《宋代經濟史》，北京：中華書局，2009 年版，第 70 頁。

是根據史料育王寺當時未曾奉詔，且因「僧寺毋輒與民質產，令也」爲不買田的理由，關於育王寺不買田的理由是否眞是如此，筆者不敢妄加揣測，但是根據這一事件發生後的第二年，亦即紹興二年（1132 年）宋高宗的一則詔令可以看出一些端倪，詔曰：

> 令諸路寺觀常住荒田，令州縣召僧道墾耕，內措置有方及稅租無拖欠者，並仰所屬，差撥住持其田宅。〔註98〕

從這一條詔令上可知當時寺院似乎完全沒有必要通過購買的方式得到田產，通過諸如開墾、認領荒田的方式得到寺田並且措置有方者往往還會享受到政府賞賜來看，寺院有比花費大量錢財購買田產更爲方便、簡易且實惠的得田途徑，所以寺院買田與否實際上還是看其所得田產的哪個途徑更爲節省成本。這也可以看出，買田往往出於寺院僧眾理性實用之態度，其並非是盲目地買田，而是從寺院自身發展的客觀現實出發所作出的思量。

寺院買田是其獲取經濟利益以謀求自我發展的客觀需要，南宋時期陳著記載廣福院爲求發展而置辦田產的情況：

> 初張氏所捨屋地爲基一十二畝六步，田止二百八十畝，後如日捨一十有二畝，黃氏捨五畝，俗人徐文炳文煥各捨一十畝，契和之來以衣缽資置五十畝，於是田之積，爲畝至三百六十有七。〔註99〕

在這一記載中僧人契和買田五十畝，還不到一頃，這在南宋寺院買田記錄中並不算大的數額，但是從廣福院建成之後的田產置備上來看，卻是寺田的主要來源途徑，所以說爲了寺院的生存和發展，購買田產往往是一個極爲重要的手段。最後，關於寺院買田這一行爲，筆者認爲在此不能將其作爲寺田來源途徑的特殊例子來看，從目的及動機上看，購買田產與寺院採取規占、租佃、開墾等方式得到田產在最終目的及實際受用方面並無多大區別，都是追求寺院經濟利益，或者以此作爲修行之方便，或者用以供養佛法僧三寶，然而放置到具體社會歷史條件下去看，寺院田產來源途徑則有很大的區別，諸如不同來源途徑的田產往往在產權、合法性等方面存在較大的區別，對於這些區別筆者擬在下節結合寺院田產來源的其他途徑進行再討論。

〔註98〕〔宋〕李心傳撰：《建炎以來繫年要錄》卷六十一「紹興二年壬子」，北京：中華書局，1956 年版，第 1052 頁。並見於〔清〕徐松輯：《宋會要輯稿·食貨》61 之 81，北京：中華書局 1957 年影印本，第 5914 頁上。

〔註99〕〔宋〕陳著撰：《本堂集》，卷48《廣福院記》，文淵閣《四庫全書》全文檢索電子版，上海人民出版社、迪志文化出版有限公司，1999 年版。

三、南宋寺院獲得田產的其他途徑——以捨田和租田為例

自唐以降，佛教將宗教修行與農業生產相結合產生「農禪」家風，之後從事農業生產經營就被視為寺院一項重要的日常事務，如果最初從事與宗教修持相結合的農業生產，其沒有對佛教帶來宗教性消解，那麼宋朝寺院農業生產則帶有極大的世俗化傾向，從這種趨勢上來說，佛教自身一直是在不斷地進行自我調適，以適應社會發展過程中出現的新情況和新問題。針對佛教經濟模式曾有學者指出：「佛教進入中國以後，為了適應中國社會，逐步華化，這也表現在其經濟模式，除了世俗供養之外，唐宋時期也出現了修持與勞作相結合的『農禪』。從經濟的角度考察，農禪所帶來的效益，未必能使僧人做到自給自足，故苟把其定義為不完全的自我供養模式。」〔註100〕對此筆者認為，從南宋的史料，包括以上所論述的內容來看，寺院佔據大量農田，其農業收入完全可以滿足寺院僧眾日常之需，不僅僅如此，在社會災亂時期，寺院有時還將其一部分米糧用於社會救濟和幫扶〔註101〕，從寺院農業生產上來看，其從事農業生產完全可以做到自給自足，並非是上述學者所認為的「不完全的自我供養模式」，然而從寺院田產來源途徑來看的話，尤其是賜田、捨田這兩種途徑，確實也不能否認寺院經濟的建立與發展確實得益於世俗供養。所以從這一思維出發，寺院通過接受賜田及捨田反映出其經濟發展的「世俗供養模式」，而其通過「開墾、購買、租佃、規占」等方式獲得田產並進行生產多少可以反映出其謀求建立「自我供養」的經濟發展模式。

上節亦提到，寺院田產不同來源途徑雖然在最終目的及實際受用方面並無多大區別，但是在所有權、合法性等田產屬性方面還是有所不同。一般情況下皇帝的賜田都是歸入寺院常住的，故而屬於寺院可以完全支配的土地財產，捨田大部分情況下亦是如此，相比皇家賜田來說，捨田更為普遍，上至達官貴人下至平民百姓都有捨田的記載，有些施捨給寺院的田產竟有上萬畝之多，亦有將生產農具等配套設施一併施捨入寺的情況，南宋孝宗時期和王楊存中曾捨蘇州徑山莊多達一萬三千畝，歲出二萬斛，犁牛、

〔註100〕 林悟殊：《從百丈清規看農禪——兼論唐宋佛教的自我供養意識》，載《寺院財富與世俗供養》，上海：上海書畫出版社，2003年版，第380頁。

〔註101〕 對於這一點筆者將在本書第五章「南宋寺院慈善公益活動及其經濟因素」中進行力所能及地討論。

舟車、解庫，應用百事具足。〔註102〕楊和王此次捨田給徑山寺在目前有關宋史的所有記載中可謂獨一無二。平民百姓亦有捨田入寺的記載，諸如上節所舉廣福院的例子，由於平民大多土地不多，所有捨田數額亦不大，故而廣福院僧人契和通過買田五十畝，以擴充寺院常住。〔註103〕實際上信眾通過捨田給寺院看似是一種簡單的授受關係，但是其關係中亦包含著一些社會因素。首先捨田入寺很大原因是對於佛教的信仰，通過捨田而供養三寶，功德殊勝，會得到好報。游彪對此認為中國古代社會自然經濟占著支配地位，農業人口為社會總人口的絕大多數，他們是否信仰佛教，成為佛教在民間生存和發展的關鍵所在，他們既是社會勞動者的主體，同時又是被剝削、被壓迫的社會底層，因而其捨田給寺院同其他階層不同。另外其他階層通過捨田獲得神靈庇祐，或者為己帶來無窮的財源，亦往往成為他們捨田入寺的埋由。〔註104〕從這一敘述也可以看出捨田同賜田在最終目的上確實並沒有什麼不同，都是帶有功利色彩，只是捨田所帶有的「信仰化」的成分較為濃厚，而這主要集中在底層階級社會生活中，而賜田大多是政治性較強的活動，主要體現在社會上層階級的政治統治上。此外還有一點，即是如何重新明確捨田的所有權關係，須知一旦捨田入寺則意味著不再享有其所有權，故而寺院往往要記錄捨田的具體數量、雙方的公據證明及其官告等等，並且刻石立碑為證，這樣做很大程度上意在防止田產施者及其後人反悔，以致引起官司爭訟及其他麻煩。明朝釋方策曾輯南宋時期《陳氏捨田告給公據碑記》一文，其中記載：

> 宜興縣陳宗道狀：情願將本家管產砧基內善權鄉、永豐鄉常熟田一二二號，計二百零二畝伍十七步，逐年計收宅分米二佰石伍斗柒升，小麥苗捌石乙斗伍升，係一百石五合斛子。捨入善權山廣教寺禪院。寺院陳請：今估價錢一千貫文足，宗道仍自將錢送納稅錢。今連黏產段字號、畝步、四止坐落並作戶姓名在前……乞出公據……付本院收執，永自為業。〔註105〕

〔註102〕〔明〕吳之鯨撰：《武林梵志》卷十《徑山寺》，杭州：杭州出版社，2006年版，第249頁。

〔註103〕〔宋〕陳著撰：《本堂集》卷四十八《廣福院記》，文淵閣《四庫全書》全文檢索電子版，上海人民出版社、迪志文化出版有限公司，1999年版。

〔註104〕游彪：《宋代寺院經濟史稿》，保定：河北大學出版社，2003年版，第80頁。

〔註105〕〔明〕釋方策編：《善權寺古今文錄》卷三，載北京圖書館藏《古籍珍本叢刊》影印清抄本第118冊，北京：書目文獻出版社，第712～713頁。

這一記載可以反映出捨田背後的諸多程序，要有施田者、寺院、官府三方共同來完成，在這個例子中雖然陳宗道將田產完全捨入寺院，但是關於田稅問題，寺院主動陳請「今估價錢一千貫文足，宗道仍自將錢送納稅錢」，由此條可知田稅仍舊由陳宗道承擔，這實在是很難理解的事情，對此有學者曾作分析指出：「即使施捨爲寺田，也要按規定納稅，寺院連這稅錢也要陳宗道給付。從小麥苗稅 8.15 石看，這 202 畝田中約有近半數爲稻麥二熟連作制田塊，如夏糧亦以畝收一斗計，則其復種指數爲 40% 左右。這本應由田主繳納的二稅中的夏糧，也轉嫁給了作戶（佃農）。爲免陳氏後人非議或反悔，故寺院堅請官府給官告、公據，請人作《捨田記》並刻石爲證。這信而有據的資料，就包含了如此豐富的信息。這表明宋代十分重視產權的轉換，並有完備的手續。」〔註 106〕

　　租佃田產的行爲在南宋寺院中較爲普遍，包括寺院通過一定手段租種國家土地，亦包括寺院將其下土地租佃給佃戶租種。租佃是寺院獲得土地的一種方式，其土地佔有方式與所接受的捨田和賜田又有不同，寺院通過自食其力開墾出來的土地往往歸爲寺院永久常住，也就是說其土地產權亦即土地所有權和土地除稅之後的收益皆歸寺院所有，但是寺院通過租佃這種手段所得來的農業用地其產權則屬於政府或是原先的土地所有人，如宋天禧二年（1018 年）政府將灌頂山山田撥付府學（官方教育機構）作爲學田，這部分學田長時間以來由灌頂山普淨寺租佃耕種，歲入錢三百貫，但是南宋時期寧宗嘉定十七年（1224 年）冬天有豪民唐執中因山上有鐵礦，於是私下勾結主管司冒佃山田，焚毀林木掘鑿坑塹進行鼓鑄，府學教授方萬里進行申訴，認爲此舉毀壞環境及風水，破壞士大夫墳墓，有違法意，後官方決定仍由普淨寺耕種。〔註 107〕從中可以看出租佃的山田其所有權是歸府學所有的，而非寺院的永久常住，寺院只享有土地暫時的使用權。對此黃敏枝先生亦認爲：「寺院可以用租佃的方式，取得莊田，不同的是，這種租佃的莊田，寺院只有使用權而沒有所有權。不過，寺院同樣的可以從

〔註 106〕高容盛、范金民主編：《江南社會經濟研究‧宋元卷》，北京：中國農業出版社，2006 年版，第 527～528 頁。

〔註 107〕〔宋〕羅濬等撰：《寶慶四明志》（清咸豐四年刊本）卷十二《鄞縣志卷第一》，載《中國方志叢書》（第 574 號），臺北：成文出版社，1983 年版，第 5229 頁下。

中獲得利益，這是不容否認的事實。」〔註108〕寺院如果想要租佃田產必須
先向政府提出請佃要求，然後政府視情況而定，有時在特殊情況下政府還
會主動發布召佃信息，如上節所舉紹興二年高宗發布令諸路寺觀進行墾殖
荒田的詔令。又南宋紹熙二年（1191年）的詔令：

> 會崑山屬邑宗王有田七千餘畝沒入於官，一時貴近相先規取，
> 牒訴旁午，公（徐誼）曉以令申，皆不應得。命有司召佃如式，而
> 長老德溥因以千畝為請，公委有司給之，抑權放勢，平訟息爭，不
> 惟法理適宜，人無加喙，而院之眾藉是庶幾資以無乏禱祠之地，報
> 上義深。〔註109〕

官員徐誼最終將七千餘畝田產佃給了壽寧萬歲院，即平息了訟爭，又使寺院
經濟得以擴充發展，故而受到寺院僧眾的感激。但是許多情況下寺院通過租
佃的形式獲得田產卻絕非一件易事，尤其是寺院在請佃屯田及湖泊濕地等類
型的田產時，往往會受到政府的禁止。這是因為屯田一般用於供給軍需，所
以具有相當重要的軍事意義，而湖泊濕地往往儲存農業灌溉用水，一旦租佃
出去開墾為田，則影響農業灌溉。孝宗隆興年間，政府曾下令禁止任官及僧
寺道觀、公吏等人詭名冒占屯田，一旦發現許諸色人告論。〔註110〕又淳熙九
年（1182年），孝宗下令禁止官民戶及寺觀請佃圍裹陂湖、草蕩之地。〔註111〕
從這兩則詔令可知政府對於寺院請佃並非是完全給以支持，在必要的時候則
會駁回其要求，而且其中都講到「詭名冒占」這一違法行徑，可知寺院為得
到田產往往亦採用非法手段。諸如南宋寧宗於嘉定五年（1212年）曾對上天
竺寺、徑山寺跕基、契照進行審查，看是否存在隱寄民戶田產的情況。〔註112〕

〔註108〕黃敏枝：《宋代佛教社會經濟史論集》，臺北：臺灣學生書局，1989年版，第
48頁。

〔註109〕〔宋〕鄭虎臣編：《吳都文粹》，卷7《紹興中提舉徐誼給壽寧萬歲院常平田
記》，文淵閣《四庫全書》全文檢索電子版，上海人民出版社、迪志文化出版
有限公司，1999年版。

〔註110〕〔清〕徐松輯：《宋會要輯稿·食貨》63之49，北京：中華書局1957年影印
本，第6011頁上。

〔註111〕〔宋〕衛涇撰：《後樂集》，卷13《論圍田劄子》，文淵閣《四庫全書》影印
本，文淵閣《四庫全書》全文檢索電子版，上海人民出版社、迪志文化出版
有限公司，1999年版。

〔註112〕〔清〕徐松輯：《宋會要輯稿·道釋》2之16，北京：中華書局1957年影印
本，第7896頁下。

一些資料顯示，這種現象實際上並不少見，一方面自然是由於寺院的原因，但是許多情況下也是由於民戶為逃避賦稅而將自家田地隱寄到寺觀戶名下，對於這一點有學者指出：「民間也有將莊田隱寄在寺院的情形，這種隱寄的對象都是名剎巨寺，具有享受免納賦役之特權，因此百姓樂意如此做，此即所謂詭名挾佃。」〔註113〕實際上在這裡可以看出，在獲得田產的過程中，寺院往往與政府處於一種博弈的狀態，在面對寺院提出獨立發展自身經濟的要求時，政府則往往從社會的全域出發，並根據具體客觀的社會條件給以批准或是駁回，而當面對政治管制的時候，寺院則往往突破法律禁令廣侵農田，或是與民戶協作進行利益的索取，種種跡象顯示寺院在租佃田產這一經濟活動中，既與政府相互利用，又相互排斥，反映出佛教在世俗社會發展中其性格的兩面性。

〔註113〕黃敏枝：《宋代佛教社會經濟史論集》，臺北：臺灣學生書局，1989年版，第51頁。

第二章　對南宋寺院生產經營的多稜透視

第一節　南宋寺院農業經營的社會化討論

　　寺院土地的多寡一定程度上決定了其經濟基礎是否雄厚，對於田產、山林、灘塗地等農業資源的經營及收益直接關係到僧眾的衣食住行，甚至是寺院的存亡興盛。南宋時期不乏有寺院爲進行農業生產而墾殖荒山野嶺、請佃圍裏陂湖、灘塗的記載，然而多記載於史料的農業用地還是來源於皇室官僚的賞賜與布施，另外亦有僧眾捨田供養、購買及規占等獲得農業用地的方式。僧眾對於所獲農業用地的經營管理十分重視，在農業生產過程中對於土地的利用也多遵循因時制宜、因地制宜的一般規律，採用多類農產品的種植經營，取得了十分可觀的經濟效益，其農業經營產品及經營方式的多樣化、規模化也成爲這一時代農業發展的一大縮影。

一、寺院農田的開墾及其評價

　　南宋時期寺院對於農業生產十分重視，所收穫的農產品亦是豐富多彩。除了米稻等糧食作物以外，還多經營菜圃果林等產業以獲得園藝作物。稻米黍粟等糧食作物是寺院農業經營的主要產出物，在寺院的農業收入中佔據大量比例，有許多寺院爲增加糧食生產積極開墾穀田，光宗時期鄞縣（今寧波地區）天童寺自紹熙四年始（1193年），歷時三年時間，花費兩萬緡錢大建海

灘塗地，建成的海莊其後投入生產獲得了豐收，其收入的穀物有三千斛之多。〔註1〕宋理宗景定三年（1262 年）、四年（1263 年）臨海縣（今台州地區）龜峰寺主持捐衣資開墾大量穀田，租計壹十五石有餘。〔註2〕光宗、理宗時期已是南宋中後期，其經濟人口的發展已趨向飽和，而在南宋初期，由於戰亂及社會動盪造成了大量寺院農田荒蕪閒置，高宗執政時期尚書省曾提出各州縣召集僧道耕墾農田，並根據稅租無拖欠者並差撥住持〔註3〕，通過這種方式鼓勵寺院墾殖荒田，增加農業收入，對於政府來說亦能帶來一定的稅收，同時較爲合理地配置了社會閒散的生產勞動力。南宋初期由於經受了北宋長期的戰亂，導致了大量農業土地的閒置，造成人地關係的極不平衡，這實際上也爲寺院開墾農田進行農業生產提供了一個良好的發展機會，同時由於寺院經濟發展所帶來的政府稅收的增加亦緩和了佛教與世俗政權間的政教關係。

　　種種跡象表明南宋初期雖然仍然受到社會戰亂等的影響，但是確是南方地區佛教發展的一個大好時機，首先長年的戰亂對於寺院的破壞自然是毀滅性的，但是相比較北方戰亂地區的寺院來說，南方地區寺院的破壞相對來說程度要小很多，尤其是兩宋這段歷史時期，佛教農禪經濟已經步入一個正常的秩序，這一秩序的建立對於寺院經濟的建立及發展起到了一定的規範作用，故而對寺院自身的經濟發展不應過分地悲觀，加之以上所言，南宋高宗時期政府通過鼓勵寺院開墾閒置荒田，客觀上對於佛教經濟的發展起到了推動的作用，南宋中後期寺院經濟實力的強盛便可以反映出這一點。然而也應該看到，南宋初期政府在鼓勵寺院墾田的同時，提出「根據稅租無拖欠者並差撥住持」，這多少給寺院其後的發展帶來一個錯誤的信號，爲寺院過分追求經濟成功，反而造成其佛學修習水平的退步起到了推波助瀾的作用。

　　南宋相比北宋來說由於國土面積的大幅度減少，隨著南宋中期社會的發展、人口的激增，人均可支配的農業用地越來越少。《宋史‧地理志》中對於福建路的記載基本上代表了兩宋盛時的狀況：

〔註1〕〔清〕釋德介纂：《天童寺志》（上），載白化文、張智主編：《中國佛寺叢刊》第 84 冊，揚州：廣陵古籍刻印社，1996 年版，第 89 頁。

〔註2〕〔清〕阮元編錄：《兩浙金石志十八卷（附補遺一卷）》卷 7《宋正直院碑‧增田紀實》，收錄於中國東方文化研究會歷史文化分會編：《歷代碑誌叢刊》第十九冊，南京：江蘇古籍出版社，1998 年版，第 158 頁。

〔註3〕〔宋〕李心傳撰：《建炎以來繫年要錄》卷六十一「紹興二年壬子」，北京：中華書局，1956 年版，第 1052 頁。並見於〔清〕徐松輯：《宋會要輯稿‧食貨》61 之 81，北京：中華書局 1957 年影印本，第 5914 頁上。

宋初，盡復之有銀銅葛越之產，茶鹽海物之饒，民安土樂業，
川源浸灌，田疇膏沃，無凶年之憂，而土地迫狹，生籍繁夥，雖磽
確之地耕耨殆盡，畝直寖貴，故多田訟，其俗信鬼尚祀，重浮屠之
教與江南二浙略同。〔註4〕

這則史料似是北宋盛世福建路的記載，但一定程度上也能體現出南宋時期其
他諸路的發展軌跡，因而還是很具有代表性，從中反映出農業資源的有限性
與日益增長的人口之間的矛盾。隨著經濟的發展人口的劇增，土地資源中即
使是堅硬貧瘠的磽確之地也被耕耨殆盡，並且由此導致了土地價格日漸昂
貴，在土地供求十分緊張的情況下，一些寺院亦開始積極墾殖荒山、圍裏陂
湖，通過這種手段得到田產的寺院不在少數。

　　除了農業土地供求緊張以外，　些寺院由於常住資財有限，有時為進行
農業生產亦不得不開墾農田，南宋釋寶曇撰《橘洲文集》中曾記載：孝宗乾
道年間鄞縣仗錫山延勝院常住山林有三萬兩千畝之多，但是農業耕地卻寥寥
無幾，故而僧眾生計十分窘迫，經常要出外行乞，即使如此猶苦不足，後監
院蘊信深入山林水澗終於開闢出若干畝還算肥沃的農田，其後「從人貸得四
十萬錢，裹糧百里外，縛茅茨，具畚鍤，築塘五，為田若干畝。」收穫之後，
「所種之秔，先易麻廿斛以出油外，餘以供田事。」〔註5〕仗錫山因地理位置
的原因可耕種的農田數量不多，但是亦有材料顯示延勝院最初還是擁有相當
數量的農田，只是無法相比其擁有的三萬兩千畝山林，單從農田數量上看如
果經營有方還是應該能夠滿足當時僧眾的生活需要，《寶慶四明志》中記載：

　　仗錫山，延勝院縣西南一百二十里，唐龍紀元年建，皇朝寶元
二年賜額，常住田五百五十六畝，山三萬二千畝……〔註6〕

這則材料顯示延勝院作為北宋仁宗時期的賜額寺廟享有一定的田產，且絕對
數量並不算太少。只是後來經歷了很長時間，由於某些原因，寺院或毀或復，
而寺院田產亦因此有所損失，以致造成了乾道年間僧眾生活的窘迫。為避免

〔註4〕　〔元〕脫脫等編：《宋史》卷八十九《志第四十二·地理五》，北京：中華書
　　　　局，1977 年版，第 2210 頁。
〔註5〕　〔宋〕釋寶曇撰：《橘洲文集》卷十《仗錫山無盡燈記》，日本元祿 11 年刊本，
　　　　第 73 頁。
〔註6〕　〔宋〕羅濬等撰：《寶慶四明志》（清咸豐四年刊本）卷十三《鄞縣志卷第二》，
　　　　載《中國方志叢書》（第 574 號），臺北：成文出版社，1983 年版，第 5251
　　　　頁上。

生活上的困頓，親歷躬行開墾農田有時往往會花費巨大的人力，但一旦農田投入使用則其米糧收入亦往往極其豐厚，至少可以滿足僧眾的日常生活，由此看來，寺院所付出的人力資本往往與其收益成正相關，否則寺院亦不會花費巨大的人力財力去開墾農田，以上所舉仗錫山延勝院便是一個例子。此外還譬如紹興三十年（1160年）普慈善院頭陀宗新七人，身任勞役，復治其田，歷時三年才建成，號稱新豐莊，新豐莊的建成花費的成本十分巨大，然而所收穫的糧食基本能夠滿足日後僧眾日常之需，從長遠的角度看，投資如此巨大的工程還是很有必要的。

　　寺院無論是出於何種目的進行墾田活動，都是其自我發展的內在需要，反映出此時寺院追求自我生存的權力，體現佛教發展過程中多元價值的取向，放到社會歷史的大背景去看，寺院墾田是寺院對於土地資源的積極佔有，反映出它並非完全具有寄生性的特點。從宗教的角度講，寺院合理地追求土地資源對於僧團提高生活條件起到了積極的作用，成為僧眾安身安心的善增上緣。

二、對於寺院農業多樣化種植的討論

　　須知一般情況下寺院墾田只是其常住土地的極少部分，其田產大部分往往來源於皇室賜田、檀越捨田以及寺院購買等等方式，通過各種手段得來的田產大體數量亦往往十分巨大，這從寺院經營穀物等糧食作物的巨大收益中可以看出，寺院因經營穀物等糧食作物收入頗為豐厚，曾有史料記載南宋建炎至德祐年間漳州寺院收穫歲穀的大體數量，顯示規模很大的「上寺」一年收穫的歲穀有數萬斛，而規模其次的寺院亦有萬斛及數千斛之多，規模再其次的寺院有六七百斛或是三五百斛，而即使是位於窮村的小禪院，其一年也有一百斛的歲穀收穫。〔註7〕寺院農業經營所獲得的穀物糧食除一部分用於供佛法會等佛事活動以外，大部分用以滿足僧眾日常素食的生活需求。高宗時期僧人宗明歷時十餘年先後在西興、龍山等地創立寺院廟庵達二十九所之多，其中為寺者二，為院者四，為庵者二十有三，並開墾山溪險地，買田種山以贍守者。通過宗明的苦心經營，寺院所得滿足了二十九所庵寺守僧的日常生活，其資產亦日浸豐厚，有農田二千七百畝，山中園林一千六百畝，稻

〔註7〕〔宋〕陳淳撰：《北溪先生大全文集》卷四十三《擬上趙寺丞改學移貢院》，載《宋集珍本叢刊》第七十冊，北京：線裝書局，2004年版，第252頁上。

米四百斛，而這一些都是宗明衣缽之所自營，未嘗求諸外。〔註8〕能夠不求助於外資單靠衣缽之費置辦如此豐厚的常住資源似有誇張之嫌，但若情況屬實也足以體現宗明高超的管理經營能力。

　　寺院田產的糧食收益因寺院土地數量及質量的差異而有所不同，加之天災、戰亂所造成的土地收益的減損，故而無法作明確的統量，但是有一點是顯而易見的，那就是寺院田產數量、質量與其糧食收益成正相關，且與僧眾農業生產管理水平有莫大的關係。寺院田產的數量與質量是決定其糧食收益的主要因素，例如崇先顯孝禪院建成於高宗紹興辛未年（1151年），這座寺院於紹興二十三年冬（1153年）由朝廷勅撥田達三十餘頃之多，一年可收米就達到二千一百餘斛，完全可以滿足寺院煙爨之用。〔註9〕又如與南宋高宗關係極為密切的名臣楊存中於乾道二年（1166年）將名下一萬三千畝地捨與蘇州徑山莊，並有舟車、解庫、犁牛等與生產息息相關的工具設施，而如此眾多的田地也為寺院帶來了一年兩萬斛的糧食收益。〔註10〕楊存中的捨田數量達到一萬三千畝之多，是高宗撥給顯孝寺田產數量的四倍之多，而其所帶來的田產收益竟是高宗賜田收益的十倍，如果不考慮自然災變等因素，從單畝田產收益看楊存中的捨田質量應該更高。事實上有些寺院因為處於崇山峻嶺之中抑或偏遠幽靜之地，田產數量有限且多是荒蕪貧瘠之地，這樣的寺院其存在狀況往往十分困難，即使是有官方賜額的寺院有時亦往往逃脫不掉頹廢的命運，比如前面所舉鄞縣仗錫山延勝院的例子。延勝院在宋寶元二年（1039年）之前又稱仗錫寺，明代烏斯道在《仗錫禪寺紀績碑》中記載說：

　　　　古之逃空虛者，必靈境奧區，擇而居焉，至山水之氣，閟而不
　　　泄，神呵鬼禁，人不能迹而見者，尤為佛氏所專，若仗錫寺是已，
　　　其地南去郡治可二百里山，深入萬壑中，蛇盤斗折而上，重巒迭巘，

〔註8〕〔宋〕潛說友編：《咸淳臨安志》卷七十七《寺觀三之崇福院》，載《宋元方志叢刊》（第四冊），北京：中華書局編，1989年版，第4053頁下。

〔註9〕〔宋〕曹勳撰：《松隱文集》卷三十《崇先顯孝禪院記》，載《宋集珍本叢刊》第四十一冊，北京：線裝書局，2004年版，第613頁上。

〔註10〕〔明〕吳之鯨撰：《武林梵志》卷十《徑山寺》，杭州：杭州出版社，2006年版，第249頁。另〔宋〕奎光撰：《徑山志》卷十四《寺產》中記載：「（徑山莊）坐嘉定甪直鎮東至西十二里，南至北十二里，共田一萬三千畝，宋楊和王所賜，孝宗免稅。」此書載杜潔祥主編：《中國佛寺志》（第一輯）第32冊，臺北：明文書局，1980年版，第1063頁。

　　峭峻際天……雖樵者靡常至……歷歲久寺或毀或復。〔註11〕

由此可見仗錫寺地理位置十分偏僻，長時間以來或毀或復，為其發展帶來了極大的困難，後寶元二年（1039 年）賜額，有常住田五百五十六畝，但是即使是有相當數量的田產，寺院最終還是沒有建立起強大的經濟實力，反而到孝宗乾道時期寺院僧眾要靠行乞度日，即使如此猶苦不足。但是大部分情況下，只要擁有一定數量的田產加之僧眾的努力寺院一般都能維持，有些寺院經營田產獲得糧食的產量還是十分可觀的，種植的糧食品種質量亦是很高，安徽青陽縣化城寺唐建中時有平田數千畝，用以種植黃粒稻，其記載見於南宋陳岩所著《九華詩集》〔註12〕，這種稻子相傳為金地藏喬覺菩薩自古新羅攜帶而來，稻芒比一般稻子要長很多，且稻粒飽滿，色殷味香，是一種少見的稻穀良種，南宋時期化城寺仍在種植，甚至如今仍為九華山特產。

　　除了糧食作物的種植以外，寺院還往往種植一些農林作物，寺院大多位於崇山峻嶺、茂林修竹之地，有著十分豐富的林業資源，經過僧眾的利用能夠產生巨大的農林收益。例如茶的種植，經營茶園往往是寺院土地利用中不可獲缺的一項，宋代寺院普遍生產品質優良的茶葉，大多僧眾參禪修行之餘都喜好飲茶，素有「禪茶一味」之說。據一些不完全的統計，在我國，許多寺院都生產上等名茶，而且品質各異，風格獨特。這其中有「四川資中的甘露寺蒙山茶、湖北玉泉寺仙人掌茶、雲南感通寺感通茶、福建武夷寺岩茶、江蘇洞庭水月寺碧螺春茶、杭州龍井寺龍井茶、天台山國清寺華頂茶、景寧惠明寺惠明茶、普陀寺佛茶等，徑山寺所產的徑山茶也因其深厚的文化底蘊和優異的品質，而聞名於世。」〔註13〕徑山毛峰茶在唐之時開始種植，其後聞名於南宋，當時日本高僧聖一法師、南浦紹明先後參學徑山寺，他們回到日本後帶回徑山茶種和飲茶器皿，將中國碾茶法傳入日本。現代學者郭萬平在《日僧南浦紹明與徑山禪茶文化》一文中對此曾作過詳細考察。〔註14〕南

〔註11〕〔明〕黃宗羲編：《明文海》（第一冊）卷六十七《仗錫禪寺紀續碑》，北京：中華書局，1987 年版，第 602 頁上。

〔註12〕〔明〕陳岩撰：《九華詩集》，載《宋集珍本叢刊》第九十冊，北京：線裝書局，2004 年版，第 792 頁下。其中對黃粒稻的說明如下：「出九華山，舊傳金地藏自新羅攜種至此，種之其芒穎，其粒肥，其色殷，其味香軟與凡稻異。」

〔註13〕屠水根、余秋珠、章祥富：《徑山禪茶的歷史文化和發展前景》，《中國茶葉加工》2010 年第 2 期，第 47 頁。

〔註14〕郭萬平：《日僧南浦紹明與徑山禪茶文化》，《浙江工商大學學報》2008 年第 2 期，第 77～80 頁。

宋洪邁在《夷堅甲志》一書中記載西岩宗回禪師駐錫南劍州寺院時，寺院多種茶，宗回禪師曾令門人修剪寺內茶枝。〔註15〕另外結合《五燈會元》中的一則記載：「因寺僧以茶禁聞有司，吏捕知事，師謂眾曰：此事不直之，則罪坐於我。若自直，彼復得罪，不忍爲也。」〔註16〕由此可見當時寺院僧眾應該有違反「茶禁」的行爲出現。除了茶的種植以外，寺院還進行其他農林產品的種植，史料記載高宗紹興年間張維知閩縣時，由於縣賦故多取具於僧坊，維爲區畫，使其徒自相督，無擾而賦辦。僧歲以荔子餉官，遭到張維謝卻。〔註17〕可見寺院中有荔枝的種植記載。徑山寺除上述有茶樹外，還有花椒樹，諸如史料記載大慧禪師住持徑山寺時曾集眾採椒，其弟子無用淨全曾爲此作《椒頌》偈子：「含煙帶露已經秋，顆顆通紅氣味周，突出眼睛開口笑，這回不戀舊枝頭。」〔註18〕爲滿足僧眾的素食生活，寺院幾乎都經營有蔬菜園圃，蔬圃是寺院重要的常住田產，《五燈會元》中記載：北宋紹聖三年（1096年），眞淨移居石門，衲子益盛。凡是向其參學請求開示的僧徒，眞淨皆令往治蔬圃，率以爲常。〔註19〕從中可以看出經營蔬圃應是一部分寺院僧眾必須的日常作務。又宗賾在《禪苑清規》中講到寺院所種植的一些菜蔬：

> 大略言之，初春種萵苣、蔓菁、茗蓮。寒食前茄子、瓠子、黃
> 瓜、決明、葵菜、蘭香。五月半種蘿蔔，六月半種秋黃瓜，七月半
> 種苔子、菠薐。〔註20〕

〔註15〕〔宋〕洪邁撰，何卓校點：《夷堅志》（第一冊），《夷堅甲志卷第五‧宗回長老》，北京：中華書局，1981年版，第36頁。

〔註16〕〔宋〕普濟編：《五燈會元》卷18，載《卍新纂續藏經》第80冊，第386頁中。

〔註17〕〔清〕徐景熹修，魯曾煜等撰：《福州府志》（第二冊）（清乾隆十九年刊本）卷四十八《名宦三》，載《中國方志叢書》（第72號），臺北：成文出版社，1983年版，第955頁下。

〔註18〕〔宋〕張淏撰：《寶慶會稽續志》卷六《仙釋》，載《宋元方志叢刊》第七冊，北京：中華書局編，1990年版，第7164頁下。關於此首偈子，南宋枯崖圓悟曾在其《枯崖漫錄》一書中指出「諸方猶能誦，不知爲清所述，或載爲無用作，非也。」（見於〔宋〕枯崖圓悟編：《枯崖漫錄》卷2，載《卍新纂續藏經》第87冊，第37頁上。）認爲是無用弟子山陰清所作，在此筆者未作考證，特此說明。

〔註19〕〔宋〕普濟編：《五燈會元》卷18，載《卍新纂續藏經》第80冊，第366頁上。

〔註20〕〔宋〕宗賾著，蘇軍點校：《禪苑清規》，鄭州：中州古籍出版社，2001年版，第48頁。

此外，關於寺院農林作物的多樣化種植，游彪在其《宋代寺院經濟史稿》第四章《寺院多種經營的展開》一節中已經進行了一些材料舉證，其中講到寺院農林作物的其他品種還有柑橘、竹子、花卉、桑麥等等。〔註21〕

中國自古以來就是一個農業國家，具有極強的重農主義思想，如同一些學者所認為的那樣：「在中國古代，傾向於『重農』的還不僅僅只是在世俗領域，一些非世俗的部門也如此，比如佛教僧團之提倡農禪並重。」〔註22〕農禪並重是將農業生產勞動與禪宗修行結合起來，如何評價這一現象的產生，曾有學者指出：「一些禪僧將農業引入禪門，把禪行和農業勞動相結合，並使這種模式制度化，這就使得佛教作為一種意識形態與中國封建社會的經濟基礎相適應，從而產生新的派別——農禪。出現於唐代的農禪，則是禪者將中國傳統文化中的勤勞、自立、節儉的美德與禪修的思想和行為完美結合的典範。禪者從事農業勞動，自食其力的同時，將禪理運用於農業勞作之中，也在農業勞作中悟道參禪，不但完善了修禪者的生活方式，也為佛教增添了新的思想內涵。」〔註23〕毫無疑問，農禪的出現是禪宗歷史發展過程中其制度化的產物，從禪宗的角度看，它既是一種宗教修行又是一種世俗生活。然而現在所面臨的問題是：農禪思想的產生是否代表了農禪經濟的產生？在回答這個問題的時候首先應該清楚農禪是否是一種經濟行為。

農禪最初的產生在於寺院通過農事滿足自身的生活，其思想肇始於四祖道信，史料記載，四祖道信離開廬山大林寺寄居黃梅，在雙峰山弘法利生，期間廣聚僧眾弘傳禪法，影響頗深。道信定居黃梅雙峰山之後，「擇地開居，營宇立像。」從這一現象可以反映出達摩禪法在道信時期傳禪形式已與早期禪師「宜處深山，未可行化」〔註24〕的狀況完全不同，此時的傳法形式和僧團狀況都已經相當完整且初具規模，禪宗自此已不適合僅僅被看成是起初的學說和學派，而是呈現出「宗門」的特點，具備了宗派的雛形。而為了保證

〔註21〕 游彪：《宋代寺院經濟史稿》，保定：河北大學出版社，2003 年版，第 121～128 頁。

〔註22〕 陳堅：《論〈商君書〉中的「精神重農主義」——兼談中國佛教「農禪並重」的「普請製」》，《華南農業大學學報》（社會科學版）2008 年第 2 期，第 99頁。

〔註23〕 李幫儒：《我國古代農禪的特徵》，《安徽農業科學》第 36 卷，2008 年第 23期，第 10272 頁。

〔註24〕 〔宋〕道原纂：《景德傳燈錄》卷 3，載《大正藏》第 51 冊，第 221 頁上。

禪宗團體的存在及延續，擇地開居進行農業生產便成為僧眾的一項重要活動。可以說農禪的產生最初在於滿足僧眾的日常生活及修行要求，但是到了宋代，農禪現象明顯體現出一定的經濟化傾向，諸如宋代《禪苑清規》中講到：「相度天時地利，常令蔬菜相續，存留好者供眾，有餘方可出賣。」〔註25〕可見寺院已經有農產品可以出賣的經濟現象，並且以門規戒律的形式規定下來。可以看出寺院農禪經濟化的產生與寺院農業的多樣化種植及生產密切相關，南宋時期寺院農業的多樣化種植不僅滿足了寺院日常飲食之需，在許多情況下還是有目的的經濟行為，寺院不僅種植稻麥等糧食作物，還進行多種農林經濟作物的生產，而諸多生產的經濟產品不僅已經能夠完全滿足僧眾日常所需，許多情況下還用於販賣以取得一定的經濟收入。這其中茶的種植與販賣亦相當突出，早在北宋之時，就有寺院曾有意販賣茶卓，徽宗年間，福建茶事司曾上奏朝廷：

> 提訪得本路產茶州、軍、諸寺觀甚有種植茶株去處，造品色等第臘茶，自來拘籍，多是供贍僧、道外，有妄作遠鄉饋送人事為名，冒法販賣。〔註26〕

對於寺院進行茶葉生產並用於出賣的現象，曾有學者總結說：「宋代佛教寺院，尤其是一些地處山區或丘陵地區的寺廟，如福建路、江西路等等，寺院、僧人同百姓一樣，因地制宜，茶葉生產和經營還是比較普遍的，寺院所產茶葉除了滿足其生活需要以外，僧人還將茶葉作為商品，販賣得錢，可見商品經濟無孔不入，寺廟、僧人也深受影響。」〔註27〕

　　不可否認，生態系統及其農業作物分佈的多樣性特點在客觀上決定了寺院進行農業種植的多樣化，諸如稻米桑麥、果木茶花等往往存在於特定的地理環境中，然而寺院農業多樣化的種植往往還需要社會提供一定的條件，諸如上述例子中南宋時期化城寺所種植的黃粒稻，相傳為金喬覺自古新羅攜帶而來，如果沒有這樣的所謂「助緣」，南宋寺院黃粒稻的種植有可能不會出現。而寺院農業作物的多品種生產亦為社會的發展提供一定的條件，比如上述所

〔註25〕〔宋〕宗賾著，蘇軍點校：《禪苑清規》，鄭州：中州古籍出版社，2001年版，第48頁。

〔註26〕〔清〕徐松輯：《宋會要輯稿‧食貨》32之3，北京：中華書局1957年影印本，第5359頁上。

〔註27〕游彪：《宋代寺院經濟史稿》，保定：河北大學出版社，2003年版，第122頁。

舉南宋徑山寺茶的例子，由於其品質卓越受到世人喜愛，後為日本學僧帶回日本進行栽培，並推動了日本茶文化的發展。此外，寺院農業多品種的種植還得益於寺院農禪並重的勞作形式，寺院提倡農禪並重，使得僧眾將宗教修行付諸於農業生產，提高了僧眾的勞動積極性，故而能夠集中力量進行不同農業產品的種植經營。

三、寺院對於農業生產的管理與操作——以普請制與租佃制為中心

佛教農禪的產生與僧眾生活的大眾化是分不開的，與其他宗派相比較它有以下幾個鮮明的特徵：1、遠離鬧市，定居山林。2、一日不作，一日不食。3、寄禪於農，農中悟禪。〔註28〕由於禪宗寺院早期多位於遠離鬧市，荒野山林之地，其地理位置決定寺院農田數量十分有限，加之可耕土地大多貧乏，故而農業產出並不多，要保證眾多僧眾的日常飲食便需要大眾合力勞作，對於農業生產進行統一協調的管理和操作。而這樣的勞作形式便於僧眾日常修行結合起來，亦所謂「寄禪於農，農中悟禪，農禪一味」。從現實性的角度出發，正如學者所認為的：「要維持眾多僧人的生計，得全體僧侶共同勞作大家才得免於飢饉，因此農事勞作就成了禪宗僧人最主要的生活內容，這必然大量佔用做佛事功課的時間。農事與佛事的矛盾必須以某種方式消除，否則禪僧團體便要淪為普通的農業生產團體了。於是智慧的禪宗領袖們便創立了『農禪一味』的修行方式。所謂『農禪一味』意即：務農不異於參禪，禪悟來自於農事。」〔註29〕將農業生產與宗教修行進行結合的確是僧團發展進程中的一件大事，而在從事農業生產過程中的僧眾逐漸形成普請製的勞作管理模式。「普請」在早期印度佛教中就曾存在，《釋氏要覽》中記載：

> 律云：因佛說掃地勝利，時諸老宿比丘皆棄禪誦掃地，佛止曰：
> 我為知事人說其知事，又不遍掃，佛令鳴犍椎總集共為之，此普請
> 之始也。〔註30〕

〔註28〕 李幫儒：《我國古代農禪的特徵》，《安徽農業科學》第 36 卷，2008 年第 23 期，第 10272～10273 頁。

〔註29〕 羅小奎：《中國古代農禪詩初探》，《農業考古》2007 年第 3 期，第 221 頁。

〔註30〕 〔宋〕釋道誠集：《釋氏要覽》卷 3，載《大正藏》第 54 冊，第 302 頁中。

在佛教早期僧眾不事生產，依靠乞食度日，但是日常內務掃作還是有的，故而有普請之說，並且以佛教戒律的形式加以確定，佛教傳入中國並且產生農禪之風後，普請亦作為一項制度被確定下來，而這得益於百丈懷海禪師，《敕修百丈清規》對普請之法作了相關的規定：「普請之法蓋上下均力也，凡安眾處有必合資眾力而辦者，庫司先稟住持，次令行者傳語首座維那，分付堂司行者報眾掛普請牌，仍用小片紙書貼牌上云：

> （某時某處）或聞木魚或聞鼓聲，各持絆膊搭左臂上，趨普請
> 處宣力，除守僚直堂老病外，並宜齊赴，當思古人一日不作一日不
> 食之誡。〔註31〕

宋時期寺院農業生產仍然存在普請製，只是普請製在其農業生產過程中的作用開始出現某些變化，已與最初叢林寺院的「上下均力」的普請生產有所不同。尤其反映在寺院農業耕種者的分類上，寺院農田的耕種者不僅僅是寺院僧眾，許多情況下還包括奴婢及佃戶，臺灣學者黃敏枝先生在其《宋代佛教社會經濟史論集》之《寺田耕作者》一節中對此進行了必要的論述，並且首先指出：「寺領莊田的耕作者有三種：甲：僧眾，乙：奴婢，丙：佃戶，其中以委有佃戶來耕作者為最習見，其次才是奴婢，最後才輪到僧眾，其實僧眾中也還是由低級的僧眾，如身份較低的小僧徒與尚未受具足戒的童行、侍者、淨人等，真正位居上層的沙門則過著鮮衣美食，貴比王侯的優裕生活。」〔註32〕從黃先生的總結來看，就寺院僧眾的範圍來講，參與農業種植生產多是低級僧徒，故而以此看來寺院農業生產並非實行普請製，然而筆者在此稍有不同意見。因為黃先生所引諸多材料並未明確指出寺院高級僧侶不參與普請的記載，而根據筆者上述所引徑山寺住持大慧禪師與僧眾「採椒」一事，又所引南宋釋寶曇撰《橘洲文集》中賜額寺院延勝院監院蘊信深入山林水澗農田，並依靠一定的寺院經濟實力從人貸得四十萬錢，「裹糧百里外，縛茅茨，具畚鍤，築塘五，為田若干畝。」收穫之後，「所種之秫，先易麻廿斛以出油外，余以供田事。」〔註33〕的例子都可以證明即使是規格較高的寺院也存在普請

〔註31〕〔元〕德輝重編：《勅修百丈清規》卷6，載《大正藏》第48冊，第1144頁上。

〔註32〕黃敏枝：《宋代佛教社會經濟史論集》，臺北：臺灣學生書局，1989年版，第104〜105頁。

〔註33〕〔宋〕釋寶曇撰：《橘洲文集》卷十《仗錫山無盡燈記》，日本元祿11年刊本，第73頁。

勞作的現象，只是寺院農業耕種者的不同分類往往造成寺院普請製某種程度的失範，比如租佃制的產生對於普請製的影響，寺院租佃制是指寺院將土地出租給佃戶，並依一定比例收取租賦的生產管理方式，從寺觀階級論的角度看，在一定程度上這一方式體現出寺觀與佃戶之間的剝削關係，而與此不同的是普請製則體現出僧眾之間的平等關係，亦爲宗教意義上的「人人皆有佛性」的平等觀。

租佃田產的行爲在南宋寺院中較爲普遍，包括寺院通過一定手段租種國家土地，亦包括寺院將其下土地租佃給佃戶耕種。租佃是寺院獲得土地的一種方式，與上述寺院通過墾田的方式得到土地略有不同，寺院通過自食其力開墾出來的土地往往歸爲寺院永久常住，也就是說其土地產權以及土地所有權和土地除稅之後的收益皆歸寺院所有，但是寺院通過租佃這種手段所得來的農業用地其產權則屬於政府或是原先的土地所有人，如宋天禧二年（1018年）政府將灌頂山山田撥付府學（官方教育機構）作爲學田，這部分學田長時間以來由灌頂山普淨寺租佃耕種，歲入錢三百貫，但是南宋時期寧宗嘉定十七年（1224 年）冬天有豪民唐執中因其山有鐵礦，於是私下勾結主管司冒佃山田，焚毀林木掘鑿坑塹進行鼓鑄，府學教授方萬里進行申訴，認爲此舉毀壞環境及風水，破壞士大夫墳墓，有違法意，後官方決定仍由普淨寺耕種。〔註 34〕從中可以看出租佃的山田其所有權是歸府學所有的，而非寺院的永久常住，寺院只享有土地使用權，因此寺院通過租佃得到的土地並非是寺院的永久常住，而是除去三百貫錢之後的土地收益。由於寺院具有土地產權或是一部分土地經營權，故而諸多寺院往往將所得來的土地租給佃戶耕種，這其中有其現實性的原因，諸如寺院享有的土地數量較爲巨大，單依靠自身往往不能承擔生產壓力，加之僧眾與農戶相比，農業種植技術往往落後，除此之外，農業土地與寺院往往相隔有一定的距離，不方便寺院直接種植管理，故而將其租佃給農戶，這也是一個原因。

南宋時期有許多關於寺院佃給農戶土地的例子，從中可以窺見寺院在其農業生產中一種與「普請製」完全不同的管理與操作。以下這個例子便十分具有代表性，引自南宋袁燮《絜齋集》之《紹興報恩光孝四莊記》：

〔註34〕〔宋〕羅濬等撰：《寶慶四明志》（清咸豐四年刊本）卷十二《鄞縣志卷第一》，載《中國方志叢書》（第 574 號），臺北：成文出版社，1983 年版，第 5229 頁下。

會稽郡城之東南有佛剎焉，高明偉傑，枕山之椒，其名曰：報恩光孝，賜田十頃，科徭悉蠲，蓋我高皇帝孝思罔極，莊嚴像設，以爲昭考追福之地，故異於他寺焉，田本山陰膏腴，禪衲雲委，仰給無乏，而自圖籍漫漶，農習爲欺，雖豐富，租不實輸，況凶年乎？官督所負，責之必償，其囂自若，以故歲大減，圭撮丐粟以糊其口，僧徒病之。紹熙中，長老惠公住持此山，求所以核奸欺、實廩廥者，熟慮而得其策，屬耕者與約，中分田租，吾與汝均，汝不吾欺，吾不汝訟，歡如一家，茲爲無窮之利眾，曰：唯唯。誠如師言，要約既堅，乃築四莊，莊爲屋七楹以受農功之人，在梅市者曰寶盆，在感鳳者曰寶林，溫泉曰阮社，承務曰木柵，秋聲颯然，刈獲登場，分割適均，資儲寖廣，而日加葺焉，有囷有廩，有闌有船，有度僧局袞錢百四十萬，積其贏以貿牒，而耕夫之家亦皆室有儲粟，野有遺穗，欣欣然見於顏色，彼我兼足，客主相安。〔註35〕

從中可以看出寺院將土地租佃給客戶，客戶有充分的經營自由，待收成後向寺院繳納地租，而由於寺院圖籍散亂或是缺少對佃戶的監管，或是其他等等原因，往往出現佃戶少交地租的情況。另外由於寺院有土地的所有權，故而可以調整佃戶的地租額，也就是說在此寺院並不是採取的定額租，而是分成租，從「中分田租」的記載來看，應是寺院與佃戶五五分成，而之前寺院地租收取額應在此之上，因而招致佃戶少交地租的情況是有可能的。這個例子還反映出，寺院對於土地的經營雖然採取了租佃制的形式，但是對於土地的經營權並非完全地放度，必要時尤其是出現與佃戶的矛盾時，寺院會根據世俗法律來維護其自身權益。

兩宋時期，寺院租佃土地事項亦派有專門的僧人進行管理，設置莊主之職，《禪苑清規》中規定：

莊主之職，主官二稅，耕種鋤耨，收刈持梢，栽接窠木，泥築垣牆，收般糞土，須及時躬親部領，守護地邊明立界至，飲飼頭口省減鞭打，安停客戶，選擇良家，針線婦人常居顯處，錢穀文歷收破分明，酒肉蔥薤無使入門，展散投托不須應副，行者人工方便驅

〔註35〕〔宋〕袁爕撰：《絜齋集》卷十《紹興報恩光孝四莊記》，文淵閣《四庫全書》影印本，文淵閣《四庫全書》全文檢索電子版，上海人民出版社、迪志文化出版有限公司，1999 年版。

> 策，南鄰北里善巧調和，閒雜之人慎無延納，師僧旦過恭謹承迎，
> 無以常住錢物抄注諸方，僧供，忽若牛驢歿故。並須掘地深埋，早
> 持皮角輸官，無使公司怪問，如有踐踏田苗侵犯禾稼，但可叮嚀指
> 約，不得捶罵申官，秋成場戶主客抽分計結。〔註36〕

可見莊主的職責有很多，其中一條便是「安停客戶」，對於租佃者進行合理選擇安排，作物收成後要「主客抽分計結」，按照事先定好的分成租額進行結算。

最後，將普請製和租佃制結合起來看，普請製是針對寺院僧眾的農業勞作制度，而租佃制則反映出寺院與世俗社會的某些聯繫，兩者之間是寺院農業生產管理的兩種方式，然而兩者即有區別又其聯繫，種種跡象表明普請製並不適合大土地所有制的寺院，亦即享有大量土地的寺院，而是更適合一般規模的小寺院，對於享有農業土地的大寺院來講，為保障其農業生產則更應採用租佃制的形式，然而寺院租佃制的產生及發展並不代表其農禪普請製的消亡，寺院自身從事農業生產這是不爭的事實，唐時懷海禪師所首倡的「一日不作，一日不食」的農禪思想在宋代仍舊存在，從這一思想的歷史發展來看，僧眾不分長幼參與農業生產勞動都始終是他們維持宗教信仰的一個方面。

第二節　寺院手工業的再認識──宗教、科技與社會的關係視角

有關「宋時期寺院手工業」這一課題的研究前人已經有一些成果，諸如全漢昇《宋代寺院所經營之工商業》〔註37〕、黃敏枝《宋代佛教社會經濟史論集》之第六章《宋代佛教寺院與工商業經營》、游彪《宋代寺院經濟史稿》第七章《佛教寺院經營的手工業、商業和高利貸》之《寺院經營的手工業》等等，其中都對寺院手工業這一問題作了一定地探討，然而多是從兩宋這段大的歷史時期進行總體的考察，雖然不乏真知灼見，然而仍舊缺乏必要的細化，而本節擬就南宋時期寺院手工業的基本情況為切入點，並與北宋時期進行結合討論，且以「宗教、科學技術與社會」為特殊視角，將南宋時期手工業及其社會關係作一個梳理和討論。

〔註36〕〔宋〕宗賾著，蘇軍點校：《禪苑清規》，鄭州：中州古籍出版社，2001 年版，第 48 頁。

〔註37〕此篇文章收錄於《現代佛教學術叢刊》第九冊，臺北：大乘文化出版社，1980 年版，第 153～163 頁。

一、南宋時期寺院手工業水平及概況——宗教與科學技術之視角

宋時期寺院經營手工業的現象十分普遍，且手工業產品多種多樣，現結合全漢昇、黃敏枝、游彪等幾位先生在其著作中所引材料及筆者的搜集補正作如下列表，以呈現宋時期寺院手工業的大體概況：

兩宋時期寺院從事手工業情況簡表

序號	時間	寺院	手工業作坊及其概況		文獻史料來源	備註
1	宋太祖時期	商州福壽寺	以太平興國四年遷化，凡四十年間建大殿，立三門……然後墾山田造水磑……	磑碾業（關於這一行業，中國臺灣學者黃敏枝先生在《宋代佛教社會經濟史論集》之第六章《宋代佛教寺院與工商業經營》中研究指出：「在寺院所經營的工業中，碾磑業似乎是較普遍的一個行業。在宋代，如即將指出的，寺院的經營碾磑業也相當的普遍。」〔註38〕同時根據筆者的參閱，關於兩宋時期存在磑碾設備的事例非常多，殆不可盡舉，在此僅舉幾個例子以在其後的行文中作探討之用，故在此說明。	王禹偁《小畜集》卷十六	
2	宋太宗淳化二年（991年）	陝西咸寧廣慈禪院	守忠於永興軍萬年縣春明門，在莊一所併磑二所；涇陽縣界臨涇，有莊一所。今將兩處田土莊舍，並捨與廣慈院內，永充常住。		陸耀遹《金石續編》卷十三《廣慈禪院莊地碑》	
3	宋仁宗天聖八年（1030）	陝西鄠縣逍遙樓寺	危樓崛起，疑蠶吐而雲成……則可滋於稼穡；一方溉於時壟，則挹之弗窮，其磨亭正座五間，都成七架，西開客館，東敞僧房……		陸耀遹《金石續編》卷十四《大宋京兆府鄠縣逍遙樓禪寺新修水磨記》	
4	南宋高宗紹興初年	袁州開元寺	紹興初，喬貴妃弟某官於袁州，有郭主簿者，居於是邦，亦汴人		洪邁《夷堅志·補志》卷二《喬郭兩賢》	對於這一條筆者認為並不能完全算作

〔註38〕黃敏枝：《宋代佛教社會經濟史論集》，臺北：臺灣學生書局，1989 年版，第209 頁。

序號	時間	寺院	手工業作坊及其概況		文獻史料來源	備註
			也，喬以鄉鄰之故，憐其羈窮……又治碓坊於開元寺，日可得千錢之入，並付郭生……			寺院的碓碾業，其理由在下節進行說明。
5	南宋高宗紹興年間	福州西禪寺	福州西禪寺行者妙心，母患瘋疾累年，不能步履，受本寺差監作碓坊……妙心還碓坊，掌事者欲糾其夜出，乃以實告……時紹興三十年九月也。		洪邁《夷堅志‧補志》卷一《妙心行者》	
6	南宋寧宗時期	浙江安岩山華嚴禪院	盡公既已重建僧堂鐘樓等，比舊加壯，創為舂碓，機輪激水，為無窮之利，又將增廣大殿……		樓鑰《攻媿集》卷五十七《安岩華嚴院記》	從《安岩華嚴院記「慶曆三年（1043年）賜華嚴禪院之額外……距今百六十餘載……」推測舂碓大概為南宋寧宗時期所建。
7	北宋徽宗時期		直歲之職，凡係院中作務並主之，所為院門修造僚舍門窗牆壁，動用什物逐時修換嚴飾，及提舉碾磨、田園、莊舍、油坊、後槽鞍馬虹車……	油坊業	〔宋〕宗賾著，蘇軍點校《禪苑清規》，鄭州：中州古籍出版社，2001年10月版，第36頁。	材料中顯示對於油坊寺院直歲有提舉之職，故斷定寺院有油坊業的管理。

序號	時間	寺院	手工業作坊及其概況		文獻史料來源	備註
8	北宋徽宗宣和年間	全州湘山隱靜寺	問其地利之所出，度不足以贍眾，則化淨檀爲油麥庫以生財，役力事眾未有效勞者則合眾力建度僧之庫，越兩年而告成……宣和六年十月明年秋九月落成之。		宋釋惠洪《石門文字禪》，卷二十一《重修僧堂記》	
9	北宋眞宗大中祥符二年（1009年）	信州鉛山觀音院	黃岡主簿段君璵，嘗於京師傭書人處，得一風字硯。下有刻云：「祥符己酉，得之於信州鉛山觀音院，故名僧令休之手琢也。明年夏於鵝湖山刻記。」錢易希白題其側，又刻『荒靈』二字。硯蓋歙石之美者。己酉至今七十四年，令休不知爲何僧也？	文化用品製作	《東坡題跋》卷五《書名僧令休硯》條	關於這則材料，宋代高似孫《硯箋》（文淵閣《四庫全書》影印本，子部，譜錄類，器物之屬）中亦有大體記載。
10	北宋神宗元豐年間	黃州定惠院	川僧清悟，遇異人傳墨法，新有名。江淮間人，未甚貴之。予與王文甫各得十丸，用海東羅文麥光紙，作此大字數紙，堅韌異常，可傳五六百年，意使清悟托此以不朽也。		《東坡題跋》卷五《書清悟墨》條	

序號	時間	寺院	手工業作坊及其概況		文獻史料來源	備註
11	北宋眞宗景德年間		兗州道士冶，歲課鐵二萬餘斤。主者盡力採煉，常不能及，有坐是破產者。(景德四年十二月)癸卯，命廢之。	金屬冶煉業	宋李燾《資治通鑑長編》卷六十七	此則例子比較特殊，爲道士從事冶金工業的事例，但考慮其後要對宗教手工業的社會發展進行討論，故將其收錄此表，特在此說明。
12	北宋仁宗嘉祐年間	扶風開元寺	予兄子瞻嘗從事扶風，開元寺多古畫，而子瞻少好畫，往往匹馬入寺，循壁終日。有二老僧出揖之，曰：小院在近，能一相訪否？子瞻欣然從之。僧曰：貧道平生好藥術，有一方能以朱砂化淡金爲精金。老僧當傳人而患無可傳者，知公可傳，故欲一見。子瞻曰：吾不好此術，雖得之，將不能爲。僧曰：此方知而不可爲，公若不爲，正當傳矣。是時，陳希亮少卿守扶風，平生		宋蘇轍《龍川略志》卷一《燒金方術不可授人》	關於這則材料，宋洪邁《夷堅志補》卷十三《鳳翔開元寺僧》亦有記載。

序號	時間	寺院	手工業作坊及其概況	文獻史料來源	備註
			溺於黃白，嘗於此僧求方，而僧不與。子瞻曰：「陳卿求而不與，吾不求而得，何也？」僧曰：貧道非不悅陳卿，畏其得方不能不爲耳。貧道昔嘗以方授人矣，有爲之即死者，有遭喪者，有失官者，故不敢輕以授人。即出一卷書，曰：此中皆名方，其一則化金方也。公必不肯輕作，但勿輕以授人。如陳卿，愼勿傳也。子瞻許諾。歸視其方，每淡金一兩，視其分數不足一分，試以丹砂一錢益之，雜諸藥入甘鍋中煨之，鎔即傾出，金砂俱不耗，但其色深淺班班相雜，當再烹之，色勻乃止。	金屬冶煉業		
13	南宋時期		西融州有鉛坑，鉛質極美，桂人用以製粉，澄之以桂水之清，故桂粉聲聞天下，桂粉舊皆僧房罨造，僧無不富，邪僻之行多矣。	南宋周去非《嶺外代答》卷七，文淵閣《四庫全書》本，史部，地理類，雜記之屬	關於融州桂粉的記載首先見於范成大《桂海虞衡志》之《志金石》：「鉛粉

序號	時間	寺院	手工業作坊及其概況		文獻史料來源	備註
			厥後，經略司專其利，歲得息錢二萬緡，以資經費。群僧乃往衡嶽造粉，而以下價售之，亦名桂粉。雖其色不若桂，然桂以故發賣少遲。			，桂林所作最有名謂之桂粉，以黑鉛著糟甕罨化之。」
14	北宋徽宗時期	撫州蓮花寺	撫州蓮花紗，都人以爲暑衣，甚珍重，蓮花寺尼凡四院造此紗，撚織之妙外人不得傳，一歲每院才織近百端，市供尙局，並數當路計之，已不足用。寺外人家織者甚多，往往取以充數，都人買者亦自能別寺外紗，其價減寺內紗什二三。	刺繡及紡織手工業	宋朱彧《萍洲可談》卷二，文淵閣《四庫全書》影印本，子部，小說家類，雜事之屬	此記載見於《萍洲可談》，此書爲朱彧根據其父朱服的社會見聞而撰，成書於宋徽宗宣和元年（1102年）故知此記載爲北宋時期。
15	兩宋時期	顯慶教院	選名行尼主焉，頗習經學，勵行業...教院本名保越，尼皆以執織羅爲業，所謂寶階羅是也，乾道中以其院捨忠順……		《會稽志》卷七，文淵閣《四庫全書》影印本，史部，地理類，都會郡縣之屬	
16	南宋建炎三年至乾道三年（1129～1167年）	成都應天、北禪、鹿院寺	建炎三年，都大茶馬司織造錦綾被褥，折支黎州等處馬價，自是私販之禁興，又以應天、北禪、鹿院寺三處置		楊愼《全蜀藝文志》卷56《蜀錦譜》	關於這則記載應是南宋官方手工業在寺院內置辦的史料，所以嚴

序號	時間	寺院	手工業作坊及其概況	文獻史料來源	備註
			場，織造其錦，自眞紅被褥而下凡十餘品，於是中國織紋之工轉而衣被椎髻卉舌之人矣，乾道四年，又以三場散漫，遂即舊廉訪司潔己堂創錦院，悉聚機戶其中，猶恐私販不能盡禁也……		格地說應不屬於寺院的手工業，而屬於官辦作所。
17	北宋眞宗大中祥符五年（1012年）		裁造院自今應承受房臥及繡造物色，本院繡造不逮者，分於奉節指揮及百姓繡戶，支工錢令繡造。即不得抑勒差配，更不令三尼寺繡造。須監官當面支散工錢，無縱減刻。	《宋會要輯稿·職官》19之8	
18	北宋徽宗崇寧至宣和時期（1102～1125年）	開封大相國寺	兩廊皆諸寺師姑賣繡作領抹、花朵珠翠頭面、生色銷金花樣、樸頭帽子、特髻冠子、條線之類。	宋孟元老《東京夢華錄》卷三，文淵閣《四庫全書》影印本，史部，地理類，雜記之屬	
19	北宋徽宗崇寧三年（1104年）		崇寧三年三月八日，試殿中少監張康伯言：「今朝廷自乘輿服御至於賓客祭祀用繡，皆有定式，而有司獨無纂繡	《宋會要輯稿·職官》19之8	

序號	時間	寺院	手工業作坊及其概況	文獻史料來源	備註
			之工。每遇造作，皆委之閭巷市井婦人之手，或付之尼寺，而使取直焉……招刺繡工三百人，仍下諸路選擇善繡匠人，以爲工師。候教習有成，優與酬獎。」詔依，仍以文繡院爲名。		
20	北宋太宗興國三年（978年）		後院燒朱所，掌燒變朱紅以供丹漆繪飾之用，太平興國三年置，令僧德愚、德隆於後苑令煉……天禧五年，僧惟秀省其法，令內侍一人監之……	顏料製造業	《宋會要輯稿·職官》36之76	後院燒朱所爲北宋太宗太平興國年間設置的部門，宋眞宗咸平末年曾暫罷，在大中祥符元年重設。
21	北宋時期	開封大相國寺	相國寺燒朱院，舊日有僧惠明，善庖炙豬肉尤佳，一頓五觔。楊大年與之往還，多率同舍具殽，一日大年日：爾爲僧遠近皆呼燒豬院，安乎？惠明日：奈何！大年日：不若呼燒朱院也？都人亦自此改呼。	食品行業	宋張舜民《畫墁錄》，文淵閣《四庫全書》影印本，子部，小說家類，雜事之屬	
22	南宋高宗建炎年間	開元寺	安福縣南出爲十里者，土地日烏村，有寺巍然	印刷業	南宋楊萬里《誠齋集》卷七十	

序號	時間	寺院	手工業作坊及其概況		文獻史料來源	備註
			者，興崇院也……有寺百年而無一卷，非不來而農，不書而士……於是傾囊之贏，勸里之俠，得錢如千……走二千里至福唐，市經於開元寺，以歸爲卷。		三《興崇院經藏記》文淵閣《四庫全書》影印本，集部，別集類	

說明補正：兩宋時期寺院所從事的手工行業門類應該比上述所列更多更齊全，黃敏枝《宋代佛教社會經濟史論集》之第六章《宋代佛教寺院與工商業經營》中還羅列出船舫業、製茶業、與造紙業，〔註39〕在此筆者雖同意兩宋時期寺院從事這些手工行業的可能性，但是黃先生在其著述中所列舉之例子，有些皆爲道士及道觀的例子，故而不能用來說明及支持寺院及僧眾所從事的手工業種類，有些則用元代才出現的實例來支撐宋代時期的手工業類型。在「飲食工業」中黃先生舉浦城天慶觀的道童擅長製作雕花蜜餞，並引用材料證明：「浦城雕花蜜餞，爲天下最。壽架子、臺坐、假山、龜、鶴、壽星、仙女、皆冬瓜也。三臺梅者，三顆共蒂，四輔梅亦然，雕刻精妙。天慶觀所售尤佳，皆道童爲之。」〔註40〕又製茶業中引用元時期道教「太平宮」的例子：「力作者，創茶磨四所，凡四十二盤。」〔註41〕又元至大四年（1311年）出現的「船坊」，黃先生所引材料爲：「至大四年，佛日大師時遇又繼之，復慶元莊已得而隨失之田三千餘畝……立莊宅，置船坊。」〔註42〕對於這樣的例子筆者在此表中並沒有採用，

〔註39〕 黃敏枝：《宋代佛教社會經濟史論集》，臺北：臺灣學生書局，1989年版，第217頁。

〔註40〕 黃敏枝：《宋代佛教社會經濟史論集》，臺北：臺灣學生書局，1989年版，第216頁。黃先生所引史料見於〔宋〕龐元英撰：《談藪》，收錄於元末明初陶宗儀所編《說郛》卷31，北京：中國書店，1986年版，第23頁（此爲卷內頁碼）。

〔註41〕 黃敏枝：《宋代佛教社會經濟史論集》，臺北：臺灣學生書局，1989年版，第216頁。黃先生所引史料見於〔元〕姚燧撰：《牧庵集》卷九《太平宮新莊記》，《四部叢刊初編》卷9，第84頁上。

〔註42〕 黃敏枝：《宋代佛教社會經濟史論集》，臺北：臺灣學生書局，1989年版，第216頁。黃先生所引史料見於〔元〕黃溍撰：《金華黃先生文集》，《四部叢刊初編》卷12，第118頁下。

序號	時間	寺院	手工業作坊及其概況	文獻史料來源	備註
			特此說明，另外，有關兩宋寺院及僧眾從事其他手工業種類類型的記載史料，由於史料散佚或是缺乏記載，在此引用並不完全詳實全面，期待在以後的研究中進行持續地搜集和研究。		

　　從以上列表所引用的材料來看，除了碾磑業，較南宋而言，北宋的手工業門類種數記載更爲多一些，然而這並不代表北宋時期的寺院手工業在南宋時期沒有存在的影子，只是大多未見有史料的詳細記載而已，諸如上表中所列碾磑業、金屬冶煉業、刺繡紡織業等等，在南宋時期同樣存在，甚至工藝技術水平更高。這其中顯慶教院的寶階羅（列表第 15 條）便是一個很好的證明，寶階羅在北宋曾被列爲貢品，可見在當時應是上品之作，然而到了南宋這一產品逐漸被淘汰，原因主要在於其品質與同時期其他產品相比已無多大優勢可言，諸如《嘉泰會稽志》卷十七《布帛》條中所記：「越貢寶花羅者，今尼院中寶街是也，近時翻出新制……寶街不足言矣！」〔註 43〕又陸游在其筆記中所說：「遂寧出羅，謂之越羅，亦似會稽尼羅，而過之。」〔註 44〕《老學庵筆記》中的大多內容皆是作者的親身見聞，或是讀書考察之心得，實屬可信。結合兩條記載可以看出顯慶教寶階羅在南宋時期仍有生產，只是手藝落後了，逐漸淡化出人們的視野，這也反映出南宋社會手工業技術的進步，諸如上表中第 16 條，南宋政府在成都應天、北禪、鹿院寺三處置紡織場，所生產的產品有眞紅大被褥、皂大被、緋大被等十多種，可以看出南宋時期紡織業的產品種類及系列相比北宋時期可能更多。另外據現代學者的研究考證，北宋末年至元初這段跨越南宋的時期是棉花在逐漸傳佈南方的過程，自此棉紡業便逐漸發展起來。〔註 45〕關於南宋這段時期寺院是否有棉花的加工作坊，筆者在史料搜集過程中並未發現，但是最起碼這個例子說明，寺院所處的社會時代是在進步的。

〔註43〕　〔宋〕沈作賓修，施宿等纂：《嘉泰會稽志》卷十七《布帛》，載《宋元方志叢刊》第七冊，北京：中華書局編，1990 年版，第 7048 頁下。

〔註44〕　〔宋〕陸游撰：《老學庵筆記》卷二，北京：中華書局點校本，1979 年版，第 23 頁。

〔註45〕　季子涯：《宋代手工業簡況》，《歷史教學》1955 年第 5 期，第 13 頁。

　　根據以上列表第 1、3、4、6 條可以確知寺院磑碾爲水力發動設施（許多寺院中也存在以動物畜力爲動力的磑碾），磑碾業在北宋及南宋寺院的廣泛使用說明一部分僧眾已經完全能夠掌握這一重要的生產勞動工具，通過合理利用水力物力進行農業勞作和生產，保證了糧食的供應，一定程度上反映出此時期寺院經濟的發展。另外從表中所作的寺院手工業分類來看，兩宋時期寺院僧眾相比普通大眾來說，應該是文化技術較高的一類階層，僧眾由於要從事誦經、講經等宗教活動，故而讀寫識字應是必需，從硯臺、墨料的文化用品製作多少可以反映出一點跡象。相比僧眾從事文化用品鐫刻及製作的手工行業來說，尼師則多從事刺繡及紡織業，且手工技藝和生產產品在當時的社會中大多深受世人好評，寺院亦因此收到了很好的經濟效益，這在以上列表所引個別材料中有所體現。最後從記載來看，兩宋時期寺院僧眾還有從事冶金工業的例子，可以看出此時寺院對於冶煉技術亦有所掌握。此外還需要強調的是：前面也稍微談到這點，南宋相比北宋，寺院手工業所從事的種類及部門可能並無多大差異，畢竟作爲北宋這段歷史時期的延續，南宋社會手工業發展一定程度上表現出了北宋之時的樣貌，只是在某些特定的社會歷史及自然地理環境條件下表現出一些差異。〔註46〕

　　可以看出，寺院經濟的發展與社會科學技術的進步有莫大的關係，從兩宋時期寺院手工業的發展便可以看出這一點，其次需要指出的是能夠從事手工業的寺院畢竟還是少數，並且還要得益於個別別有奇能的僧人，這些寺院和僧人往往憑藉先進獨特的手工技藝爲寺院贏得經濟利益，但是根據上述撫州寺「撚織之妙外人不得傳」、及開元寺僧「以朱砂化淡金爲精金」不輕易外傳等等事例，可以反映出寺院對於手工業技術的壟斷，這種情形對於科學技術的推廣和更新無疑起到了限制的作用。最後，結合上述材料從宗教與科學技術的關係上來看，宗教界對於科學技術的重視及應用自古便有之，弗里德里克·費勒（Frederck Ferre）在《技術信仰與基督徒的懷疑》中指出：「技術現象深深紮根於人類的目標和智慧，這樣定義技術，可以使神學家清楚地認識到，技術並非處於神學範疇以外。」〔註 47〕實際上

〔註46〕　對此筆者擬在下一節中結合兩宋不同的社會歷史背景對南宋手工業的存在與發展進行討論。

〔註47〕　〔美〕弗里德里克·費勒（Frederck Ferre）：《技術信仰與基督徒的懷疑》，載〔美〕斯圖沃德 Stewart 編，周偉馳等譯：《當代西方宗教哲學》，北京：北京大學出版社，2006 年版，第 173 頁。

佛教雖然不同於西方的某些宗教，僧眾亦有別於西方的神學家，但是從寺院手工業中存在的技術現象來看，作爲一種追求寺院經濟效益的手段，科學技術實際上也並未眞正脫離寺院僧眾的信仰生活，以佛教的信仰來看，通過技術提高寺院經濟收入無疑對僧眾生活及寺院的長遠發展有利，這是僧眾的因緣福報之使然，是其宗教信仰的業力所致，當然作爲一個「善增上緣」，佛教自古以來也並從不排除科學技術，只是科學技術並未上升到現代西方意義上的「技術信仰」之層面。〔註48〕

二、南宋寺院手工業存在及發展的歷史因素及其社會環境

科學技術手段的應用在南宋寺院手工業中佔有最突出的地位，然而寺院手工業的存在及發展往往還會受到政治條件、社會其他因素的影響及限制，根據這一點筆者擬就南宋寺院手工業的社會發展情況進行探討，並結合北宋及其前朝歷代的一些史料進行對比說明。

有關南宋寺院手工業的史料其明確記載，在筆者所列上表中有六處，其中由於碾磑業的廣泛存在，史料記載不勝繁多，因而只列舉了幾條。南宋時期寺院碾磑業無疑是許多寺院最具普遍意義的手工作坊，這與冶礦業、紡織業等礦產資源及工藝技術依賴度大的手工行業明顯不同，然而碾磑業的存在卻是寺院僧眾生活依賴度最大的手工行業，其存在與發展亦經歷了一個歷史的過程。宋代之前，寺院佔有碾磑工具的事情一直是被作爲階級特權而看待，而這一工具的使用亦往往帶來巨大的經濟利益，曾有學者對唐之時的水碾業情況進行總結說：「古代華北水力加工設施的擁有者，基本上都是經濟力量雄厚、享有一定特權的富貴之家，包括貴族、官僚、寺院和富商等等。」「唐代關中地區的水力加工規模甚大，水碾、水數量眾多，已經成爲一個具有重要經濟意義的產業。唐代率先在鄭白渠上構設水碾的，是那些實力雄厚且有經營頭腦的富商大賈。但是，由於經營水力加工利潤甚厚，繼富商大賈之後，皇室、官僚、宦官和僧侶紛紛加入霸佔水源、設立碾、經營牟利的行列。」〔註49〕

〔註48〕 參看〔美〕弗里德里克‧費勒（Frederck Ferre）：《技術信仰與基督徒的懷疑》，載斯圖沃德 Stewart 編，周偉馳等譯《當代西方宗教哲學》，北京：北京大學出版社，2006 年版，第 166～176 頁。

〔註49〕 王利華：《古代華北水力加工興衰的水環境背景》，《中國經濟史研究》2005年第 1 期，第 33～34 頁。

由此可見，自古以來水碾業對於寺院的日常經濟生活所帶來的作用實在不可
小覷，而在這種巨大經濟利益的驅使下，寺院僧眾亦同世俗當權者一樣加入
到水碾的建設隊伍中。

　　寺院佔有磑碾的歷史並不短，其所擁有的磑碾工具往往來自於朝廷官府
的賞賜和布施，之後隨著歷史的發展才逐漸開始有寺院自建磑碾的大量記
載，這實際上是伴隨磑碾民間普及化所產生的一個跡象，關於這一點曾有學
者亦指出：「與魏晉時相同，隋至唐前期分佈各地的水磨、水碾大多是皇家私
產，以此作為賞賜。或贈王公貴戚，或給寺廟。」「隋及唐前期皇室及豪門世
家、寺廟，仍是水磨、水碾的主要擁有者。」「唐宋元時，水力機械向民間廣
泛普及，大致過程是，皇族、豪門世家私產——官府控制的產業——民間的
私產。」〔註50〕可以說兩宋時期是寺院磑碾業發展的重要歷史時期，徐松《宋
會要輯稿》之《食貨》八之三三中記載：

> 　　陝府西轉運司府：疑衍時頗多邀滯搔擾，今據磑戶八十餘人狀：
> 願言「秦州路歲造麴用麥數萬石，止合於在州及近郊水磑戶分配變
> 磨，其就倉請領並納撲官水磑五盤，所收數納官，只乞官自變磨應
> 副……兼綸差通判程賁於州界側近度地形安便處增修水磑，得永寧
> 寺西官柳林中可修立水磑一，悉不妨占居民地土水利。令並舊官磑
> 應副中變磨合用麴麥外，亦可量出租課，添助軍需，乞降敕處分。」
> 從之。〔註51〕

這一材料記載了仁宗天聖八年四月（1030 年）的情況，從「磑戶八十餘人」
進行磨麵並造「水磑五盤」納官以避「邀滯搔擾」之苦的記載，可以看出此
地區水磑的數量之多，且百姓可以私造。「皇家私財——政府控制——民間私
營」這確實反映出寺院磑碾業發展的某種歷史的聯繫，寺院雖然作為一個特
殊的場所但是畢竟不能逃脫外部存在的歷史環境。

　　對於南宋時期寺院擁有磑碾的情況有一點還值得注意，當然這種情況在
北宋也有存在，諸如上段所舉「政府永寧寺附近建水磑」一事，官方認為這
樣做不妨礙居民農田的水利灌溉，事實上有些情況除考慮到寺院附近合理的

〔註50〕　譚徐明：《中國水力機械的起源、發展及其中西比較研究》，《自然科學史研究》
　　　　　第 14 卷，1995 年第 1 期，第 87～88 頁。

〔註51〕　〔清〕徐松輯：《宋會要輯稿‧食貨》8 之 33，北京：中華書局 1957 年影印
　　　　　本，第 4951 頁上。

水利環境適宜建立磑碾以外，營生取得經濟利益亦是一個不得排除的原因，結合筆者在上表第 4 條南宋紹興初期「喬貴妃弟某官於袁州，有郭主簿者……又治碓坊於開元寺」這一記載來看，南宋時期一些寺院的磑碾應該是政府或是一些官員所建，而且建造者有對磑碾收取租課取得利益的權力，結合《宋會要輯稿‧食貨》8 之 33 中「亦可量出租課」的記載可證明這一點。但是關於開元寺碓房的運營，游彪先生在其《宋代寺院經濟史稿》中認爲這一情況是「寺院將碓房出租給他人」，並且說：「很顯然，喬某在其任職滿到都城臨安報到之前以其官的身份租用開元寺的碓房，並交給同鄉郭某經營，除去租金外，每天有 1000 文錢的收入。」〔註52〕然而筆者對此並不認同，史料中明確表明「又治碓坊於開元寺，日可得千錢之入」，可見爲喬某所置，用於經營，程民生在《宋代物價研究》中說：「紹興中，袁州有人設於開元寺的一座碓坊，每天有 1 貫的收入。」〔註53〕在此程先生亦並未表明開設碓房的爲僧人，只是說「袁州有人設於開元寺的一座碓坊」，而根據邢鐵在《中國家庭史》一書中也引用了此材料，並且說：「南宋初年喬貴妃的弟弟在袁州（按：今江西宜春）當地方官的時候，『治碓坊於開元寺，日可得千錢之人』。這是看到當地有專門磨麵碾米的家庭作坊，覺得有利可圖，也學著借寺廟的房子開了一處，一邊當官一邊做生意掙錢了。」〔註 54〕這也看出寺院內的磑碾設備往往不一定是寺院的常住物，這也就是說寺院即使存在一些磑碾的史料記載有時亦不能說明是屬於寺院的，而有可能是政府抑或是一些官員用於經營的產業，從大的方面也可以看出，南宋時期世俗政權對於寺院的一些影響。

但是像上述的例子，磑碾其後會不會被布施給寺院作爲其產業，這種情況也是有可能出現的，一些寺院的磑碾往往是在寺院之外，諸如上節列表中第 2 條：「守忠於永興軍萬年縣春明門，在莊一所併磑二所；涇陽縣界臨涇，有莊一所。今將兩處田土莊舍，並捨與廣慈院內，永充常住。」這種情況是就是官員將所經營的磑碾業轉到寺院常住裏面，故而可以說明寺院磑碾業的建立往往來源於世俗社會的支持。當然也有一些情況是寺院自己建立磑碾業，上節列表中第 5、6 條南宋福州西禪寺及浙江安岩山華嚴禪院的例子可以

〔註52〕 游彪：《宋代寺院經濟史稿》，保定：河北大學出版社，2003 年版，第 138 頁。

〔註53〕 程民生：《宋代物價研究》，北京：人民出版社，2008 年版，第 532 頁。

〔註54〕 張國剛主編，邢鐵著：《中國家庭史》（第三卷），廣州：廣東人民出版社，2007 年版，第 80 頁。

證明，但是正如現代學者的總結：「雖然使用水碓、水碾和水磨是古代效率最高的一種加工方式，但水碓、水碾和水磨也是當時形制最爲複雜的幾種機具設施，造價相當昂貴，經濟力量弱小的普通百姓一般難以擁有和使用，即使有之，亦必是眾家共有合用。作爲古代少有的幾個『大機器生產』項目之一，經營水力加工需要不小的經濟投入。」〔註55〕有能力自己建碓碾的寺院畢竟需要雄厚的財力作爲支持，但是從另一個方面看，正是由於這種農業生產中的大機器的投入和使用，才最終促進了兩宋時期寺院莊園經濟的快速發展。

　　對於兩宋手工業來說經常會存在一個現象，即：官方手工業場往往置辦於寺院內，諸如上述所舉「喬某治碓坊於開元寺」，關於這一點或許很容易解釋，因爲上面亦舉過「北宋程賁在永寧寺西官柳林中修立水碾，悉不妨占居民地土水利」的例子，寺院往往位於水量充沛、水流湍急的山地，而這樣的位置很適合建立碓碾，用於建造的木石等材料亦可就地取材，同時不妨礙下游居民利用水源，所以建造在寺院附近實是出於區位統籌的考慮，另外有關南宋官方手工業在寺院的置辦的情況可參看在上表第16條的記載，成都大茶司馬在應天、北禪、鹿院寺三處置場，織造錦綾被褥，根據清朝黃廷桂所編修《四川通志》所記載當時的情況，北禪寺在成都南充縣（南宋時爲潼川府路的順慶府所轄）北二里。應天寺在雙流縣（南宋時爲成都府所轄）南八里，而鹿苑寺在蒼溪縣（南宋時爲寧武軍，建炎時爲蜀北抗擊金軍的前沿陣地）北關外〔註56〕，三個寺院相隔距離比較長，按照現在的觀點看成都大茶司在這三個寺院分別建造紡織作坊實際上很不便於管理，而最終亦驗證了這一點，故乾道四年（1168年），政府又以三場散漫爲由，將作坊搬至舊廉訪司的潔己堂並創立錦院。諸如一些學者所認爲的：「一般來說，寺院往往是地區的商業活動中心，寺院周圍形成了手工業品的生產及交易場所，宗教節日同時也是集市交易日；大寺院在集市上設有『邸舍』、『邸店』或『鋪店』，既供往來行人歇息，亦有出售貨物的櫃檯。」〔註57〕從這種角度看政府官方手工業場設置在寺院以便於手工產品的出賣及流通應該是可想而知的，諸如北宋時

〔註55〕　王利華：《古代華北水力加工興衰的水環境背景》，《中國經濟史研究》2005年第1期，第34頁。

〔註56〕　〔清〕黃廷桂編：《四川通志》卷二十八下，文淵閣《四庫全書》全文檢索電子版，上海人民出版社、迪志文化出版有限公司，1999年版。

〔註57〕　何蓉：《佛教寺院經濟及其影響初探》，《社會學研究》2007年第4期，第77～78頁。

期的大相國寺便是一個很好的例證，〔註 58〕然而關於在寺院建造官方手工業場是否另有原因，諸如出於戰爭物資供給或是其經費籌集的考慮，因爲材料中顯示所生產的衣物用於「折支黎州等處馬價」，而鹿苑寺恰恰在黎州（利州）地區，所以南宋初期政府在蜀北抗擊金軍的前沿陣地鹿苑寺所在地區建造紡織場，並將產品用於提供軍備衣料及與折支馬匹。此外關於三個寺院手工場的設置是否出於戰爭一時的應急需要，也值得考慮，根據所引史料乾道四年（1168 年）政府以三場散漫爲由，將作坊搬走，因爲之前曾出現「私販」及「衣被椎髻鴃舌之人（多指少數民族）」的混亂現象，但是從歷史的發展看，當時是南宋與金簽訂隆興和議之後四年，宋金關係與之前相比稍有所緩和，故而此時期政府將三所紡織作坊搬走合置於錦院進行統一管理也不是沒有可能性，但是這種猜測需要足夠的史料來加以論證。

從以上所述看，除了礝碨業以外，寺院所從事的其他大型手工業作坊在南宋時期實際上並沒有過多的出現，許多在寺院的手工作坊實際上多爲政府建立，以結合其便於產品買賣流通的區位優勢進行分配和銷售，此外結合上表 17 條和 19 條的記載來看，在作坊生產過程中政府往往借助寺院僧尼必要的勞動力這亦是一個原因。對於寺院及僧眾自身所經營的較大規模的手工業作坊除了礝碨業以外，其次就是冶礦業，對於冶礦業，有學者認爲其在宋代生活中佔有極爲重要的位置，但從其所有制性質來說，不僅鑄錢業、軍器製造業全歸趙宋封建國家掌握，其他極大部分的礦業冶也被政府控制，因而受到這種國家獨佔性的阻礙，不能獲得急速發展，但是由於冶礦業獲利之巨，又與封建統治力量的加強有密切聯繫，因而受到政府的特別重視。〔註 59〕即使這樣在宋代仍然有民營礦冶業的存在，諸如僧道從事這一行業的例子，上節表第 11 條記載說：

> 北宋兗州道士冶鐵，歲課鐵二萬餘斤。主者盡力採煉，常不能
> 及，有坐是破產者。（景德四年十二月）癸卯，命廢之。〔註 60〕

可見對於這樣的民營礦業生產，政府則進行沉重的課稅，最終導致「盡力採煉，常不能及」以至於最後破產被政府佔有，這一例子其實還是在說明政府

〔註 58〕 參看宋孟元老撰：《東京夢華錄》，北京：中國商業出版社，1982 年版，第 20 頁。

〔註 59〕 季子涯：《宋代手工業簡況》，《歷史教學》1955 年第 5 期，第 10 頁。

〔註 60〕 〔宋〕李燾撰：《續資治通鑒長編》（第六冊）卷六十七，北京：中華書局點校本，1980 年版，第 1511 頁。

對於民營礦冶業並非是持真正扶持的態度，而是作為其課稅牟利的工具，上節列表第 13 條〔註61〕指出南宋時期僧眾從事融州（按：今廣西柳州）鉛粉業，以致於僧無不富、邪僻之行漸多的現象出現，之後被經略司沒收，將經營所得錢財用於經費支出，可見除了出於巨大經濟利益的考慮以外，政府亦往往對這樣的民營手工業進行管理，以加強社會控制。實際上從社會歷史發展的角度看，從事這樣的行業確實出現了有些僧眾素質下降的現象，但是從宗教的角度看，上述融州的僧眾是否是真正意義上的佛教徒這則值得商榷。實際上不唯僧眾，南宋史料中還有材料顯示民間礦冶業的經營一定程度上對於當時政府產生了威脅，諸如南宋岳珂《桯史》中記載淳熙辛丑（1181 年）的事情：

> 舒之宿松民汪革，以鐵冶之眾版，比郡大震，詔發江‧淮人軍討之。既潰，又詔以三百萬名捕。其年革遁入行都，廟吏執之以聞，遂下大理。獄具，梟於市，支黨流廣南。壬午、癸未間……革訟而擅其利，歲致官錢不一。〔註62〕

實際上汪革與政府之間的矛盾仍舊是以經營礦冶業所產生的經濟利益為其根源，對於這一事件有學者分析：「『歲致官錢不什一』一語中不難窺見汪革與封建政權之間早已存在著矛盾，汪革控制的土地越大，控制的人口越多，這個矛盾就會越來越尖銳……」〔註63〕從以上種種論述皆可以表明，兩宋時期，政府對於寺院手工業的管理趨於加強，而且從記載看政府管理控制經濟的強度南宋明顯更甚於北宋，從某種程度上講，這種趨勢導致了南宋經濟的日漸衰落，程民生對此認為：「宋代是我國歷史上經濟大發展的時代。但在各個階段卻是大不相同的。宋代經濟發展的勢頭，主要呈現於北宋，突出於宋神宗時期。自宋室南渡以後，南宋經濟──或言南方經濟，則呈現江河日下的趨勢。」〔註64〕筆者對此雖然並不完全贊同，但是從民營手工業的發展來看，亦肯定南宋社會存在經濟倒退的隱患和危機。另外，從寺院磑碾業的存在及

〔註61〕 此條內容也可參看〔宋〕周去非著，楊武泉校注：《嶺外代答》卷七《鉛粉》，北京：中華書局，1999 年版，第 277～278 頁。

〔註62〕 〔宋〕岳珂撰：《桯史》卷六，北京：中華書局，1981 年版，第 64 頁。

〔註63〕 王方中：《宋代民營手工業的社會經濟性質》，《歷史研究》1959 年第 2 期，第 52 頁。

〔註64〕 程民生：《試論南宋經濟的衰退》，《中國經濟史研究》1989 年第 3 期，第 114 頁。

發展過程的歷史環境看，寺院手工業並未從農業生產中完全擺脫出來，但是兩宋這段時期亦出現了擺脫農業生產專門從事手工業以用於商業買賣的行業，諸如手工紡織、冶礦業等等，然而這一定程度上受到政府的嚴格控制和管理，從社會根源上看，寺院僧眾從事手工業，有促使寺院僧眾從土地束縛中脫離的跡象，這對政府進行僧道控制帶來了不小的壓力，因而在這一點上看，政府對於僧道手工業的管理和控制勢必加強，而這即是出於政府社會手工業管理的目的，又是出於其宗教管理之目的，最終其實還是維護其自身統治的需要。

第三節　南宋寺院商業經營活動之分析

一、南宋寺院經濟基礎的一個重要方面——商業經營及其歷史的分析

　　在中國古代，寺院商業的經營經歷了一個歷史化發展的過程，從古代諸多地區佛教的發展狀況來看，甚至一定程度上佛教最初傳播就是一種經濟活動發展的起源，正如法國學者謝和耐在《中國 5～10 世紀的寺院經濟》一書中指出：「信徒們和道場的需要，導致在寺院附近出現了一種製造慈善用品的手工業及其交易場所。在城市和農村，開設了一些店鋪以抄經文，在那裡還鑄造佛像，他們有時似乎也很像我們西方的咖啡館。」〔註 65〕然而即使是在現代人看來，寺院僧眾從事商業經營的活動都很難跟真實的佛教聯繫起來。可是最初佛教在中國的傳播恰恰是得益於信奉佛教的商人，他們自印度、西域等地而來既是出於經濟往來的目的，在客觀上亦促進了佛教在中國廣大地區的傳播，對此謝和耐在書中指出：「有關舍利和經文的慈善交易與惟利是圖的重商主義的交易，是沿著同一方向發展的，把新宗教傳入中國的人都來自那些具有商業天才者們的地區。」〔註 66〕從這樣一種觀點來看，南宋寺院從事商業經營的活動多少帶有了一點歷史的傳統。

〔註65〕〔法〕謝和耐著，耿昇譯：《中國 5～10 世紀的寺院經濟》，上海：上海古籍出版社，2004 年版，第 169 頁。

〔註66〕〔法〕謝和耐著，耿昇譯：《中國 5～10 世紀的寺院經濟》，上海：上海古籍出版社，2004 年版，第 169 頁。

　　正如前面所討論的關於寺院土地和手工業，寺院商業的經營活動亦是隨著中國社會的發展歷程而逐漸展開，這是毫無疑問的，尤其是隨著中國古代經濟的發展及社會財富觀念的轉變，寺院商業的經營活動日趨頻繁，其商業經營所帶來的極其可觀的財富收入亦逐漸成為寺院經濟基礎的重要組成部分，而這點在兩宋時期體現得尤為明顯，對此有學者指出：「宋以前寺院的經濟基礎，以土地為主，因為那時土地就是代表財富，財富主要基礎在土地而不在工商業。到了宋代，寺院的經濟基礎可有些改變了。因為這時工商業比較以前發達，財富的基礎，除了土地以外，工商業也是其中的主要份子。所以宋代的寺院，一方面固然依賴土地的收入，他方面又經營工商業，以維持他本身的存在。」〔註 67〕當然在此應該指出的是，寺院工商業並不等同於商業，然而寺院手工作坊卻大多帶有商業運作的影了，這突出體現在寺院手工產品的商業銷售上，諸如記載北宋時期的開封大相國寺「兩廊皆諸寺師姑賣繡作領抹、花朵珠翠頭面、生色銷金花樣、襆頭帽子、特髻冠子、條線之類」〔註 68〕這則記載本身並不能否定尼師們從事這類手工業以滿足自身生活需求的可能性，但是從記載來看，其所生產的產品還是用於出賣這則是確定無疑的，實際上以現代觀點看，寺院也只有出賣手工業產品，讓渡其產品使用價值才可增加收入最終實現經濟價值。

　　從南宋一些史料記載可以看出手工業有時亦脫離農業生產而進行純商業化的運作，這在寺院金屬冶煉業中體現的尤為突出，諸如在論述南宋手工業時所舉的「僧眾冶煉鉛粉」，不妨再次引用：

　　　　西融州有鉛坑，鉛質極美，桂人用以製粉，澄之以桂水之清，故桂粉聲聞天下，桂粉舊皆僧房鬻造，僧無不富，邪僻之行多矣。厥後，經略司專其利，歲得息錢二萬緡，以資經費。群僧乃往衡嶽造粉，而以下價售之，亦名桂粉。雖其色不若桂，然桂以故發賣少遲。〔註69〕

〔註67〕　全漢昇：《宋代寺院所經營之工商業》，《現代佛教學術叢刊》第九冊，臺北：大乘文化出版社，1980 年版，第 153 頁。

〔註68〕　〔宋〕孟元老撰：《東京夢華錄》，北京：中國商業出版社，1982 年版，第 20 頁。

〔註69〕　〔宋〕周去非著，楊武泉校注：《嶺外代答》卷七《鉛粉》，北京：中華書局，1999 年版，第 277～278 頁。

這則材料中僧人所從事的冶煉業就脫離了農業生產，而他們所冶煉出來的鉛粉就是完全用於出賣的，所以在世俗意義上說他們既是手工業者同時又是商人，另外這一鉛礦場後被經略司沒收，群僧乃離開柳州前往衡嶽造粉，從這個信息上看，他們完全不是從事農業生產的僧徒，甚至是否是眞正的僧人亦值得懷疑。另外由於寺院往往佔有大量田地，許多種植的蔬菜有時足以供僧眾日常生活之需，剩餘的部分蔬菜有時亦往往進行出賣，這是一種最基本的農商經濟活動，《禪苑清規》中記載：

> 相度天時地利，常令蔬菜相續，存留好者供眾，有餘方可出賣。
>
> 逐時修換家事，常與典座圓融。〔註70〕

根據《禪苑清規》的記載，典座爲負責大眾齋粥之職務，有時亦負責抽壞添補損壞食具等雜務。〔註71〕寺院賣菜所獲得的錢財往往是用於修補置換家什器具，所以在此之前需要與典座進行協商，可以看出這部分商業所得的錢財應是歸入了寺院常住。關於寺院農產品，南宋僧人還有茶的販賣活動，《夷堅志》丁卷六《葉德孚》中就有僧人貨茶的記載，對此則材料，全漢昇在《宋代寺院所經營之工商業》〔註72〕亦有引用只是所引不甚全面，故而筆者再次引用如下：

> 葉用其物買田販茶，生理日富。紹興八年，假手獲鄉薦，結婚宗室，得將仕郎，明年參選，以七月二日，謁蜀人韓愭問命，韓曰：必作官人，不讀書亦可，若詢前程，俟過二十二日立秋，別相訪，當細爲君說。葉大怒，幾欲棰辱之，同坐黃德琬勸使去，後十六日葉得病，即嘔血，始以爲憂，同行鄉僧來貨茶，與之同歲，乃令具兩命，復詣韓，韓曰：記得此月初曾看前一命，但過不得立秋，此日不死，吾不談命。僧歸不敢言。〔註73〕

〔註70〕 〔宋〕宗賾著，蘇軍點校：《禪苑清規》，鄭州：中州古籍出版社，2001年版，第48頁。

〔註71〕 〔宋〕宗賾著，蘇軍點校：《禪苑清規》，鄭州：中州古籍出版社，2001年版，第48頁。

〔註72〕 全漢昇：《宋代寺院所經營之工商業》，《現代佛教學術叢刊》第九冊，1980年版，第157～158頁。

〔註73〕 〔宋〕洪邁撰，何卓校點：《夷堅志》（第二冊），《夷堅丁志卷第六·葉德孚》，北京：中華書局，1981年版，第587頁。

這則故事在於講述葉德孚不孝不義〔註74〕，最終不得善終。其中提到僧人貨茶，從葉某「買田販茶，生理日富」的記載看，從事茶葉販賣應是十分有利可圖，所以僧人如若從事商業經營，販茶的記載應該比較多，然而實際上從南宋史料和一些記載中，明確指出僧人販茶的事例並不多，這一現象應該與南宋政府的榷茶專賣制度有莫大的關係，黃純豔先生《論南宋東南茶法》〔註75〕一文中曾對南宋茶法作出了詳盡的考察，但是關於南宋茶法對寺院僧眾販茶活動的影響，囿於題旨黃先生並未有所闡釋，故而在此筆者擬結合黃先生的相關研究，就南宋茶引法對僧人販賣茶葉的限制，及其由此體現出來的政府宗教政策作一些考察和總結。

在《論南宋東南茶法》一文中黃先生亦曾引用南宋李椿對榷茶與其他榷物的對比：

> 茶與其他榷貨不同，如鹽、礬、乳香、鉛錫、酒皆有所榷之物，唯有榷茶止是空引，客人自行買茶，置簝搬擔費用固多，計其每引不下四五十千，委是引錢太重，商旅難於圖利，遂致私販。〔註76〕

從中可以看出榷茶的「空引」造成了客商在批發採購茶葉的過程中要自行負擔運輸等不小的費用，然而這一點主要還是針對世俗商人而言，當然亦不可排除僧商異地採購茶葉的可能性，但是寺院往往是茶葉的主要產區，因而藉此從事販賣茶葉首先就可免去極大部分的運輸費用，與世俗商人來說應當成本更低，但是實際上往往情況並非如此，因為據筆者的留意，寺院販賣茶葉需要政府配給的「茶引」，在現代來說其實就是商品的銷售許可證，而寺院茶引的獲得往往需要花費比普通茶園戶更高的費用，對此有史

〔註74〕《夷堅丁志卷第六·葉德孚》中記述了葉德孚行不孝之事：「建安人葉德孚，幼失二親，唯祖母鞠育拊視，又竭力治生。嘗語葉云：『術士言汝當得官，吾欲求宗女為汝婦。』建炎三年，因避寇，徙居州城，而城為寇所陷，時葉二十一歲矣。祖母年七十，不能行，盡以所蓄金五十兩、銀三十鋌付之，使與二奴婢先出城，戒曰：『復回挾我出，勿得棄我。我雖死，必憩汝於地下。』葉果不復入，祖母遂死寇手。及亂定，已不可尋訪。葉用其物買田販茶，生理日富。詳細參看〔宋〕洪邁撰，何卓校點：《夷堅志》（第二冊），《夷堅丁志卷第六·葉德孚》，北京：中華書局，1981年版，第587頁。

〔註75〕黃純豔：《論南宋東南茶法》，《廈門大學學報》（哲學社會科學版）2001年第3期，第134～141頁。

〔註76〕〔明〕楊士奇、黃維等編：《歷代名臣奏議》，卷271《理財》，文淵閣《四庫全書》全文檢索電子版，上海人民出版社、迪志文化出版有限公司，1999年版。

料可以證明，《建炎以來繫年要錄》中記載紹興壬申（1152 年）年間湖州地區的情況：

> 湖州地區產茶諸縣各有園戶，祖宗朝並無茶稅，州縣舊來立歲額每畝輸三斤，已自非法，比年官司又於額外抑配園戶茶引，僧人茶鈔，武康一縣，園戶買茶引每畝出鈔三百文足，僧人買茶鈔每名出錢三貫六百文足。〔註77〕

政府徵收茶稅的過程中要額外擬配給園戶茶引這一做法，應是政府出於茶業專賣的考慮，但是同樣是茶引的擬配發放，園戶每畝出鈔三百文足，僧人買茶鈔卻要「每名」出錢三貫六百文足，這其中則是毫無道理的。實際上客觀地說政府「茶引」的發放一定程度上穩定了商品市場的經濟秩序，同時更利於政府管理，黃純豔先生《論南宋東南茶法》中講到：「茶商買到茶引後即入山買茶，但須『有分司入山公據及筒袋印紙關防』，出山時又有『出山由子』」；「茶引是商人販茶的憑證，也是政府管理的依據，因而宋政府嚴格規定，商人在直至茶售完，茶引繳回官府，如此，商人的一次販茶過程就算完成了。商人販茶的全過程都置於政府的監督之下。」〔註78〕由此可見「茶引」不僅是茶葉銷售許可證，還是辦理其他程序、表明交易過程等不可缺少的手續，這無疑為政府管理帶來了便利，同時極大程度上防止了私販茶葉現象的出現。因為根據一些北宋的史料，寺院有私販茶葉的現象，《宋會要輯稿·食貨》三二中記載了政和三年（1113 年）二月十九日尚書省的箚子：

> 提舉福建路茶事司狀：「一體訪得本路產茶州諸軍寺觀園圃，甚有種植茶株去處，造品色等第臘茶，自來拘籍，多是供贍僧道外，有妄作遠鄉饋送人事為名，冒法販賣，官司未有關防，伏望立法行下，以憑遵守。」詔：「諸寺觀每歲摘造到草臘茶，如五百斤以下，聽從便吃用，即不得販賣，如違，依私茶法，茶五百斤以上，並依園戶法。」〔註79〕

〔註77〕〔宋〕李心傳撰：《建炎以來繫年要錄》卷一百六十三「紹興二十二年壬申」，北京：中華書局，1956 年版，第 2654 頁。

〔註78〕黃純豔：《論南宋東南茶法》，《廈門大學學報》（哲學社會科學版）2001 年第 3 期，第 138～139 頁。

〔註79〕〔清〕徐松輯：《宋會要輯稿·食貨》32 之 3～4，北京：中華書局 1957 年影印本，第 5359 頁上～下。

從中可以看出寺院曾有借「饋送人事為名」進行私販的現象，而針對這一點政府則下令五百斤以下者用於寺院日常之需，而五百斤以上，也可以出賣，但要依據並遵守園戶法的規定。另外從「拘籍」一詞亦可以看出，政府對於寺院茶葉的產量應該有所考察及大概掌握。

　　從政府對於寺院販茶活動的管理和控制上，可以看出北宋與南宋政府之間宗教管理政策及手段的某些變化，在此不妨結合以上記載進行簡單的對比，如下表：

時間	史料記載詳情	出處
北宋徽宗崇寧四年（1105年）八月十七日	應在任官親戚，及非在任官、僧道、伎術人、軍人、本州島縣公人及犯罪應贖人，不得請引販茶，如違，其應贖人杖一百，餘人徒三年。	《宋會要輯稿·食貨》32之6
北宋徽宗政和三年（1113年）二月十九日	尚書省的箚子：「提舉福建路茶事司狀：『一體訪得本路產茶州諸軍寺觀園圃，甚有種植茶株去處，造品色等第臘茶，自來拘籍，多是供贍僧道外，有妄作遠鄉饋送人事為名，冒法販賣，官司未有關防，伏望立法行下，以憑遵守。』詔：『諸寺觀每歲摘造到草臘茶，如五百斤以下，聽從便吃用，即不得販賣，如違，依私茶法，茶五百斤以上，並依園戶法。』」	《宋會要輯稿·食貨》32之3～4
南宋高宗紹興壬申年（1152年）	湖州地區產茶諸縣各有園戶祖宗朝並無茶稅，州縣舊來立歲額每畝輸三斤，已自非法，比年官司又於額外抑配園戶茶引，僧人茶鈔，武康一縣，園戶買茶引每畝出鈔三百文足，僧人買茶鈔每名出錢三貫六百文足。」	《建炎以來繫年要錄》卷一百六十三

　　上述表中所列史料為北宋徽宗後期至南宋高宗前期政府關於寺院販茶活動的相關記載，在時間跨度上大約為 50 年，然而這期間政府關於寺觀從事茶葉販賣這一商業活動就有三次不同的態度，首先第一條中政府明確規定寺院不得請引販茶，這就在國家法律意義上規定了寺院僧道從事茶葉販賣的非法性，而且對販賣行為一旦查出則處以重刑。但是在第二條中，政府則允許寺院茶葉產量在超過 500 斤的前提下從事販賣活動，這實際上亦肯定了寺院在特殊情況下從事茶葉販賣活動的合法性，而到了南宋初期，政府不但要徵收茶稅，反而還主動額外抑配園戶茶引，並對所配茶引的寺院索要高價。從這種趨勢可以看出：寺院販賣茶葉的商業活動這期間一直沒有停止過，或是採用非法私販的手段，或是採用合法手段，而對於寺院非法販茶的現象，北宋

徽宗崇寧四年則採用行政手段強行進行制止，而其後政和三年又針對寺院販茶行為採用適當的靈活政策，並結合相關法律進行必要控制和規範。而到了南宋初期政府則採用收稅這一經濟調控手段對茶戶進行徵收，並且以畝為徵收標準，這在一定程度上限定了茶戶販茶數量，同時既增加了政府稅收，又增加了政府茶葉專賣的產量，可謂一舉三得，而對於寺觀販茶材料中政府雖不明令禁止，但是卻配給寺院茶引並索要高價，並且是以僧人「個人」為單位標準進行徵收，可以看出這期間政府並不希望寺院過多從事販茶，故而採用徵稅或是以僧人「個人」為單位標準進行茶引的高價抑配，而實際上結合本章「寺院農業生產經營」所敘述的一些內容看，相比專業從事茶葉種植及生產的茶園戶來說，寺院茶葉產量畢竟有限，加之僧眾需求旺盛，其茶葉產量往往尚且不夠自身生活需求，又談何銷售的問題，因而茶引這一販賣許可證往往對寺院來說等同廢紙。

通過南宋政府對於寺院販茶的控制上來看，這時期政府對於宗教的管理體現出靈活性的特點，政府對於佛教的管理即採用了法律行政和強權政治等手段，亦採用了「徵稅」這一經濟手段遏制寺院過分發展〔註80〕，而從實際效果上來看，這一做法顯然達到了一定的成效。站在寺院農商經濟活動這一角度看，在這樣一種雙重管理控制下，寺院從事合法販賣茶葉的活動實際上並不多見，然而另外要說明的是，雖然這種依賴寺院本身茶葉生產的商業經營活動也並不多見，然而僧眾離開土地生產，進行純商業的經濟貿易則完全會有合法及非法的販茶活動，這是因為茶葉的販賣的確是一個極為賺錢的行當，僧眾如若從事商業貿易，對於茶葉的販賣趨之若鶩者應該不在少數，當然從事這種純商業的活動往往亦需要運營大量的商業資本。

二、南宋寺院商業貿易之芻議——兼論經濟活動中信仰與世俗社會之關係

從以上種種論述來看，宋代寺院商業活動主要還是圍繞著土地產品及手工業產品而展開，其中有些商業活動亦有兩者的交叉，諸如農畜產品的加工銷售或是餐飲業，比較著名的就是北宋開封大相國寺的「燒朱院」了，僧人

〔註80〕 通過政府徵稅方式來達到控制寺院及僧眾的手段還有「免丁稅」，對於這免丁稅的徵收情況筆者擬在第四章第二節「南宋免丁錢的徵收與佛教內部分化」中進行討論。

烹飪豬肉進行販賣以獲得收入這應該也算是一種商業行為，只是這種行為發生在寺院這一特殊的場所，多少會招致非議和譴責。在北宋諸如類似的例子還有一則：

> 三湘之間，惟永為奧區，土俗樸甚，不雜五方之民，故其人純一而少事，然歲多水旱之災，不沉溺則灰燼，民生艱焉，雖其人知為善殖福，樂於施與，而不蒙神明之祐者，蓋其誠心有所不至也。為老子道者與群姓聯闠，闌養妻子，其祠宮則狸鼠之所穴也，為浮屠道者與群姓通商賈，逐酒肉，其塔廟則屠膾之所聚也，主善者孰不知老氏本清淨，釋氏有齋戒哉，不以為非也。〔註81〕

這段話顯然站在宗教信仰的角度進行敘述，指出永州災害頻仍、民生艱難，「不蒙神明之祐」乃是由於信仰的誠心不夠，諸如僧道「闌養妻子」、「通商賈」、「逐酒肉」等等行為皆可為此證明，客觀地說，僧道從事世俗經商在當時社會上確實也帶來了消極的影響，這主要是寺院及僧道過分商業化所導致，以及由此而產生僧眾佛教水平及個人素質的下降。此外，僧眾從事經商所帶來收入的增加亦加劇了僧道與平民之間的財富分化。

以上所舉是北宋時期寺院從事餐飲行業的例子，關於南宋時期寺院內設置酒樓的情況，亦有記載，孝宗乾道五年（1169年）樓鑰出使金國，路過修建不久後的宿州城，其記載：

> 州城新築，雉堞甚整，聞是五月下旬上畔，指揮重修……大寺數所，皆承平時物，酒樓二所甚偉，其一跨街，榜曰：清平。護以葦席，市肆列觀無禁，老者或以手加額而拜，有倒臥腳引書鋪般……
> 〔註82〕

其中記載「皆承平之物」應該指的是北宋太平時期的建築，但是關於這兩所酒樓是否為寺院僧眾所經營，在這裡實際上不得而知，從「市肆列觀無禁」的記載上來看，寺院中有酒樓的經營並沒有受到禁止。撇開這一點去看，在此其實更應該關注的是南宋時期寺院在社會經濟生活中的角色，它在為虔誠的信仰者提供精神產品的同時，亦為從事社會商業生產的勞動者提供了產品流通的市場，而市場上所列產品琳琅滿目，其中有奇貨可居之物，甚至亦有

〔註81〕 〔宋〕沈遼撰：《雲巢編》卷七《天慶觀火星閣記》，載《宋集珍本叢刊》第二十三冊，北京：線裝書局，2004年版，542頁上～下。

〔註82〕 〔宋〕樓鑰撰：《攻媿集》，卷111《北行日錄上》，文淵閣《四庫全書》全文檢索電子版，上海人民出版社、迪志文化出版有限公司，1999年版。

珍貨奇寶，一些產品對於購買者來說往往是十分必需的。蔡絛被宋欽宗流放白州（按：今廣西博白縣）期間曾有筆記《鐵圍山叢談》，其中有大慈寺的一則記載：

> 往時川蜀俗喜行毒，而成都故事，歲以天中重陽時開大慈寺，多聚人物出百貨其間，號名藥市者，於是有於窗隙間呼「貨藥」一聲，人識其意，亟投以千錢乃從窗隙間度藥一粒，號解毒丸，一粒可救一人命。〔註83〕

關於大慈寺的商業經營，段玉明教授在《唐宋大慈寺與成都社會》〔註84〕一文中已經作了十分詳盡地研究，並且指出：「按照佛教的基本戒律，對出家人而言，一切經濟活動都在禁止之列。故在一般人印象之中，寺院應是一個清淨之地，不當允許商人攤販營利其中。然事實並非如此，唐宋大慈寺一直是成都最大的市場之一。」〔註85〕與大慈寺市場相類似，南宋紹興府開元寺亦有規模宏大的市場：

> 歲正月幾望為燈市，傍十數郡及海外商估皆集玉帛、珠犀、名香、珍藥、組繡緂藤之器，山積雲委，炫耀人目，法書名畫，鍾鼎彝器，玩好奇物亦間出焉，士大夫以為可配成都藥市。〔註86〕

由此可見，寺院內有大型市場及商業買賣等的記載在兩宋時期其實並不算是什麼奇聞異事，所以站在今天去看歷史，對於寺院從事商業經營的現象不可簡單地與佛教戒律、信仰等結合作僵化的理解，而是應從寺院生活化、入世化及信仰世俗化的角度去看，而對此，筆者將結合南宋時期寺院僧眾從事商業貿易的相關記載，去看寺院經濟中「信仰」與「世俗社會」之關係。

南宋時期寺院僧眾從事的貿易經商，與農商、手工業生產這樣的商業經營有所不同，而是大多已經擺脫了「農業種植、手工業產品生產──商業銷售──農業種植、手工業產品生產」這樣的簡單模式，更多地帶有現代商業模式的特點，其商業資金在這一模式中佔有重要地位，尤其是海外貿易更能體現這一點。兩宋時期經常有僧道人士加入到海上貿易的行列中，諸如「杭

〔註83〕〔宋〕蔡絛撰：《鐵圍山叢談》卷六，北京：中華書局，1983年版，第104～105頁。

〔註84〕段玉明：《唐宋大慈寺與成都社會》，《宗教學研究》2009年第2期，第77～84頁。

〔註85〕段玉明：《唐宋大慈寺與成都社會》，《宗教學研究》2009年第2期，第79頁。

〔註86〕〔宋〕沈作賓修，施宿等纂：《嘉泰會稽志》卷七《府城》，載《宋元方志叢刊》（第七冊），北京：中華書局編，1990年版，第6822頁上。

僧淨源者，歸居海濱，與舶客交通牟利。」〔註87〕「泉州人王元懋，少時僧寺，其師教以南番諸國書……遂舉舶船貿易，其富不貲。」〔註88〕「明州有道人，行乞於市持大竹一節……自云本山東商人，曾泛海遇風。」〔註89〕「溫州道士王居常曾販海往山東。」〔註90〕「處州張道人與一鄉友同泛海。」〔註91〕此類事例也並不止於以上列舉的數例。〔註92〕

　　南宋建國時，領土日縮，戰事吃緊，財政赤字問題實際上比北宋時期更加嚴峻，於是南宋朝廷十分鼓勵對外貿易，紹興七年（1137 年）十月三日，高宗曾講道：「市舶之利最後，若措置合宜，所得動以百萬計。豈不勝取於民？朕所以留意於此，庶幾可以少寬民力爾。」〔註93〕於是一方面南宋政府獎勵蕃人來華貿易，一方面普設市舶司，據《文獻通考》卷六十二中記載：「至（孝宗）乾道（1165～1173 年）初，兩浙地區設置了臨安、明州、秀州、溫州、江陰軍五處市舶」直至宋亡，大概設置巾舶司地點前後有九處，即廣州、泉州、杭州、明州、密州、華亭、秀州、溫州及江陰軍。〔註94〕對於商業貿易這一類型的貿易活動，寺院一般不會直接參與，而是大多由僧眾個人來從事。對於這一點亦有學者指出：「除了寺院的經商活動以外，宋代僧侶經商更為普遍，這些僧侶商人與世俗個體商人有著共同的特徵，簡州僧希問『貯縜錢數百貿易諸物』。而且不少僧人經商者成為富翁，尤其是廣南地區，『廣南風俗，市井坐估，多僧人為之，率皆致富，又例有室家，故其婦女多嫁於僧』」。〔註

〔註87〕　〔宋〕李燾撰：《續資治通鑒長編》（第二十九冊）卷四百三十五，北京：中華書局點校本，1992 年版，第 10493 頁。

〔註88〕　〔宋〕洪邁撰，何卓校點：《夷堅志》（第三冊），《夷堅三志己卷第六・王元懋巨惡》，北京：中華書局，1981 年版，第 1345 頁。

〔註89〕　〔宋〕洪邁撰，何卓校點：《夷堅志》（第一冊），《夷堅乙志卷第十二・海島大竹》，北京：中華書局，1981 年版，第 295 頁。

〔註90〕　〔宋〕洪邁撰，何卓校點：《夷堅志》（第一冊），《夷堅甲志卷第七・搜山大王》，北京：中華書局，1981 年版，第 62 頁。

〔註91〕　〔宋〕洪邁撰，何卓校點：《夷堅志》（第一冊），《夷堅甲志卷第十一・張端愨亡友》，北京：中華書局，1981 年版，第 96 頁。

〔註92〕　黃純豔：《宋代海外貿易》，北京：社會科學文獻出版社，2003 年版，第 102 頁。

〔註93〕　〔清〕徐松輯：《宋會要輯稿・職官》44 之 20，北京：中華書局 1957 年影印本，第 3373 下。

〔註94〕　林天蔚：《宋代香藥貿易史》，臺北：文化大學出版部，1986 年版，第 131 頁。

〔註95〕　游彪：《宋代寺院經濟史稿》，保定：河北大學出版社，2003 年版，第 194～195 頁。

95〕相比寺院來說，僧侶從事經商活動的現象更多一些，從經商活動這一行爲來看，僧眾與世俗商人確實有相似的表徵，這已經與早期僧眾從事商業貿易的情況有所不同。僧眾從事貿易的歷史可以追溯到東漢末年及三國時期，謝重光對此指出：「自西域來華的僧人安清，吳末『行至揚州，使人貨一箱物以買一奴』，即是這類估販活動的較早史例。那時的僧人主要還是外國僧人，他們或取道陸路經河西來到內地，或附海舶經交、廣而至中原。途中既與商旅爲伴，進入中國後又雲遊各處傳教，熟悉各地物產情況，具有從事商業活動的便利條件，因而僧侶進行估販者爲數不少。」〔註 96〕從謝先生的總結不難看出，最初來中國的僧眾往往與世俗商人爲伴，並從事佛教的傳播活動，其活動雖有經商的性質但卻是以傳教爲最終目的的，因而這類僧侶不能算作完全的世俗商人，從兩宋時期僧人從事商業貿易的例子去看，僧眾從事這一類活動有時亦是出於護法或是寺院建設的目的，《至元嘉禾志》卷二十六《密印寺鐘樓記》中就記載了宋時期密印寺爲籌集建造巍樓資金而從事商業貿易的事例：

> 寺安六百眾鐘不滿千斤，其聲雖遠聞，與眾未相稱，比丘行昭者自發廣大心願增鑄萬斤，晨昏發蒙昧亦以除惡念，亦以度苦輪，庶幾獲聽聞，咸悟眞常性，尋誘三同志共結此良緣大事……已成，復患無巍樓，不能遞遠音開覺未爲廣，復欲創大廈，不敢化邑人，鬻屋以爲資，借貸市珍貨，泛海易香藥，往返數十年，寇難凡七遭，秋毫無所損，遂足樓所費，今復次第成。〔註97〕

這則記載中寺院因爲要建造巍樓以改善弘法條件故而從事商業貿易數十年，如若眞是如此，其從事這種商業活動即使是在追求經濟利益然而最終還是出於信仰之目的。這則材料的引用在此意在表明「僧商」往往與世俗商人還是有所區別的，其從事的經濟活動往往是帶有「信仰」的社會活動。

以上例子還可以看出，佛教界與世俗社會中存在著不同的財富觀，雖然

〔註96〕 謝重光：《晉唐寺院的商業和借貸業》，《中國經濟史研究》1989 年第 1 期，第 49 頁。

〔註97〕 〔元〕徐碩撰：《至元嘉禾志》卷二十六《密印寺鐘樓記》，載《宋元方志叢刊》 第五冊，北京：中華書局編，1990 年版，第 4613 頁上。游彪在《宋代寺院經濟史稿》第 196 頁中亦曾引用此則史料，並作注《福嚴禪院記》，這實爲錯誤注釋，故筆者在此進行糾正。可參看游彪：《宋代寺院經濟史稿》，保定：河北大學出版社，2003 年版，第 196 頁。

同樣都從事著商業經濟活動，然而卻從中體現出信仰與世俗觀念的某些不同，如果這一點不容易看出來的話，通過以下所舉幾個例子的對比便可以很容易看出來了：

> 文英者，姓蘇氏，泉州人，往來商成都，富鉅萬，留意禪悅，忽若有悟，盡捐貲，移書別妻子，祝髮於嘉祐院，妻子萬里，入蜀訪之，師絕不復見。堅坐一室歷三日，寂無人聲。妻子知師志不可奪棄去，以故聲望愈高，凡四坐道場，住超悟最久，超悟者，大慈三大院之一也。〔註98〕

> 師諱昭慶，字顯之，俗姓林氏，泉州晉江人也，少趹弛，以氣自任，嘗與鄉里數人相結為賈，自閩粵航海道直抵山東，往來海中者十數年，資用甚饒，皇祐中，祀明堂，恩度天下僧，師為兒時，父母嘗許為僧，名漳州開元寺籍，至是輒謝諸賈，以財物屬同產，使養其親，徒手入寺，毀鬚髮，受具戒。〔註99〕

> 泉州人王元懋，少時僧寺，其師教以南番諸國書，盡能曉習。嘗隨海舶詣占城，國王嘉其兼通番漢書，延為館客，仍嫁以女，留十年而歸，所蓄奩具百萬緡，而貪利之心愈熾，遂舉舶船貿易，其富不貲，留丞相諸葛侍郎皆與其為姻家，淳熙五年，使行錢吳大作綱首，凡火長之屬一圖帳者三十八人，同舟泛洋，一去十載，以十五年七月還，次惠州羅浮山南，獲息數十倍。〔註100〕

前兩個例子皆為北宋時期的事例，第三個為南宋時期的事例，同樣都是從事商業貿易活動，然而卻表現出兩種不同的財富觀念，雖然三個例子不能表明商業活動與信仰的建立或是缺失存在必然的聯繫，但是至少可以看到真實信仰與世俗觀念對於財富的不同理解，如果站在這個角度去看寺院經濟現象的本來面貌就不難發現，寺院僧眾從事商業往往是「以更世俗化的姿態完成了新一輪的信仰轉型」〔註101〕從當今宗教市場論的角度講，世俗的經濟財富對

〔註98〕〔明〕明河撰：《補續高僧傳》卷23，載《卍新纂續藏經》第77冊，第517頁中。

〔註99〕〔宋〕秦觀撰：《淮海集》，卷33《慶禪師塔銘》，文淵閣《四庫全書》全文檢索電子版，上海人民出版社、迪志文化出版有限公司，1999年版。

〔註100〕〔宋〕洪邁撰，何卓校點：《夷堅志》（第三冊），《夷堅三志己卷第六·王元懋巨惡》，北京：中華書局，1981年版，第1345頁。

〔註101〕段玉明：《唐宋大慈寺與成都社會》，《宗教學研究》2009年第2期，第83頁。

於僧眾來說固然是生活的一部分，在其內心裏面，信仰本身就是一種巨大的財富，正如美國宗教學家羅納德·約翰斯通所認為的那樣：「雖然宗教經常被看作是一個半自動的與其他制度機構平行的社會系統（社會制度和機構），但從許多方面看，它自身卻是包羅萬象的經濟體系的一個部分——它是雇主；它買進也賣出；它擁有財富；它也對國民生產總值（每年在商品和勞務方面的消費總量）做出貢獻。」〔註 102〕

值得注意的是，雖然宋代比較重視海外貿易的經濟意義，早在海外貿易收入較高的南宋，市舶收入據郭正忠先生研究，在國家財政歲賦中的比率從來不曾達到百分之三，一般只在百分之一、二間擺動。〔註 103〕南宋范成大曾因海外貿易收入「資國用者無幾，（進口品）又多非吾之急」而建議關閉明州等港。〔註 104〕說明即使是比較重視發展海外貿易的南宋，海外貿易所帶來的政府財政收入完全沒有想像中多。不僅如此，還有一個值得關注的現象——就是銅錢的走私。南宋時期由於政府積極提倡海外貿易，導致銅錢的外流現象時有發生，據《宋史》的記載：「自置市舶於浙於閩於廣，舶商往來，錢寶所由以泄，是以自臨安出門……」〔註 105〕由於沿岸通商口岸更有利於販運禁物，逃免檢查，所以一些地處海港的佛教寺院亦有成為走私品、禁運物儲集據點的跡象。據有關學者的考論研究，在廣東澄海隆都後埔宋代佛寺遺址中曾考古出土兩宋時期的銅錢一千八百多斤，年代最晚為南宋理宗時期景定錢。當時佛寺前是出海港，佛寺則是海商集會之所。這些銅錢是蕃舶收買而因故未能啟運的走私品，疑似為日本商船的走私品。〔註 106〕對此，亦有學者十分肯定，至於具體為某國商人所遺留已無法確知，但是這批停放在港口邊的為數不小的銅錢肯定是準備走私外運的。〔註 107〕雖然沒有證據表明南宋時

〔註 102〕 〔美〕羅納德·L·約翰斯通著，尹今黎等譯：《社會中的宗教》，成都：四川人民出版社，1991 年版，第 194 頁。

〔註 103〕 郭正忠：《南宋海外貿易收入及其在財政歲賦中的比率》，《中華文史論叢》1982年第 1 期，第 255～270 頁。

〔註 104〕 〔明〕楊士奇、黃維等編：《歷代名臣奏議》，卷 271《理財》，文淵閣《四庫全書》全文檢索電子版，上海人民出版社、迪志文化出版有限公司，1999 年版。

〔註 105〕 〔元〕脫脫等編：《宋史》卷一百八十《志第一百三十三·食貨下二》，北京：中華書局，1977 年版，第 4396 頁。

〔註 106〕 杜經國、黃挺：《潮汕地區古代海上對外貿易》，載《潮學研究》第二期，汕頭：汕頭大學出版社，1994 年版，第 13～33 頁。

〔註 107〕 黃純艷：《宋代海外貿易》，北京：社會科學文獻出版社，2003 年版，第 45～46 頁。

期寺院有直接參與走私的違法活動，但是至少也可以知曉，曾爲舶商、蕃商提供留宿、走私之所的寺院，其中肯定亦存在從事海外貿易的相關活動，這其中或許是合法的、或許亦有非法的。

　　雖然僧人從事海外貿易往往引來諸多非議，但是客觀上能促進佛教的傳播卻是不能迴避的事實。另外，許多海商出於利益的考慮，也往往從事佛教文化方面的販易活動，諸如北宋時期，福建海商徐戩「先受高麗錢物，於杭州雕造夾註《華嚴經》，費用浩汗，印板既成，公然於海舶載去交納，卻受本國厚賞。」〔註108〕販賣到高麗的經書深受歡迎，以至於「每賈客市書至」，高麗王「則潔服焚香對之。」〔註109〕由於海外貿易的發展，加之南宋時期佛教（尤其是禪宗）的興旺，日僧來華學習者甚多，據史料記載確知姓名的達120多人。他們絕大部分都是搭乘宋商船往返，高麗也有僧人來華。僧侶往來豐富和傳播了宗教文化，而海商在其中起到了極爲重要的作用。〔註110〕因此，對於海商的貿易活動，乃至是僧人從事海商活動的行爲，放置到文化傳播的角度來看，應該適當給以積極的歷史評價。

三、南宋寺院的借貸業及其社會影響再論——兼看寺院借貸業的歷史發展

　　典當物品，借貸取息，這種交易活動形式在中國歷史上出現還是較早的，從目前史料來看，或可最早見於《周禮》，其中記載：

〔註108〕　〔宋〕蘇軾撰：《蘇軾文集》卷三十《論高麗進奉狀》，北京：中華書局，1986
　　　　　年版，第847～848頁。據黃純豔先生的研究，徐戩曾雕造經板二千九百餘片，
　　　　　公然載往高麗，收到高麗酬答銀三千兩，而且爲外國印書的商人「如徐戩者
　　　　　甚眾」。咸平時銀每兩值銅錢八百文，如按照咸平時價算，三千兩折合銅錢爲
　　　　　二百四十萬文。可見書籍外銷的規模確實不小。參看黃純豔：《宋代海外貿
　　　　　易》，北京：社會科學文獻出版社，2003年版，第248頁。
〔註109〕　〔元〕脫脫等編：《宋史》卷四百八十七《列傳第二百四十六‧外國三》，北
　　　　　京：中華書局，1977年版，第14047～14048頁。
〔註110〕　黃純豔：《宋代海外貿易》，北京：社會科學文獻出版社，2003年版，第110
　　　　　頁。對於海商在中外文化傳播中的作用，黃純豔先生有過較爲詳細的研究，
　　　　　他認爲「宋代學術文化傳播的大部分職責被海商取代，宋商鄭仁德曾四次搭
　　　　　載日僧，並把日僧奝然在宋求得的《大藏經》帶到日本，奝然及其弟子來往
　　　　　日宋亦是乘坐宋商船舶。孫忠也曾把宋朝給日本朝廷的《法華經》及其他經
　　　　　書送到日本。日本僧人信源把自著《往生要集》等書托宋商周文德帶到中國
　　　　　傳播。」對此可參看該書109～110頁。

> 泉府，掌以市之徵布，斂市之不售，貨之滯於民者，以其賈買之，物楬而書之，以待不時而買者。買者各從其抵，都鄙從其主，國人郊人從其有司，然後予之。凡賒者，祭祀無過旬日，喪紀無過三月。凡民之貸者，與其有司辨而授之，以國服爲之息。凡國事之財用取具焉。歲終，則會其出入而納其餘……〔註111〕

這段話的大意是：泉府掌管用（所徵收的）市場稅款，收購市場上賣不動、滯銷而又是百姓經常用到的貨物，按照原價進行收購，標明每件的價格，然後賣給急需的人。老百姓如果要購買，要首先從他們的主管官那裡開出申請證明，比如采邑的人要從他們的邑宰那裡，國都的人和四郊的人要從他們管轄地的官吏那裡開出證明，然後才能前去購買。如果想要賒取錢物的，爲祭祀而賒取的，不超過十天歸還，爲喪事而賒取不超過三個月歸還。如果有貸取錢物的，就同他的主管官一起辨別錢物而授給他，按照國家規定的稅率來收取利息。凡國事所需錢物都從泉府支出。年終總計錢物收支，將盈餘上繳。〔註112〕從這些環節活動中，我們可以看到，「借貸」這種所謂超前的消費形式對於政府財稅增收，社會經濟生活具有積極的作用，因而歷來受到政府的保護支持。

一般情形下，有兩種借貸形式，其一是簽訂契約，此種爲信用借貸〔註113〕。另一種是抵押借貸。據有關學者的研究，較之契約信用借貸的史料材料數量相比，關於抵押借貸的史料材料則更少些。其中在這些材料中「以人爲質」的現象在先秦時期諸侯國之間較爲常見。《漢書》曾載：「商君遺禮義，棄仁恩，並心於進取，行之二歲，秦俗日敗，故秦人家富子壯則出分，家貧子壯則出贅」（按：「贅」同「質」），「家貧無有聘禮，以身爲質也。」〔註114〕所以南宋時期「長生庫」這種借貸業，在早期叫「質庫」、「典庫」。

〔註111〕 關於《周禮》中記載的這段材料，所言具體年代無法確定，但至少部分地反映了西周時期的情況，對此可參看劉秋根：《中國典當制度史》，上海：上海古籍出版社，1995 年版，第 3 頁。

〔註112〕 楊天宇：《周禮譯著》，上海：上海古籍出版社，2004 年版，第 218～219 頁。

〔註113〕 此種形式以契約爲準，據劉秋根先生《中國典當制度史》中的研究，不提供任何抵押物品的信用借貸自中國春秋、戰國以來十分普遍，其中既有錢幣，也有實物借貸。漢代以來得到進一步發展，隨著貨幣資本積累的增加，社會上出現了專門經營此類借貸的「子錢家」，作爲動產抵押借貸高級形態的典當業，大概正是在漢代高利貸發展、動產抵押借貸（以物質錢）經常化、普遍化的前提下發生的。具體可參看劉秋根：《中國典當制度史》，上海：上海古籍出版社，1995 年版，第 4 頁。

〔註114〕 〔漢〕班固撰：《漢書》（第八冊）卷四十八《賈誼傳第十八》，北京：中華書局，1962 年版，第 2244 頁。

　　事實上，不能完全說寺院借貸業活動是來源於中國自己的經濟文化傳統，因為很顯然，據史料記載，在早期印度佛教內部也存在一些從事典當的借貸活動，且得到佛教經律的支持。例如《根本說一切有部毘奈耶》中記載：

> 　　世尊告曰：若為僧伽，應求利潤，聞佛語已，諸有信心婆羅門居士等，為佛法僧故，施無盡物，此三寶物亦應回轉求利，所得利物還於三寶，而作供養……世尊告曰：不應共彼而作出息，復共富貴者而為出息，索物之時，恃官勢故不肯相還。佛言：不應共此而作交易，復共貧人而為出息，索時無物，佛言：若與物時，應可分明，兩倍納質，書其券契，並立保證，記其年月。安上座名及授事人字，假令信心鄔波索迦（按：即在家親近奉事三寶和受持五戒的男居士），受五學處，亦應兩倍而納其質。〔註115〕

又《根本薩婆多部律攝卷》卷六中記載：

> 　　　息利者，謂以錢等而規其利，或以金銀真珠貝玉，及諸縷線，貯聚穀麥，驅馳車馬，為求利故……若為三寶出納，或施主作無盡藏，設有馳求，並成非犯，然等物出利之時，應一倍納質，求好保證，明作契書，年終之日，應告上座，及授事人，皆使同知。或復告彼信心鄔波索迦：若苾芻出息得利欲捨之時，若是苾芻所應畜財，捨與可信苾芻。若不淨財捨與信心俗人，此謂做法非是未施，若不還者，應就強索，不可唐捐。〔註116〕

由此可見，早期佛教僧團內部就已經出現了典當財物、借貸取息的經濟活動了，且對借貸利息的使用途徑、原則、契約保證等注意事項作了必要的規定。或可說這也是中國歷史上寺院借貸行業產生的一個重要歷史來源。就目前可以知道的關於中國佛教最早進行「質庫」借貸的例子出現在南北朝時期。史料記載南北朝齊時大夫褚淵曾以「介幘」、「犀導」〔註117〕、所乘黃牛在建康招提寺質錢，後來其弟以一萬一千錢贖回。《南史》卷二十八《（彥回從弟）炤》中對此記載：

〔註115〕〔唐〕義淨譯：《根本說一切有部毘奈耶》卷二十二，載《大正藏》第23冊，第743頁上。

〔註116〕〔唐〕義淨譯：《根本薩婆多部律攝卷》卷六，載《大正藏》第24冊，第561頁上。

〔註117〕「介幘」為一種長耳的裹髮巾，流行於漢魏，即後來的進賢冠。「犀導」是用犀角製成的導髮具，古人用以引髮入冠幘。

　　彥回薨，澄以錢一萬一千就招提寺贖高帝所賜彥回白貂坐褥，

壞作裘及纓，又贖彥回介幘、犀導，及彥回常所乘黃牛。〔註118〕

據此可知可以用以典當的物品涉及衣物、日常用品、交通工具等各種物類。

甚至還有典當黃金的記載，見於《南史·甄法崇傳》，如下：

　　法崇孫彬，彬有行業，鄉黨稱善，嘗以一束苧就州長沙寺庫質

錢，後贖苧還，於苧束中得五兩金，以手巾裹之，彬得送還寺庫，

道人驚云：「近有人以此金質錢，時有事不得舉而失，檀越乃能見還，

輒以金半仰酬。」往復十餘，彬堅然不受。〔註119〕

在佛教的發展史上，以人為質捨身寺院為僕的情況也有，南朝時期梁武帝就

曾多次甘願捨身建康同泰寺為寺奴，後為朝廷臣子以重金贖回。捨身為寺奴，

這在兩宋時期也是存在的〔註120〕，諸如之前所引用的材料，宋太宗時期薛奎

「為隰州軍事推官，州民常聚博僧舍，一日盜殺寺奴取財去，博者適至，血

偶沾衣，邏卒捕送州，考訊誣伏，奎獨疑之。」〔註121〕事實上，這則材料所

記述的情況出現於北宋早期，之後的南宋時期，寺院存在寺奴的情況實際上

在目前的史料中並不多見，因為寺奴這一身份，多帶有貶義，隨著時代的發

展，寺院如果還存在著地位較僧眾、佃戶更為低下的群體，這對於講求眾生

〔註118〕〔唐〕李延壽撰：《南史》卷二十八《列傳第十八·（彥回從弟）炤》，北京：
　　　　中華書局，1975 年版，第 756 頁。

〔註119〕〔唐〕李延壽撰：《南史》卷七十《列傳第六十·甄法崇》，北京：中華書局，
　　　　1975 年版，第 1705 頁。

〔註120〕許多情況下還包括奴婢及佃戶，臺灣學者黃敏枝先生在其《宋代佛教社會經
　　　　濟史論集》之《寺田耕作者》一節中對此進行了必要的論述，並且首先指出：
　　　　「寺領莊田的耕作者有三種：甲：僧眾，乙：奴婢，丙：佃戶，其中以委有
　　　　佃戶來耕作者為最習見，其次才是奴婢，最後才輪到僧眾，其實僧眾中也還
　　　　是由低級的僧眾，如身份較低的小僧徒與尚未受具足戒的童行、侍者、淨人
　　　　等，真正位居上層的沙門則過著鮮衣美食，貴比王侯的優裕生活。對此可參
　　　　看黃敏枝先生《宋代佛教社會經濟史論集》，臺北：臺灣學生書局，1989 年 5
　　　　月版，第 104～105 頁。此外北宋時期亦有以自己孩子為抵押，向寺院借貸絹
　　　　帛的記載：「淳化二年（991 年）辛卯歲十一月十二日立契，押衙韓願定伏緣，
　　　　家中用度所欠闕疋帛，今有家妮子盤勝，年可貳拾捌歲，出賣與常住百姓朱
　　　　願松妻男等，斷償人女。價生熟絹五疋，當日現還生絹三疋，熟絹兩疋，限
　　　　至來年五月盡填還，其人及價更相分付，自賣已後，任承朱家男女世代為主。」
　　　　載〔日本〕仁井田陞：《唐宋法律文書的研究》，京都：東方文化研究所，1967
　　　　年版，第 404 頁。

〔註121〕〔元〕脫脫等編：《宋史》卷二百八十六《列傳第四十五·薛奎》，北京：中
　　　　華書局，1977 年版，第 9629 頁。

平等的佛教來說，是完全不如法的，尤其是清規制度確立之後，普請製與租佃制的施行，寺院的生產關係、生活關係中已經不再倡導「主奴」人身依附關係了。另外，是否還存在與早期寺奴招募相同的情況——即從死囚、徒刑犯中，或者在官奴中選擇以充作所謂「佛圖戶」〔註122〕？這種情況在南宋時期幾乎沒有史料記載。

南宋時期借貸業主要機構為「長生庫」，「長生庫」在南宋地區有不同的名稱，如下表所示：

南宋時期借貸業機構名稱簡表〔註123〕

南宋時期	地區	名稱	材料來源
南宋初年高宗時期	臨安	質庫	《夷堅志·再補》
	全國	解質庫	《建炎以來繫年要錄》卷一百六十三
孝宗時	臨安	解庫	《武林梵志》卷十
寧宗慶元年間	江西	長生庫	《夷堅支癸》卷八
寧宗嘉泰年間	全國	典當質庫	《宋會要輯稿·刑法》2之133
寧宗嘉定年間	知州	抵當庫	《宋會要輯稿·食貨》62之73
理宗嘉熙年間	廣南西路	西庫	《粵西金石略》卷一二《創庫本記》
理宗開慶年間	太平州	抵庫	《宋史》卷四百十一
度宗時	兩浙東路	普惠庫	《宋史》卷四百二十一
南宋末年	韶州	解庫	《定宇集》卷九

〔註122〕宋僧志磐在其所撰《佛祖統紀》中記載北魏時期，昭玄都統（管理僧眾的官職）曇曜言：平齊戶及民間能歲輸粟入僧曹號僧祇粟，遇凶年則出賑饑民，又諸民犯重罪者為佛圖戶，供諸寺掃灑，帝許之，於是僧祇粟遍天下。對此可參看〔宋〕志磐撰：《佛祖統紀》卷三十八，載《大正藏》第49冊，第355頁上。法國學者謝和耐對「佛圖戶」的招募有過評價總結——「我們知道，佛圖戶是在死囚和徒刑犯中徵募的，或者是在官奴中選擇的，在北魏時代有一種慣用的做法，那就是赦免罪犯，以把他們送往佛寺中去。正是這種做法，方可解釋佛圖戶的創立，世俗政權也因此喪失了從事公共工程所需要的勞動力（判處死刑的情況例外），但相反它因此卻獲得了佛教勢力的保護。同樣一種做法也流行於印度，它可以作為例證而被借鑒。」對此可參看〔法國〕謝和耐著，耿昇譯：《中國5～10世紀的寺院經濟》，上海：上海古籍出版社，2004年版，第129頁。
〔註123〕此表根據劉秋根《中國典當制度史》所載內容改動編製，具體參看劉秋根：《中國典當制度史》，上海：上海古籍出版社，1995年版，第8～9頁。

　　從不同的名稱也可以看出，長生庫這種借貸業在南宋時期還是比較流行的，各地名稱略有不同，但是功能卻是相一致的，都有抵押借貸、營利取息的功用，這是其自身經濟功能的屬性，不因宗教與世俗而有所差異。全漢昇認爲：「宋代寺院經營的質庫，多半爲典當鋪的性質。不過它所貸出的資本，實包括現今典當鋪貸出的金錢及銀行的放款……宋代寺院的質庫，不獨具有當鋪的機能，且包有現今銀行貸款的特質，即從事生產的放款。」〔註124〕從具體社會歷史境遇來看，佛教長生庫的設置爲社會的發展及穩定往往起到不小的作用，尤其在社會災變情況下，諸多佛教慈善活動其資費許多都來自寺院的長生庫，所以相比一般世俗社會中的典當行業更具有慈善救濟效用。南宋嘉定五年（1212年），時任建康府知府的黃公度，曾興建兩座養濟院，並迎請僧人進行日常的管理，以救濟流離失所或貧困無依靠的人，並「捐千緡就寺置質庫，具所贏每三歲買祠牒度管幹有勞行者一人爲僧」，令其嗣掌兩所養濟院中的事務。〔註125〕南宋孝宗淳熙十三年（1186年）承節郎（按：一種武官官職）薛純一曾捨田一千畝給能仁寺，歲收米一千三百石，同時他還捐出了一部分錢財給寺院以生取利息，還特定注明：「田之頃畝、賦役，及別以錢權其子本以待凶歲，具書於碑陰，俾後有考焉……」〔註126〕通過質庫生取利息，再用利息從事社會公益活動的情況也有，諸如有則記載：

　　　　萬安橋〔註127〕又名洛陽橋，在皇祐年間義波、宗善費力頗多，其後在紹興八年因颶風造成損壞，郡守趙思誠將其修復，以餘金分諸剎權子母，爲修橋費。〔註128〕

〔註124〕全漢昇：《宋代寺院所經營之工商業》，《現代佛教學術叢刊》第九冊，臺北：大乘文化出版社，1980年版，第162頁。

〔註125〕〔宋〕周應合編：《景定建康志》卷二十三《養濟院》，載《宋元方志叢刊》第二冊，北京：中華書局編，1990年版，第1703頁上。

〔註126〕〔宋〕陸游撰：《渭南文集》，載《陸游集》第五冊卷十八《能仁寺捨田記》，北京：中華書局點校本，1976年版，第2146頁。

〔註127〕據黃純豔先生的研究，萬安橋的修建很大程度上在於滿足宋代海外貿易的需求，因泉州港的興盛，交通運輸量的擴大，渡口已不敷用，才於皇祐年間動議修建，嘉祐四年（1059年）竣工，至宋末共經五次重修，可見其重要的地位。據《方輿勝覽》卷十二中記載：萬安橋（即洛陽橋）長三千六百尺，廣丈有五尺，翼以扶欄，如有數之長而兩之。對此可詳細參看黃純豔：《宋代海外貿易》，北京：社會科學文獻出版社，2003年版，第230～231頁。

〔註128〕〔清〕郝玉麟等監修：《福建通志》（第二冊）卷二十九《津梁》，臺北：華文書局股份有限公司，1968年版，第692頁下。

這則材料講的是：將錢財投入到寺院「子母」〔註 129〕中進行生息，以利息養橋。

對於寺院來說，長生庫本金加之利息錢大多十分可觀。臨安縣集慶教寺在南宋理宗寶祐元年（1253 年）的時候，除去山林、田產各一萬七千畝以外，還有兩所寺莊和長生庫本錢二十萬。〔註 130〕寺院長生庫作為自身產業，其「子母生息」所得錢財其用途亦十分廣泛，除了在社會災變突發事件發生時，進行賑濟救助之用外，當然大部分還是用來支持寺院本身之用度。許多情況下，寺院會預先確定長生庫所生錢財的用途。諸如進行寺院的土木修繕：天台宗寶雲院曾幾經興廢，南宋時期曉瑩禪師主持期間「首斂巾盂，以估於眾，得錢一百萬，內外道俗又得錢百萬，太師魏國史公捐國夫人簪珥以施之，合為利益長生庫，以備歲時土木鐘鼓無窮之須，後五年建大講堂，半取其贏，以助工役，實其志也。」〔註 131〕宋理宗嘉熙年間，主持僧「因思山間日用惟鹽最急，以日而會所貲，尤不資。於是復以其修造之盈餘銖積寸累，僅四百緡，創為西庫，月收入息十二緡，僅足償一月市鹽之費。成規一定，為之申請於州，給公文以為之據，尋刻諸石。」〔註 132〕台州臨海安眾寶藏岩寺在北宋時曾因兵火而毀廢，南宋紹興年間重修，各殿堂建起後尚闕長明燈，於是眾僧遂募眾緣，得錢三十三貫，入長生庫，「置燈油司逐年存本，所轉利息用來買油。除殿主、殿堂燈外，別置琉璃明燈，仰庫子逐月將薄書詣方丈、知事簽押，不許去後移易，貴得綿遠。然此燈普供十方諸佛、一切聖賢，所集妙利祝延聖壽，報國安民，仍為捨錢檀信作生生之福。」〔註 133〕長生庫所得利益有時也用來購買度牒，紹興十一年天寧寺「僧珵立《規式》庵中，課督群行者甚力，輳前所給水手錢米入長生局為度牒之本。」〔註 134〕

〔註 129〕「子」為利息，「母」為本金。

〔註 130〕《淳祐臨安志輯佚·武林掌故叢編》卷二，文淵閣《四庫全書》全文檢索電子版，上海人民出版社、迪志文化出版有限公司，1999 年版。轉引自黃敏枝：《宋代佛教社會經濟史論集》，臺北：臺灣學生書局，1989 年版，第 224 頁。

〔註 131〕〔宋〕宗曉編：《四明尊者教行錄》卷七，載《大正藏》第 46 冊，第 933 頁中。

〔註 132〕〔清〕謝啟昆編：《粵西金石略》卷十二《創庫本記》，載《石刻史料新編》第 1 輯第 17 冊，臺北：臺灣新文豐出版公司，1982 年版，第 12583 頁。

〔註 133〕〔民國〕黃瑞撰：《台州金石錄十三卷（附碑錄五卷闕訪四卷）》卷七《台州金石錄·宋寶藏岩長明燈碑》，民國五年劉氏嘉業堂刊本，第 380 頁。

〔註 134〕〔宋〕梁克家修纂，福州市地方志編纂委員會整理：《淳熙三山志》卷五《地理類五·浮橋》，福州：海風出版社，2000 年版，第 54 頁。

《夷堅志》支癸卷八中記載：

> 永寧寺羅漢院萃眾童行本錢，啓質庫，儲其息，以買度牒，爲
> 之長生庫，鄱陽並諸邑無問禪律，悉爲之。院僧行政擇其徒智禧，
> 主掌出入。慶元三年四月二十九日，將結月簿，點檢架物，失去一
> 金釵，遍索廚櫃不可得，禧窘甚云云。〔註135〕

長生庫用途廣泛，且對於寺院乃至對社會作用意義都十分重大，一般的管理
絕對不可掉以輕心，作爲信貸機構，其經營管理務必做到「誠信爲本」，管理
有序，信息透明。長生庫設立之初，往往會立碑爲記，或者作長生庫記、《規
式》，將長生庫的捐施情況、管理機構、相關用途等作確切的標明，但是在實
際具體業務管理操作中，仍然還是會存在管理疏漏或者違規違紀的現象。上
則史料中，永寧寺羅漢院長生庫的物品丟失與相關僧眾的管理疏忽脫不了干
係。有時「主首、知事、庫子與庫僧通同移易，不時借借，因少積多，侵用
庫本，向來倒敗之由，皆由此弊。」〔註136〕由於管理問題，有些長生庫也會
面臨倒閉的境遇，其原因不外乎主管的挪用甚至貪污，更主要的原因也許在
於借貸者無力償還債務而形成的「壞賬」〔註137〕有時圍繞本金及利息償還問
題，還會引起僧人與借貸人之間的訴訟，南宋時期黃震曾記載：「僧有訟百姓
負長生庫息者，公諭明日偕頭首僧以庫薄來，來則閱其薄，示之曰：然則取
息已多。」〔註138〕從這裡可以看出，由於寺院中規定的長生庫利息比政府法
定的要多，以至於借貸者沒有辦法還清全部的利息，於是僧人到官府衙門中

〔註135〕〔宋〕洪邁撰，何卓校點：《夷堅志》（第三冊），《夷堅支癸卷第八·徐謙山
人》，北京：中華書局，1981 年版，第 1280 頁。

〔註136〕〔清〕謝啓昆編：《粵西金石略》卷十二《創庫本記》，載《石刻史料新編》
第 1 輯第 17 冊，臺北：臺灣新文豐出版公司，1982 年版，第 12582 頁。

〔註137〕賴永海主編：《中國佛教通史》第 10 卷，南京：江蘇人民出版社，2010 年版，
第 217 頁。書中此頁還引用南宋初年金朝的一則史例對此進行說明：「宋高宗
建炎初年，金朝『燕京留守尼楚赫以戰多貴，而不知民政。有僧訟富民逋錢
數萬緡，通事受賄，言：久旱不雨，僧欲焚身動天，以蘇百姓。』尼楚赫許
之，僧呼號不能自明，竟以焚死。」（見於《資治通鑒》卷一零二，第 760 頁。）
《中國佛教通史》中對此則史料進行分析解讀指出：僧人竟然爲了追討富民
所欠債款而被活活燒死，如果這樣欠債不還的人很多，寺院的長生庫也就難
於爲繼了，倒閉破產也就在所難免。這也從另外一個角度說明，寺院從事經
濟活動，自然應該遵從經濟本身的運作規律，放貸和典當自然要收取雙方都
能夠接受和約定的利息，否則只有破產一條路了。

〔註138〕〔宋〕黃震撰：《黃氏日抄》，載景印文淵閣本《四庫全書》第 708 冊，臺北：
臺灣商務印書館，1984 年版，第 1040 頁。

告狀借貸人。關於政府對於長生庫法定的借貸利息是多少，對此有學者做過研究：《宋刑統》中規定每月的利息不可超過六分，如果放貸週期比較長的話，最多也不能超過本金的一倍。《天聖令》中也是這麼規定的，但是又加了一條——「不得回利爲本」，也就是規定說利息不能再重新計入本金中。南宋時期法定利息上限更低，《慶元條法事類》記載每月取利不得超過四釐，放貸時間長的話不能超過一倍。〔註139〕所以由於信息的不對稱，或者是借貸人償還能力的缺失，往往導致此類爭訟的現象。

　　所以說，長生庫的管理存在一定的亂象，這是不能否定的事實，故而世人對此也多有非議之語。首先，長生庫是寺院的產業，由於帶有供養三寶之宗教神聖意義上的用途，因而常常享受到政府相關的優惠政策，但是如果長生庫與世俗社會中相互合作，共同用以其他目的的營利，這則往往招致批評。曾有史料記載南宋時期寧宗嘉泰元年（1201年）十二月有官員進言：

　　　　臣聞有丁則有役，有田則有賦。有物力則有和買，今有物力雖高而和買不及者，寺觀之長生庫是矣。臣詢其故，始因緇流創爲度僧之名，立庫規利，相繼進納，固亦不同。今則不然，鳩集富豪，合力同則，名曰斗紐者（按：斗紐爲宋代一種商業組織形式，類似於現代的股份制合夥公司），在在皆是。嘗以其則例言之：結十人以爲局，高下資本，自十萬以至五十萬，大約以十年爲期，每歲之窮，輪流出局，通所得之利，不啻倍徒，而本則仍在。初假進納度牒之名，徒逐因緣射利之謀耳。乞行下諸州縣應寺觀長生庫並令與人戶一例推排，均敷和買，則託名僧局（按：中央僧官機構的一種泛稱）斗紐財本，以圖市利者，亦將無所逃矣。從之。〔註140〕

這則材料表明長生庫由於其創立之初目的在於「度僧」，並且「立庫規利」將利益收成等做了相關規定，現在的情況是：世俗社會中的富豪相繼結夥入股，參與到寺院長生庫的經營中，獲利豐厚還可以享受到寺院長生庫的「和買」〔註141〕

〔註139〕具體參看劉泳斯：《南宋佛教與金融司法實踐》，載《世界宗教文化》2015年第3期，第21頁。

〔註140〕〔清〕徐松輯：《宋會要輯稿·食貨》70之102，北京：中華書局1957年影印本，第6421頁下。

〔註141〕「和買」最初在北宋初年是指政府向民間支付本錢購買相關產品，以充當政府或是軍隊相關之用，北宋晚期，和買已部分演變爲定額稅，到了南宋初期，完全變爲定額稅，官府不再支付和買本錢，許多時候完全成爲一項沉重的賦稅。

特權，因而完全背離了設置長生庫的初衷，面對這種狀況，此官員建議取消寺院長生庫和買的特權，與百姓人戶平均分攤「和買」賦稅。另外，從這則材料中也可以看出，如果沒有寺院僧眾的默許，民間資本也不會有如此輕鬆的空子可鑽，其主要原因，乃至根本原因恐怕還在於寺院僧眾身上。

關於以上這則事例，官員認爲取消寺院長生庫的特權，「則託名僧局斗紐財本，以圖市利者，亦將無所逃矣」，這是從政府管理角度出發而做出的政策疏導建議，後來這一建議也得到了採納。取消寺院長生庫的免稅特權，使之與社會民間長生庫具有一樣的待遇，確實有利於防止民間資本的侵入，對於維護寺院財產及正常經濟活動亦可以起到一定的積極影響。與對寺院長生庫進行政策疏導，取消其特權的做法相對立的，另一種觀點則認爲，應該禁絕寺院從事長生庫的放貸活動。諸如陸游在《老學庵筆記》中說道：

> 今僧寺輒作庫質錢取利，謂之長生庫，至爲鄙惡。予按梁甄彬
> 嘗以束苧就長沙寺庫質錢；後贖苧還，於苧束中得金五兩，送還之。
> 則此事亦已久矣。庸僧所爲，古今一揆，可設法嚴絕之也。〔註142〕

陸游認爲寺院長生庫的設置，都是庸僧所爲，自古至今都是這樣的道理，所以應該將其取消。實際上，陸游這種觀點是只看到了寺院長生庫所帶來的負面消息，對於其積極的、正面的社會作用顯然認識得不足，加之寺院長生庫的設置運營對於政府財政收入、社會救濟等的積極作用是顯而易見的，對於維護政治統治顯然利大於弊，從統治者的角度當然不會嚴絕寺院長生庫了，所以疏導式的政策管理策略明顯更爲現實。所以南宋初年政府雖然宣佈廢除市易法，但官府經營的典當業卻依然存在。紹興四年（1134年）政府下令「始令諸路依舊質當金銀匹帛等。」〔註143〕實際上，要想取消寺院長生庫的設置從歷史發展的傳統來看，也是一個巨大的不可能。如前所述，雖然中國歷史上很早就已經存在借貸行業了，但是卻不能說寺院長生庫就是完全來源於中國自古的傳統。總的說來，不唯是在南宋時代，在之前及之後的各個朝代，借貸業在寺院經濟生活中的地位及作用都是顯而易見的。

寺院的借貸活動，其具體面貌，實不可一言以蔽之。在借貸經營活動中，秉持佛教法度，不唯私利，進行如法經營者有之，唯利是圖，違法亂紀經營

〔註142〕〔宋〕陸游撰：《老學庵筆記》卷六，北京：中華書局點校本，1979年版，第73頁。

〔註143〕劉秋根：《中國典當制度史》，上海：上海古籍出版社，1995年版，第19頁。

者亦有之。這不得不讓人深思——寺院經濟活動以及由此帶來的佛教世俗化
趨勢，對於佛教自身宗教性的消解，這之間是否僅僅具有相關性，而非因果
性？就本節對於長生庫的相關探討，寺院經濟活動在其自身無法避免，也不
可能避免社會世俗化的情形下，戒律之持守、道風之建設將是佛教自身避免
走向墮落的重要保障，除此之外，亦需要政府部門對其進行經濟上的規制引
導，必要時還需「重典治亂」，「猛藥去屙」對諸多寺院經濟亂象頑疾進行必
要的整治，當然政府的整治措施必須符合寺院經濟發展的歷史境遇和社會現
實。

第三章 南宋寺院稅收問題的探討

第一節 南宋時期寺院田稅的繳納與蠲免

一、南宋寺院兩稅與佛教的發展面貌

南宋時期田賦實行兩稅制，如無特殊情況寺院都要向政府繳納夏秋兩稅〔註1〕，這是寺院田賦繳納之正稅，而就擴大到整個南宋社會來說，夏秋兩稅的繳納都是南宋政府財政收入的主要來源，自南宋建立初期，兩稅之數視唐增至七倍〔註2〕。寺院戶輸納兩稅，這是佛教經濟發展過程中對於社會的一個積極的貢獻，南宋中期福州地方志《淳熙三山志》對於寺觀戶與農戶的墾田、常賦錢額進行了粗略的比較，其中記載的民戶墾田有三萬五千三百八頃七十二畝一十三步，寺觀戶的墾田總計五千三百二十四頃四十六畝二角二十步〔註3〕，從所佔墾田田畝數量上來看，寺觀墾田是相當可觀的，而這還不包括寺

〔註1〕 北宋時期南方與北方在稅收上有個較為明顯的差別，就是南方諸多地區往往要繳納夏稅錢，而北方往往沒有夏稅錢，只有夏秋兩料「雜錢」，所以南宋時期，南方廣大地區沒有意外情況出現，都要繳納夏稅錢，為什麼南方大都有稅錢，而北方往往沒有，王曾瑜先生認為大概是承襲了五代各割據政權的不同稅制。對此可參看王曾瑜：《宋朝的兩稅》，載《文史》1982年第十四輯，第120頁。

〔註2〕 〔宋〕李心傳撰：《建炎以來繫年要錄》卷二十六「建炎三年八月戊申」，北京：中華書局，1956年版，第521頁。

〔註3〕 〔宋〕梁克家修纂，福州市地方志編纂委員會整理：《淳熙三山志》卷十《版籍類一‧墾田》，福州：海風出版社，2000年版，第122頁。

院所佔塗田、葑田、山田等類型的耕田。關於寺觀耕田的數目《淳熙三山志》之「僧道」條中指出：

> 今民田若地八萬二千餘頃，食民五十七萬九千，黃中小老不計。
> 浮屠氏田若地二千餘頃，食僧徒一萬四千餘人，是民七人共百畝，而僧以二人食之。民產錢八千緡有奇，僧寺一千五百，不啻當民八之一，以故州常賦外，一切取給於僧寺，有以也夫。〔註4〕

可以看出從人均佔有耕地的角度看，僧人人均耕地爲五十畝，而普通民戶人均耕地僅爲十四畝，如果加上無勞動能力的老人和孩童所佔的基數，普通民戶人均耕地面積實際上遠比十四畝少的多。另外，記載僧寺產錢總量約爲一千五百緡，不抵民戶的八分之一，但是如果從人均產出來看，僧寺因其人均佔有耕地量遠遠高於普通民戶，其人均產量實際上則近乎普通民戶人均產量的八倍，在政府制定允許繳納相同稅額的條件下，寺觀戶明顯具有超強的賦稅能力，而政府也完全意識到了這一點，所以「州常賦外，一切取給於僧寺」〔註5〕。從寺院僧眾人均佔有大量農田這一現象來看，寺院享有大量耕田的特權實際上並無實質性地改變，仍然反映出此時期佛教發展的某種寄生性的特質，反映出佛教作爲宗教所體現出來的非世俗化特徵，但是從世俗政權對於僧寺常賦的索取來看，寺院經濟發展又帶有世俗化特徵，其特權的享受在一定程度上被限制起來，通過世俗政權對其經濟非正常發展的控制而體現出與唐及以前不同的面貌，此時期兩稅的繳納多少體現出佛教發展過程中所享有特權的相對減少這一社會現象及其發展趨勢，成爲宋代佛教世俗化發展的另一個重要體現。

　　兩稅是最基本的土地稅，亦爲田稅，夏稅以徵收絲帛、大小麥和錢爲主，秋稅則以糧食爲主。寺院所輸納的夏稅秋苗兩稅其形式也並不固定，往往存在折改的情況，有時夏稅折成麥、綿、布、柴等實物繳納，秋稅則繳納相應數量的貨幣。無論如何兩稅屬於寺院必須繳納的定額稅，故而一般不會招致寺院的逃避，但是由於寺院往往佔據大量的農田耕地，兩稅的徵收方法又依據田畝數量及質量而定，故而寺院的兩稅負擔還是不輕。據唐代劍在《宋代

〔註4〕〔宋〕梁克家修纂，福州市地方志編纂委員會整理：《淳熙三山志》卷十《版籍類一・僧道》，福州：海風出版社，2000年版，第127頁。

〔註5〕〔宋〕梁克家修纂，福州市地方志編纂委員會整理：《淳熙三山志》卷十《版籍類一・僧道》，福州：海風出版社，2000年版，第127頁。

道教管理制度研究》一書中的研究，南宋時期福州路的僧眾所負擔的兩稅約
爲道士的兩倍，而道士負擔的兩稅爲民丁的四倍。〔註6〕寺院兩稅的繳納依據
其田地的數量及質量而定，但是各個寺院所擁有的田地數量定然不同，且質
量有好有壞，所以無法進行統一的考量，加之寺院所納兩稅有些史料中往往
只有折算爲稅錢加以記載的情況。諸如上例中福州僧寺產錢總量約爲一千五
百緡便是折變爲錢的情況。又南宋淳祐年間擔任廣東轉運判官的陳光仲曾收
得民戶、僧寺夏稅及累載畸零，爲錢兩萬三千餘緡〔註7〕。這種情況的出現是
南宋時期的一種普遍社會現象，也並非單單針對寺院，一個正面的原因是兩
稅實物的繳納要到指定的處所，其中囿於運輸或是儲藏條件致使操作多有不
便，故而折變爲現錢進行徵收。這其中的徵收原則在於「有常物而一時所須
（需），則變而取之，使其直輕重相當。」〔註8〕另外「折變」的產生還主要
是其負面的原因，官府根據一時之所需，「輕重相當」進行折變往往存在操作
的失範，成爲官府巧詐欺民的一種手段，這期間往往存在「增折」的現象，
又如南宋光宗紹熙元年（1190年）：

> 爲絹者一倍折而爲錢，再倍折而爲銀，銀愈貴，錢愈艱得，穀
> 愈不可售，使民賤糶而貴折，則大熟之，歲反爲民害。〔註9〕

事實上早在南宋初年高宗時期祠部員外郎胡寧曾對地方上摺變兩稅爲現錢的
情況進行過批評，《建炎以來繫年要錄》中記載說：「祠部員外郎胡寧面對論
州縣受夏秋兩稅遇輸絹之時則不受絹而使輸錢，遇輸米之時則不受米而使折
色，望自今並輸正色，毋得折變現錢」〔註10〕從前一則史料看，這種呼聲完
全沒有得到有效地響應。

　　寺院在繳納田稅的過程中，還要提供相當繁重的勞役，這樣的結合便逐
漸演變成一個新的兩稅加稅名目——支移，因爲田稅實物的繳納要到指定的
處所，而往往運輸過程中由於運輸工具、路途長短、路狀好壞及天氣等因素

〔註6〕　唐代劍：《宋代道教管理制度研究》，北京：線裝書局，2003年版，第278頁。
〔註7〕　〔宋〕劉克莊撰：《後村先生大全集》一百六十五《陳光仲常卿》，載《宋集
　　　　珍本叢刊》第八十二冊，北京：線裝書局，2004年版，第661頁上。
〔註8〕　〔元〕脫脫等編：《宋史》卷一百七十四《志第一百二十七·食貨上二》，北
　　　　京：中華書局，1977年版，第4203頁。
〔註9〕　〔元〕脫脫等編：《宋史》卷一百七十四《志第一百二十七·食貨上二》，北
　　　　京：中華書局，1977年版，第4219～4220頁。
〔註10〕　〔宋〕李心傳撰：《建炎以來繫年要錄》卷一百六十「紹興十九年己巳」，北
　　　　京：中華書局，1956年版，第2591頁。

的影響，往往要花費大量人力、物力、財力，而官府便時常將這部分負擔轉嫁給納稅民戶或是寺觀戶。南宋著名理學家林希逸在其所著《竹溪鬳齋十一槀續集》中提到：「僧寺之廢興，以吾儕視之，若於事無所損益也。然余觀江、湖、浙之和糴、運糴、淮東西之車駄、夫腳，其爲產家害極慘。」〔註11〕在此提到的運糴、車駄、夫腳等實際上就是支移這一稅種的具體表現〔註12〕。同北宋一樣，南宋政府土地賦稅實行兩稅，然後在兩稅的輸納過程中還有支移折變這一田稅附加，並且政府還制定相關法令條規，以法律的形式將田稅及其支移折變列爲實際的田賦正稅。成書於南宋寧宗嘉泰二年（1202 年）的《慶元條法事類》中規定了寺觀田產不得免除稅租，其中還講到不得免支移折變。記載說：「諸寺觀（原注：后妃、臣僚之家墳寺、功德觀院同）田產不得免稅租，其稅租亦不得免支移折變，止納見錢，雖奏請到朝旨或奉特旨，並准此。」〔註13〕「諸寺觀（原注：后妃、臣僚之家墳寺、功德觀院同）田產不得免稅租、夫役、免役錢及諸色科敷，其稅租亦不得免支移折變，止納見錢，雖奏請到朝旨或奉特旨，並准此。」〔註14〕從這兩條法規條例來看，兩稅是寺院的常賦，其中的支移折變亦以法令的形式固定下來，然而史料中仍舊有許多非法折變的記載，這雖爲法律所禁止，但實際上政府處於利益的角度，暗地裏還是積極通過非法折變來套取利益，以致兩稅非法折變多有至數倍的情況出現〔註15〕，有時折變時「以絹折錢，又以錢折麥，以絹較錢，錢倍於絹，以錢較麥，麥倍於錢，展轉增加，民無所訴」，造成了諸多的社會矛盾。〔註16〕

〔註11〕〔宋〕林希逸撰：《竹溪鬳齋十一槀續集》卷十《重建斂石寺記》，載《宋集珍本叢刊》第八十三冊，北京：線裝書局，2004 年版，第 466 頁下。

〔註12〕由支移演變而來的附加稅一般有兩種：腳錢和三七耗。腳錢是爲了免除支移而納的附加稅。三七耗，是指由於路途有山湖阻隔，因而造成糧米運輸的不方便，因此可以申請將糧米就地倉納儲存，但必須另外每斗再繳納三升七合的米糧。

〔註13〕〔宋〕謝深甫等撰：《慶元條法事類》卷四十八《賦役門·支移折變》，載《續修四庫全書》第 861 冊，上海：上海古籍出版社，2002 年版，第 512 頁下。

〔註14〕〔宋〕謝深甫等撰：《慶元條法事類》卷四十八《賦役門·賦役》，載《續修四庫全書》第 861 冊，上海：上海古籍出版社，2002 年版，第 519 頁上。

〔註15〕〔宋〕馬端臨撰：《文獻通考》卷五《田賦五》，北京：中華書局，1986 年版，第 61 頁下。

〔註16〕〔元〕脫脫等編：《宋史》卷一百七十四《志第一百二十七·食貨上二》，北京：中華書局，1977 年版，第 4213 頁。

除了要繳納兩稅以外，寺院還要負擔其他的租稅，《竹溪鬳齋十一槁續集》中曾指出：

> 僧寺則上供有銀，大禮有銀，免丁又有銀，歲賦則有祠牒貼助，
>
> 秋苗則有白米撮借，與夫官府百需靡細靡大，皆計產科之。〔註17〕

根據這樣稅租壓力過大的情況，官府有時亦進行針對性地減免，尤其是在災荒之年或是寺院困難之時，然而值得一提的是，法令規定寺院田賦的蠲免必須得到政府的批准，而且多見於賜額的大寺院，所以政府主動減免一般規模大小的寺院田賦的情況在史料中並不多見，而對於普通的寺院來說，其田賦如若不能減輕，則可能會採取各種逋賦手段逃避田賦的繳納以減輕生存壓力。

以上種種跡象表明寺院兩稅的繳納是政府控制寺院經濟過分膨脹的一個重要手段，這對於此時期佛教的發展起到了一定的規範作用，楊倩描先生仕《南宋宗教史》一書中指出政府通過對寺院進行財政性的控制以限制寺觀經濟的非正常增長，無疑使傳統意義上那種僧道「不耕而食」、「不蠶而衣」的局面在南宋發生了很大的改變。〔註18〕實際上正如楊先生所認為的那樣，南宋時期僧道「不耕而食」、「不蠶而衣」的狀況確實有很大的變化，然而這種變化是否足以可以否定其所具有的階級特性，另外值得商榷的一點是：是否是由於政府對於寺院進行經濟的財政性的控制從而促使僧道「不耕而食」、「不蠶而衣」的局面發生了改變？首先對於僧道階級性的問題，王曾瑜先生立於歷史的角度在其《宋代階級結構》一書中已有詳細的論述，並且講到僧道作為社會階級結構中的一個重要組成部分，一般不事生產，但維持寺觀宗教活動和僧道衣食，卻又根本不可能超脫塵世的經濟活動〔註19〕。所以此時期僧道不能僅僅作為一個簡單的坐食階層而加以討論，而是應結合社會歷史及此時期佛教發展的實際情況去看。雖然寺院兩稅的繳納確實使寺院特權在一定範圍內有所限定，從以上所引種種歷史材料看，寺院僧眾有時甚至成為世俗政權盤剝的對象，然而從宗教理論的角度去看，這也證明了佛教社會性的發展，證明了「宗教過去是，它也必然地必須是社會性的。」佛教在產生及發展過程中其各個要素遲早要被全面置入社會化大語境中，其信仰的精神層面

〔註17〕　〔宋〕林希逸撰：《竹溪鬳齋十一槁續集》卷十《重建猷石寺記》，載《宋集珍本叢刊》第八十三冊，北京：線裝書局，2004 年版，第 466 頁下。

〔註18〕　楊倩描：《南宋宗教史》，北京：人民出版社，2008 年版，第 359 頁。

〔註19〕　王曾瑜：《宋代階級結構》，北京：中國人民大學出版社，2010 年版，第 296 頁。

及物質層面應時時地契合佛教所處的時代，而單從其佛教經濟的層面看，兩稅的繳納恰恰說明佛教在南宋這一社會歷史時期下，其自身發展對於世俗王道秩序的遵守，對於這一點，筆者擬就寺院田稅的蠲免及其原因爲論述對象作更近一步地探討。

二、南宋時期寺院田稅的蠲免及其探討

南宋時期寺院田稅的蠲免往往需要視情況加以討論，根據以上幾則材料及法令條規看，寺院田賦的繳納是強制性的，如果被政府下令蠲免則大多具有一定深層次的緣由。因爲同「非時科敷」不同，田賦稅租是法律規定的「常賦」，且是政府財政收入的主要稅種，因而不大容易被蠲免。如位列五山之首的徑山寺在南宋時期是皇家的祝聖壽道場，此寺曾「尋奉俞音」（按：奉行宋孝宗聖旨之意），賜額興聖萬壽禪寺，其在諸州的場務商稅亦被免除，並且其平江府和義莊除納正稅外，非時科敷悉蒙蠲免。〔註20〕這則材料出自《松隱集》之《徑山續畫羅漢記》，記於乾道癸巳年亦即乾道九年（1173 年），從中可以看出，徑山寺因是皇家的祝聖壽道場而被賜額，這樣的寺院其田賦正稅尤不能免，而僅僅是免除寺院所承擔的非時課敷及商稅。

以徑山寺爲例結合相關史料，可以窺見寺院田賦蠲免的某些原因，徑山寺在乾道九年之前實際上已經擁有不少的田產，高宗曾因大慧妙喜之故賜田徑山寺，其記載「高宗既禦北內，得以遊幸山間，以妙喜故，賜吳郡賜吳郡田萬畝，駕幸越二年始建龍游閣」〔註21〕這則材料並沒有明確高宗賜田徑山寺的時間，但結合《咸淳臨安志》卷八十三《徑山能仁禪院》中「乾道四年（1168 年）乃建龍游閣」〔註22〕的記載來看，高宗賜田時間應爲乾道二年亦即 1166 年，在這裡仍有兩點值得注意，雖然乾道二年在位的皇帝是孝宗，賜田徑山寺的卻是宋高宗，然而游彪先生在其所作《宋代寺院經濟史稿》一書中卻將賜田者定爲孝宗皇帝，並且又說「無獨有偶，乾道二年（1166 年），著名禪宗大師宗杲又

〔註20〕〔宋〕曹勳撰：《松隱文集》卷三十《徑山續畫羅漢記》，載《宋集珍本叢刊》第四十一冊，北京：線裝書局，2004 年版，第 612 頁下。

〔註21〕〔宋〕葉紹翁撰：《四朝聞見錄》甲集《徑山大慧》，北京：中華書局，1989 年版，第 34 頁。

〔註22〕〔宋〕潛說友編：《咸淳臨安志》卷八十三《徑山能仁禪院》，載《宋元方志叢刊》（第四冊），北京：中華書局編，1989 年版，第 4125 頁上～下。

得到孝宗所賜長洲田一萬畝。」〔註23〕在此可見是犯了歷史知識的錯誤，此爲其一。其二，大慧妙喜即是大慧宗杲，其在 1163 年即孝宗隆興元年去世，故而絕不可能在乾道二年（1166 年）接受皇帝賜田，而此次賜田亦只能說是出於皇室對於大慧禪師的憐敬，實際上大慧禪師並不是直接的受賜者，在游彪先生著作之前，臺灣學者黃敏枝先生《宋代佛教經濟史論集》第二章《宋代寺田的來源與成立》之《宋代敕賜寺田表》中第 16、18 條中同樣有這樣的失誤。〔註24〕而就在徑山寺接受賜田的同一年和王楊存中曾捨徑山寺田達一萬三千畝之多，這部分捨田的賦稅其後被孝宗下令蠲免，記載說楊存中「捨蘇州莊與徑山，朕當爲蠲免賦稅，和王謝恩，歸即以莊隸徑山，此莊歲出二萬斛，犂牛、舟車、解庫應用百事具足。」〔註25〕從徑山寺擁有田產的數量來看實屬不少，其田賦一旦免除勢必對於政府財政收入產生不利的影響，而乾道九年孝宗皇帝下令只減免其雜稅而例行收取正稅極有可能是這樣的原因，也可以看出，寺院田賦的蠲免並非是一成不變的，而是政府審時度勢所作出的適當調整。又比如孝宗在蠲免徑山寺田賦之後三年，亦即乾道七年，曾下詔寺觀「毋免稅役」〔註26〕對於此次下詔禁止寺院免除稅役，其原因亦正是朝廷出現了一時的財政短缺，據史料記載當年孝宗下令「罷會子庫，仍賜戶部內藏南庫緡錢二百萬、銀九十萬兩，以增給官兵之奉」〔註27〕可見當年當月出現了會子庫及巨額經費支出等問題，故而政府通過重申法規條令來禁止寺觀免納田稅。寺院田賦之所以能夠得到蠲免有時也緣於別有奇能的高僧大德之影響力，諸如上述徑山寺因大慧禪師之故而被免除田稅，史料記載孝宗對妙喜禪師「憐而敬之，寵眷尤厚，賜缽袈裟。」〔註28〕又偃溪禪師住持徑山寺時，於庚申年（慶元六年，1200 年）賜

〔註23〕游彪：《宋代寺院經濟史稿》，保定：河北大學出版社，2003 年版，第 76～77 頁。
〔註24〕黃敏枝：《宋代佛教社會經濟史論集》，臺北：臺灣學生書局，1989 年 5 月版，第 56 頁。因寺院賜田不在本文討論範圍，故而不再進行贅述，關於此次賜田記載的補正，亦可參見汪聖鐸、馬元元：《黃敏枝〈宋代敕賜寺田表〉補正辨析》，載《河北大學學報》（哲學社會科學版）2009 年第 1 期，第 48～52 頁。
〔註25〕〔明〕吳之鯨撰：《武林梵志》卷十《徑山寺》，杭州：杭州出版社，2006 年版，第 249 頁。
〔註26〕〔元〕脫脫等編：《宋史》卷三十四《本紀第三十四·孝宗二》，北京：中華書局，1977 年版，第 650 頁。
〔註27〕〔元〕脫脫等編：《宋史》卷三十四《本紀第三十四·孝宗二》，北京：中華書局，1977 年版，第 650 頁。
〔註28〕〔宋〕葉紹翁撰：《四朝聞見錄》甲集《徑山大慧》，北京：中華書局，1989 年版，第 34 頁。

號佛智，其憑藉佛教影響力，上奏朝廷免除了徑山寺舊莊田產稅租。史料記載：「庚申賜號佛智，舊莊二所，指水爲田，東餉按籍索租，害此寺二紀，師爲奏免。」〔註29〕

　　寺院由於高僧大德的影響力而被蠲免田賦的情況實際上最終還是取決於世俗統治者對於佛教的態度及其行爲，歷數南宋時期寺院田賦的蠲免事例無不是統治階級以高姿態的架子對寺院施以恩惠。諸如旌德顯慶寺嘉定初年爲寧宗皇后楊氏功德院，寺院存有寧宗皇帝之御書，後理宗皇帝買田以賜，達三千畝之多，爲盡復其賦〔註30〕。度宗時期壽聖寺爲御前香火寺，科敷借占等雜稅曾受旨得以蠲除，其寺田山園地等常住，在毗陵（按：今江蘇常州地區）、霅川（按：湖州別名，今浙江湖州地區）、本邑有四千五百畝之多，歲有常賦，後太傅平章魏公上奏朝廷免之。〔註31〕

　　上述顯慶寺的材料中有皇帝親自買田、賜田並免田賦的記錄，這是在南宋歷代皇帝中所極少見到的情形，根據寧宗當朝時期《慶元條法事類》中的規定，蠲免寺院田賦已是基於朝廷極爲愼重的考慮，因爲大量賦稅的蠲免勢必帶來財政收入的相對減少，更何況還要皇帝花費錢財買下大量田產施與寺院，作爲寧宗的繼任者，宋理宗究竟出於何種考慮有此行爲，或許史料中可以提供一些參考。南宋相關史料顯示理宗與顯慶寺關係較之他與其他寺院關係更爲密切，顯慶寺歷來爲宋朝祖宗功德寺，在淳祐庚戌年時，（亦即淳祐十年，1250 年）理宗曾爲其寵幸的貴妃閻氏建功德寺於附近的九里松，而對於功德寺的修建，史料記載「顯慶寺，土木之工過於諸寺，時人名之曰『賽靈隱寺』。」〔註32〕能與當時已位列五山之一的靈隱寺相比較，可見其寺院規格

〔註29〕〔宋〕林希逸撰：《竹溪鬳齋十一稿續集》卷二十一《徑山偃溪佛智禪師塔銘》，載《宋集珍本叢刊》第八十三冊，北京：線裝書局，2004 年版，第 560 頁下。其中有「庚申」之記載，與《卍新纂續藏經》第 69 冊《偃溪和尚語錄卷下》「辛酉」之記載有所出入，其記載如下：「辛酉（1201 年）賜號佛智，舊莊二所，指水爲田，東餉按籍索租，害此寺二紀，師爲奏免。」詳細參看〔宋〕道隆編：《偃溪和尚語錄》卷下，載《卍新纂續藏經》第 69 冊，第 753 頁。關於偃溪禪師駐錫徑山寺的時間不在本文討論範圍，在此不作考據。

〔註30〕〔宋〕潛說友編：《咸淳臨安志》卷七十八《寺觀四之旌德顯慶寺》，載《宋元方志叢刊》第四冊，北京：中華書局編，1990 年版，第 4071 頁下。

〔註31〕〔宋〕潛說友編：《咸淳臨安志》卷七十八《寺觀四之崇恩演福禪寺》，載《宋元方志叢刊》第四冊，北京：中華書局編，1990 年版，第 4071 頁上。

〔註32〕〔元〕劉一清撰：《錢塘遺事》卷 1《顯慶寺》，上海：上海古籍出版社，1985 年版，第 24～25 頁。

定然不低，以至其後有「界限甚嚴，無故者不得復入〔註33〕」的規定。然而
真正促使理宗對於顯慶寺進行經濟寬免的原因或許並不僅僅於此，因為作為
具有皇家祭祠功能的佛寺，顯慶寺還是寧宗皇后楊氏的香火院，而寧宗皇后
楊氏對於理宗有「再造之功」──楊氏曾與權臣史彌遠合作廢黜太子，並收
理宗為子，後將其扶上皇位。這在《資治通鑑後編》卷一百三十六、《御批歷
代通鑑輯覽》卷九十一、《宋史紀事本末》卷二十四、《經濟類編》卷三等史
料中均有相似的記載。現僅引用《宋史紀事本末》卷八十八《史彌遠廢立》
中的記述，如下：

> 閏月丁酉，帝崩，彌遠遣皇后兄子谷石以廢立事白后，后不可，
> 曰：皇子竑先帝所立，豈敢擅變，谷等一夜七往返，後終不許，谷
> 等乃拜泣曰：內外軍民皆以歸心，苟且不立之（按：宋理宗趙昀），
> 禍變必生，則楊氏無噍類矣，后黙然良久，曰：其人安在？彌遠即
> 於禁中遣快行宣昀令之，曰：今所宣是沂清惠王府皇子，非萬歲巷
> 皇子……昀入宮見后，后拊其背曰：汝今為吾子矣……九月帝追封
> 所生父希瓐為榮王，生母全氏為國夫人，而以弟與芮嗣之。〔註34〕

對於一向尊崇道學（亦即理學）的宋理宗來說，繼位之後標榜皇權正統，通
過具有祭祀、禳災功能的祠廟、寺院為自己繼承皇位的合法性尋找神聖依據，
應該是隱約可以想到的，但是現在囿於史料的短缺尚不能完全證明理宗對於
顯慶寺經濟的寬免是由於以上所述，但是有一點是毋庸置疑的：除對顯慶寺
外，至今為止宋史史料中未發現宋理宗對於其他寺院進行買田、賜田並蠲免
其田賦的記載，所以從顯慶寺與理宗特殊的因緣關係中去探討其田賦得以蠲
免的情況或許是一個可能性的角度。

　　從以上所引材料不難看出，田賦稅收能夠得以蠲免的寺院多是賜額寺
院、皇族及官員的香火寺及功德院，諸如徑山寺、顯慶寺、壽聖寺等，而極
少見普通規格的寺院，事實上大多情況下寺院除要繳納田賦正稅以外，還要
承擔相當沉重的田賦附加及各類科敷，這對於賜額寺院、功德院等不時享有
免稅權力的寺院來說，稅負壓力往往比普通寺院較輕，而普通寺院往往因為
承受不起田賦附加稅及其他科敷而衰落，針對這一點黃敏枝先生在其《宋代

〔註33〕　〔元〕劉一清撰：《錢塘遺事》卷1《顯慶寺》，上海：上海古籍出版社，1985
　　　　　年版，第24～25頁。

〔註34〕　〔明〕陳邦瞻撰：《宋史紀事本末》，北京：中華書局，1977年版，第991～
　　　　　992頁。

佛教經濟史論集》一書中亦有提到。〔註 35〕但是實際上更應當注意的是：南宋時期寺院田賦的蠲免絕不是形式上簡單的賜受關係，而是有更爲深層次的社會緣由，寺院田賦的蠲免並非是世俗統治者對於佛教經濟眞正意義上的寬赦和扶持，更爲準確地講這種行爲實際上是世俗政權對於佛教經濟更爲強化的行政干預，一定程度上使政府加強了對於佛教的管理與控制，佛教的社會發展亦因此更爲倚重世俗政權。一些規模較大的寺院亦逐漸類似於皇族成員的「家廟」，而這種家廟化的出現勢必對佛教的獨立性發展帶來諸多的困難。

三、南宋寺院田稅徵收及蠲免的社會影響

寺院田稅徵收與蠲免無論如何進行都始終無法避開一個問題──即田產供給問題，因爲繳納或是蠲免多少兩稅是根據田產數量及質量作爲衡量的，而在土地的供給上，政府顯然處於主導地位，而另一方寺院爲得到土地亦往往毫不掩飾其覬覦之色。諸如南宋時期理學家黃榦曾有著作《勉齋集》，其中記載了撫州金溪縣白蓮寺僧如璉與官員盧嘉猷爭奪田產的訟案：

> 盧嘉猷之田在港東，白蓮寺之田在港西，兩家之訟，初爭田，
> 次則捨田而爭水圳，其終又捨水圳而爭水港。〔註 36〕

先置田產歸屬問題不論，就白蓮寺僧的行爲來看，其追求田產利益的欲望就已顯現無疑了。針對寺院對於田產的需求這一狀況，南宋政府有時採用實封的形式將田產賜予寺院，寺院則報之以田稅雜科，南宋劉克莊曾對福建地區寺院接受實封的情況有所記載，他說：

> 閩中僧刹千五百區，舊例住持入納，以十年爲限，謂之實封。
> 官府科需，皆僧任之，不以病民。近以州用不足，減爲七年或五年，
> 甚者不一歲，託以詞訟，數易置。〔註 37〕

也就是說官府將田產賜予寺院，並任寺院住持進行管理，屆時收取田產科敷，如出現州用不足亦即財政短缺的情況時，政府則將住持任期縮短，由

〔註 35〕 黃敏枝：《宋代佛教社會經濟史論集》，臺北：臺灣學生書局，1989 年版，第318 頁。

〔註 36〕 〔宋〕黃榦撰：《勉齋集》卷三十二《白蓮寺僧如璉論陂田》，文淵閣《四庫全書》全文檢索電子版，上海人民出版社、迪志文化出版有限公司，1999 年版。並見於中國社會科學院歷史研究所、宋遼元金史研究室點校：《名公書判清明集》（下冊），北京：中華書局，1987 年版，第 580～581 頁。

〔註 37〕 〔宋〕劉克莊撰：《後村先生大全集》卷一百四十六《忠肅陳觀文神道碑》，載《宋集珍本叢刊》第八十二冊，北京：線裝書局，2004 年版，第 471 頁下。

十年改爲七年或五年，甚至一年，通過這種方式每立一次住持便可向寺院徵收大量財稅，這種做法顯然是侵犯了寺院的經濟利益，故而極易招致訴訟，然而好在政府實封田產之時「皆僧任之，不以病民」，實封田產雖然損害了寺院的利益，但也應該注意到一定程度上實封之制還是緩解了百姓繳納田賦雜稅的壓力，如南宋初期，張守知福州時曾與當地官員實行實封，「存留上等四十餘剎，以待真僧傳法，餘悉爲實封，金多者得之，歲入不下七八萬緡，以是助軍兵春冬二衣，餘寬百姓非泛雜科。」〔註38〕出金多者才能得到實封的田產，頗類似與現在的拍賣形式，從記載上看，這些田產歲入極爲豐富，資助軍兵春冬二衣綽綽有餘，亦起到了緩解百姓科敷壓力的作用。

　　涌過實封所納田稅一時間確實起到了支持軍費、緩解百姓科敷壓力的作用，但是寺院田賦的蠲免亦往往給民戶帶來不小的壓力，因爲寺院田賦一旦蠲免其所免稅額往往攤給民戶去承擔，對此寧宗開禧年間曾有大臣奏議：

　　　　寺觀蠲免田產過多，則上供、送使、留州的稅額勢必減少，而
　這部分必定轉而抑配於其他。〔註39〕

又孝宗淳熙年間，有官員曾指出兩浙地區「僧道寺觀之產，或奉詔蠲免而省額未除，不免陰配民戶，此暗科之弊也。」〔註40〕可以看出寺院田賦一旦蠲免勢必影響到普通民戶的田稅繳納，也可以看出寺院、民戶、官府在田稅輸納問題上始終是聯繫在一起的，甚至可以說三者始終處於某種博弈的狀態。就寺院與官府在田稅問題上來說，兩者相互依存亦相互排斥，政府有時會根據寺院田賦的繳納情況差撥住持及賜予田產，諸如高宗於紹興二年曾下令諸路寺觀常住荒田令州縣召僧道墾耕，內措置有方及稅租無拖欠者並仰所屬差撥住持其田宅。〔註41〕政府實封田產及以上諸實例亦可以證明政府對於寺院田產及田稅的繳納具有絕對的控制力，且掌握著寺院住持的任命權，而寺院有時亦因利益的驅使樂意承接來自官方的恩惠，並爲政府提供定量的財政稅

〔註38〕〔清〕徐松輯：《宋會要輯稿・食貨》26 之 42，北京：中華書局 1957 年影印本，第 5254 頁下。

〔註39〕〔清〕徐松輯：《宋會要輯稿・食貨》70 之 104，北京：中華書局 1957 年影印本，第 6422 頁下。

〔註40〕〔元〕脫脫等編：《宋史》卷一百七十五《志第一百二十八・食貨上三》，北京：中華書局，1977 年版，第 4239 頁。

〔註41〕〔清〕徐松輯：《宋會要輯稿・食貨》61 之 81，北京：中華書局 1957 年影印本，第 5914 頁上。

收，當政府財政出現緊張的時候，寺院則又成爲政府搜刮財稅的對象，而寺院往往承受巨大的經濟壓力，其享受田稅蠲免的特權亦逐漸喪失。

最後從社會理論的角度去看，寺院田稅問題體現出了南宋社會的時代性，在社會的發展過程中南宋時期的寺院經濟特權已與唐及以前相比無多少優勢可言，一方面從社會政治的角度，南宋寺院經濟的發展勢必影響到了國家的財政收入，以至於對國家經濟財富及世俗政權構成了強大的挑戰，加之南宋時期種種社會問題其實質仍舊是北宋三冗問題的延續，且有愈演愈烈的趨勢，在此形勢下，國家必然會對寺院財產進行極大程度地斂徵及相應地政治控制。另一方面從社會經濟的角度，南宋時期商品經濟的發展，工商業、手工業的發展使土地這種農業資源不再強制性的將人限制起來，加之非主體階級的出現〔註42〕，致使國家對於土地生產力的控制有了一定程度上的減弱，進而國家轉向對於土地的控制，因此對擁有大量田產的寺觀進行強制性收稅便成爲一個最重要且最有效的控制手段。

事實上政府政治及經濟手段的運用確實使寺院特權在一定範圍內有所限定，對於此時期佛教的發展起到了一定的規範作用，同時亦體現出佛教自身的發展對於世俗王道秩序的遵守。從寺院不時享受一定田稅蠲免的特權來看，這即是來源於世俗政權的「恩賜」，體現出政府寺院管理政策的靈活性，同時又是世俗政權對佛教經濟強化行政干預的重要表現，一定程度上使政府加強了對於佛教的管理與控制，寺院的發展亦因此更爲依賴於世俗政權。

第二節　關於南宋寺院田賦附加稅的討論

南宋寺院除要繳納田賦地租以外，還要承擔一部分田賦附加稅，附加稅除各色科敷之外，還有政府巧立名目所徵收的各類雜稅，寺院往往不堪其擾。《後村先生大全文集》卷九十三《薦福院方氏祠堂》中羅列了薦福院所承擔的各類賦稅及雜稅，記載說：

> 院以葺理而興，以科敷而廢，今後除聖節大禮、二稅、免丁、
> 醋息、坑冶、米麴、般甲翎毛、知通儀從人，悉照古例輸送。惟諸

〔註42〕王曾瑜：《宋代階級結構》，北京：中國人民大學出版社，2010 年版，第 331 ～396 頁。

色泛敷，如修造司需求陪補、僧司借腳試案等，官司所濟無幾，小
院被擾無窮。〔註43〕

材料顯示寺院除繳納二稅、免丁稅等正常賦稅外還要繳納聖節大禮等特貢，
以及醋息、坑冶、米麴、般甲翎毛等賦稅攤派，除了這些以外，在修建工程
或是繳納各類稅物時往往需要官方組織人力進行陪補及借腳支移，然而在這
一過程中官府卻「所濟無幾」，實際上這些泛敷仍舊還是攤派給寺院，故而小
院被擾無窮以致於最後衰敗。南宋時期政府強加給寺院的田賦附加稅往往通
過預借和買、預借和糴、雜項攤派等幾種手段，手段雖然不多，附加稅的種
類花樣卻不少。〔註44〕

一、寺院承擔的「和買」附加稅

關於和買這一斂財手段，南宋初期高宗曾下令，禁止各州縣預借民稅
及和買錢，〔註45〕但是這一禁令未得到有力執行，以致其後孝宗時期，出
現「惟和買最為流弊之極」的狀況。〔註46〕對於寺院承擔政府和買的任務，
有學者曾作過研究並且指出，在宋寧宗之前寺院並不承擔和買、和糴等財
政性的攤派，並且引用宋寧宗下令「均敷和買」的材料，其中有「諸州縣
應寺觀長生庫，並令與人戶一例推排，均敷和買」〔註47〕的記載。〔註48〕
但是情況應該不會如此。有材料證明早在寧宗之前，寺院就要承擔政府的
和買，淳熙八年（1181年）張子顏就紹興府科敷過重而產生種種弊端上奏
孝宗，後孝宗下詔「紹興府攢宮田園、諸寺觀、延祥莊並租牛耕牛合䕝和
買，並於省額除之」〔註49〕隆興二年（1164年），上天竺寺的錢塘、仁和、

〔註43〕〔宋〕劉克莊撰：《後村先生大全集》卷九十三《薦福院方氏祠堂》，載《宋
　　　集珍本叢刊》第八十一冊，北京：線裝書局，2004年版，第767頁上～下。

〔註44〕關於南宋時期兩稅的附加稅種類名目，筆者根據相關學者的研究材料編製成
　　　表，可詳看本章後附列表：《宋朝兩稅附加稅名目表》。

〔註45〕〔元〕脫脫等編：《宋史》卷三十《本紀第三十・高宗七》，北京：中華書局，
　　　1977年版，第565頁。

〔註46〕〔清〕徐松輯：《宋會要輯稿・食貨》38之22，北京：中華書局1957年影印
　　　本，第5477頁下。

〔註47〕〔清〕徐松輯：《宋會要輯稿・食貨》70之102，北京：中華書局1957年影
　　　印本，第6421頁下。

〔註48〕楊倩描：《南宋宗教史》，北京：人民出版社，2008年版，第355頁。

〔註49〕〔元〕脫脫等編《宋史》卷一百七十五《志第一百二十八・食貨上三》，北京：
　　　中華書局，1977年版，第4240頁。

嘉興、崇德等縣及平江府等處的田產就享有免納和買、科敷、色役等特權。
〔註 50〕

可見早在寧宗之前寺院就必須承擔和買應是事實，但是上述卻出現「均敷和買」的說法，這應該是針對社會和買不均的社會狀況所提出來的，南宋史料中曾有針對和買不均而提出均敷和買的記載，諸如「兩浙江東西四路和買不均之弊，送戶部給舍等官詳議，鄭丙丘崇議畝頭均科之說至公至平，詔施行之，十六年知紹興府王希呂言均敷和買……〔註 51〕從中可知針對和買不均的狀況有官員曾提倡實行「畝頭均科」，因這一政策「至公至平」後得到朝廷詔令以「施行之」，所以「均敷和買」應是「均科和買」之意。又南宋政治家王十朋所撰《梅溪後集》中「定奪餘姚縣和買」案例中同樣出現了和買不均的狀況，故而招致了官司，其中有「轉運司判下餘姚縣百姓魏皋等狀理本縣和買不均之弊」的記述。〔註 52〕

前面提到關於和買，南宋初期高宗皇帝曾下令禁止過，但卻是一紙空文，和買現象非但沒有消失，反而出現新的變化，亦即繳納的絹帛等和買稅物逐漸演變爲折帛錢的繳納，關於折帛錢的出現，史料記載：

> 兩浙轉運副使王琮，言本路上供和買紬絹，歲爲一百七十萬匹
> 有奇，請每匹折納錢兩千計三百五萬緡省，以助國用，許之，東南
> 折帛錢蓋自此始。〔註 53〕

由此看來折帛錢實際上還是絹帛稅物的折變，而對於寺院來講這部分田賦附加稅額往往十分巨大，諸如以上孝宗於淳熙八年免紹興府攢宮田園、諸寺觀、延祥莊和買、科敷之後，又於淳熙十六年（1189 年）八月二十三日，特減帛匹四萬四千三百八十四匹三丈六尺七寸，遂以一十萬匹爲額。（內本色七萬九千三百八十一匹三尺九寸，折帛二萬六百二十八匹三丈六尺一寸。）〔註 54〕

〔註 50〕 黃敏枝：《宋代佛教社會經濟史論集》，臺北：臺灣學生書局，1989 年版，第 318 頁。

〔註 51〕 〔元〕脫脫等編：《宋史》卷一百七十五《志第一百二十八·食貨上三》，北京：中華書局，1977 年版，第 4240 頁。

〔註 52〕 〔宋〕王十朋撰：《梅溪後集》，卷 25《定奪餘姚縣和買》，文淵閣《四庫全書》全文檢索電子版，上海人民出版社、迪志文化出版有限公司，1999 年版。

〔註 53〕 〔宋〕李心傳撰：《建炎以來繫年要錄》卷二十一「建炎三年己酉」，北京：中華書局，1956 年版，第 434 頁。

〔註 54〕 〔宋〕張淏撰：《寶慶會稽續志》卷三《和買》，載《宋元方志叢刊》第七冊，北京：中華書局編，1990 年版，第 7124 頁下。

通過材料中所列折帛數量，又結合相關材料可知當時大概的帛絹價格〔註55〕，每疋（按：通「匹」）價值四貫錢，這是淳熙十六年前一年的價格，依照這個價格算，紹興府攢宮田園、諸寺觀、延祥莊折帛所值達八萬兩千貫之多，足以可見折帛賦稅之重。

二、寺院承擔的「和糴」附加稅

　　除和買以外，寺院還要承擔政府的和糴，和糴是官方根據公平的原則從民間收購米糧，以用於軍需或是救災等，但是往往通過徵購並能公平兌現米糧的情況很少出現，和糴雖由政府許諾償其所值，但往往卻不交還現錢，而是採取預借這種手段，以致出現了《建炎以來繫年要錄》中所記載的南宋初期時的情況：

> 新行和糴能償其直者幾何，一遇軍興，事事責辦，有不足者預借來年之賦，又不足者預借後年之賦，雖名曰和，乃強取之，雖名曰借，其實奪之。〔註56〕

南宋時期許多情況下寺院都要承擔這種預借科敷，理宗寶祐年間無文道璨禪師曾在廬山開先華藏禪寺開示：預借科敷不住催，眼前百事費安排。若還向上宗乘事，那得工夫說著來。〔註57〕雖是禪宗語錄開示，但從世俗角度去看，寺院承擔預借科敷且疲於應付官府催繳應該是符合當時基本情況的。又寧宗時期偃溪禪師住持徑山寺時，曾上奏朝廷免除了徑山寺舊莊田產稅租。史料記載：

> 庚申賜號佛智，舊莊二所，指水為田，東餉按籍索租，害此寺二紀，師為奏免，踰年又以和糴病告。〔註58〕

通過佛智禪師的影響力徑山寺田產稅租是被蠲免了，但是其和糴附加稅是否免除則沒有了下文，從中也可以看出即使像徑山寺這樣寺格很高的梵剎亦不免深受和糴之苦。

〔註55〕有文獻記述「戶部紐作四貫一疋，價已不低，有錢甚易買」，詳細參看〔宋〕周必大撰：《廬陵周益國文忠公集》卷一百七十三，載《宋集珍本叢刊》第五十一冊，北京：線裝書局，2004 年版，第 715 頁上。

〔註56〕〔宋〕李心傳撰：《建炎以來繫年要錄》卷五十四「紹興二年壬子」，北京：中華書局，1956 年版，第 961 頁。

〔註57〕〔宋〕惟康編：《無文道璨禪師語錄》卷 1，載《卍新纂續藏經》第 69 冊，第 810 頁中。

〔註58〕〔宋〕林希逸撰：《竹溪鬳齋十一槁續集》卷二十一《徑山偃溪佛智禪師塔銘》，載《宋集珍本叢刊》第八十三冊，北京：線裝書局，2004 年版，第 560 頁下。

　　宋時期和糴主要是一種用於軍糧支給的附加稅，自北宋熙寧之後，和糴之外又有新的名目，諸如坐倉、博糴、給糴、俵糴、兌糴、寄糴、括糴、勸糴、均糴等名。〔註59〕和糴名目甚多，其支付形式也有多種，而非僅僅限於錢幣支付，《宋會要輯稿·食貨》40之16中記載，南宋初期，和糴徵購米糧曾有官府依價支付官告、度牒、紫衣、師號等情況〔註60〕，更有甚者還有打著和糴之名強行附帶抑配的記載，寧宗嘉定年間，理學家眞德秀任湖南地方官員的時候，勘察湖南州縣寺觀，最後得出結論：

> 湖南州縣寺觀，大抵產稅岑寂已甚，雖名大剎，不足比江浙福建下等寺觀，兼自嘉定十一年（1218年）以來逐歲敷抑度牒，勒令採米，其數已不可勝計，納米不足又責令納錢，寺觀緣此倒敗者非一，蓋有一二年數下度牒，至今監錢未足者，人戶既不可科配，寺觀又不堪均敷，委是無所措手。〔註61〕

嘉定十二年（1219年）眞德秀曾出任泉州，其後赴任湖南，因此對於福建、湖南兩地寺院產稅的對比情況應當屬實，從材料中可以看出官府採購寺院米糧往往敷抑度牒，寺院輸納給官府的米糧不夠時，還要讓寺院納錢代輸，許多寺院因此倒敗。其中材料中還講到一種情況，官府將度牒敷配給寺院之後，所收購的米糧錢財仍舊不足的話，官府則將米糧抑配給各個寺觀均敷，由於民戶不承擔和糴的科配，全部要依賴於寺院，這樣的和糴抑配往往是寺觀所不能負擔的。

　　和糴不僅僅用於「廣軍儲，實京邑」，〔註62〕如旱潦相繼時出現糧食緊缺，政府往往也實行這一政策，因這種情況出現時民戶及寺觀戶大多不願意賣出糧食，政府則使用「勸糴」的辦法以給予官號、度牒等相激勸，進行強行徵購。「勸糴」又謂「勸誘博糴」，許多時候寺院不堪其擾，往往還有因此而敗落的情況，史料記載，理宗嘉熙庚子年間（1240年）大旱，本來就「廩入素薄，歲上熟猶不足以給眾」，以「應緣助之」的本覺禪院，因有司勸糴，寺僧則竭力

〔註59〕　〔元〕脫脫等編：《宋史》卷一百七十五《志第一百二十八·食貨上三》，北京：中華書局，1977年版，第4243頁。

〔註60〕　〔清〕徐松輯：《宋會要輯稿·食貨》40之16，北京：中華書局1957年影印本，第5516頁下。

〔註61〕　〔宋〕眞德秀撰：《西山先生眞文忠公文集》卷十七《申尚書省乞免降度牒狀》，上海：商務印書館，1937年版，第284頁。

〔註62〕　〔元〕脫脫等編：《宋史》卷一百七十五《志第一百二十八·食貨上三》，北京：中華書局，1977年版，第4240頁。

以應，以至於本寺最終連稀粥都無法自給，最終落得個緇徒星散的下場。〔註63〕從這一事例可以看出，寺院的成立及發展必須以強有力的經濟實力作為後盾，本覺禪院的發展是依靠「應緣助之」，看來其財產數量應該不多，最終因勸糴之苦而敗落並不爲奇。從另一個方面也可以看出，寺院由於接受政府的「勸糴」對於社會賑濟等事業曾起到過相當大的貢獻。同這樣的清苦小院不同，奇峰寺在北宋之時曾以奸利致富，歐陽修的叔父歐陽曄曾爲隨州推官，轉運使曾命他去審計奇峰寺的財產，「寺僧致白金千兩爲饋，曄笑而卻之，曰：歲大凶，汝有積穀六七萬，能盡以輸官賑民，則吾不汝籍，僧喜：諾。盡輸之，饑民賴以全活。」〔註64〕能拿出千兩白金用於賄賂可見其經濟實力非同一般，而地方官員爲賑民救災勸誘寺院將大量米糧輸官賑民，最終救助了大量的饑民，如果沒有官員對這樣經濟寬裕的寺院進行「勸誘博糴」，勢必會引起諸多的社會矛盾。像以上這種抓住寺院把柄而進行勸誘博糴的記載史料極少有記載，一般情況下政府會給予寺院一定的利益以提高其納糧的積極性。

公平是和糴的一個基本原則，但在政府徵購民間米糧時，大多要加以科配，這極容易造成不公平現象的發生，然而史料中還有一些和糴的特殊情況，往往還有公平買賣的味道，這種情況多發生在平糴倉機構在其和糴的過程中，平糴倉是官方所設的一種儲量機構，屬於義倉的一種。南宋劉克莊在《興化軍創立平糴倉記》中提到平糴倉的創立及具體實施：

> 平糴倉者，太守寶章曾公之所作也，公在郡三年，蠲弛予民以鉅萬計，至是復捐楮幣萬六千緡爲糴本，益以廢寺之穀，寺之產及五貫而糴，民不與也。倉之政擇二僧而付，吏不與也。糴視時之價不抑也，糶視糴之價不增也，別儲錢楮二千緡備折閱，又撥廢寺錢歲三百緡供廩費，歲儉價長，則發是倉以權之，歲豐價平，則散諸錢易新穀以藏焉。〔註65〕

文中講到，自平糴倉創建之始，寺院財產只要達到五貫的便要承擔「和糴」的任務，而一般民戶則不參與，而平糴倉最初亦是交給僧眾來管理，官吏則

〔註63〕〔元〕徐碩撰：《至元嘉禾志》卷二十二《本覺禪院記》，載《宋元方志叢刊》第五冊，北京：中華書局編，1990年版，第4581頁上。

〔註64〕〔清〕謝旻等監修：《江西通志》卷七十五，文淵閣《四庫全書》全文檢索電子版，上海人民出版社、迪志文化出版有限公司，1999年版。

〔註65〕〔宋〕劉克莊撰：《後村居士集》卷二十二《興化軍創立平糴倉記》，載《宋集珍本叢刊》第七十九冊，北京：線裝書局，2004年版，第609頁上。

不參與。平糶倉的具體運作是在買入糧食時不抑價格，出賣糧食時則根據所買糧食時的價格而不進行上調，當糧食欠收時則賣出所儲米糧平抑物價，而糧食豐收時則用糶本買進新糧以備不時之需。可見平糶倉機構的設立具有調控經濟的一部分職能，且帶有一定程度的慈善性質，這種和糶的積極作用應當受到足夠的重視，然而這是平糶倉建立之初的樣貌，其後發展如何則需另加討論了。

三、寺院承擔的雜項攤派

雜項攤派是各種名目類別的附加稅，根據宋代史料這些各色雜稅主要是攤派於田稅（主要是指兩稅）或是人丁稅上，有些情況則是攤派給寺院戶的。具體名目甚多，諸如：鹽、茶、醋、香料等的抑配，上供、軍器、酒本、助軍、郊祀大禮等的科敷，實際上上述所討論的涉及米糧絹帛等的和買、和糶也往往具有雜項攤派的性質。雜項攤派最初並不是作為正賦出現，然而卻是由田賦正稅雜變而來確是事實，最初唐之時謂之「沿納」，後北宋仁宗於明道二年（1033 年）下詔三司將雜變之物按各個類別進行歸併，合併成一種稅物，併入夏秋兩稅進行繳納，《宋史》記載：

> 自唐以來，民計田輸賦外增取他物，復折為賦，謂之雜變，亦謂之沿納，而名品煩細，其類不一，官司歲附帳籍，並緣侵擾，民以為患。明道中，帝躬耕籍田，因詔三司以類併合，於是悉除諸名品，並為一物，夏秋歲入，第分粗細二色。〔註66〕

可見在北宋中期經過政府的改革雜項攤派主要是攤派到田稅中進行徵收，這種徵收方式的一個突出的優點就是方便。但是到了南宋時期，這種隨田稅進行徵收雜項的情況則發生了改變，這在寺院附加稅的徵收中亦有體現，而這一改變具體體現為雜項攤派不再僅僅附於田稅之中，諸如和糶、和買賣、支移折變等稅，而是開始轉移到對於寺觀戶、甚至是僧道人丁主戶的稅收項目上，諸如對於寺觀酒本錢、醋課錢、茶引錢（茶鈔）等各色稅種項目的徵收。如《建炎以來繫年要錄》中記載紹興壬申年間（1152 年）的茶稅抑配：

> 湖州地區產茶諸縣各有園戶祖宗朝並無茶稅，州縣舊來立歲額每畝輸三斤已，自非法比年，官司又於額外抑配園戶茶引，僧人茶

〔註66〕〔元〕脫脫等編：《宋史》卷一百七十四《志第一百二十七・食貨上二》，北京：中華書局，1977 年版，第 4206 頁。

鈔，武康一縣，園戶買茶引每畝出鈔三百文足，僧人買茶鈔每名出
錢三貫六百文足。〔註67〕

其中講到園戶每畝出鈔三百文足，而對僧眾則以人丁爲單位進行徵收，並且
僧人買茶鈔卻要每名出錢三貫六百文足。

　　南宋的史料中有關於寺院承擔雜項攤派的一些記載，這些記載基本上涵
蓋了南宋以後各朝歷代寺院納稅的稅種項目，諸如寺院僧眾日常生活所必須
的鹽、醋、茶、香等的抑配，南宋乾道五年（1169 年）進士的王炎後任岳州
知臨湘，他對湖北一路因雜稅而致使「法廢而民擾」的狀況頗有不滿，他指
出：

　　然違法不顧，惟岳州四縣爲甚，就四縣言之，惟臨湘尤甚，和
　糴上供米實無價錢，湖北一路皆然，無議焉可也，詞狀到官則買印
　紙，耕牛倒死則納綱解錢，此特其小小者，爾無議焉可也，其他違
　法者殆不可累數，詞訟已畢獻助版帳錢，一也。報役已滿獻助版帳
　錢，二也。牙儈、裏正、攬戶給價直之半，歲買聖節銀，三也，公
　吏、裏、攬戶、僧寺歲敷煮酒錢，四也。僧寺、師巫月納醋錢，五
　也。〔註68〕

以上幾條皆是因繳納稅錢而造成的社會法制亂象，這其中講到僧寺要敷煮酒
錢、納醋錢，關於寺院必須要繳納的醋息稅錢，這在乾道五年之前的相關材
料中未有明確的說明，現可以知道的是，在高宗時期曾有大臣上奏朝廷對政
府催促寺觀繳納醋息略有微詞，時任右諫議大夫的趙霈在紹興五年（1135 年）
曾上奏朝廷說：

　　比年以來，郡守更易不常……公帑所入有限，例冊所定有常，
　一或過多，則供需何以取足，必責之庫官，庫官無策，必仰之醋息，
　醋息不充，必裒之寺觀。〔註69〕

第一則材料中從王炎的言語中可以看出對僧寺進行醋錢徵收似乎有其不合法
之處，結合之前紹興五年的奏議，「醋息不充，必裒之寺院」這似乎也不能表

〔註67〕〔宋〕李心傳撰：《建炎以來繫年要錄》卷一百六十三「紹興二十二年壬申」，
　　　　北京：中華書局，1956 年版，第 2654 頁。
〔註68〕〔宋〕王炎撰：《雙溪類稿》，卷 20《上劉岳州》，文淵閣《四庫全書》全文檢
　　　　索電子版，上海人民出版社、迪志文化出版有限公司，1999 年版。
〔註69〕〔清〕徐松輯：《宋會要輯稿・職官》47 之 24～25，北京：中華書局 1957 年
　　　　影印本，第 3430 頁上～下。

明寺院繳納醋息具有合理性，不然不會招致兩位官員的不滿。但是招致官員不滿的原因是否在於寺院繳納醋息錢，或許還是有其他的原因？首先這裡有一個問題需要明確，即是：在整個南宋時期醋息錢的繳納應該是後來才出現的，因爲在北宋之時政府一定程度上允許民間醋的私釀私賣，關於這一點漆俠先生在《中國經濟通史・宋代卷》之《宋代榷醋的簡況》中有所說明，醋的生產分爲民間釀造和官府釀造，而民間釀醋及買賣在當時並不禁止〔註70〕，故而民眾自給自足更無需在全社會範圍內繳納買賣醋所得利潤，即醋息錢。而到了南宋，政府開始實行明確的禁醋舉措，這一措施促使民眾必須通過購買食醋來滿足其生活需求，而在購買過程中便要負擔一定額度的賦稅，可以說醋息錢是南宋榷醋的必然結果。〔註71〕由於僧眾對於食醋的需求同常人一樣，亦必須通過購買而獲得，所以繳納醋息錢應該也不能例外，而之所以招致官員的不滿，應是在於政府對於僧道醋息錢不合理的徵收，這其中應該存在違法亂紀的行爲，而事實上自榷醋舉措實施不久後，政府對於僧道醋息錢的不合理徵收的現象便開始出現了，《梁谿集》記載大臣李綱訪聞諸路州軍縣鎮酒務公庫等，多將酒醋抑配與人戶及過往客旅僧道等，爲害甚大，仰監司、守臣常切覺察舉劾官吏，重行黜責。〔註72〕

醋課錢對於寺院的負擔並不是其稅種本身，而是來自政府的抑配壓力，寺院亦因此需要支付大量的稅錢，根據宋梁克家《淳熙三山志》卷十七中關於福州地區寺院雜稅的數據來看，福州地區十二個縣總共繳納醋課錢 42157 貫 976 文，這約占記載各項雜稅總額的 11.25%，僅次於上供銀錢和郊祀大禮銀錢的稅額。具體詳情參看如下列表：

〔註70〕 漆俠：《中國經濟通史・宋代卷》，北京：經濟日報出版社，1999 年版，第 1032 頁。

〔註71〕 關於這一點的詳細論證可參看王文書：《宋代的榷醋和醋息錢》一文，載於《河北大學學報》（哲學社會科學版）第 36 卷，2011 年第 2 期，第 111～117 頁。

〔註72〕 〔宋〕李綱撰：《梁谿集》，卷 179《建炎時政記中》，文淵閣《四庫全書》全文檢索電子版，上海人民出版社、迪志文化出版有限公司，1999 年版。

南宋時期福州地區寺院雜稅表〔註73〕

種類 數額 縣名	上供 銀錢	軍器物 料錢	酒本錢	醋課錢	助軍錢	郊祀大 禮銀錢	合計	約占全 縣稅額 比率
閩縣	18443 貫 806 文	3166 貫 408 文	3323 貫 13 文	5916 貫 52 文	5657 貫 660 文	11528 貫 678 文	48135 貫 617 文	12.85%
侯官	26224 貫 16 文	4588 貫 408 文	4660 貫 432 文	8751 貫 296 文	7585 貫 888 文	16822 貫 308 文	68632 貫 348 文	18.32%
懷安	20830 貫 154 文	3302 貫 272 文	3710 貫 568 文	7010 貫 484 文	5856 貫 12 文	13015 貫 518 文	53725 貫 8 文	14.33%
福清	23914 貫 976 文	2418 貫 753	2450 貫 840 文	4539 貫 164 文	4697 貫 308 文	8885 貫 718 文	46908 貫 759 文	12.52%
常樂	10525 貫 93 文	785 貫 920 文	793 貫 420 文	1468 貫 660 文	1626 貫 580 文	2827 貫 338 文	17028 貫 11 文	4.54%
連江	13343 貫 620 文	1354 貫 588 文	1366 貫 944 文	2531 貫 921 文	2479 貫 540 文	4868 貫 780 文	25945 貫 393 文	6.92%
閩清	8343 貫 304 文	912 貫 208 文	919 貫 240 文	1705 貫 260 文	1897 貫 972 文	3276 貫 890 文	17054 貫 874 文	4.55%
永福	10106 貫 182 文	1196 貫 900 文	1210 貫 276 文	2233 貫 392 文	2098 貫 252 文	4300 貫 384 文	21145 貫 386 文	5.64%
古田	11947 貫 276 文	1543 貫 751 文	2568 貫 336 文	2874 貫 132 文	3136 貫 260 文	5546 貫 594 文	27616 貫 149 文	7.37%
羅源	7942 貫 916 文	867 貫 800 文	875 貫 380 文	1621 貫 578 文	1649 貫 752 文	3118 貫 268 文	16075 貫 394 文	4.29%
寧德	9009 貫 22 文	760 貫 416 文	767 貫 200 文	1420 貫 744 文	1301 貫 472 文	2732 貫 118 文	15890 貫 972 文	4.24%
長溪	16610 貫 848 文	1101 貫 800 文	1130 貫 240 文	2085 貫 300 文	2500 貫 420 文	4114 貫 460 文	27443 貫 68 文	7.32%
總計	177221 貫 186 文	11000 貫 36 文	22755 貫 88 文	42157 貫 976 文	40487 貫 142 文	81037 貫 64 文	374659 貫 293 文	
約占總稅 額比率	47.30%	2.94%	6.07%	11.25%	10.81%	21.63%		

〔註73〕 此表數據來源於宋梁客家：《淳熙三山志》卷十七「財賦類」，並見於黃敏枝：
《宋代佛教社會經濟史論集》，臺北：臺灣學生書局，1989 年版，第 142 頁，
部分細節略有差異，特此說明。

通過此表還可以看出福州地區其他賦稅雜項的統計情況，上供銀錢和郊祀大禮銀錢分別爲雜稅總額的前二強，兩項合計占總額的 68.93％，這在一定程度上體現出寺院雖然作爲宗教道場在其發揮祈福禳災功能的同時仍需要通過對於國家財政的支持來體現，這也一定程度上體現出其世俗化的一面，同時在另一個側面展現出寺院經濟實力的雄厚。在此表中軍器物料錢和酒本錢所佔比例相對較小，但是軍器物料錢加上寺院所納助軍錢比例基數來看，寺院對於國家軍事財政的支持實際上佔據雜稅總額的第三強，這與當時南宋與少數民族政權對峙時局有巨大關係。

總的來說，多項雜項攤派的徵收，一定程度上反映出當時財政短缺及軍事緊張的社會時局，但是與政治軍事上的混亂相比，其帶給社會經濟的重創甚至更爲嚴重，這種經濟的亂象嚴重地擾亂了社會經濟發展的秩序，而此時期多項稅種的出現亦並不能反映南宋經濟生活合理發展的要求，由於其是付諸於政治強權上的經濟掠奪，故而勢必造成諸多的社會矛盾。應當看到多項雜項攤派的繳納對於財政收入確實起到了一定的緩解作用，但是這種緩解只是暫時的，其對於經濟推動的可持續力在逐步地降低，所帶來的社會矛盾勢必愈來愈多。對於寺院來說，雜項攤派造成了其經濟財產的損失，但是從更深層次的角度看，寺院作爲一個經濟共同體的可能性實際上已經宣佈破滅，在世俗強權政治下，它追求自身經濟獨立的現實性條件實際上也並不具備，而僅僅是作爲政權的附屬物，成爲社會經濟發展的畸形兒。

第三節　關於南宋寺院逋賦現象的討論研究

王曾瑜先生在《宋朝的兩稅》一文中指出：宋代農業、手工業和商業的發展，爲宋朝的賦稅收入，提供了較前代大爲雄厚的物質基礎；然而宋朝賦稅的增長，又超過了生產的增長。宋時的苛捐雜稅，特別是地區性的苛捐雜稅之多，簡直不可勝數，即使是當時的封建官員，也無法進行哪怕是較全面的、較完整的統計。然而從大的方面看來，當時官府增稅，不外兩種方式：一是加重舊稅的數額，或者花樣翻新，巧立名目，稅上加稅。兩稅就屬於這一類。二是另增新稅，例如役錢、和買等等。〔註74〕一方面，宋朝政府的稅

〔註74〕王曾瑜：《宋朝的兩稅》，載《文史》1982 年第十四輯，第 117 頁。

收存在種種亂象，相應的，如果無法承擔如此眾多的賦稅，種種逃避賦稅（逋賦）的現象就自然會發生了，南宋時期寺院逃避賦稅的情況就屢有發生。

　　寺院逋賦現象是其經濟發展過程中的一個亂象，當然這個亂象的產生有其社會歷史的客觀原因，因為確實存在繁雜的賦稅名目，但是寺院欠賦行為的出現及泛化不獨是源於其客觀上所面臨的繳稅壓力，而是在主觀上有其自身的原因，反映出寺院自身經濟發展過程中寺院僧眾對於社會政治經濟環境的不當適應，而在此本文擬將南宋社會發展的歷史環境與此時期寺院逋賦現象結合起來綜合討論。〔註75〕

一、南宋時期寺院逋賦現象的行為分析

　　南宋時期寺院所要承擔的賦稅種目及其所面臨的賦稅壓力，這已在本章前兩節中有所討論，在此不再贅述，而寺院逋賦行為的產生其直接原因來自賦稅壓力亦屬事實，但是在此應該首先就寺院逋賦行為作出明確界定，以此才可以斷定寺院逋賦現象產生的大致原因。逋賦含有逃避賦稅之意，以現代性的觀點來看其實含有逃稅與避稅兩個意思，所謂避稅，一般指為了減少法定的納稅義務而改變自己的行為，而逃稅則是有意不繳稅的行為。〔註76〕可見在法制條件下逃稅與避稅都存在一定主觀故意的行為傾向，只是由於在履行繳稅義務及稅額方面表現出來的具體行為有所差異。

　　關於寺院的逋賦，南宋史料中有一些記載，例如咸淳十年，侍御史陳堅、殿中侍御史陳過等奏：

> 今東南之民力竭矣，西北之邊患棘矣，諸葛亮所謂危急存亡之時也，而邸第、戚畹、御前寺觀田連阡陌，亡慮數千萬計，皆巧立名色，盡蠲二稅，州縣乏策，鞭撻黎庶，鬻妻賣子，而鐘鳴鼎食之家，蒼頭盧兒漿酒藿肉……〔註77〕

這個材料是咸淳十年（1274 年）陳堅、陳過等奏議的內容，其中提到某些寺院「亡慮數千萬計，皆巧立名色，盡蠲二稅」，至於通過什麼具體方式在此並

〔註75〕　本節僅就寺院田賦及雜稅的逋賦現象進行探討，而對免丁及免役稅逃避行為的探討則留待第四章「南宋時期僧團管理與寺院經濟」中進行另述，特此說明。

〔註76〕　楊柳、赫麗君：《逃稅原因淺析》，《經營管理者》2010 年第 3 期，第 35 頁。

〔註77〕　〔元〕脫脫等編：《宋史》卷一百七十四《志第一百二十七・食貨上二》，北京：中華書局，1977 年版，第 4222 頁。

未提及，但是根據之前寧宗嘉泰二年（1202 年）的《慶元條法事類》中規定「寺觀田產不得免除稅租」，卻也是法律所規定的一項針對寺院田稅的條款。關於寺院田產盡蠲兩稅的情況，汪聖鐸先生在其所著《宋代政教關係研究》中指出此種情況可能爲一時的情況，不宜講整個宋代全都如此。〔註 78〕但是最起碼這一情況證明了宋代寺院曾有逃避稅賦的行爲存在。又孝宗時期秘書少監兼任中書舍人的程大昌曾對六和塔寺僧以鎮潮爲功，求內降給賜所置田產並免科徭的情況進行上奏，指出：

> 僧寺既違法置田又移科徭於民，奈何許之！況自修塔之後潮果不齧岸乎？〔註 79〕

可見僧寺通過向朝廷邀功減免科敷徭役的情況實際上也還是有的，而正如汪先生在其《宋代政教關係研究》中所說：「寺觀大都負擔著額外的爲國效力的義務，歷史地看，給這些寺觀蠲免徭役，也不是全無道理。」〔註 80〕通過借助政治勢力來逃避賦稅的繳納使寺院逋賦行爲具有了相當程度的合法性及正當性，然而將其轉嫁到民眾身上亦不免招致官員的反對。實際上寺院逃避賦稅繳納的逋賦行爲與上兩節所探討的田稅科敷的蠲免有極大的關係，有所不同的是田稅科敷的蠲免更多地表現爲政府自上而下的「寬赦」，而逋賦行爲則是寺院尋求自身免稅的探索與實踐。

　　寺院的逋賦行爲可以看作是寺院在面臨沉重稅賦時所作出的調整和回應，帶有主觀意義上的思想行爲傾向，尤其是在面對要繳納非時科敷中一些沒有法律依據的稅目時，寺院的逋賦行爲則體現得更爲強烈。諸如偃溪禪師住持徑山寺時，因東餉指水爲田，按籍索租，害此寺二紀，師爲奏免，踰年又以和糴病告。〔註 81〕收稅部門指水爲田，按籍索租實際上是違法行爲，而針對這種不合法的稅租徵收，寺院採用積極手段進行逋賦以維護其自身的合法利益亦並無過錯，嚴格地說這種行爲實際上並不能算作「逋賦」，但是從中可以看出寺院借助其宗教影響力可以達到免稅的目的。同這樣的情況不同，有時寺院通過行賄等手段來達到逋賦的目的，諸如：《後村先生大全集》中記載：

〔註 78〕 汪聖鐸：《宋代政教關係研究》，北京：人民出版社，2010 年版，第 722 頁。
〔註 79〕 〔元〕脫脫等編：《宋史》卷四百三十三《列傳第一百九十二‧儒林三》，北京：中華書局，1977 年版，第 12860 頁。
〔註 80〕 汪聖鐸：《宋代政教關係研究》，北京：人民出版社，2010 年版，第 724 頁。
〔註 81〕 〔宋〕林希逸撰：《竹溪鬳齋十一槀續集》卷二十一《徑山偃溪佛智禪師塔銘》，載《宋集珍本叢刊》第八十三冊，北京：線裝書局，2004 年版，第 560 頁下。

　　　　　大寺苦役，小寺不免數，而中寺殷實者以賄吏免，強有力者以
　狹貴免。〔註82〕

這則材料也對各類規模的寺院進行了簡單地羅列對比，大寺因有數量眾多的
僧眾因此受到較大勞役的壓力，經濟殷實的寺院會通過行賄官吏而達到逋賦
的目的，有勢力強勁的寺院則以其「狹貴」而能免除賦稅，這類寺院實際上
多指皇家御前寺院，亦從中不難看出南宋時期寺院等級分化的嚴重程度。因
為規格較高的寺院可以免除一部分的稅賦，故而一些寺院往往希望通過改為
功德墳寺以達到逋賦的目的，高宗時期右司諫王撝曾上奏朝廷下令禁止這種
情況：

　　　　　言諸寺院之多產者，類請求貴臣改為墳院，冀免科斂，則所科
　歸之下戶，詔戶部申嚴禁之。〔註83〕

應該注意的是，此時期寺院為達到逋賦的目的採用了一系列的手段，但是對
於其逋賦現象的探討自此不能僅僅停留在對寺院自身逋賦行為的分析上，從
寺院行為動機上看，逋賦是其在面臨苛捐雜稅壓力下與世俗政權之間的博
弈，然而結合現代的視角，逃避稅收勢必帶來道德風險及法律風險，作為具
有宗教神聖意義的寺院緣何會冒如此大的風險極力為之，這不能單單僅從其
自身方面去考察，而是還要結合寺院所處的諸多外在的社會因素，從中找出
新的必然性的認識。

二、寺院逋賦現象及其社會關係

　　南宋時期寺院逋賦現象的發生並不是偶然的，而是有其深刻的社會因
素，表面上看寺院逋賦行為的發生在於寺院不能承受賦稅之重，然而從以
上一些所引史料看，有逋賦行為的寺院往往其經濟實力並非想像中那樣貧
弱，而是十分雄厚，對於這些實力相當雄厚的寺院來說仍然存在逋賦行為。
關於寺院逃避賦稅，有學者曾從南宋土地集中這一現象進行分析，認為：「土
地的集中主要集中在官僚地主和寺院地主手裏，這就必然產生賦稅不均的
現象。原因是官僚地主和寺院地主佔有了大量土地，憑藉他們的政治勢力，

〔註82〕　〔宋〕劉克莊撰：《後村先生大全集》卷九十《福州潯外河》，載《宋集珍本
　　　　　叢刊》第八十一冊，北京：線裝書局，2004 年版，第 739 頁上。
〔註83〕　〔元〕脫脫等編：《宋史》卷一百七十四《志第一百二十七·食貨上二》，北
　　　　　京：中華書局，1977 年版，第 4214 頁。

隱蔽田畝，逃避賦稅，而所逃避的賦稅就必然轉嫁到小土地所有者身上去。」
〔註84〕寺院土地的集中兼併使擁有政治勢力的寺院享有了更多逃避賦稅的
機會，這種看法不無道理，因為寺院畢竟是作為社會階級結構中的地主階
層，享有一定的社會政治權力，以這種所謂「寺院階級論」的論調去看，
寺院逋賦現象的產生一定程度上是寺院與世俗政權相互勾結的產物亦並不
為過。

　　寺院的逋賦是其自身行為，然而卻往往代表著寺院對於財賦稅收或是整
個稅收制度的基本態度，就南宋社會來說，逋賦現象的泛化實際上從其稅收
制度上就已經注定了，這突出體現在南宋雜稅種目設置的合理性問題上。南
宋政府在徵收各項雜稅時往往「師出無名」，關於這一點前面已經有所舉例論
證，即使有亦是打著「廣軍儲，實京邑」的旗號，而所收繳的稅錢本是用於
解決其軍費及政府財政支出，但實際上根據一些宋代的史料記載來看，相當
一部分併非用於這些方面，而是多流入皇朝貴族的私囊，這種情況實際上在
北宋末年之時就已經十分突出，史料記載徽宗執政末期：

　　　　是時天下財用歲入，又御前錢物、朝廷錢物、戶部錢物，其措
　　置裒斂，取索支用，各不相知。天下財賦多為禁中私財，上溢下漏，
　　而民重困。〔註85〕

財政稅收本是用於解決政府「三冗」問題，但是通過政府的利用情況來看則
是相當混亂，竟達到「取索支用，各不相知」的地步。這種情況在南宋時期
並未有多大改善，史料記載：

　　　　紹興末年，合茶鹽酒算坑冶榷貨、糴本、和買之錢，凡六千餘
　　萬緡而半歸內藏，昔時中都吏祿兵廩之費全歲不過百五十萬緡，元
　　豐間月支三十六萬，宣和崇侈無度，然後支百二萬，渡江之初，連
　　年用兵月支猶不過八十萬，其後休兵，浸久用度滋多，部嘗患無餘。

〔註86〕

〔註84〕 華山：《南宋統治階級分割地租的鬥爭——經界法和公田法》，《山東大學學報》
　　　　1960年第1期，第72頁。
〔註85〕 〔元〕脫脫等編：《宋史》卷一百七十九《志第一百三十二・食貨下一》，北
　　　　京：中華書局，1977年版，第4364頁。
〔註86〕 〔宋〕李心傳撰：《建炎以來繫年要錄》卷一百九十三「紹興三十一年辛巳」，
　　　　北京：中華書局，1956年版，第3240頁。

通過其中兩朝的財政支出對比可以看出南宋時期財政使用支出並不比北宋時期好多少，即使在與少數民族政權和議之後，軍費仍然面臨短缺。總體說來南宋時期社會所面臨的一系列問題仍舊是北宋「冗官、冗兵、冗費」三冗問題的延續，爲了解決這些問題，政府則逐步加緊了各類財賦雜稅的徵收，而毫無節制地徵稅勢必帶來社會各類逋賦情況的發生，而在稅收的徵收力度上，南宋政府在實際操作中亦往往進行重課，南宋林希逸曾對崑山縣廣孝寺因重賦而破敗的情況發出感慨：

> 今久而弊矣，爲之上者乃因其居而籍之，利其有而賦稅之，又從而多取以困之，故其居漸廢，而貧無以自復，余常以是慨之。
> 〔註87〕

實際上因賦稅之重而破敗的寺院並不在少數，之前亦有所舉例，在此不再重複。通過諸多實例都可以證明寺院逋賦現象的產生與南宋社會賦稅制度實行過程中的諸多缺陷不無關係，甚至可以說，從根本上正是因爲南宋社會賦稅制度的不合理性造成了這種現象的泛化。

另外從現代經濟的角度去看，財政稅收應該是作爲社會經濟的「蓄水池」，在分配社會資源和財富的過程中起著積極作用，然而從南宋寺院因賦稅之重大量破產的跡象來看，社會財政的徵收不但未能起到促進社會資源合理分配的目的，反而促使了土地等基本資源的過分集中和兼併，而與此同時帶來大量中小型寺院土地流向官僚地主和大寺院地主手中，在一定程度上加重了寺院的分化。總的看來寺院逋賦現象體現出一部分寺院擺脫世俗政權財政控制，謀求經濟獨立的呼聲，反映出寺院與世俗政權之間存在的固有矛盾，寺院逋賦現象並不是陡然間出現的，而是隨著兩者矛盾的激化逐步浮現出來的。

〔註87〕 〔宋〕林希逸撰：《竹溪鬳齋十一槁續集》卷十《重建崑山縣廣孝寺記》，載《宋集珍本叢刊》第八十三冊，北京：線裝書局，2004年版，第466頁上。

《宋朝兩稅附加稅名目表》〔註 88 〕：

附加稅及其演變稅名目		有關稅項文獻的記載	出處備註	稅目說明備註
支移		「其輸有常處，而以有餘補不足，則移此輸彼，移近輸遠，謂之支移。」	《宋史》卷一百七十四《食貨志》	賦稅輸納有固定的地點、倉庫，按照以有餘補不足的原則，有時候需要移此輸彼，移近輸遠，故而稱作「支移」。
支移	腳錢	「其支移非急切及軍期，而人戶願納支移物價、腳錢者，聽。」	《慶元條法事類》卷四十八《支移折變》	當支移並不急切的時候，允許人戶繳納腳錢費代替支移路程費用。
	三七耗	「廣德軍廣德縣歲額苗米，在國初時，係津般赴宣州水陽鎮送納。其後人戶爲重湖阻隔不便，乞就本軍倉納，仍於正苗上每斗出耗米三升七合，充宣倉腳乘之費，名日三七耗。」	《宋會要輯稿·食貨》9 之 22〜24	由於路途有山湖阻隔，因而造成糧米運輸的不方便，因此可以申請將糧米就地倉納儲存，但是必須另外每斗再繳納三升七合的米糧。
折變		「其入有常物，而一時所輸，則變而取之，使其直輕重相當，謂之折變。」	《宋史》卷一百七十四《食貨志》	繳納稅物時可以折合成等值的錢財或其他物品。
加耗		臨江軍清江縣「五鄉與四鄉秋苗每一碩加耗米七斗。」	《宋會要輯稿·食貨》9 之 5	以稅物在運輸和保管時的損耗爲藉口所設的附加稅。
義倉		「將義倉米於正稅外更有折糙米二斗五升，倉場受納，復增至一石。」	《莊簡集》卷十一《乞蠲二浙積欠札子》	義倉用於賑濟災荒，官府徵收義倉糧時，往往進行稅上加稅，有時也輾轉折變。

〔註 88〕 本表參考王曾瑜先生：《宋朝的兩稅》一文編製，其中略有改動，詳見《文史》
1982 年第十四輯，第 124〜131 頁。

附加稅及其演變稅名目		有關稅項文獻的記載	出處備註	稅目說明備註
其他各種附加稅	頭子錢	「人戶輸納官物，以錢陌取之者，曰頭子錢……至紹興十一年，增至四十三錢，乾道元年十月，又增一十三錢，是頭子錢昔之十三者，今為五十六錢矣。」	《文定集》卷五《論勘合錢比舊增重疏》	「錢陌」為一百文的錢串，名為「一陌」往往不足一百。頭子錢作為徵收錢物的附加稅，並不限於兩稅，有時稅物折變後也要繳納頭子錢。
	市例（利）錢	「受納苗米所收水腳、市例、糜費等錢，每碩不過二百文省，如不及二百文處依舊數收納。其自來不曾收納去處，即不得創行增納。」	《宋會要輯稿・食貨》9之3	原為商稅的附加稅，南宋時期兩稅中也有此種稅，類似於現在的小費，不過是強制性的。
	起綱錢	臨江軍新淦縣「每歲苗米額催管六萬二千餘石」，「又起綱、水腳、糜費等錢」，「計錢三萬柒百餘貫。」	《黃文肅公文集》卷三十《申臨江軍乞申朝省除豁舊綱欠》	類似於腳錢，比較流行於江南東、西路一帶。
	雇舡	「三縣人戶應合納秋苗，每正米一石，收雇舡、水腳、起綱、頭子並專斗市例，總減作六百七十文足。」	《朱文公文集》卷九十九《受納秋苗曉諭》	「舡」通「船」，類似於腳錢的附加稅。
	糜費錢	「至如饒、信等州秋苗夏稅，民間輸納，往往久例收糜費等錢太多。」	《誠齋集》卷七十《薦舉吳師尹廖保徐文若毛崇鮑信叔政績奏狀》	疑似以津貼官吏為名而設的稅項。
	畸零錢、索陌錢	廣南東路連州「獨以田畝等第紐夏布為準」，「且以負郭言之，家有田一畝，上之上等管布六尺，每降一等，則減布六寸。每管布一匹，折納錢四百文足，通頭子、勘合、畸零、索陌，共錢七十三文省。」	《永樂大典》卷一一九零七《湟川志》	廣南東路連州地區流行的兩稅附加稅，其名目的由來不甚清楚。

附加稅及其演變稅名目		有關稅項文獻的記載	出處備註	稅目說明備註
其他各種附加稅	事例錢	「蓋苗稅之所輸者，有所謂事例錢者，縣得之，則以修廨舍，造器用，供過客，宴同官。」	《黃文肅公文集》卷三十七《催科辨》	補貼縣府，以用以設施修繕、接待的稅費。
	呈比錢	「呈比錢者，縣吏得之，則以活其家。」	《黃文肅公文集》卷三十七《催科辨》	交兩稅時縣吏可以從稅中獲得類似於勞務費的稅錢。
	使用錢	「臣本軍每歲人戶秋苗有正稅米，又有油麻、豆、粟、雜色亦是折米。近年受納官吏生弊，將正稅米與雜折米令各作一鈔，官吏則利於兩鈔畸零，多收合耗，而專斗則利於逐鈔各收糜費、使用等錢，上下侵漁。」	《盤洲文集》卷四十九《荊門應詔奏寬恤四事狀》	一種地區性的兩稅的附加稅。
	勘合錢	「除紙筆墨工費用外，量收息錢，助贍學用，其收息不得過一倍」，後改名「合同印記錢」，又名「勘合錢」。	《宋會要輯稿·食貨》70之135	繳納兩稅時須向官府購買稅鈔，高宗時定為每鈔三十文。孝宗時改為二十文。
分鈔與合零就整		「下等稅戶或紬絹不及尺，或絲綿不及兩，或米、豆不及升，又緣薄帳體式，匹帛須見尺，穀須見升，以此下戶並與同鄉人圓零就整，合旁（按：稅鈔宋時又稱鈔旁）送納。」	《續資治通鑑長編》卷三百七十七「元祐元年五月壬戌」	多家納稅戶將自己零碎的稅物湊成整數，合為一鈔輸納，稱為「圓零就整，合旁送納」，這樣可以只須繳納一份稅鈔的勘合錢，又可較少地分攤加耗等附加稅。
大斗、大斛		「倉場受納，惟只用斗，可以輕重其手，至有二石以上而才足輸一石者，乞改用斛。」孝宗時，隆興府「輸租更用方斛，視省量率多斗餘。」	《建炎以來繫年要錄》卷一百六十八	在輸租的時候，官家往往濫用大斗、大斛，以增加稅物的分量。

附加稅及其演變稅名目		有關稅項文獻的記載	出處備註	稅目說明備註
斗面、斛面		辛棄疾上奏說：「臣姑以湖南一路言之，……陛下不許多取百姓斗面米，今有一歲所取，反數倍於前者。」	《歷代名臣奏議》卷三百一十九《弭盜》	官家在用斗和斛量糧時，有時會將糧食堆高，以增加稅物的分量。
呈樣		「受納苗米一石，輒取樣米二升，公然變賣，市物入己。」	《歷代名臣奏議》卷一百八十三《章誼奏》	官府以檢查糧食品質為藉口，收繳稅米，稱為「呈樣」。
預借		「財賦闕乏，乃於民間預借其稅，以濟軍用」，「預借之弊，折納太重。」	《宋會要輯稿・食貨》70 之 41	預借並不是單單借兩稅的正額，如支移、折變、加耗等種種名目，也按各地慣例，實行稅上加稅。
重催		「今之州縣蓋有已納而鈔不給，或鈔雖給而籍不銷，再追至官，呈鈔乃免，不勝其擾矣。甚者有鈔不理，必重納而後已。破家蕩產，鬻賣妻子，往往由之。」	《眞文忠公文集》卷四十《譚（潭）州諭同官諮目》	「重疊催稅」，嚴格來說是一種催稅形式，實際上往往最終會破令百姓繳納兩倍以至幾倍的賦稅。
重催	回稅	「人戶輸納匹帛，內有不應式者，止合退換。比年以來，間有州縣復生奸弊，遇受納夏稅之日，差胥吏於場中別置一所，如有退換紬絹，每匹令人戶納錢，名曰回稅，既不正附赤歷，其錢莫可稽考。」	《宋會要輯稿・食貨》64 之 32	「回稅」稅金有時會落入官吏私囊，百姓納錢之後，又須另納稅帛。
	虛鈔	「州縣受納秋苗，合納一石，率取二石以上。受納官吏輒令人戶紐價納錢，出給朱鈔，謂之虛鈔，卻以米錢侵盜入己。」	《宋會要輯稿・食貨》35 之 11	稅鈔蓋上朱印，名為「朱鈔」，應是作為完納賦稅的憑證，現在卻成了「虛鈔」，人戶「紐價納錢」之後，還得令繳稅糧。

附加稅及其演變稅名目		有關稅項文獻的記載	出處備註	稅目說明備註
畸稅漏催		「縣邑催科，故意存留畸欠，謂如戶管一匹，則止催三丈八、九尺，戶管一丈，則止催八、九尺。民間送納，本從元管鄉胥，異日卻追畸零，文引徵索，絡繹鄉保。或欠零寸，必納全尺，此畸稅漏催之弊也。」	《宋會要輯稿‧食貨》70 之 107	縣邑官府催稅時故意留存一小部分的欠稅，等到民間送納後，縣邑再將故意留存的欠稅向稅戶徵繳，這其中往往造成多徵納的現象。
其他地區性的加稅	漕計、州用	「今二稅之內，有所謂暗耗，有所謂漕計，有所謂州用，有所謂斛面。」	《定齋集》卷五《論州縣科擾之弊箚子》	以路級轉運司、或是州的費用為藉口徵收的稅目。
	加一	洪州一帶「占米（占城旱稻）加一折納，得每碩一斗。」	《梁溪全集》卷一百二十八《與張子公舍人書》	當時認為占城稻米質差，所以百姓輸稅時要加稅十分之一。
	加三	「州縣間常賦，秋苗、義倉、官耗各有定數，而受納官吏往往於額外別立名色，謂之加三、收耗及腳耗之類，民戶受弊，至有納一、二倍才及正額者。」	《宋會要輯稿‧食貨》62 之 30	兩稅之外，再加稅十分之三。
	加八	「遞年人戶送納苗稅，所在官司利其盈餘，未免多增斛面。其間有加八至於一石，而納二石者，重為民戶之困。」	《徐文惠公存稿》卷一《又言苗稅斛面事》	兩稅之外，再加稅十分之八。
	捧撮米	南宋後期，荊湖南路一帶，「秋苗斛面外有所謂捧撮米者」，「每三捧取七升。」	《後村先生大全集》卷一百六十八《行狀‧西山眞文忠公》	「捧撮米」每石增收一斗（三捧）七升的附加稅。
	修倉	「又有加耗，又有呈樣、修倉名色。」	《吹劍錄外集》	修理倉庫的費用，亦成為一種加稅的名目。

附加稅及其 演變稅名目		有關稅項文獻的記載	出處備註	稅目說明備註
其他地區性的加稅	加合	江西路撫州的「秋輸」，「病於加合之無藝」，臨川知縣陳鼎「議革其弊」，定爲「每斗加五十合，而令兩斛輸三斛」，「陳知縣既去，後來又於三斛之上又加斛面。」	《陸象山先生全集》卷五《與趙子直》	用量器合沒有固定數額地進行加稅。
	加點	「每遇開場，交量之吏倍於斛面增高，司納之官多於鈔面加點。所謂點者，蓋以點一筆爲加一升之數，有點及八、九筆者。州郡利於取贏，敢於欺罔，侵漁百姓，以至於此極。」	《宋會要輯稿·食貨》68 之 19～20	司納官員故意在鈔面上加點，點一筆即爲加一升。
	點合	南宋晚年，常熟田籍異常混亂，「蠹弊百出，田而不賦者有之，賦而不田者有之」，「今督於官者僅三之二，而又多取之白納，取之斛面，取之點合。」	《杜清獻公集》卷十六《常熟縣版籍記》	同加點相類似，不同的是，每點一筆不加一升，而是一合。
	暗點、押字、掃卓	寧國府「自來受納苗米正耗一石上加府耗，又暗點、押字、掃卓等非法無名之耗，共五斗四升，通計一石五斗四升，而皆以大斛、大斗量之，積累其數，蓋已過倍，而執概之人高下其手者，又不與焉。」	《永樂大典》卷七五一二引《續宣城志》	暗點、押字大約與「加點」、「點合」相似，「掃卓」大約是以掃桌子上的剩餘糧食爲名，而另加稅額。
	收苗優潤錢	南宋晚期，江南西路有所謂「收苗優潤錢」。	《黃氏日抄》卷九十六《知吉州兼江西提舉大監糵公行狀》	每年輸納糧財時，承辦官吏有一定補貼，名曰「優潤錢」，許多補貼都是來自納糧戶的。

第四章 南宋時期僧團管理與寺院經濟

第一節 度牒與南宋寺院發展

　　有關宋代度牒的研究前人已經有了不少的著述，諸如田光烈《度牒在宋代社會經濟中的地位》（載《現代佛學》1962 年第 5～6 期）、史旺成《宋代經濟財政中的「度牒」》（載《北京師院學報》，1984 年第二期）、傅庠《南宋前期的財政虧空與度牒出賣述補》（載《齊魯學刊》，1988 年第三期）、曹旅寧《試論宋代的度牒制度》（載《青海師範大學學報》（社會科學版），1990 年第一期）、曹旅寧《宋元明清僧籍制度概說》（載《長沙水電師院學報》，1992 年 10 月，第七卷第四期）、顧吉辰《關於宋代「度牒」問題的探討》（載《駐馬店師專學報》（社會科學版），1990 年第四期）、汪聖鐸《宋代釋道披剃制度研究》（載《浙江大學學報》，1999 年 9 月，第 5 卷第 3 期）、白文固《唐宋時期戒牒和六念牒管理制度》（載《青海社會科學》，2005 年第二期）、白文固《宋代僧籍管理制度管見》（載《世界宗教研究》，2002 年第二期），加之黃敏枝先生在《宋代佛教社會經濟史論集》中所統計的九篇〔註1〕以及近些年來國內所出版的一些有關宋代經濟及宗教的書籍，都或多或少對度牒問題進行過探討，其中不乏真知灼見及個性鮮明的學術觀點，對於宋代尤其是南宋度牒的研究，筆者在此文中不僅僅限於前人的研究角度和成果，因為據筆者的搜集及閱覽，大多數著述都側重從政府這一單方面來考慮度牒的發放及鬻賣，往往忽視佛教

〔註 1〕 黃敏枝：《宋代佛教社會經濟史論集》，臺北：臺灣學生書局，1989 年版，第
　　　　 407～408 頁。

更確切地說是佛教信仰在其中的影響因素，而在本節筆者意在表明度牒的大量發售既是源於政府解決財政短缺、籌集軍費、救災費用等原因，又是源於度牒獨特的身份，這種身份即帶來宗教利益同時又帶來政治利益，而根本上說是經濟利益，而這種利益的產生，一個重要的表現形式即爲度牒在社會發展中其經濟功能的發揮，而這種發揮是政府與寺院共同作用下的結果，亦可以說是政權與教權的結合，對於這一點筆者將在下文中逐漸展開。

一、度牒經濟功能的討論——政府行爲及寺院經濟特權的雙重影響

嘉定年間岳珂曾經有所揭露：「道釋給牒之制，必先以資佐大農，而後得緇褐如其教，共佐邦用至矣，開禧邊釁（南宋寧宗時期的北伐金朝之戰爭）之啓，帑用不繼，給牒頗多，不惟下得輕視，壅積弗售，而不耕之夫，驟增數十萬，最爲今日深蠹。」[註2]實際上度牒具有經濟功用，這本身就是「度牒」價值的異化，而另一方面，不出家爲僧，且想要享受與僧眾同等的，諸如不服徭役、免兵役等特權的人來說，往往希冀購買到度牒以規避諸多應盡的徭役。但是另一方面，出家剃度受戒的僧人往往也未必就一定會有度牒，如《宋會要輯稿·職官》13之20中記載：「天禧五年（1021年）四月十九日判三司鹽鐵勾院兼發祠部任中行言：出家年深不得牒者甚多。」[註3]由此也可知，在政府僧籍名冊中的僧眾數量往往會比實際數量虛高。而且通過購買空名度牒而加入僧團隊伍的僧眾，也往往是爲求得個人利益，其中許多並不是虔誠的出家人，有時還是破和合僧，這樣的僧眾對於寺院的發展顯然構成了威脅。諸如北宋時期的黃龍死心新禪師，其毫不客氣地揭露：

> 近來又有一般奴狗，受雇得錢買度牒剃下狗頭，披佛袈裟，奴郎不辨菽麥不分，入吾法中破壞吾法。[註4]

政府通過鬻賣度牒所得的經費其用途十分廣泛，諸如修建設施工程、購買米糧以救災荒、支給軍需、行政費用、籌集商業資本等等，在兩宋社會實際生

[註2] 〔宋〕岳珂撰：《愧郯錄》卷九《歲降度牒》，載王雲五等編：《叢書集刊初編》第842冊，上海：商務印書館，1935年版，第74頁。

[註3] 〔清〕徐松輯：《宋會要輯稿·職官》13之20，北京：中華書局1957年影印本，第2674頁上。

[註4] 〔元〕永中補、〔明〕如巹續補：《緇門警訓》卷6，載《大正藏》第48冊，第1071頁中。

活中充當著一種貨幣來使用，因而具有經濟功能。度牒充當「貨幣」一般有兩種形式，一種是直接用來出賣，換取錢財。另一種就是充當「博買」、交易的本錢。例如宣和七年（1125 年）三月十八日，朝廷詔降給空名度牒，廣南福建各五百道，兩浙路各三百道，付逐路市舶司充折博本錢，仍每月具博買，並抽解到數目，申尚書省。〔註5〕南宋初年建炎二年（1128 年）五月丁未朝廷復置兩浙、福建路提舉市舶司，賜度牒直三十萬緡爲博易本。〔註6〕四年之後，紹興二年（1132 年）朝廷又使用了同一套路，其年四月二十六日，朝廷令禮部給降空名度牒三百度，紫衣二件，師道各一百度，撥還本司（廣南路市舶司），充博買本錢之用。〔註7〕諸如此類記載，在更爲提倡通商貿易的南宋朝代來說，不乏其例。據一些學者的研究統計，南宋初期自高宗至孝宗兩朝出售的度牒有十二萬道，而這還不包括出售紫衣、師號的數量。〔註8〕其中紹興末年發行約 10000 道，乾道四年、孝宗淳熙末年、寧宗紹熙元年各有約 15000 道度牒出賣。〔註9〕而南宋發行度牒較多的時間則在乾道三年以及開禧元年至三年，其中乾道三年發售約 103000 道，開禧元年至三年發行數十萬道。〔註10〕這裡不禁要問，發售如此巨大數量的度牒是否完全賣出，從史料中看並非是如此，從孝宗隆興二年（1164 年）三月的一則奏摺可以得知：

> 今既拘收，而復以度牒二萬道均下諸路，若已承買官告之家一例均敷，則頑猾人戶委是僥倖。欲乞下戶部，契堪當來未曾承買之人，即將今來度牒比其他合敷等第，以十分爲率，增添立分其已曾承買官告、統紙之家，其餘等第一例均敷，庶得均平。〔註11〕

〔註5〕〔清〕徐松輯：《宋會要輯稿‧職官》44 之 11，北京：中華書局 1957 年影印本，第 3369 頁上。

〔註6〕〔宋〕李心傳撰：《建炎以來繫年要錄》卷十五「建炎二年戊申」，北京：中華書局，1956 年版，第 324 頁。

〔註7〕〔清〕徐松輯：《宋會要輯稿‧職官》44 之 14，北京：中華書局 1957 年影印本，第 3370 頁下。

〔註8〕曹旅寧：《試論宋代的度牒制度》，《青海師範大學學報》（社會科學版）1990 年第 1 期，第 53 頁。

〔註9〕傅庠：《南宋前期的財政虧空與度牒出賣述補》，《齊魯學刊》1988 年第 3 期，第 44 頁。

〔註10〕黃敏枝：《宋代佛教社會經濟史論集》，臺北：臺灣學生書局，1989 年版，第 392～393 頁。

〔註11〕〔清〕徐松輯：《宋會要輯稿‧職官》13 之 35，北京：中華書局 1957 年影印本，第 2681 頁下。

對於這條史料，有學者認為：「這樣的財政措施，實質上是攤派形式的加賦，只能使賦稅來源日趨枯竭，以致不堪榨取。其次，大批地驅民入僧，又使編戶齊民的負擔更加沉重。」〔註12〕實際上從這則材料結合一些學者所論還可以看出以下三點：其一、在南宋時期發行的許多度牒都無法賣出，政府則往往進行度牒的抑配，諸如打著「和糴」之名強行附帶度牒抑配的措施，寧宗嘉定年間，眞德秀任湖南地方官員的時候，勘察湖南州縣寺觀，最後得出結論：

> 湖南州縣寺觀，大抵產稅岑寂已甚，雖名大剎，不足比江浙福建下等寺觀，兼自嘉定十一年以來，逐歲敷抑度牒，勒令採米，其數已不可勝計，納米不足又責令納錢，寺觀緣此倒敗者非一，蓋有一二年敷下度牒，至今監錢未足者，人戶既不可科配，寺觀又不堪均敷，委是無所措手。〔註13〕

其二、大批地驅民入僧，又使編戶齊民的負擔更加沉重，這在一個側面反映出通過獲得度牒以加入僧籍可以享受一些諸如免納地租等等的特權，故而對於買度牒趨之若鶩的人還是很多的，這其實還是反映出寺院經濟的某些特權。

其三、度牒無法賣出的現象一定程度上反映其經濟功能在特定時期內存在弱化的特徵及趨勢。

度牒最初的發放意在通過限制出家數量以保證足夠的社會生產及財政來源，但是宋朝尤其是南宋時期，國家反而是大量鬻賣度牒，並將其作為一項重要的財政措施來實行，許多通過購買度牒加入僧籍的大多可以「不籍人戶」，又免於租課，從長遠的角度看，這實際上並不利於國家財政收入的持續性增長，然而將度牒作為一種經濟活動的應用憑證，在一段特定時期內它還是起到了一定的積極作用。對此曾有學者總結：「客觀地說，度牒發放對解救南宋王朝的燃眉之急，以減少財政虧空，力求收支平衡，曾起過一定的作用。同時，度牒的兌換准許部分地使用楮幣，即所謂「錢會半之」，或叫「以見錢、會子中半請買」，有時還用度牒大面積地回收楮幣，這對促進市場價格急劇下

〔註12〕 傅庫：《南宋前期的財政虧空與度牒出賣述補》，《齊魯學刊》1988年第3期，第45頁。

〔註13〕 〔宋〕眞德秀撰：《西山先生眞文忠公文集》卷十七《申尚書省乞免降度牒狀》，上海：商務印書館，1937年版，第284頁。

跌的南宋楮幣的流通也產生過一定的影響，不失爲金銀回收的一種輔助手段。」〔註 14〕從宋時期政府最初開始進行度牒鬻賣的情況亦可以看出來，關於宋代官方鬻賣度牒的大體時間，有兩種記載：第一種記載爲宋英宗治平四年（1067 年）。李心傳在《建炎以來繫年要錄》卷二六《建炎三年八月丙辰》中記載：

> 丙辰，詔祠部度牒改用綾紙，仿茶鹽鈔法，用朱印合用號，仍增綾紙，工值錢十緡，通舊爲百二十緡，以尚書戶部侍郎葉份兼權禮部侍郎，提領措置，自治平末年，始鬻度牒。〔註 15〕

第二種記載爲宋神宗熙寧元年（1068 年）《建炎以來繫年要錄》卷二十六中云：

> 李燾長編熙寧元年七月戊戌注：前此未嘗書牒，因錢公輔言，表而出之，鬻度牒蓋始此年，按實錄治平四年十月庚戌，賜陝西轉運司度牒千道，糴穀賑濟，此云始於熙寧元年事亦相近。〔註 16〕

無論宋代政府鬻牒的行爲起於何時，其最初的目的都是用於糴米賑災或是支持軍需等，可以說其初衷是好的，但是在其後的時期，尤其是南宋時期，通過鬻賣度牒以籌集錢款，並將錢款用於其他活動的現象開始轉變爲直接以度牒爲支付手段，不是帶有通常意義的「買賣」之含義，而是還具有強行抑配的意味，關於這一點上述所提到的寧宗嘉定年間的例子便可以證明，此外還有南宋陳亮《龍川集》中提到的記載，朝廷令兩浙、江東人戶田一萬畝者，糴米三千石，並抑配度牒和關子，遭到吏部侍郎章服的反對，認爲此舉爲事類科斂，無體民經國之意。〔註 17〕

　　實事上政府進行度牒的鬻賣及抑配使度牒本身的經濟功能減弱了，更多地帶有強權政治的意味，但是問題還在於政府爲何不遺餘力地發行及兜售度牒，許多學者通過研究都無疑例外地指出主要是由於政府一時財政緊張所致，但是跳出這個思維去看，主要內在的原因還在於政府看到度牒需求的市

〔註 14〕　傅庠：《南宋前期的財政虧空與度牒出賣述補》，《齊魯學刊》1988 年第 3 期，第 45 頁。

〔註 15〕　〔宋〕李心傳撰：《建炎以來繫年要錄》卷二十六「建炎三年己酉」，北京：中華書局，1956 年版，第 520 頁。

〔註 16〕　〔宋〕李心傳撰：《建炎以來繫年要錄》卷二十六「建炎三年己酉」，北京：中華書局，1956 年版，第 520 頁。

〔註 17〕　〔宋〕陳亮撰：《龍川集》卷二十六《吏部侍郎章公行狀》，載《宋集珍本叢刊》第六十五冊，北京：線裝書局，2004 年版，第 677 頁上。

場，亦即人們通過買度牒能夠獲得一定的利益，這即是一種政府對於度牒購買者心態的一種把握，又是一種對佛教教權的利用。所以政府賣度牒有利可圖，購買度牒者亦有利可圖，這樣買賣之間就形成了一個穩固的市場關係，在實際鬻賣度牒的過程中政府又採用了政治和經濟兩種手段，並採用了一定靈活的政策，因爲有些時候政府並非毫無節制地濫發度牒，而是進行了必要的控制，比如對僧尼度牒進行檢點〔註 18〕，查看是否是僞牒。有時亦就前一年未售完度牒進行拘收、置換，在政府令僧道換給已書填黃紙度牒時往往還收每道紙墨錢十千，〔註 19〕或者採用「量付諸路」的分配方法，諸如榷貨務在出賣度牒時，許多遠方的需求者不能就買，政府則量付諸路。〔註 20〕但是政府所賣度牒往往最後並沒有太多人買，故而政府則進行強行擬配，這種情況前面也已經提到。

另外一些情況，諸如政府發放度牒數量過多，造成了無人承買或是價格下降，這個時候政府則往往採用以榷住買的辦法，對此黃敏枝先生亦曾指出：「度牒出降數量的多寡，影響價格的高低，故若遇上出降過多，價格低落時，政府就用榷住買的辦法來補救，紹興十二年以後，雖住買二十年仍有少量高僧得度，僧徒浸少，寺院多有絕產，乃以之贍學、助軍需。」〔註 21〕

對南宋政府發放及鬻賣的度牒數量進行研究並非沒有意義，但是還是要結合度牒的身份及性質看待度牒的買賣行爲，因爲離開了對度牒本身的探討去談世人購買度牒之行爲，顯然是缺乏意義的，簡單地說，政府兜售度牒，世人卻不一定要買，那麼世人既然要買必定有所獲得，這就要把視野從政府度牒兜售這一活動上轉到對於度牒本身的意義關注上來。度牒除了具有經濟支付功能以外，其所帶有的宗教意義及由此而產生的某些經濟特權是世人爭相購買的一個最主要原因。白文固、趙春娥在《中國古代僧尼名籍制度》中指出度牒所具有的兩重性：「一方面它是佛教發展過程中嚴格剃度的歷史產

〔註 18〕 白文固、趙春娥：《中國古代僧尼名籍制度》，西寧：青海人民出版社，2002年版，第 86 頁。

〔註 19〕 〔宋〕李心傳撰：《建炎以來繫年要錄》卷三十一「建炎四年庚戌」，北京：中華書局，1956 年版，第 604 頁。

〔註 20〕 〔宋〕李心傳撰：《建炎以來繫年要錄》卷一百十六「紹興七年丁巳」，北京：中華書局，1956 年版，第 1874 頁。

〔註 21〕 黃敏枝：《宋代佛教社會經濟史論集》，臺北：臺灣學生書局，1989 年版，第 388 頁。

物，是封建國家用以控制編戶俗民隨意流向寺院的工具，另一方面它又是僧尼最主要的身份性證件，是僧尼階層對封建國家人身依附關係的載體。」〔註22〕如果從政府對於佛教僧尼的控制上來說，度牒確實亦有這樣兩種特性，然而放到南宋社會中來看，度牒還是享受經濟特權的一種工具和憑證，關於寺院僧眾享有田產租稅蠲免的特權，前幾章亦曾作過探討，在此不再贅述。除此之外僧道還往往享有一部分法律範圍內的特權，諸如「僧尼道士女冠、文武七品以上者，有罪許減贖，當還俗者自從本法。」〔註23〕而僧眾在社會實際生活中是否也有一些比平常人更多的權利？在此試舉一例：

> 嘉泰元年三月二十四日，臨安府言：浙江、龍山、西興、漁浦
> 四渡通管船三十五隻，內轉運司一十九隻，本府所管一十六隻。日
> 常津發民旅，依巳降指揮，每人出備錢三十一文足，買牌上船過渡。
> 除官員、軍兵、茶鹽鈔客、乞丐、僧道，免出牌錢外，若有擔仗、
> 轎馬增折人數，其牌錢以十分為率，將一分發納分隸兩司修船使用。
> 〔註24〕

從中可以看出僧道因其宗教教職的身份在河渡時可以免交過河的交通費用，而一般平民除乞丐外都要交三十一文錢，如有擔仗、轎馬等情況時，還要將這些交通工具折合成人數另外加錢，當然這裡的僧道有可能包括未有取得度牒的童行或是沙彌，可見獲得度牒的僧眾則更不在話下。

度牒的身份及其所具有的經濟功能，實際上其背後是政權與教權的結合，只有打破寺院僧眾的政治、經濟特權才能從根本上防止度牒的濫發，以保證度牒的剛性需求（一些誠心出家者的需求），而政府為了更多地賣出度牒以獲得經濟利益，亦自然不會這麼做，從實用角度看，如果僧眾的特權一旦被剝奪，政府所發行的大量度牒則絕對不可能具有任何的經濟價值，對於購買者自然亦沒有多大的吸引力，所以政府要保證寺院僧眾享有比世俗平民更多的權利，但是這種權利不是無限大，亦不是無限多，而是在政府可以控制的範圍內進行授權。從這個角度上說，度牒的經濟功用完全是政府借助宗教

〔註22〕　白文固、趙春娥：《中國古代僧尼名籍制度》，西寧：青海人民出版社，2002年版，第 87 頁。

〔註23〕　〔宋〕李燾撰：《續資治通鑑長編》（第八冊）卷九十七，北京：中華書局點校本，1985 年版，第 2257 頁。

〔註24〕　〔清〕徐松輯：《宋會要輯稿・方域》13 之 15，北京：中華書局 1957 年影印本，第 7537 頁下。

特權而進行的投機與炒作，亦從這個意義上講，度牒經濟功能的產生與發揮受到了世俗政權與佛教教權雙重的影響。

二、度牒買賣與南宋寺院發展之討論

在中國各朝歷代中，唯有宋朝存在大量度牒買賣的亂象，曾有研究古代經濟的學者對此現象進行總結：「度牒在宋代使用範圍十分廣泛，既可以代替銀兩、銅錢作為支付貨幣，也可以兌換錢幣、放債收息，更可以代替錢引用於各種財政開支。度牒在兩宋的社會經濟中發揮了貨幣的職能，這在現代金融理論中也許很難找得到它的理論根據，但在宋代狂熱的佛教信仰中卻實實在在地產生了這一特殊的社會經濟現象，不能不引起後人的關注。」〔註25〕從佛教的角度去看，南宋時期的「度僧」現象都不能完全算作信仰層面的內容，因為其中夾雜了大量世俗化的經濟現象。這種通過買賣關係而進行度僧的情況是宋代度僧制度的一個最明顯的特點。

此外，關於宋代政府度僧的由頭及所具有的特點，有學者曾指出：「關於度僧，宋代主要有試經度僧、特恩度僧、進納度僧三種方法。試經度僧是官府測驗童行的經業，及格者發給祠部牒，批准為僧尼。特恩度牒是於天子誕辰、帝后皇族忌辰等大典日行之，不經考試而發給度牒。進納度僧是納財授以度牒，也就是政府買賣度牒。」〔註26〕試經度僧是常度的主要形式，其中要求參加試經的童行必須要在其居住寺院所在的州府繫籍兩年，另外在參加試經過程中要「須讀經三百紙」才可以繫僧尼籍。據白文固在《宋代僧籍管理制度管見》的估算，即要熟讀 12 萬餘字的經文，可見這對於文化水平的要求在當時來說是非常高的，而且最後還要按名額限制進行擇優放度，「經測試經業後，按擇優放度的原則，並按規定名額（一般依境內實有僧道人數的比例定名額）剃度，並由主考官吏向祠部司呈報《保奏試經撥度童行狀》，列具考試經過，放度比例、人數，每個剃度者的簡單情況，試經剃度方告完備。若測試不嚴，剃度文盲、經盲僧是要追究刑事責任的。」〔註27〕由此可見試經度僧一方面保證了僧團素質水平，另一方面在主考官吏不徇私舞弊的前提

〔註25〕 翁禮華：《佛門度牒與金融財政》，《中國財政》2008 年第 8 期，第 70 頁。

〔註26〕 曹旅寧：《試論宋代的度牒制度》，《青海師範大學學報》（社會科學版）1990 年第 1 期，第 52 頁。

〔註27〕 白文固：《宋代僧籍管理制度管見》，《世界宗教研究》2002 年第 2 期，第 121 頁。

下，這一制度還是比較公平的，再有就是「試經」往往還用於僧官和寺院住持的選用上。但是在南宋時期這一度僧形式大都廢弛，這種情況自宋神宗後期就已經出現了，曾有學者指出：「反映在《高僧傳》中，北宋的名僧大多是試經剃度出家的，但神宗朝以後，政府鬻賣度牒情況嚴重，剃度出家變成了商業行為，有錢的不僅可以買到僧尼度牒，還可以買到紫衣師德號，佛規僧戒為之廢弛，僧尼隊伍因此偽濫。」〔註28〕

南宋高宗時期政府曾一度停止試經，由此空名度牒大量發售，史料記載：

> 建炎末，權住試經，至是禮部員外郎兼權祠部王居正，言：本
> 部歲降諸路空名度牒各不下五六萬，而其間乃無一人緣試經者……

〔註29〕

而大量空名度牒的兜售又加劇了試經這一度僧制度的名存實亡，對於真正發心出家的人來說，無法通過試經得到度牒，只能通過購買的途徑來得到，而這無疑又加重了買賣度牒的亂象，黃敏枝先生對此指出：「政府出售空名度牒，民間可以自由交易，但是對於那些真正想出家為僧者，因無法透過試經及撥發之途徑，而只能出於購買空名度牒一途。」〔註30〕但是通過買賣空名度牒而得到剃度的僧人其素質如何，理宗嘉熙年間嘉興府天寧寺前住持雙杉中元禪師曾有一段話，頗令人感慨：

> 寺觀創立，常住供養，非官與之也，以眾人樂施而與之也，寺
> 觀有田，稅賦尤倍，又有非待不時之需，正與大家相似。今既買度
> 牒以錢，免丁又增以錢，官府無絲毫之給，而徒重責其利於無窮，
> 則僧道可謂不幸矣，國家愛惜名器氾濫，何以勸勵天下，僧道若以
> 賄得金環象簡，得諸處住持，則囂頑無賴之徒皆以賄進，何以整齊
> 風俗，況寺觀雖多，其常住闕乏者甚多，縱使此令一行，第能率斂
> 寺觀之大者。其小者亦豈能應其求，如此則所得能幾？況僧道非能
> 自出己財，求為住持，必將取之寺觀，師徒相殘，常住心壞，所謂
> 膏腴將見蕪穢，所謂大廈將見為丘墟，所謂溫飽將見為凍餒。〔註31〕

〔註28〕 白文固：《宋代僧籍管理制度管見》，《世界宗教研究》2002年第2期，第122頁。
〔註29〕 〔宋〕李心傳撰：《建炎以來繫年要錄》卷五十一「紹興二年壬子」，北京：中華書局，1956年版，第904頁。
〔註30〕 黃敏枝：《宋代佛教社會經濟史論集》，臺北：臺灣學生書局，1989年版，第384頁。
〔註31〕 〔宋〕枯崖圓悟編：《枯崖漫錄》卷3，載《卍新纂續藏經》第87冊，第43頁中。

從中已經可以很清楚地看到，通過購買空名度牒而加入僧團隊伍的僧眾往往是為求得個人利益而進入佛門，其中許多不僅不是虔誠的僧眾，還是破和合僧，這樣的僧眾對於寺院的發展顯然構成了威脅。又黃龍死心新禪師所言：

> 近來又有一般奴狗，受雇得錢買度牒剃下狗頭，披佛袈裟，奴郎不辨菽麥不分，入吾法中破壞吾法。〔註32〕

為了抵禦僧團出現偽濫現象，寺院往往設置度僧局，拿出其中的錢財來購買度牒，諸如紹興十一年天寧寺都管主僧僧珵「立《規式》庵中，課督群行者甚力，輟前所給水手錢米入長生局為度牒之本。」〔註33〕

又《夷堅志》支癸卷八中的記載：

> 永寧寺羅漢院萃眾童行本錢，啟質庫，儲其息，以買度牒，為之長生庫，鄱陽並諸邑無問禪律，悉為之。院僧行政擇其徒智禧，主掌出入。慶元三年四月二十九日，將結月簿，點檢架物，失去一金釵，遍索廚櫃不可得，禧窘甚云云。」〔註34〕

「諸邑無問禪律，悉為之」從這一記載中可以看出寺院經營一些產業並將一部分收入用於購買度牒。現在根據一些史料還不能確定寺院購買度牒是否有再將度牒抬高價格進行出賣的記載，但是由寺院出面購買空名度牒並剃度寺院童行，應該是最大程度防止佛門偽濫的舉措了。

種種跡象表明，度牒的濫賣對於寺院的發展的確帶來了嚴峻的挑戰，一旦被置於南宋政權管理的網絡裏，寺院往往也是無力改變不利於自身發展的現狀，只有採用積極順俗的策略加以抵制，曾有學者認為：「宋代政府對於佛教教團的管理和控制可說是集前代之大成，這固然是拜宋代高度集權中央之賜，同時也是反映出政權和教權在長期競爭下之結果；歷史上所謂三武一宗的法難自宋代開始已經不再發生，宋代帝王以現代佛的身份不再拜過去佛，僧尼向帝王敬禮也被視為理所當然，種種跡象顯示出教權完全屈服於政權之下。」〔註35〕實際上通過寺院設立經濟機構並將一部分所得用於購買度牒來

〔註32〕〔元〕永中補、〔明〕如巹續補：《緇門警訓》卷6，載《大正藏》第48冊，第1071頁中。

〔註33〕〔宋〕梁克家修纂，福州市地方志編纂委員會整理：《淳熙三山志》卷五《地理類五‧浮橋》，福州：海風出版社，2000年版，第54頁。

〔註34〕〔宋〕洪邁撰，何卓校點：《夷堅志》（第三冊），《夷堅支癸卷第八‧徐謙山人》，北京：中華書局，1981年版，第1280頁。

〔註35〕黃敏枝：《宋代佛教社會經濟史論集》，臺北：臺灣學生書局，1989年版，第397頁。

看，寺院並非完全屈服於政權之下，它自身也在積極通過經濟發展的途徑來改變不利的現狀，雖然往往收效甚微，但是對於這種努力還是要報以積極評價。

第二節　南宋免丁錢的徵收與佛教內部分化

　　對於南宋僧眾免丁錢此前有些學者已經作過一些探討，本節擬結合前人的相關研究，從免丁錢的徵收與南宋宗教政策的關係角度出發，討論南宋政府這一宗教、經濟措施對於寺院等級分化的影響。此外，在本節中筆者認為免丁錢的徵收對於寺院等級分化的加劇起到了促進作用，這對於其後南宋後期五山十剎的官寺等級評定設置了一個重要的社會背景。

一、免丁錢的課徵與南宋政府宗教管理

　　關於南宋政府開始徵收免丁錢的記載，分別見於南宋志磐《佛祖統計》、元代嘉興路大中祥符禪寺住持華亭念常所集《佛祖歷代通載》、宋李心傳《建炎以來朝野雜記》、清徐松輯《宋會要輯稿》等史料中，其中唯有華亭念常《佛祖歷代通載》記載的徵收時間與其他有所不同：「（丙辰）五月收免丁錢（徽宗凶聞至，以乙卯四月崩）」〔註36〕丙辰五月為紹興六年（1136 年），這一時間應是念常的誤記，因為關於僧眾免丁錢的徵收始於南宋紹興十五年（1145年），這在其他的史料中都有同樣的記載，故而已是一個史學定論。免丁錢是以僧眾個人為單位標準進行徵繳，對於這一稅目的性質和課徵辦法，白文固在《中國古代僧尼名籍制度》中指出：「僧道免丁錢似源於五代的身丁錢，五代之南唐、南漢、楚等割據政權，皆有身丁錢之苛斂，北宋統一後身丁錢照舊輸納，除四川外，南方各路不論主客、男女、僧道，每歲都按身丁徵收錢米帛絹，輸錢者謂之『身丁錢』，輸絹者謂之『身丁絹』，輸米者謂之『身丁米』，自宋太宗統治後期開始漸次放免……」〔註37〕身丁錢自五代始，北宋太宗之前，僧道亦在徵收範圍之列，但在南宋初期就不再向僧眾徵收這一種目的人頭稅了，而自然亦引起一些人的不滿，紹興十五年曾有大臣進言：

〔註36〕〔元〕釋念常撰：《佛祖歷代通載》卷 20，載《大正藏》第 40 冊，第 686 頁中。

〔註37〕白文固、趙春娥：《中國古代僧尼名籍制度》，西寧：青海人民出版社，2002年版，第 150 頁。

州縣坊郭鄉村人戶既有身丁，即充應諸般差使，雖官戶、形勢
之家，亦各敷納免役錢，唯有僧道例免丁役，別無輸納，坐享安閒，
顯屬饒倖，乞令僧道隨等級高下出免丁錢。〔註38〕

這一奏言後被高宗採納，免丁錢由此而始。

表面看來南宋免丁錢與之前的身丁錢並無多大差異，只是換了名稱而
已，然而實際上兩者在徵收範圍對象及方法上還是有所不同，身丁錢最初只
是限定在四川之外的東南六路進行徵收，太宗後期的時候這一身丁稅逐漸放
免。眞宗大中祥符四年（1011 年）的時候曾有大臣進言：

身丁錢不知所始，臣伏讀御劄則知其爲東南僞制也，本朝六路，
次第歸化，所以加惠之者甚厚，往者婦人有之至，淳化三年免，（見
十月四日瓊州勑）寺院行者有之至，咸平五年免，（見七月四日兩浙
福建路勑）攝官有之至至道二年免（見正月十五日廣南勑）鹽亭戶
有之至太平興國元年免（見九月福州路勑）賃舍寄住者有之至咸平
六年免（見四月二日廣州勑）……〔註39〕

可見其並非是全國範圍內的稅收種目而是具有地域性，且帶有非時課稅之特
點，從「不知所始，臣伏讀御箚則知其爲東南僞制也」這一點來看，這一稅
目在法律意義範圍內受到政府人員的質疑。而免丁稅則包括南宋所轄的各路
州縣，無特殊情況都要繳納，是一種常課性的稅種，而且僅限於對僧眾徵收，
關於身丁錢和僧道免丁錢的不同，白文固指出兩者在課徵地區、課徵對象及
稅目性質上都有不同。〔註40〕由於是專門針對僧道而設置的一種稅，故而免
丁錢的徵收具有宗教管理控制的意義。

正如一些學者所認爲的那樣，「從客觀上看，南宋初期，戰爭頻仍，軍
費開支浩大，迫使統治者不得不採取措施廣開財源，通過各種渠道聚斂錢
財。此外，寺觀、僧尼經濟力量日益強大，封建政府採用一些措施加以控
制，這就是徵收僧道免丁錢的原因了。」〔註41〕免丁錢最初的徵收確實是

〔註38〕〔清〕徐松輯：《宋會要輯稿‧食貨》12 之 9，北京：中華書局 1957 年影印
本，第 5012 頁上。

〔註39〕〔宋〕陳傅良撰：《止齋集》卷二十六《乞放身丁錢劄子》，文淵閣《四庫全
書》全文檢索電子版，上海人民出版社、迪志文化出版有限公司，1999 年版。

〔註40〕白文固、趙春娥：《中國古代僧尼名籍制度》，西寧：青海人民出版社，2002
年版，第 151 頁。

〔註41〕游彪：《宋代寺院經濟史稿》，保定：河北大學出版社，2003 年版，第 175 頁。

面臨著軍費開支過大、財政短缺的客觀形勢，馬端臨在《文獻通考》中亦指出：

> 蓋南渡以來養兵耗財爲夥，不敢一旦暴斂於民，而展轉取積於細微之間。〔註42〕

而僧道又因爲佔有大量的財富，故而成爲政府覬覦的對象，這自然是可以想像到的，然而政府通過對僧道徵收免丁稅以強化宗教管理的目的亦不能排除在外，因爲人丁稅是以僧眾個人爲單位徵收，因而對人身的控制十分強烈。元代德輝在《敕修百丈清規》中提到：

> 聖節啓散古規所載，堂僧堂司給由，暫到客司給由隨身照證，蓋往時僧道歲一供帳納免丁錢，官給由爲憑，故遊方道具度牒之外，有每歲免」由，有何處坐夏由，有啓散聖節，以備徵詰，各亦畏慎，今雖不用，存其事以見古也。〔註43〕

這則材料是元代人德輝記載的南宋時期的狀況，這一情況反映出南宋時期僧眾如果去遊方或是行腳必須得到本寺知事僧給出的證明，然後呈給客司（按：類似於接待所的一種職位）隨身證件，然後還要獲得官府給出的免丁錢繳納證明，這樣才可以出去，而每到一個地方在何處坐夏（按：又名安居，即在夏季裏靜坐以修行佛法）都要當事寺院給予證據以備官府徵詰詢問。可見種種政府的措施都意在防止僧眾逃避免丁錢的繳納，元朝盛如梓在其《庶齋老學叢談》中寫道：

> 昔日僧道雲遊，至於寺觀，有六驗方留，一度牒、二公據、三戒牒、四免丁由、五帳尾、六假狀。〔註44〕

由此可見免丁稅對於僧眾的人身控制已經相當嚴格了。

根據以上的引述可知要逃避免丁錢的繳納，絕對不是一件易事，而僧眾爲了逃避免丁錢往往使用一定手段，而地方政府亦借機「作弊欺隱」，乾道六年（1170年）一月的時候，戶部上奏：

〔註42〕　〔宋〕馬端臨撰：《文獻通考》卷十九《征榷六》，北京：中華書局，1986年版，第188頁上。

〔註43〕　〔元〕德輝重編：《敕修百丈清規》卷1，載《大正藏》第48冊，第1113頁下。

〔註44〕　〔元〕盛如梓撰：《庶齋老學叢談》卷下，文淵閣《四庫全書》全文檢索電子版，上海人民出版社、迪志文化出版有限公司，1999年版。

自放行度牒已賣一十二萬餘道，今考遞年所納免丁錢止增三五
萬貫，顯是州縣侵隱，望行下諸路提刑司，檢察括責，盡數入經總
制帳，每季起發從之。〔註45〕

對於這段話，《宋會要輯稿·食貨》中亦有記載：

望行下諸路提刑司，委官檢察括責，從實拘收，盡數入總制帳，
每季起發，毋令依前作弊欺隱，仍開具括責到錢數類聚一路總數，
保明供申戶部驅磨，從之。〔註46〕

度牒賣出十二萬道卻只增收三五萬貫，從中可以看出實際應收數額會遠遠
大於三五萬貫，這也在一個側面反映出免丁稅額之重，關於稅額及徵收辦
法筆者在此先暫時擱置，留待下節討論。除了通過一定手段與官吏進行「合
作」以達到免交僧丁錢的目的以外，免丁錢在特殊情況下還會得到政府蠲
免，這種情況自然比較少，諸如紹興三十二年（1162 年）金軍進犯淮南地
區，社會秩序大亂，僧道免丁錢難以辦集，所以朝廷下詔暫免一年。〔註47〕
而根據南宋紹興三十二年的另一條史料記載，當年吏部侍郎董德元參知政
事，蠲諸路身丁、免丁錢一年。〔註48〕結合兩個史料來看，紹興三十二年
南宋各路的免丁錢應都無一例外得到蠲免。另外此前筆者在進行「度牒」
的研究時注意到免丁錢的徵收在紹興十五年（1145 年）開始，而這一時間
與政府下詔住賣度牒的時間基本吻合，關於高宗時期政府住賣度牒的時
間，史料記載：

紹興十二年五月十四日，詔：「禮部度牒自五月十四日以後權住
給降。其紫衣、師號除應副軍需外，餘並住給，仍依紹興七年六月
四日旨揮施行。〔註49〕

但是到了紹興三十一年政府又開始鬻賣度牒了，孝宗初期官陳良翰曾上

〔註45〕 〔元〕佚名編撰，李之亮校點：《宋史全文》（下冊）卷二十五上《宋孝宗三》，
哈爾濱：黑龍江人民出版社，2005 年版，第 1719 頁。

〔註46〕 〔清〕徐松輯：《宋會要輯稿·食貨》12 之 17，北京：中華書局 1957 年影印
本，第 5016 頁上。

〔註47〕 〔清〕徐松輯：《宋會要輯稿·食貨》12 之 14～15，北京：中華書局 1957 年
影印本，第 5014 頁下～5015 頁上。

〔註48〕 〔元〕脫脫等編：《宋史》卷三十一《本紀第三十一·高宗八》，北京：中華
書局，1977 年版，第 582 頁。

〔註49〕 〔清〕徐松輯：《宋會要輯稿·職官》13 之 33，北京：中華書局 1957 年影印
本，第 2680 頁下。

言：「住賣度牒二十餘年，人民生聚不爲無益，辛巳春，邊事既作，用度浸廣，乃始放行。」〔註 50〕又《宋會要輯稿・職官》中的確切時間：「三十一年二月二十五日，詔復賣度牒，每道五百貫，綾紙錢一十貫，兩浙東、西路就行在左藏庫納錢給鈔，繳赴禮部書塡。」〔註 51〕辛巳爲紹興三十一年（1161 年），這一年「邊事既作」即爲金亮南侵之事。另根據當時記載的度牒買賣價格看並不便宜，而且還要加收十一貫成本錢，恰恰是在第二年政府下令蠲免全國諸路一年的免丁錢，而這也從另一角度證明政府對於免丁錢的控制。

度牒賣出數量越多意味著政府免丁錢徵收總量越多，但是從前面看，度牒賣出的數量跟免丁錢徵收數量有時完全是不成比例，因此來看度牒與免丁錢的發放與徵收顯然存在著一定的衝突矛盾，從僧眾角度上看，這個矛盾的關鍵在於度牒發放越多，僧眾逃隱免丁錢的情況則會更多，這是必然的邏輯。而面對這種情形，南宋政府則採用強權進行嚴格管制，這無疑加劇了緊張的政教關係。同時亦可以證明，免丁錢的徵收使政府對於僧道的宗教管理政策趨於強硬了，當然這其中亦不能迴避政府追求財政經濟利益這個主因，實際上免丁錢的徵收不僅僅是緣於政府官吏對於僧道「幼不爲黃，長不爲丁，坐避徭役，弗給公上」〔註 52〕的批評，它的出現即是政府面臨財政緊缺、經濟困境的必然出路，亦是政府進行宗教管理及控制的客觀要求，而對僧道人身的控制及對其經濟的掠奪這兩種手段亦結合在一起，佛教其自身的發展明顯受到了限制，因而勢必更迫切地謀求改善當前的政治地位。

二、免丁錢的徵收與南宋寺院等級分化

正如謝和耐在其著述中所言：「即使免稅曾顯得非常頻繁的話，那始終也是特殊情況。對於各個教團及其附屬者們的財產來說，他們的地位也是

〔註50〕〔元〕佚名編撰，李之亮校點：《宋史全文》（下冊）卷二十四下《宋孝宗二》，哈爾濱：黑龍江人民出版社，2005 年版，第 1695 頁。

〔註51〕〔清〕徐松輯：《宋會要輯稿・職官》13 之 34，北京：中華書局 1957 年影印本，第 2681 頁上。

〔註52〕〔宋〕李覯撰：《旴江集》卷十六《富國策第五》，文淵閣《四庫全書》全文檢索電子版，上海人民出版社、迪志文化出版有限公司，1999 年版。

多種多樣的。但是，在這種多樣性之外，在由官方承認的那些寺院和那些僅僅是允許建立的寺廟之間普遍存在著對立。」〔註53〕而南宋免丁錢的徵收則無疑加劇了寺院之間的對立和矛盾，而這主要在於政府對禪、律、教三個宗派的僧眾採用了不同的徵稅標準。對於其徵稅標準，《宋會要輯稿》中記載：

> 紹興十五年（1145年）正月二十七日臣僚言：「州縣坊郭鄉村人戶既有身丁，即充應諸般差使，雖官戶、形勢之家，亦各敷納免役錢，唯有僧道例免丁役，別無輸納，坐享安閒，顯屬僥倖。乞令僧道隨等級高下出免丁錢，庶得與官、民戶事體均一。」戶部言：「今措置到下項：甲乙住持律院並十方教院、講院僧散眾，每名納錢五貫文省；紫衣二字師號，納錢六貫文省；只紫衣無師號同。紫衣四字師號，每名納錢八貫文省；紫衣六字師號，每名納錢九貫文省；知事，每名納錢八貫文省；住持僧職法師，每名納錢一十五貫文省。十方禪院僧散眾，每名納錢二貫文省；紫衣二字師號，每名納錢三貫文省；只紫衣無師號同。紫衣四字師號，每名納錢五貫文省（原書天頭注云：「五」一作「四」，按本書食貨六六之二作「四」）紫衣六字師號，每名納錢六貫文省；知事，每名納錢五貫文省；住持長老，每名納錢一十貫文省。宮躡道士散眾，每名納二貫文省；紫衣二字師號，每名納錢三貫文省；只紫衣無師號同。紫衣四字師號，每名納錢四貫文省；紫衣六字師號，每名納錢五貫文省；知事，每名納錢五貫文省；知躡法師號，每名納錢八貫文省，（道正副等同）。」詔依。〔註54〕

為更清晰地看待南宋政府所制定的免丁錢徵收規範，可以結合白文固和日本塚本善隆所列之表去看，如下表：

〔註53〕 〔法〕謝和耐著，耿昇譯：《中國 5～10 世紀的寺院經濟》，上海：上海古籍出版社，2004 年版，第 47 頁。

〔註54〕 〔清〕徐松輯：《宋會要輯稿·食貨》12 之 9～10，北京：中華書局 1957 年影印本，第 4966 頁下～4967 頁上。

南宋僧道免丁錢輸納情況表〔註55〕　　　　　　　　　　單位：貫

宗教派別＼僧道等級	散眾	紫衣、二字師號僧（道士同）	紫衣、四字師號僧（道士同）	紫衣、六字師號僧（道士同）	知事僧（道士同）	住持、長老、法師
律院、教院	5	6	8	9	8	15
禪院	2	3	5	6	5	10
道院	2	3	5（4）	6（5）	5	10（8）

　　通過以上的列表自然很清楚地看到了佛教宗派及僧眾等級差別在繳納免丁錢數額上的不同，對於這個表的基本分析，白文固已經在《中國古代僧尼名籍制度》一書中作過一些討論〔註56〕，筆者在此不再贅述。只是還有需要再加以探討的地方，從表中亦可看到實際上依據這樣一種劃分標準去徵收免丁錢是十分不公平的，這勢必引來僧眾的非議。這可以從志磐所作《佛祖統紀》中看出來，其記載：

　　　　十五年，勅天下僧道始令納丁錢，自十千至一千三百，凡九等，
　　　謂之清閒錢，年六十已上及殘疾者聽免納。道法師致書於省部曰：
　　　大法東播千有餘歲，其間污隆隨時暫厄終奮，特未有如今日抑沮卑
　　　下之甚也。自紹興中年僧道徵免丁錢，大者十千，下至一千三百，
　　　國四其民，士農工商也，僧道舊籍仕版，而得與儒分鼎立之勢，非
　　　有經國理民之異，以其祖大聖人而垂化爲善故耳，至若天災流行雨
　　　暘不時，命其徒以禱之。則天地應鬼神順，抑古今耳目所常聞見者
　　　也，夫苟爲國家禦菑而來福祥，亦宜稍異庸庶之等夷可也，若之何
　　　遽以民賦，賦且數倍，今天下民丁之賦多止緡錢三百，或土瘠民勞
　　　而得類免者，爲僧反不獲齒於齊民。以其不耕不蠶而衣食於世也，
　　　夫耕而食，蠶而衣，未必僧道之外人人耕且蠶也，云云。

〔註55〕此表引自白文固、趙春娥：《中國古代僧尼名籍制度》，西寧：青海人民出版
　　　　社，2002年版，第154頁。其中有改動，列表中括號內數字爲塚本善隆的統
　　　　計，引自《宋代的財政困難與佛教》載《東洋史論集》，桑原先生紀念文集，
　　　　1930年。塚本善隆與白文固的統計有些出入，但由於都是針對道眾的統計，
　　　　故而不影響本文的論述，特此說明。
〔註56〕白文固、趙春娥：《中國古代僧尼名籍制度》，西寧：青海人民出版社，2002
　　　　年版，第154～155頁。

述曰：且僧道同丁夫，而出徵賦以免之，豈獨僧道之恥，亦國家不知尊尚二教之恥也。今州家徵免丁，則必舉常年多額以責之，而不顧僧之存亡去住，既又欲以虧額均賦諸寺者，其爲患皆此類，嘗考郡志云：僧道免丁歲無定額，官吏曾不省，此王荊公創新法，當年後世，誰不知爲民患，然今之爲政者，語安石則目之小人，追民賦則仍用其立法，蓋利源一開，雖有聖人之治所不能革，以人心好利者同然耳，然則爲利創法者，未嘗不爲後世患，悲夫。〔註57〕

可見志磐是免丁錢徵收的積極反對者，理由之一：引用道法師的話，僧道不屬於「士農工商」四民，雖然不入民籍，但是還是有「經國理民」的作用，這與四民無異，並且通過禱雨、祈福等活動爲國謀福祥，在這一點上說，僧眾理應稍異庸庶等（按：意即不用繳免丁錢），且從現實來看僧道並非不耕而食不蠶而衣。理由之二：對於僧道徵收免丁錢是國家不尊重二教的表現，而且政府對於佛道取利過多且毫無節制，有失公平，同時志磐舉王安石的例子批評當政者，認爲他們一方面說王安石是小人，但卻仍沿用其改革的一些立法，這根本原因在於政府好利所致。對於志磐這段話，游彪先生評述說：雖有失實之處，但也從一定程度上反映了當時的實際情況，無論如何，南宋僧道免丁錢徵收過程中存在這樣那樣的弊端是毫無疑問的。〔註58〕

另外，志磐是天台宗教派的僧人，而非禪僧，對於免丁錢不合理的徵收方法提出質疑和批評應該是可以想到的，不過從列表上看律院和教院散眾所繳納的免丁錢是禪寺散眾的二倍還多，差距之大確實是讓人難以理解。白文固對此認爲：「出現這種畸輕畸重的情況，推測除了宗教崇仰方面的因素外，似乎再無更恰當的解釋。」〔註59〕謝和耐則認爲：「禪宗法師被看作是僧侶中最爲貧窮者，而道教徒則佔據這一等級中的最低層。」〔註60〕筆者對這兩種說法都不太贊同，尤其是謝和耐的觀點。首先從上面的列表來看，禪僧所繳納的免丁錢相比律僧、教僧來說要少得多，這意味著禪僧所享受到的經濟特

〔註57〕 〔宋〕志磐撰：《佛祖統紀》卷37，載《大正藏》第49冊，第425頁下～426頁上。

〔註58〕 游彪：《宋代寺院經濟史稿》，保定：河北大學出版社，2003年版，第179頁。

〔註59〕 白文固、趙春娥：《中國古代僧尼名籍制度》，西寧：青海人民出版社，2002年12月版，第154～155頁。

〔註60〕 〔法〕謝和耐著，耿昇譯：《中國5～10世紀的寺院經濟》，上海：上海古籍出版社，2004年版，第37頁注釋⑦。

權更大，如果這一點不好理解的話，最好的實證就是五山十剎，當然五山十剎是之後的事情了，如果不從五山十剎上看，可以進行史實對比，諸如虎丘紹隆（南宋紹興六年示寂）、大慧宗杲、大禪了明、密庵咸傑、佛照德光、破庵祖先、無準師範、石溪心月、虛堂智愚等等皆是活躍在南宋政壇上的高僧，皆有著極爲光鮮豔麗的政治背景和威震四方的宗教影響力，可以說南宋時期禪宗的高僧大德幾乎全部出於徑山派（大慧一派）和虎丘派（紹隆一派），這兩派許多高僧都成爲後來五山十剎的住持僧，明朝首輔大臣朱國楨亦發出感慨：

> 史衛王奏立五山十剎，如世所謂官署。然有服勞其間最久者乃
> 出主小院。俟聲華彰者，乃拾級而升，改主大寺，得至於五名山，
> 則如仕官而至將相，爲人情之至榮。〔註61〕

而相比禪宗，其餘派別慧光若訥、智連法師、月堂慧詢、善月法師、宗曉法師、圓辯道琛等，除慧光若訥有較大政治影響力以外，其餘雖亦精進博學，但在政治活動中遠遠沒有禪宗僧眾影響力大。如果再作對比的話，南宋時期被賜紫衣和師號的僧人亦多是來自禪院，也遠比來自教院及律院的僧眾要多，關於這一點可以參看黃敏枝先生《宋代佛教社會經濟史論集》中的「唐、五代敕賜紫衣、塔號、師號表」〔註62〕，其中記載雖不全面，證明以上論點卻已足矣！既然相比其他教派，禪宗政治影響力更大，那麼禪宗爭取經濟特權的能力則自然會更強一些，其繳納免丁錢的數額則會相比其他教派僧眾來說自然會更少，從政治與經濟的相互關係上來看，這自然亦是不消說的。

　　無論是從宗教教派勢力或是免丁錢的繳納上，都可以反映出南宋時期佛教內部的等級分化，就免丁錢來說，禪宗就享有更多享受優惠的特權，而這自然也招致了其他宗派僧眾的不滿，而南宋政府根據這種情況亦作出了調整：

> 紹興二十四年（1154 年），以紫衣師號不售，乃詔：律院有紫
> 衣師號者，輸錢視禪剎，禪僧及宮觀道士有者，輸丁錢一千三百有

〔註61〕〔明〕朱國楨撰：《湧幢小品》，北京：中華書局，1959 年版，第 669～670 頁。

〔註62〕黃敏枝：《宋代佛教社會經濟史論集》，臺北：臺灣學生書局，1989 年版，第 500～507 頁。

奇，至今以爲例。（癸巳八月）初取免丁時立法年六十以上及病廢殘
疾者聽免，後詔七十以上乃免之。〔註63〕

可見這次政府意在縮小各教派免丁錢的徵收數額，以緩和教派之間的矛盾，
另外在規定中縮小了教派內部僧眾免丁錢的徵收數額，此種做法應是緩和本
寺院普通僧眾與高級僧眾之間的矛盾。但是在癸巳年（按：乾道九年，1173
年）八月的時候，政府又將本來在乾道元年發布的「六十以上及病廢殘疾者
聽免」的規定改了過來，從而又加重了普通僧眾的負擔。

以上論述可以看出免丁錢的徵收帶來了各個教派的矛盾，而不光如此，
在本寺院中由於普通僧眾和高級僧眾的等級差距，故而所要繳納的免丁錢數
額亦是有較大差額，但是由於有紫衣、師號的高級僧眾往往把持著寺院的經
濟收入，故而還是可以負擔較大數額的免丁錢，對此政府應該早有覺察，因
爲從以上列表中看住持僧所要繳納數額爲散眾繳納數額的 5 倍，這一現象說
明政府對於住持僧的繳稅能力應有所估測，亦說明寺院僧眾之間的等級分化
之嚴重。對此有史料或可證明，淳熙丁未年（1187 年）泉州地區因「免丁錢
爲擾頗甚，亦有癃老無所從出之僧，不堪催督至縊死者。」〔註64〕關於這一
事例，《宋會要輯稿·食貨》中亦有提到：

二年十一月二十七日…近來給降度牒，披剃稍多，自合將所收
免丁錢盡數起發，訪聞州郡將合入老僧、道不行依法放免，仍舊照
額復行拘催，以致被害，深可憐憫，可令州軍照逐歲僧、道丁籍實
數拘催，仍令提刑司常切覺察，毋致違戾。〔註65〕

這一情況反映出政府徵繳免丁錢的苛刻，但是從另一個角度看也反映出相比
全部的僧眾來說，還是有一部分僧眾無法承擔免丁錢，而對於這種以僧丁爲
徵收標準的稅收，寺院亦不會爲其代支，這多少反映出僧團內部的分化現象。

免丁錢的徵收反映出佛教內部各宗派的矛盾，從南宋歷史上看這一矛盾
在逐漸加深，尤其是禪教之間的矛盾反映得極其強烈，在寶祐元年（1253 年），
徑山寺禪僧石溪心月甚至提出「佛教分宗」，上天竺寺的教僧主持法照對此強

〔註63〕 〔宋〕李心傳撰：《建炎以來朝野雜記》（上）卷十五《財賦二·僧道免丁錢》，
北京：中華書局，2000 年版，第 329 頁。

〔註64〕 〔宋〕陳耆卿纂：《嘉定赤城志》卷十六《財賦門》，載《宋元方志叢刊》第
七冊，北京：中華書局編，1990 年版，第 7414 頁上。

〔註65〕 〔清〕徐松輯：《宋會要輯稿·食貨》66 之 18，北京：中華書局 1957 年影印
本，第 6216 頁下。

烈反對，〔註66〕後由宋理宗出面此事才告一段落，通過這一事例可見佛教宗派內部矛盾演化之巨。現在可以肯定的是，宗派及僧眾的等級分化及其矛盾應該不自南宋始，但免丁錢的徵繳在極大程度上加重了這一現象，而這既是由於政府本身對於僧道免丁錢的徵收太過苛斂，又是由於其在經濟、宗教政策實施過程中沒有採用「宗教平等」的原則，以致使佛教寺院內部出現嚴重的等級分化，這對於其後南宋後期五山十剎的官寺等級評定設置了一個重要的社會因素。

第三節　功德墳寺經濟問題芻議

一、關於功德墳寺創建問題的幾點淺議

汪聖鐸在《宋代政教關係》一書中將功德寺觀的成立作為佛道兩教為孝道服務的一個重要體現，實際上在此已經指出了功德寺觀最主要的社會功能，從現存的史料看，宋代設立功德墳寺的現象十分流行，白文固通過查閱《咸淳臨安志》並對南宋末年臨安地區的功德寺觀數量進行考察，最後統計出南宋末年臨安一府共有寺院（括尼庵）734 所，其中親王、嗣王、宰執、貴妃的功德寺 24 所，皇后的攢宮及太子、親王等人的攢所 14 所，嬪妃、大臣、內侍等人的香火院 21 所，外戚、節度使的墳寺 7 所，皇家及官府的祝道場 3 所，另有賈似道生祠及親王祠堂 2 所，共計 71 所，約占全府寺院總數的 10%。〔註67〕由此可見功德寺觀占所有寺院總量的比例之高，對於這個統計筆者雖然提不出不同的意見，但是筆者認為應該注意一個現象，從現存史料看，許多功德院只是寺廟的一個子院或是下院，這樣在統計的時候可能會出現一些重複計算的情況，諸如：「旌忠禪院乾道志在城西南五十八里，紹興二十六年賜額，為秦申王墳寺，今為天禧寺下院。」〔註68〕旌忠禪院在紹興二十六年（1156 年）作為一個獨立的寺院，成為墳寺，但是其後則成為天禧寺的一個下院，這樣在計算的時候就要留意，以免影響最後的統計結果。

〔註66〕 冷曉：《杭州佛教史》，杭州：杭州市佛教協會，1993 年版，第 122 頁。
〔註67〕 白文固：《宋代的功德寺和墳寺》，《青海社會科學》2000 年第 5 期，第 78 頁。
〔註68〕 〔元〕張鉉編：《至正金陵新志》卷十一下《寺院》，載《宋元方志叢刊》第六冊，北京：中華書局編，1990 年版，第 5712 頁下。

　　功德寺及墳寺實際上是兩個不同的概念，且職責範圍亦有所不同，關於這一點汪聖鐸和白文固兩位先生在他們的著述中都已經有詳細分明的闡述，關於功德寺與墳寺有何不同，白文固指出：「凡皇室、貴戚、勳臣爲宗祖作功德祈福而建立的寺院，均可稱爲功德寺，功德寺與墳寺的區別是：前者的主要功能是歲時祭享，而後者的主要功能是爲了守護墳墓。前者寺旁並無墳墓，後者皆設在墳塋附近。」〔註 69〕這也就是說功德寺在於爲亡者禱福，而墳寺更多的任務是看管守護墳場的。但是實際上，在這裡筆者認爲兩者還有一點不同，即服務的人群範圍不同，功德寺主要面向皇室、貴戚、勳臣，而墳寺不僅面向以上高級階層，往往也對低級民眾的墳塋進行看管，當然這種情況很特殊，但不是沒有，諸如「義冢」、「漏澤園」等，因戰爭或是災難、饑荒等死去的屍骨，常年無人瘞埋，政府往往令寺院進行收斂瘞埋，有時亦將其靈柩放入寺院看管，南宋孝宗時期，曾有官吏上奏：「僧寺寓柩子孫十年不至，即聽焚瘞。」〔註 70〕可見在這裡寺院就擔當了墳寺的社會功能，因而可謂是一種「公共墳寺」〔註 71〕。

　　黃梅枝在《宋代佛教社會經濟史論集》就「功德墳寺」這一名稱指出：「功德墳寺這一名詞有很多不同的稱呼，如功德寺、功德院、功德墳、香火院、香燈院、家山、墳寺等等。在宋代以功德院、功德墳寺、墳寺、香燈院這幾種名稱較通用。墳寺除由朝廷敕賜給王公大臣外，一般士庶也可以自由設置，不過，只能成庵、院，而不能稱寺，以示區別。」〔註 72〕對於這一點汪聖鐸提出了異議，認爲：「講『一般士庶』『可以自由設置』功德墳寺、墳庵、是不妥的。在宋代，任何人都不能私自創建新寺院，墳寺院也不例外。如果『一般士庶』『可以自由設置』，則朝廷關於功德寺院享受者範圍的規定就毫無意義。文獻中也找不到關於『一般士庶』設置佛教墳院的具體記載。」〔註 73〕關於兩位先生的說法筆者皆不完全贊同，從南宋設置功德院及墳寺的記載

〔註 69〕　白文固、趙春娥：《中國古代僧尼名籍制度》，西寧：青海人民出版社，2002年版，第 129 頁。

〔註 70〕　〔宋〕周必大撰：《文忠集》卷六十四，文淵閣《四庫全書》全文檢索電子版，上海人民出版社、迪志文化出版有限公司，1999 年版。

〔註 71〕　關於這種類型的墳寺如何進行日常的管理及維護，可參看筆者拙作《南宋漏澤園事業與佛教僧眾的參與》一文，載《法音》2011 年第 12 期。

〔註 72〕　黃敏枝：《宋代佛教社會經濟史論集》，臺北：臺灣學生書局，1989 年版，第243 頁。

〔註 73〕　汪聖鐸：《宋代政教關係研究》，北京：人民出版社，2010 年版，第 541 頁。

看，即使是皇室、貴戚、勳臣等上層階級所設亦是以「院」爲名的墳寺居多，除了泰寧寺（昭慈獻烈太后功德墳寺）、顯孝華嚴教寺（顯仁太后功德墳寺）、永懷報禪寺（顯仁太后功德墳寺）、惠光尼寺（顯仁太后功德墳寺）、時思薦福寺（高宗憲聖慈烈吳皇后功德墳寺）、顯親勝果寺（孝宗咸肅謝皇后功德墳寺）等這些爲皇后、皇太后所設的功德墳寺，另外還有諸如史彌遠之類的權臣亦有少數幾座以「寺」相稱的功德墳寺外，其餘絕大部分都是以「院」或是「庵」、「宮」等相稱，關於以「院」或是「庵」、「宮」等相稱的功德墳院，實在不勝枚舉，這在《嘉定赤城志》、《咸淳臨安志》、《寶慶四明志》等史志中均有體現，對於這一點或不妨參見黃敏枝先生《宋代佛教社會經濟史論集》一書中的《南宋功德墳寺設置表》。〔註74〕關於爲何會出現這種情況，筆者在此亦只能猜測大概，因爲在本節第一段筆者亦講到母院和子院、下院的關係，許多功德寺往往是被設置在下院或是子院內，由這些屬院管理，不是特殊情況下，母院平時應該是很少直接參與管理的，諸如上面所舉「旌忠禪院」的例子。另外，《靈隱寺志》記載：「閣妃以特旨奪靈隱寺苿園建功德寺，住持（道）冲癡絕退院。」〔註75〕從這裡可知寺院內的功德寺往往亦需要另行建造，關於這些在寺院內另行建造的庵院應該是屬於寺院的子院或是屬院。《錢塘遺事》亦曾有所記載，理宗曾爲其寵幸的貴妃閻氏建功德寺於附近的九里松，而對於功德寺的修建，史料記載「顯慶寺，土木之工過於諸寺，時人名之曰『賽靈隱寺』。」〔註76〕另《山堂肆考》中記載宋丞相史彌遠欲占育王寺作墳，眾僧俯首莫敢誰何，有一小僧曰我有一策阻之，作偈曰：寺前一塊地，常有天子氣，丞相要作墳，不知主何意。因題於通衢，史意遂寢。〔註77〕從「寺前一塊地」的偈語來看，墳地並不在寺內，所以爲便於管理，令與墳地相隔較近的下院或子院從事守墳的任務應該也是有可能的，但是無論如何，只能作此附會猜測。

〔註74〕 黃敏枝：《宋代佛教社會經濟史論集》，臺北：臺灣學生書局，1989年版，第289～300頁。

〔註75〕 〔清〕孫治撰：《靈隱寺志》，載白化文、張智主編：《中國佛寺叢刊》第60冊，揚州：廣陵古籍刻印社，1996年版，第177頁。

〔註76〕 〔元〕劉一清撰：《錢塘遺事》卷一《顯慶寺》，上海：上海古籍出版社，1985年版，第24～25頁。

〔註77〕 〔明〕彭大翼撰：《山堂肆考》卷三十《地理·占育王寺》，文淵閣《四庫全書》全文檢索電子版，上海人民出版社、迪志文化出版有限公司，1999年版。

　　另外關於「墳寺」不可自由設置如同汪聖鐸所說確是事實，但是在這裡「設置」是否就是等同汪聖鐸所謂的「私自創建新寺院」，這亦是一個疑問，因爲有資料顯示，許多民間的墳寺多由政府設置，是政府授權下進行的合法行爲，諸如以上所涉及到的「義冢」、「漏澤園」就是官方支持下建立的，這些墳塋和祠堂大都與寺院不遠，許多就在寺院裏面，由寺院守護，諸如「宋孝宗淳熙三年（1176 年），添差兩浙西路馬步軍副總管開趙爲安葬隨自己南下後死亡的「忠義歸正人」，在平江府閶門外購買了三百畝山地作爲義墳又建造一座寺院，供養僧人。宋孝宗爲激勵士氣，一面爲這座庵舍賜名爲「及優恤其」，一面又下令常平司撥賜係官田五百畝充寺院常住田產。」〔註 78〕殿前司十三軍將士的專用公墓，建在位於臨安府西湖山北的鮑家田青支塢。公墓設有普向院，「令僧主其香火」，負責照管和祭奠。乾道八年（1172 年），宋孝宗還接受該寺住持僧法千的建議，改賜寺「愍忠資福普向之額」。〔註 79〕這兩個例子中寺院承擔守墳的任務，且受到皇帝的賜額，應屬於「墳寺」無疑，而這兩座墳寺日常花銷皆是來自政府，由常平司撥賜官田，充當僧眾日常守護費用。

　　最後，汪先生認爲「文獻中也找不到關於『一般士庶』設置佛教墳院的具體記載。」，實際上還是有一些例子存在的，諸如樓鑰在《攻媿集》中所引：

以外祖母福國之先塋在奉川桃花隩，王氏既不振，亦爲買田建

屋，以奉香火。〔註 80〕

這個例子白文固先生在其《中國古代僧尼名籍制度》一書中亦曾引用過，此外他還引用過幾個例子：「祁門吳氏曾創建永禧庵，置田百畝，以作居庵僧人常年梵修及歲時祭祀之用。」〔註 81〕白先生指出：「生活在北宋中後期的莊綽記載說：『浙西人家就墳多作庵舍』〔註 82〕其實由史料所見，不僅浙西、江西、

〔註 78〕〔清〕徐松輯：《宋會要輯稿・兵》16 之 7，北京：中華書局 1957 年影印本，第 7032 頁上。

〔註 79〕〔宋〕潛說友編：《咸淳臨安志》卷七十九《寺觀五之普向院》，載《宋元方志叢刊》（第四冊），中華書局編，1989 年版，第 4082 頁下。

〔註 80〕〔宋〕樓鑰撰：《攻媿集》卷六十《汪氏報本庵記》，文淵閣《四庫全書》全文檢索電子版，上海人民出版社、迪志文化出版有限公司，1999 年版。

〔註 81〕《祁門吳氏礽坑永禧庵眞跡敘錄永禧庵碑文》，轉引於白文固、趙春娥：《中國古代僧尼名籍制度》，西寧：青海人民出版社，2002 年版，第 129 頁。

〔註 82〕〔宋〕莊綽：《雞肋編》卷上《各地寒食習俗》，北京：中華書局，1983 年版，第 23 頁。轉引於白文固、趙春娥：《中國古代僧尼名籍制度》，西寧：青海人民出版社，2002 年版，第 129 頁。

江蘇、福建等地一些巨室望族建立墳庵的風氣也頗盛行。〔註83〕又「富民功德寺皆有名額，申令兩府以上得造功德寺賜名，往往無力爲之，反不若富民也。」〔註84〕這反映出民間建造墳寺的風氣之盛，另外也可以佐證汪聖鐸先生所謂「找不到任何普通富人功德寺院的具體記載」〔註85〕之說法是未爲妥當的。

　　從以上討論可以看出墳寺的建造相比功德院來說更爲廣泛，民間可以建造，相比功德院的創建來說受到政府的限制已然較鬆，而對於政府慈善機構漏澤園及義冢來說，墳寺往往在對其管理守護中起到很大的作用。〔註86〕

二、功德墳寺的創建與寺產損益

　　志磐在《佛祖統紀》中記述：

　　　　淳祐十年（1250年）三月，臣僚上言，國家優禮元勳大臣近貴戚里，聽陳乞守墳寺額，蓋謂自造屋宇自置田產，欲以資薦祖父，因與之額，故大觀降旨，不許近臣指射有額寺院，充守墳功德，及紹興新書，不許指射有額寺院，著在令甲。凡勳臣戚里有功德院，止是賜額蠲免科敷之類，聽從本家請僧住持，初非以國家有額寺院與之，邇年士夫一登政府，便萌規利指射名刹，改充功德侵奪田產，如置一莊，子弟無狀多受庸僧財賄，用爲住持，米鹽薪炭隨時供納，以一寺而養一家，其爲污辱祖宗多矣，況宰執之家所在爲多，若人占數寺，則國家名刹所餘無幾，官中一有科需，則必均諸人戶，豈不重爲民害，臣愚欲望睿旨申嚴舊制應指占勒額寺院並與追正，仍從官司請僧，庶以杜絕私家交通寺院賄貨之弊，制可。〔註87〕

從這段文字可以反映出功德墳寺的創建對於寺院發展的一些影響，從志磐的記載看，官吏往往指射有額寺院，這種現象的出現除了緣於官吏對高規格寺院的偏愛以外，還有就是覬覦有額寺院往往享受到政府所賜蠲免科敷等的特

〔註83〕白文固、趙春娥：《中國古代僧尼名籍制度》，西寧：青海人民出版社，2002年版，第129頁。

〔註84〕〔宋〕趙彥衛撰：《雲麓漫鈔》卷五，北京：中華書局，1996年版，第75頁。

〔註85〕汪聖鐸：《宋代政教關係研究》，北京：人民出版社，2010年版，第541頁。

〔註86〕對於這一點筆者將在本書第五章「南宋寺院慈善公益活動及其經濟因素」第二節中進行力所能及的探討。

〔註87〕〔宋〕志磐撰：《佛祖統紀》卷48，載《大正藏》第49冊，第431頁中。

權，加之將國家有額寺院占爲自家墳寺，可以使寺院本有的財產受到官家控制，這種情況即爲志磐所謂的「改充功德侵奪田產」，對於這一點白文固亦指出：「宋代戚里權臣指佔有額寺院爲私家功德墳寺的做法，在佛教發展史上是絕無僅有的，這是一種十分特殊的歷史現象，它反映了世俗官僚地主對寺院財產侵奪的史實。」〔註88〕對於白先生的總結筆者亦贊同，但是拋開「戚里權臣」的範圍去看，功德墳寺的創建對寺產的侵奪有時則還要分情況分時段另加討論，首先從南宋皇帝創建功德寺來看，寺院的財產往往還有所增益，如《咸淳臨安志》中記載旌德顯慶寺：

> 嘉定初爲恭聖仁烈皇太后建充後宅功德院，寧宗皇帝御書，理宗皇帝益買田以賜凡三千畝有奇，聖上爲盡復其賦。〔註89〕

又如昭慈孟太后攢宮泰寧寺：

> 淳熙八年閏三月一日指揮除豁德壽宮延祥莊泰寧寺並兩欑宮及諸縣耕牛、賃牛所科二千六百五十三匹三尺三寸，淳熙十六年八月二十三日又特減四萬四千三百八十四匹三丈……〔註90〕

淳祐八年（1248年）崇恩演福寺爲理宗惠順賈貴妃功德院，曾受賈似道所「捨常住贍僧田一萬三千畝」，〔註91〕「咸淳間賜田五千畝」〔註92〕又「顯慈集慶教寺命講師思誠爲開山教主，既而給賜貴妃閻氏爲功德院，且賜山園田畝爲數頗多。」〔註93〕類似的記載實際上比較多，都意在表明許多情況下寺院改爲功德墳寺（院）會受到來自政府的賞賜和稅賦蠲免，享受一定的特權，這對於寺院財產的增益無疑有著促進的作用。

以上的功德寺皆是因皇家庇蔭而得到寺產增益的，亦有建功德寺造成寺

〔註88〕 白文固、趙春娥：《中國古代僧尼名籍制度》，西寧：青海人民出版社，2002年版，第137頁。

〔註89〕 〔宋〕潛說友編：《咸淳臨安志》卷七十八《寺觀四之旌德顯慶寺》，載《宋元方志叢刊》（第四冊），北京：中華書局編，1990年版，第4071頁下。

〔註90〕 〔宋〕張淏撰：《寶慶會稽續志》卷三《和買》，載《宋元方志叢刊》第七冊，北京：中華書局編，1990年版，第7124頁下

〔註91〕 〔宋〕周密撰：《癸辛雜識》卷下《演福新碑》，北京：中華書局，1988年版，第207～208頁。

〔註92〕 〔明〕田汝成輯撰：《西湖遊覽志》，上海：上海古籍出版社，1980年版，第54頁。

〔註93〕 〔宋〕周密撰：《癸辛雜識》卷下《閻寺》，北京：中華書局，1988年版，第295頁。

產侵損的情況，諸如以上所舉「閻妃以特旨奪靈隱寺菜園建功德寺，住持（道）冲癡絕退院」，但根據《靈隱志》卷三中的記載，理宗其後遣使挽留，不回，乃賜靈隱古蕩圩田以謝。〔註94〕可見對於這一違背靈隱寺產權益的事情，宋理宗還是給予了一定補償。相比之下，「戚里權臣」對所創功德寺的寺產損益行為則有些不同，當然這也要分情況來看，關於世俗官僚地主對寺院財產侵奪這一點，白文固已經論述得比較詳細〔註95〕，為不掠人之美，筆者在此僅從兩個具體方面來補充白文固先生的遺漏之處，首先白文固先生沒有論述功德墳寺住持任命問題，因為這在創建功德墳寺以造成侵損寺產這一現象中起到了一定的影響，關於功德墳寺的住持選任上，黃敏枝先生認為其住持制度與一般寺院相同，分甲乙徒弟制和十方住持制兩種，甲乙徒弟制是師徒相傳，由本寺僧眾中選拔出來。十方住持則先由本地方的十方剎住持公開票選候補名單，呈給地方長官和僧正司（管理州縣寺院的機關），再由地方長官調查，並決定人選。〔註96〕但是根據以上志磐所記述的內容來看，有「聽從本家請僧住持」的情況出現，對於這一點汪聖鐸亦曾注意到，他說：「黃教授在這裡將功德寺觀完全等同於普通寺觀，就完全忽略了功德寺觀的一個主要特殊點，即他們是有主人的，而且這個主人不是本寺觀的僧尼、道冠，而是官方指定的功德寺觀享有者，這些享有者同相應寺觀的僧尼、道冠的關係，是一種近乎主僕關係的隸屬關係，這種關係是一種法定關係，因而，我們看到，在功德寺觀住持選任中，享有者一般都起決定作用。」〔註97〕汪先生的論述是有些道理的，正因為在功德墳寺住持任命上有決定作用，故而極易導致志磐所說的「庸僧財賄，用為住持」的情況，所以說功德墳寺住持任命制度有可能出現「十方制」、「甲乙制」、「本家制」三種情況。實際上拋開功德墳寺中「庸僧財賄，用為住持」的情況來看，即使在其他寺院中亦存在以賄賂手段取得住持的情況，關於這一點劉長東在《宋代佛教政策論稿》中指出：「以

〔註94〕〔清〕孫治撰：《靈隱寺志》，載白化文、張智主編：《中國佛寺叢刊》第 60 冊，揚州：廣陵古籍刻印社，1996 年版，第 177 頁。另可參見冷曉：《杭州佛教史》，杭州：杭州市佛教協會，1993 年版，第 20 頁。

〔註95〕具體參看白文固、趙春娥：《中國古代僧尼名籍制度》，西寧：青海人民出版社，2002 年版。第 137～141 頁。

〔註96〕黃敏枝：《宋代佛教社會經濟史論集》，臺北：臺灣學生書局，1989 年版，第 249 頁。

〔註97〕汪聖鐸：《宋代政教關係研究》，北京：人民出版社，2010 年版，第 547 頁。

財賄得住持權在南宋時已爲合法。南宋因財政所需，朝廷屢欲賣大寺的住持職位以增歲入。」〔註98〕鑒於本文題旨筆者對此不再進行重新論證。由本家任命住持這對寺產的侵損是相當嚴重的，諸如志磐所說「置一莊，子弟無狀多受庸僧財賄，用爲住持，米鹽薪炭隨時供納，以一寺而養一家。」針對「以一寺而養一家」的情況，天台沙門思廉致書當時宰相杜範：

> 佛囑國王大臣護持佛法，而反破壞佛法者有一事最爲要，朝廷
> 立法許大臣爲祖父以家財造寺乞額，所以薦福於先亡也，今昧者爲
> 之則不然，以祖父玉體之重不能捐財買山，既已奪取伽藍之地以爲
> 墳，而又欲影占數寺稱爲功德，舉寺中所有諸物而有之今日發米。
> 明日發茶筍，又明日發柴炭，發竹木，甚至於月奉水陸之珍，一有
> 亡僧，則必掩取其物歸之私帑，嘗聞時貴之言曰請過功德，一針一
> 草皆我家之物，哀哉！彼誠不知常住物業亡僧財物皆屬三寶，侵奪
> 之者，若主若僕必招苦報。〔註99〕

這一情況還暗示出功德寺觀中的僧眾對於寺產的支配權實際上還是被本家所控制著。

另外，創立功德寺是否會對寺院有所侵奪，通過皇家功德寺來看，寺院往往還會享受到一系列的權益，這一點剛才也已經舉例證明了，而一般的官僚地主在創建功德寺院時是否都會對寺院寺產有所侵損，這也要分情況來看，許多功德墳寺在創建過程中或許還有對寺產的支配權，只是其後有某些原因，諸如由於時間日久，出現其本家子孫等佔據寺產的情況。諸如慶元三年的時候宋寧宗下旨：

> 應臣僚已請到守墳功德院，其家子孫並不得佔據屋宇居止，干
> 預常住錢穀出入及差使人夫等，如違，許守僧經臺省陳訴。〔註100〕

這是本家子孫侵損寺產的情況，另外還有一些則與之相反，比如南宋時期伯源兄弟「嘗推始遷之義列祀中，奉以下諸祖於報慈，入田以飯僧，每歲清明藏事則燕享以合族，蓋三百年矣。」〔註101〕這一情況就是以田養僧，以僧護

〔註98〕 劉長東：《宋代佛教政策論稿》，成都：巴蜀書社，2005 年版，第 268 頁。

〔註99〕 〔宋〕志磐撰：《佛祖統紀》卷48，載《大正藏》第 49 冊，第 432 頁下。

〔註100〕 〔清〕徐松輯：《宋會要輯稿·道釋》2 之 5，北京：中華書局 1957 年影印本，第 7891 頁上。

〔註101〕 〔明〕程敏政撰：《篁墩程先生文集》（正德二年跋刊本第九冊）卷十四《祁門善和程氏重修報慈庵祠宇記》，京都大學附屬圖書館 2002 年館藏，第 2 頁。

墳的例子，還有一些例子比較特殊，明朝程敏政在《宋丞相程文清公墓祠記》中記述：

> 歙之古城關有昭孝積慶寺，宋丞相程文清公元鳳之祠墓在焉，初公之葬也，建寺營墳，皆出朝典，一時哀榮之盛，故老猶能道之，蓋於今二百年矣。寺既毀於元季，瞻墳田亦爲前住僧所私鬻，公六世孫孟億兩人者，大懼祠之寢廢，乃捐己資，贖田歸寺，又與今住僧常貴募財力鳩工。寺爲正堂三間，左右挾室二間。以舊祠湫隘歲時不能容子孫之展謁，增葺五間，門廡、畜廩、賓舍、僧房次第告完，繚以樊牆，塗以丹堊。〔註102〕

這一例子雖然講的是明代時期，但是昭孝積慶寺作爲功德墳寺卻是南宋時期右丞相兼樞密使程文清所創，其中此功德墳寺幾經興廢，從記載中看，元朝時期此寺被毀，而用於瞻墳的田產亦被前住持僧賣掉，由此看出南宋時期至之後被私賣的這段時間，這一部分田產一直是被用來瞻墳的，嚴格地遵守了以田養僧，以僧護墳的規則。

三、功德墳寺創建問題小結

　　從以上論述可以看出，功德墳寺的創置實際上並非完全出於「孝道」之目的，許多時候是世俗統治階級通過宣揚孝道而進行的一種財產經濟擴張，而在這種擴張趨勢下，寺院經濟的獨立性亦逐漸喪失，雖然皇家功德寺由於皇權的庇蔭獲得了巨額經濟利益或是其他免稅免役的特權，對於寺院本身的發展確實亦起到了積極的作用，但是另一方面亦可以由此看出寺院對於世俗政權的巨大依賴性，這種依賴性伴隨著社會歷史的發展而不斷增強，而與之帶來其自身經濟獨立性的不斷減弱，而當政權一旦垮臺，寺院經濟的高樓大廈亦隨之坍塌，相對一般的寺院來說，諸如五山十剎這樣的經濟寡頭由於其強烈的政權依附性，其繁榮強盛的經濟背後實際上隱藏著更大的危機，不得不說其發展的背後其實帶著許多虛假經濟的成分。

　　另外，如同一些學者所認爲的那樣：「在中國，佛教與世俗王權的關係有一個發展的過程，總的發展趨勢是宗教權力日益屈服於、從屬於和服務於世

〔註102〕〔明〕程敏政撰：《篁墩程先生文集》（正德二年跋刊本第八冊）卷十三《宋丞相程文清公墓祠記》，京都大學附屬圖書館 2002 年館藏，第 2 頁。

俗王權。」〔註103〕功德寺的創建作爲一個個案已經對這一點進行了很好的詮釋，通過對功德寺院經濟因素進行探討，可以看出在南宋時期佛教發展過程中上至皇親貴族下至平民百姓都不是被動地接受佛教，而是以一種積極主動的態度去求助或者利用佛教，這其中有信仰的行爲，亦有通過佛教巧取豪奪的行爲，總之對於佛教的利用是極爲功利的。

最後，功德墳寺的建立使一部分世俗權貴和僧眾緊密地走到了一起，這極大地方便了世俗權貴對於寺院財產的侵奪，許多功德墳寺實質上已經淪爲權貴的家廟或是私人佛堂，正如學者所說：「私人佛堂的設立，是大戶人家對寺院常住越來越廣泛的控制之起源。它還向富裕世俗人提供一種干涉僧伽事務的藉口。」〔註104〕在這樣一種形勢下佛教內部發展亦愈來愈世俗化、政治化了。

〔註103〕張國剛：《佛學與隋唐社會》，石家莊：河北人民出版社，2002 年版，第 127 頁。

〔註104〕〔法〕謝和耐著，耿昇譯：《中國 5～10 世紀的寺院經濟》，上海：上海古籍出版社，2004 年版，第 303 頁。

第五章　南宋寺院慈善公益活動及其經濟因素

　　從事社會慈善事業歷來被僧眾認爲是一項神聖的職責，是踐行菩薩道的重要修行，故而佛教與慈善事業歷來就不可分割，佛教就是在擺脫人生苦惱、超脫生死輪迴的倡導下而建立起來的，它本身就包含著「慈悲」、「慈善」的思想在裏面。就歷史的發展來看，中國古代社會中，許多官方慈善機構的設置都受到了佛教思想觀念的影響，「從社會的實際受用來看，自佛教傳入中國以來，「果報論」所闡述的善惡報應思想後來被延伸成爲了一種能被世人理解接受的『廣種福田』思想，導致南北朝及唐宋時代先後出現了『六疾館』、『孤獨園』、『悲田養病坊』、『福田院』等佛教慈善機構，明清時期也產生了由信佛的「善人」出面籌資創建並交由僧人管理的佛教善會、善堂等慈善機構。」[註1] 所以就佛教教義思想在其傳播過程中對於社會的影響這個方面說，社會官方及民間的慈善機構設置就離不開佛教的影子，這或可作爲佛教對於社會構建的一個巨大貢獻。

　　佛教從事社會慈善及社會公益事業是有其內在教義支配的必然性的，同時寺院強大的經濟基礎亦爲其從事這些活動提供了重要的保障支持。實際上，從事慈善活動是佛教實現自我價值的一種途徑，同時也是其獲得社會民心、政權支持的重要手段和契機，爲自身的發展（當然也包括經濟發展）掃清了一定的障礙。所以說，寺院慈善公益活動體現著佛教的人文關懷，在主、客觀上，也包含著寺院僧眾謀求自身社會政治經濟利益的價值訴求。

〔註 1〕　余日昌：《佛教慈善的理論支撐》，《南京工業大學學報》（社會科學版）2009
　　　　　年第 3 期，第 44 頁。

第一節　南宋寺院慈善活動與自身發展——以社會救濟爲例

本節擬就「佛教社會救濟」這一具體內容，對南宋時期佛教僧眾慈善救助的行爲進行分析，並結合其社會影響和對僧團自身建設和發展的作用進行討論，以期揭示佛教通過慈善實現其自身發展的宗教因素和政治因素。

一、僧眾慈善救助活動及其宗教意義——僧眾對於信仰價值的尋求

從事社會慈善事業歷來被僧眾認爲是一項神聖的職責，是踐行菩薩道的一個重要方面，故而佛教與慈善事業歷來就不可分割，從宗教的角度講，佛教就是在擺脫人生苦惱、超脫生死輪迴的倡導下而建立起來的，它本身就包含著「慈悲」、「慈善」的思想在裏面。此之前曾有學者這樣指出：「慈善事業的興起與宗教有著不解之緣，宗教是慈善事業中的『常青藤』，慈善是中國宗教的理念，慈善活動是宗教慈善理念的外顯化和社會化，是宗教慈善理念的社會象徵符號。佛教慈善在中國有悠久的傳統。」〔註2〕而佛教僧眾作爲一支不可或缺的慈善力量直到現在還在發揮著巨大的作用，佛教教義中既有對慈善思想的闡釋，又有對慈善實踐的倡導，對於教化世人、示範人心，緩和社會矛盾、促進社會和諧起到了巨大的作用，而在中國南宋時期，這一作用則體現得更爲明顯。

南宋時期，就僧眾從事「社會救濟」這一項慈善活動來說就有養老慈幼、濟貧賑饑、收留難民、治病救人等等多項具體的內容，諸如難民收留、治病救人還往往涉及前兩項的內容，爲更好地呈現僧眾社會救濟的具體情況，在此特簡要歸類，如下表：

〔註 2〕　Weller、張士江、劉培峰、鄭筱筠：《對話宗教與慈善公益》，《世界宗教文化》
　　　　2011 年第 2 期，第 12 頁。

南宋僧眾社會救濟史實簡表

社會救濟	史料記載詳情	史料記載出處
養老濟幼	廬陵八邑，其七皆有居養院，吉水獨無之，凡鰥寡孤獨者，老者、疾者率棲寄浮屠氏，結草為廬……	宋程珌《洺水集》卷七《吉水縣創建居養院記》，文淵閣《四庫全書》影印本，集部，別集類，南宋建炎至德祐。
	嘉定十年二月……慈幼莊管莊人係蔣山、保寧、清涼、天禧四寺，每歲輪差僧一人，行者二人，專一管幹莊務收支，並給散糧種，每月共支米五石，香油錢十貫文，一本莊屋宇及耕具，遇有損壞聽申提督官廳備申，差人審實，支錢修葺...	《景定建康志》卷二十三《城闕志四廬院》，文淵閣《四庫全書》影印本，史部，地理類，都會郡縣之屬。
濟貧賑饑	（孝宗乾道八年）五月二十八日，知饒州王秬言：「奉詔賑濟饑民，僧紹禧、行者智修煮粥供贍，計五萬一千三百六十五人；僧法傳、行者法聚煮粥供贍，計三萬八千五百六十一人。」詔紹禧、法傳各賜紫衣，行者智修、法聚各賜度牒披剃。	《宋會要輯稿·道釋》1之36。
	溫陵佛國也，中郡之城有日：開元寺者，聚僧舍百二十所而居之，興福其一也，俗呼為粥院……淳祐辛丑（1241年），歲大饑，余領賑濟二局，朝則散粥開元，午則濟糶承天兩寺，修廊東西各數十丈食者……	南宋希逸：《竹溪鬳齋十一槁續集》，卷十《泉州重修新福寺記》，文淵閣《四庫全書》影印本，集部，別集類，南宋建炎至德祐。
收留難民	（建炎年間）張漢英者，本長安人，遭亂南徙，家於福州，貧困無所依，寓宿萬歲寺僧堂之後，仰僧飯食以自給……	南宋洪邁：《夷堅志戊》卷一《張漢英》，《四庫全書》影印本，子部，小說家類，異聞之屬。
	（紹興十八年）公度必有水患，亟募客舟百餘艘人，或以為蜑計，一夕，水暴至城……人求救者號呼震動，公坐城上，厚賞舟人競載以濟幾數千人，公分處僧舍，計口給食，悉遂全活，去之日遮道挽留，生立祠至今奉祠。	南宋樓鑰：《攻媿集》卷九十二《觀文殿學士錢公（端禮）行狀》集部，別集類，南宋建炎至德祐。
	（淳祐十年十二月）丁亥，詔江浙沿流郡縣刷具流民口數，於朝廷椿管錢米內賑濟，仍許於寺觀及空閒官舍居止。	《宋史全文》卷三十四，文淵閣《四庫全書》影印本，史部，編年類。

社會救濟	史料記載詳情	史料記載出處
治病救人	（宋理宗寶祐三年——五年）鰥寡孤獨之窮……幹僧其左，醫局其右，修廊渠，渠對關十室可容十人，男東女西，界限有別，病無依者以告，隨得入診，必工藥，必良食，必精烹煎，責兩童緇必恪日欲聞所苦重輕、課醫之效……	《文溪集》卷二《壽安院記》，文淵閣《四庫全書》影印本，集部，別集類，南宋建炎至德祐。
	（宋孝宗隆興三年）其有疾病贏弱未能行履之人，欲別踏逐寺院散粥煎藥，以待痊安，方可發遣回歸鄉貫。	《宋會要輯稿·食貨》68之150。
	（宋寧宗慶元年）釋宗可，張姓字與之，家故金壇大族……爲子多而貧，命可出家，禮故醫僧文範爲師，以慶元丙辰得度，范庵居既死，可繼其業，人以醫招必往，用藥謹審，不以貧富二其心，平居淨掃一室，焚香默坐。	《漫塘集》卷三十一《醫僧宗可塔銘》，文淵閣《四庫全書》影印本，集部，別集類，南宋建炎至德祐。

　　站在宗教的角度來看，佛教的社會救濟應該還包括如心理撫慰、護生放生、佛法布施等等內容，實際上對於這些內容來說從列表中所引用的種種資料已經完全可以表達出來。另一點要說明的是，根據上述列表的內容，許多社會救濟活動的具體內容實際上都是相通的，諸如養老濟幼往往就包含著濟貧賑饑、收留難民、治病救人等慈善活動，故而在此還是要用全面統一的觀點去看佛教慈善活動，而不應將其隔離開來去看。再擴而大之，佛教慈善活動包括的範圍則更廣，諸如《佛說諸德福田經》中記載：

> 佛告天帝：復有七法廣施，名曰福田，行者得福，即生梵天。
> 何謂爲七？一者、興立佛圖、僧房、堂閣；二者、園果、浴池、樹
> 木清涼；三者、常施醫藥，療救眾病；四者、作牢堅船，濟度人民；
> 五者、安設橋樑，過渡贏弱；六者、近道作井，渴乏得飲；七者、
> 造作圊廁，施便利處。是爲七事得梵天福。〔註3〕

因此對於佛教來說，能夠帶來「利他」的行爲皆可以算作慈善行爲。同時也可以看出，佛教對於福田思想及慈悲精神的宣揚是其從事社會慈善活動的一個重要的內在動因，佛教一再講求「生世福善，如田生物，故云福田。」〔註4〕「大慈與一切眾生樂，大悲拔一切眾生苦。」〔註5〕對於僧眾來說，既然從

〔註3〕〔西晉〕法立、法炬譯：《佛說諸德福田經》卷1，載《大正藏》第16冊，第777頁中。
〔註4〕〔東晉〕慧遠撰：《無量壽經義疏》卷上，載《大正藏》第37冊，第92頁上。
〔註5〕〔姚秦〕鳩摩羅什譯：《大智度論》，載《大正藏》第25冊，第256頁中。

事慈善這樣的福田事業能夠帶來好的果報，從之如流者自然便不會少了。實際上從以上列表中的史料不難看出，南宋時期僧眾從事慈善活動不能排除有功利的行為，何建明在《中國佛教慈善思想的現代傳統》中指出：「中國佛教向來有慈悲救世的思想傳統，可是宋明以後佛教流行的功德報應觀念，是佛教慈悲思想染上了濃厚的功利主義思想，成為佛教文化衰落的重要因素。」〔註6〕如果結合以上的史料進行嚴格審視，實際上佛教慈悲思想染上濃厚功利主義的思想至少在南宋時期就已經大量出現了，但是這在一定程度上也促進了僧眾從事慈善事業的積極性。當然佛教從事慈善活動的內在動因還有善惡觀念、修行觀念等等，但是總得來說還是出於宗教之信仰，從上述例子可以很清楚地看到，南宋時期僧眾從事各類慈善活動既是出於信仰之需求，從這個角度來看，慈善活動實際上是僧眾實現其信仰價值的一個重要的途徑，在宗教意義上亦為「宗教修行之法門」，另外從世俗化的角度看，僧眾從事慈善活動又有一些世俗功利的現象，然而總得說來，僧眾從事社會慈善活動對於社會的構建與發展起到了示範的作用，帶來了諸多社會利益，因而還是要給予積極評價的。

二、寺院慈善活動與南宋政府的關係構建——歷史的實證分析

　　南宋時期寺院從事社會救濟活動在許多情況下是在官方積極引導下進行的，諸如居養院、慈幼莊、粥院、養病坊，包括其後還要重點探討的漏澤園等等，其慈善機構設置及運行都要依靠官方所撥發的米糧經費進行維持，但是亦應看到如果沒有僧眾的支持與參與，這些官方的慈善機構許多都不能正常有序運作。實際上就歷史的發展來看，許多官方慈善機構的設置都受到了佛教思想觀念的影響，正如一些學者所認為的：「從社會的實際受用來看，自佛教傳入中國以來，「果報論」所闡述的善惡報應思想後來被延伸成為了一種能被世人理解接受的『廣種福田』思想，導致南北朝及唐宋時代先後出現了『六疾館』、『孤獨園』、『悲田養病坊』、『福田院』等佛教慈善機構，明清時期也產生了由信佛的「善人」出面籌資創建並交由僧人管理的佛教善會、善堂等慈善機構。」〔註7〕所以就佛教教義思想在其傳播過程中對於社會的影響

〔註6〕　何建明：《中國佛教慈善思想的現代傳統》，《中國哲學史》2009年第3期，第108頁。
〔註7〕　余日昌：《佛教慈善的理論支撐》，《南京工業大學學報》（社會科學版）2009年第3期，第44頁。

這個方面說，社會官方及民間的慈善機構設置就離不開佛教思想的影子，這或可作爲佛教對於社會構建的一個貢獻了，然而就限定在「寺院慈善救助活動與南宋社會構建」這一議題上來說，就不能單純地從宗教信仰的角度去看了，而是還要結合寺院發展建設與南宋社會具體情況去分析。

從南宋時期的一些史料記載看，僧眾從事社會救濟活動，往往還附帶從事協助政府的工作，有時還在期間進行農業生產勞作，有一則史料表述得尤爲詳細：

> 提督官月支茶湯錢五貫文，一慈幼莊手分月支給紮錢二貫文，一慈幼莊管莊人係蔣山、保寧、清涼、天禧四寺，每歲輪差僧一人，行者二人，專一管幹莊務收支，並給散糧種，每月共支米五石，香油錢十貫文，一本莊屋宇及耕具，遇有損壞聽申提督官廳備申，差人審實，支錢修茸……凡本莊有什物、農具、耕牛等並籍於簿，以時稽考，一置簿一扇在莊每月收支錢米等赴本司呈押……〔註8〕

這則史料彌足珍貴，其中講到一個慈幼莊是由蔣山、保寧、清涼、天禧四寺每年輪流管理的，並且由政府撥付糧種由寺僧進行農業耕種，並且負責莊內的財政收支，這一部分財政收支是否完全作爲「慈善基金」這在以上所引材料中沒有涉及，從「每月共支米五石，香油錢十貫文」的記載來看，管理僧還會享受到政府的補助，且什物、農具、耕牛由政府發配，一旦損壞官府核實後負責支錢修茸，由此可見其管理形式很類似於當今社會所謂的「包產到戶、包幹到戶」，政府將慈幼莊的日常管理和生產交給僧眾來做，無疑促進了僧眾從事慈善活動的積極性，因爲僧眾畢竟從中可以得到一些經濟收入和政府補貼，除了寺院提供人力以外又不用支付過多的成本，所以從事這樣的慈善活動實現其信仰價值的同時，亦能實現一定的經濟價值，故而實在是一種自利利他的舉動。其次，剛才也講到慈幼莊財政收入是否完全作爲「慈善基金」，現在看恐怕並不是如此。因爲這則材料其後還講到此慈幼莊所屬田產土地要按照上中下三等，根據與政府所定的租額進行地租繳納，其中講到「每年責令管莊僧行照夏秋兩耕拘催送納，如有頑戶拖欠，仰申提督官廳立限催促，或遇災傷，本莊具申本司，委官核實檢放。」〔註9〕由此亦可以看出，慈

〔註8〕〔宋〕周應合編：《景定建康志》卷二十三《慈幼莊》，載《宋元方志叢刊》第二冊，北京：中華書局編，1990年版，第1705頁下。

〔註9〕〔宋〕周應合編：《景定建康志》卷二十三《城闕志四廬院》，載《宋元方志叢刊》（第二冊），北京：中華書局編，1990年版，第1706頁上。

幼莊田產的收入一部分要以地租的形式上繳政府,而這其中還會有頑戶拖欠的現象,以此觀之,拖欠地租並且以慈幼莊來謀利的現象應該是存在的。

在此應該明白的一點是,官方慈善機構的設置雖是出於慈善救濟之考慮,但是客觀上它還體現出多種社會功能,根據上面所舉的慈幼莊來說,既負責社會救濟慈善工作,另外還充當生產部門,並且還要繳稅租,而僧眾亦在此扮演著慈善力量和社會生產者的角色,這兩個角色其實是相互關聯的,因為僧眾在官辦慈善機構從事生產農作,其生產米糧除自用外,許多還是用於了社會救濟或是通過上繳國家再由國家進行撥放救濟。當代學者楊倩描在《南宋宗教史》中曾舉南宋孝宗隆興三年(1165 年)的例子:因『尚有饑貧人戶』在臨安府城內乞討,官府又緊急『支撥常平、義倉』的糧食,派官員於近城寺院一十二處煮粥,給散養濟』。不久,又在『城南大禹寺、城西道士莊添置兩場』,『散粥給散』。」對於楊先生所舉的例子,筆者在上表中亦曾引用:「其有疾病羸弱未能行履之人,欲別踏逐寺院散粥煎藥,以待痊安,方可發遣回歸鄉貫。」〔註10〕楊倩描先生還提到「置場賑糶」,亦即「政府設置賑糶場以較低價格賣出糧食以賑濟災民」的情況〔註11〕,對於這一情況筆者還認為「置場賑糶」除了有賑災饑民的作用外,往往還存在社會經濟的考慮,因為在開始這一章之前,筆者在第三章「田賦附加稅的討論」一節中也略微提到「平糶倉」這一機構,平糶倉是官方所設的一種儲量機構,屬於義倉的一種。南宋劉克莊在《興化軍創立平糶倉記》中提到平糶倉的創立及具體實施:

> 平糶倉者,太守寶章曾公之所作也,公在郡三年,蠲弛予民以鉅萬計,至是復捐楮幣萬六千緡為糶本,益以廢寺之穀,寺之產及五貫而糶,民不與也。倉之政擇二僧而付,吏不與也。糶視時之價不抑也,糶視糶之價不增也,別儲錢楮二千緡備折閱,又撥廢寺錢歲三百緡供糜費,歲儉價長,則發是倉以權之,歲豐價平,則散諸錢易新穀以藏焉。〔註12〕

〔註10〕 〔清〕徐松輯:《宋會要輯稿·食貨》68 之 150,北京:中華書局 1957 年影印本,第 6328 頁下。

〔註11〕 楊倩描:《南宋宗教史》,北京:人民出版社,2008 年 11 月版,第 378 頁。

〔註12〕 〔宋〕劉克莊撰:《後村居士集》卷二十二《興化軍創立平糶倉記》,載《宋集珍本叢刊》第七十九冊,北京:線裝書局,2004 年版,第 609 頁上。

材料中講到，自平糶倉創建之始，寺院財產只要達到五貫的便要承擔「和糴」的任務，而一般民戶則不參與，而平糶倉最初亦是交給僧眾來管理，官吏則不參與。平糶倉的具體運作是在買入糧食時不抑價格，出賣糧食時則根據所買糧食時的價格而不進行上調，當糧食欠收時則賣出所儲米糧平抑物價，而糧食豐收時則用糴本買進新糧以備不時之需，諸如賑濟饑民。可見平糶倉機構的設立帶有慈善的性質，同時又具有調控經濟的職能，因為大凡是凶災之年，糧食歉收，物價勢必大漲，最終會導致社會矛盾的激化。

可見用於慈善救濟的平糶倉往往是需要寺院承擔「和糴」任務的，而這部分所買米糧則是用於賑濟災民的，這亦可以說是寺院參與社會慈善救濟的一個重要貢獻。實際上上表所列的一些例子皆可以反映出南宋政府在鼓勵僧眾進行社會救濟時採用了較為靈活的政策，對於參與社會救濟的寺院及僧眾給予一定補助或是發放度牒師號，這一靈活政策在政府推行「濟糴」中亦有使用，在社會面臨災變時政府往往勸誘富豪出粟米，濟糴饑民：

> 紹興以來歲有水旱，發常平義倉，或濟、或糴、或貸、如恐不及，然當艱難之際，兵食方急，儲蓄有限，而振給無窮，復以爵賞誘富人相與補助，亦權宜不得已之策也，元年詔：出粟濟糴者賞各有差。（糴及三千石以上與守闕進義校尉，一萬五千石以上與進義校尉，二萬石以上取旨優賞，已有官蔭不願補授者比類施行。）〔註13〕

通過對富豪進行勸說並給予一定官號及其他好處是否真得有效，不得而知，但是從南宋中期理宗嘉熙庚子（1240 年）年間的例子可以看到政府「濟糴」的活動還是得到了一些寺院的響應，諸如：

> （本覺禪院）廩入素薄，歲上熟猶不足以給眾，率應緣助之，嘉熙庚子旱魃為虐，有司勸糴，幾遍國中，寺僧竭力以應，自是饘粥弗給，緇徒星散。〔註14〕

這裡面對於寺院是否有強行「勸糴」的可能，在這則史料中並未提及，但是與上幾條記載結合起來看，政府進行「濟糴」往往是出於「權宜不得已之策」，故而勸寺院拿出米糧救濟社會以致造成其衰落亦多少與當時社會災難的發生有莫大的聯繫。

〔註13〕〔元〕脫脫等編：《宋史》卷一百七十八《志第一百三十一·食貨上六》，北京：中華書局，1977 年版，第 4340 頁。

〔註14〕〔元〕徐碩撰：《至元嘉禾志》卷二十二《本覺禪院記》，載《宋元方志叢刊》第五冊，北京：中華書局編，1990 年版，第 4581 頁上。

　　黃敏枝先生在《宋代佛教社會經濟史論集》中指出：「僧侶對於地方公益事業的積極介入，雖然與佛教之因果報應和福田思想有密切的關係，但是宋代佛教寺院之世俗化與社會化應該也是重要的因素。因爲，宋代佛教僧侶在社會上原就扮演著舉足輕重的角色和領導地位，佛教僧侶之堅韌情操和寺院經濟之富厚，使得他們有能力來承擔重大責任。宋代地方財政困難，公益事業無法順利展開，而要仰賴地方之士紳和宗教團體之協助，其中佛教教團之努力和貢獻是相當明顯的。」〔註 15〕誠如黃先生所說如果沒有僧眾的參與，社會公益事業將無法順利展開，然而亦要肯定政府在這一事業中所作的努力，實際上就南宋社會來看，許多慈善機構的設置都是政府和地方士紳倡導建立的，在面臨社會危機時，他們都無疑例外地選擇僧眾來管理，這是他們對於佛教價值理念的一種認同和支持，因此這一福祉事業的有序運作是全社會的努力。最後就本節所要揭示的題旨去總結，僧眾能夠積極響應政府號召並能盡職盡責從事社會救濟活動，極大程度地改善了與政府的關係，尤其是佛教僧眾與仕紳之間的關係，消除了政府對於佛教發展的顧慮，對於緩和政教矛盾獲得政治支持起到了一定的作用。

第二節　僧衆對於政府慈善機構的支持與參與——以漏澤園爲例〔註 16〕

　　漏澤園是用以掩埋大量屍骸的公共墳場，作爲政府設立的重要社會福利機構，其制始於北宋，建炎南渡之後漏澤園受到南宋各歷政府的大力支持，在民間亦受到佛教界的積極響應，許多寺院僧眾紛紛投入到其中的建設和管理中，爲社會福利事業作出了巨大的貢獻。臺灣學者黃敏枝先生對此亦曾總結：「宋代寺院對於慈善事業的投入是相當全面的，尤其是漏澤園（公共墳場）更是僧行的專利品，在宋代以前根本沒有漏澤園這一制度，僅有私人或官方出面義葬流民，並無制度化。宋代以後的漏澤園大體上也承襲宋代的體制，仍由僧人主管，所以漏澤園與佛教寺院關係密切。」〔註 17〕僧人從事漏澤園

〔註 15〕　黃敏枝：《宋代佛教社會經濟史論集》，臺北：臺灣學生書局，1989 年版，第435 頁。

〔註 16〕　本節根據筆者：《南宋漏澤園事業與佛教僧眾的參與》，（載《法音》2011 年第12 期）一文刪改而成，特此說明。

〔註 17〕　黃敏枝：《宋代佛教社會經濟史論集》，臺北：臺灣學生書局，1989 年版，第428 頁。

的慈善活動與其他慈善活動相比有其特殊性，最明顯的就是慈善服務對象不同，又鑒於慈善活動中濃厚的信仰成分，故而筆者在此章的論述中將其作爲單獨一節進行論述，故在此說明。

一、南宋時期漏澤園的措置

漏澤園是宋代官方建立的一個重要的慈善機構，其制度始創於北宋，南宋祝穆所撰文獻性巨著《古今事文類聚》中有一段《漏澤園之創》的文字記述，引自於南宋初吏部尚書徐度的《卻掃編》：

> 漏澤園之法起於元豐間，初予外祖以朝官爲開封府界使者，嘗行部宿陳留佛祠。夜且半，聞垣外洶洶若有人聲，起燭之四望，積骸蔽野，皆貧無以葬者委骨於此，意惻然哀之，即具以所見聞請斥官地數頃以葬之，即日報可。神宗仍命外祖總其事，凡得遺骸八萬餘，每三十爲坎皆溝洫，什伍爲曹序，有表總、有圖規，其地之一隅以爲佛寺，歲輪僧寺之徒一人使掌其籍焉。〔註18〕

這段文字講述了陳向夜宿佛寺時望見遍野積骸，其後接受宋神宗委派置辦義冢的事蹟。最初見於陳度的《卻掃編》，而其後被祝穆引用並加上「漏澤園之創」作爲文字標題，這樣看來依南宋祝穆的觀點，漏澤園的創立是宋神宗元豐年間（1078～1085年）的事。根據現存史料能夠斷定自宋神宗以至後來的幾位皇帝幾乎都曾頒詔多次措置漏澤園，宋徽宗曾效先皇神宗元豐年間的詔令於崇寧三年（1104年）再置漏澤園，後由權臣蔡京推廣爲園。〔註19〕對於徽宗措置漏澤園一事，佛教史書《釋氏稽古略》卷四《漏澤園》一條中亦有提及：「宋春二月，詔天下州縣置漏澤園，殯客死無歸之士。」〔註20〕建炎南渡之後，宋高宗應戶部員外郎吳縣邊知白稟奏，下詔臨安府及諸郡復置漏澤園〔註21〕。

南宋時期漏澤園作爲社會公共墳場其存在非常普遍，從《宋史》的記載應該可以看出，其記載說：

〔註18〕〔宋〕祝穆纂：《新編古今事文類聚前集》（和刻本第21冊）卷五十六《漏澤園之創》，第11頁。

〔註19〕〔元〕脫脫等編：《宋史》卷一百七十八《志第一百三十一・食貨上六》，北京：中華書局，1977年版，第4339頁。

〔註20〕〔元〕覺岸編：《釋氏稽古略》卷4，載《卍新纂續藏經》49冊，第880頁下。

〔註21〕〔宋〕李心傳撰：《建炎以來繫年要錄》卷一百五十二「紹興十四年甲子」，北京：中華書局，1956年版，第2458頁。

> 高宗南渡，民之從者如歸市。既為之衣食以振其飢寒，又為之
> 醫藥以救其疾病；其有隕於戈甲、斃於道路者，則給度牒瘞埋之。
> 若丐者育之於居養院；其病也，療之於安濟坊；其死也，葬之於漏
> 澤園，歲以為常。〔註22〕

漏澤園的措置同居養院、安濟坊等是社會重要的日常福利，其中涉及米糧、經費、度牒、紫衣等撥發，因此漏澤園的措置多有國家和地方政府頒令實施，存在基本的設置程規和管理辦法，因此是一個較高制度化的福利機構。南宋時期漏澤園機構的制度化設置基本參考了前朝北宋神宗元豐年間及崇寧年間的舊制，但有時亦可以根據實際情況「裁立中制」。

漏澤園機構的設置涉及州縣軍監等行政區域，直接隸屬中央及地方政府，並載列簿記，現在能知道的漏澤園最早置籍的記載是崇寧三年，蔡京推廣為園並置籍的記錄，是否因為這個記載漏澤園的設立被認為起於蔡京不得而知。〔註23〕但是通過官方史料可以知道漏澤園的挖掘建設及埋葬需要有較高的規劃和要求，漏澤園的位置多選定在高亢荒蕪的高地，由政府撥地，以避免佔用農田等膏腴之地而影響農業生產。規模有大有小，南宋紹興年間政府招募僧道在建康府州縣等地斂收屍骸，得全體四千六百八十有七，斷折殘毀不可計以全者又七八萬，埋葬在茶山、麟蛇山等地。〔註24〕由此可見其規模定是不小。《宋會要輯稿・食貨》60 之 4 中有漏澤園建設的記載：

> 人給地八尺或九尺，方磚二口，以千字文為號，記死者姓名鄉
> 貫、年月日以為標誌，並置物以為祭奠之所。〔註25〕

一代名志《嘉定赤城志》中記載了南宋寧宗嘉定四年（1211 年）台州（今臨海市）黃守嶧重新修葺廢舊漏澤園並置新園的基本情況：

> 舊園內立牆，牆內分為若干穴，自東取西，或自南取北，每穴
> 地廣七尺，修一丈，比葬，掘深五尺，每三層橫穿一溝，溝廣二尺，

〔註22〕〔元〕脫脫等編：《宋史》卷一百七十八《志第一百三十一・食貨上六》，北京：中華書局，1977 年版，第 4340 頁。

〔註23〕〔明〕顧炎武著，黃汝成集釋：《日知錄》（中）卷十五《火葬》，上海：上海古籍出版社全校本，2006 年版，第 902 頁。其中該頁記載「漏澤園之設起於蔡京，不可以其人而廢其法」的記載。

〔註24〕〔宋〕周應合編：《景定建康志》卷四十三《掩骼記》，載《宋元方志叢刊》第二冊，北京：中華書局編，1990 年版，第 2041 頁下。

〔註25〕〔清〕徐松輯：《宋會要輯稿・食貨》60 之 4，北京：中華書局 1957 年影印本，第 5866 頁下。

深六尺，仍相一低處筧溝水出溪，約可瘞一千五百四十八人，餘三

處可瘞二千五百人。〔註26〕

從中看出漏澤園需要一系列的保護措施，比如四面繚以圍牆，將墓地與外界相隔，以免日久造成遺骸暴露、「道攢路瘞」，此外官方還不惜成本建造排水溝，應該也是出於保護墳冢的目的，以免常年積水侵蝕墓地。從面積規模上來看，四處墳冢可瘞總共約四千多人，規模不小，另根據南宋官方通用的度量衡太府尺、三司布帛尺（一尺約合三十一點二釐米）折算，漏澤園中每個墓穴長約有三米二，寬約有兩米二，深約一米五。排水溝約有六十釐米，其深近兩米。可以看出漏澤園的修建並非一件易事且修建質量標準要求非常之高。

漏澤園的建造及使用，需要依靠一定的財力，其米糧經費的支出來自常平倉，由提舉常平司進行監管。宋高宗紹興十四年（1144 年）曾下令選僧兩名主管錢塘、仁和兩縣漏澤園，並月支常平錢五貫，米一石，並委常平司檢察。〔註27〕此外漏澤園下葬隨品及供養祭品亦是政府置辦，如孝宗淳熙十一年（1184 年）建寧府（按：今福建南平建甌地區）知府宋之瑞派人將城外兩百餘屍骸斂收並置於吉祥寺內，並以蘭羞（按：美味佳餚）加以供養，將明器（按：隨葬物品，也叫冥器）一一置籍。〔註28〕

最後，漏澤園事業離不開寺院僧眾的支持，其墓園瘞埋活動、維護管理往往需要僧眾們的參與，而事實上根據以上幾則史料不難看出僧眾在漏澤園建造及管理中的突出作用，現囿於題旨，單獨對寺院僧眾參與漏澤園瘞埋活動及對漏澤園的管理維護進行實例舉證和分析。

二、南宋寺院僧眾參與漏澤園瘞埋的事蹟

自建炎南渡以來，南宋政府從未真正擺脫過戰亂的威脅，大規模的對外戰爭、鎮壓農民起義以及各處流寇盜匪的作亂造成了人民生命財產的巨大損失，導致眾多流屍遺骸無人掩埋、流民遷移、餓殍遍野的悲慘場景，面對戰

〔註26〕〔宋〕陳耆卿纂：《嘉定赤城志》卷五《公廨門二》，載《宋元方志叢刊》第七冊，北京：中華書局編，1990 年版，第 7320 頁下。

〔註27〕〔宋〕潛說友編：《咸淳臨安志》卷八十八《漏澤園》，載《宋元方志叢刊》第四冊，北京：中華書局編，1990 年版，第 4175 頁上。

〔註28〕〔清〕張琦修，清鄔山、蔡登龍纂等編：《康熙建寧府志》卷四十二《常平義塋記》，載《中國地方志集成‧福建府縣志輯5》，上海書店、巴蜀書社、江蘇古籍出版社，2000 年版，第 627 頁上。

亂過後的善後問題，佛教寺院僧眾積極應對，在收瘞屍骨遺骸、妥善安置流民等方面發揮著重要的作用，彌補了政府社會救濟能力的不足。

　　據不完全統計，自建炎元年至南宋滅亡的一百五十餘年間，南宋大規模的戰事有八十次之多，平均不到兩年便有一次較大規模的戰事，宋高宗在位三十六年間自建炎元年（1127 年）亦即金天會五年的紹興義軍抗金至紹興和議前後這段不到十五年的時間，大規模的戰事至少有三十三次之多，其中包括三次與南宋叛軍的大交戰，分別發生在建炎元年十一月、建炎三年、紹興二年，另外還包括七次與鍾相、楊么（按：「么」同「幺」，故楊么又被稱為楊幺）等農民起義軍的較大戰事。高宗執政後期至光宗執政時期雖然僅有孝宗時期張浚北伐這一較大戰事，然而流寇盜匪的作亂卻不時爆發，而寧宗執政時期直至南宋滅亡這段時間大小戰事卻也從未間斷，寧宗執政自開禧兩年（1206 年）韓侂冑攻金之戰算起有九次較有影響的對外戰事，理宗時期自紹定六年（1233 年）連蒙滅金之時算起有大小戰事十九次之多，度宗自咸淳四年（1268 年）襄樊之戰起有五次較大戰事，而自恭宗執政直至南宋滅亡的五年內有十三次重大戰爭。另外除去以上較大的戰事以外，南宋時期還出現過許多次小規模的農民起義，加深了統治階級和被統治階級的矛盾，進而加劇社會的動盪與不安，據數據記載，由於南宋時期文武大臣廣占田產從而致使廣大農民無田可種，紛紛起來反抗，從高宗到度宗、恭宗，單浙江各地人民起義就達四十二次之多。〔註29〕

　　如此眾多的戰事勢必留下大量的無名屍骸，為了掩埋無名屍骸和死於戰亂災害的軍民，南宋政府在各地設置有大量的漏澤園，並召集寺院僧眾負責漏澤園斂收遺骸、瘞埋靈柩等工作，建炎四年（1130 年）完顏宗弼率金兵攻陷承州（今江蘇高郵），而在此之前金軍與韓世忠水軍曾在黃天蕩（鎮江西至儀征南）進行了為期四十八天的水戰，〔註30〕宋軍先勝後負，陣亡將士的遺骸長期無人收葬，因此高宗下令「收拾遺骸於鎮江府擇地埋殯，仍歲度童行一名照管。」並令平江（今蘇州）知府胡松年在鎮江設立水陸齋道場致祭〔註31〕。南宋紹興

〔註29〕浙江人民出版社編：《浙江風物志》，杭州：浙江人民出版社，1985 年版，第51 頁。

〔註30〕〔元〕脫脫等編：《宋史》卷三百六十四《列傳第一百二十三‧韓世忠》，北京：中華書局，1977 年版，第 11363～11364 頁。

〔註31〕〔宋〕李心傳撰：《建炎以來繫年要錄》卷八十一「紹興四年甲寅」，北京：中華書局，1956 年版，第 1338 頁。

年間建康府城（今南京）義冢八所中有四所設置在寺廟附近，高宗下詔凡敵（金軍）所破州縣暴骨之未斂者，官募僧道收瘞，分別放在西門清涼寺以南的茶山以及官道北面齊安寺以西等幾所義冢中。此次寺院僧眾的慈善義舉得到了政府的一些補貼與獎勵，諸如建康府寺院僧人與飢餓的貧民一道以政府所籌得的四百斛穀物、三百萬錢財作爲花銷經費，經過近二十日的努力「得全體四千六百八十有七，斷折殘毀不可計以全者又七八萬」，通過政府籌款集物，僧人貧民參與慈善活動，在當時即解決了身處困境貧民的生活問題，同時根據掩埋兩百具而給予一道度牒的詔令，寺院僧人還獲得了政府發放的度牒獎勵，據記載因埋瘞有功，華藏寺、能仁寺、寶寧寺各得五道度牒，清涼寺三道、壽寧寺兩道度牒。〔註32〕從所得度牒數量上來看，參加此次屍骸掩埋任務的僧人至少有二十人，與史料中的記載基本吻合，且來自至少五個寺廟，並且僧人們都圓滿完成了掩埋兩百具遺骸的任務，因而獲得了政府度牒，由此算來僧人掩埋遺骸的數量至少在四千具，甚至更多。南宋隆興和議之前，金兵於紹興三十一年（1161年）在江淮、荊襄、川陝三個方向，分四路對南宋發動進攻，淮河流域民眾被金軍屠殺甚眾，來自福州的如本和尚收瘞遺骸三百，得到官府發給的度牒，後於光宗紹熙年間任如皋縣石莊鎮明禧禪院監寺，負責管理寺院庶務。〔註33〕

除了戰亂以外，因旱災、水災、饑荒等災害造成的無名屍骸亦不在少數，而僧眾大多都能積極響應並參加政府的收瘞號召，尤其是當政府面臨財政短缺的時候，僧眾收瘞遺骸的活動就越發顯得重要了。如紹興五年（1135年）荊湖南路出現旱災致使流民遷移甚多，而加之朝廷已撥大量米糧與軍費供應鄂州、鼎州等地而無法支給荊湖南路地區，該年十二月潭州（今湖南長沙）又突發災害性天氣，「積陰雨雪不止，自下旬雪霰交作，間有雷電，冰凝不解，深厚及尺」，致使「州城內外，饑凍僵僕，不可勝數」，荊湖南路轉運判官、權安撫司公事薛弼在經費不足、米糧急缺的情況下，下令度牒招募僧行，隨即瘞埋潭州城內屍骸，「旬日之間，閱實剃度僧行不少。」〔註34〕孝宗執政時的南宋雖然戰事相當較少，但也可謂多災多難，特別是淳熙八年（1181年）

〔註32〕〔宋〕周應合編：《景定建康志》卷四十三《掩骼記》，載《宋元方志叢刊》（第二冊），北京：中華書局編，1990年版，第2041頁下。

〔註33〕〔宋〕洪邁撰，何卓校點：《夷堅志》（第三冊），《夷堅支戊卷第四‧閬僧如本》，北京：中華書局，1981年版，第1081頁。

〔註34〕〔宋〕李心傳撰：《建炎以來繫年要錄》卷九十八「紹興六年丙辰」，北京：中華書局，1956年版，第1614頁。

都城臨安遭遇瘟疫，第二年亦即淳熙九年，江西、浙東等地又遭遇特大饑荒。史料記載淳熙八年行都大疫，禁旅多死，寧國府（今宣州）民疫死者尤眾。〔註35〕四月十八日，孝宗下詔：

> 臨安府於府城四門外相視隙地作大冢各一所，每處委僧十人、童行三十人，凡遺棄骸骨不問新舊，並行收拾叢葬。棺檢（斂）之，並具僧行食錢，令本府量行支給。〔註36〕

在疫病流行時期能夠冒著被感染的危險挺身而出，收瘞包括大量被病毒感染的骸骨，實屬需要巨大的勇氣，然而從記載上來看，投入此次收瘞活動的有一百六十餘僧眾，其熱情不可謂不高。而就在第二年江西遭遇饑荒，僧眾同樣發揮了巨大作用，開如、眞如寺的僧人因受命主掌安葬饑民獲賜紫衣、師號。〔註37〕如若不是置辦有功應該不會獲得如此殊榮。

南宋寺院僧眾參與漏澤園瘞埋的史料記載有很多，在此不再一一列舉，從以上幾則史料的記載不難看出佛教對於社會的正面功能和積極影響。這也證明漏澤園雖是官方主導的慈善事業，但是如若沒有僧眾等民間力量的參與，這一事業亦不會順利發展。寺院僧眾歷來提倡火葬，對於漏澤園土葬屍骸的舉動卻表現出極大的支持，並且親歷其中參與瘞埋，的確難能可貴。不僅僅是參與漏澤園屍骸的瘞埋，寺院僧眾往往還與官府相協作，積極參與漏澤園日常的維護和管理，這也成爲佛教支持漏澤園事業的又一個明證。

三、寺院僧眾對於漏澤園的維護和管理

漏澤園是一個制度化較高的設施機構，一旦建設並投入使用便有固定的管理辦法和規章制度加以規範，其建制很難有大的改革。南宋時期曾任地方官員的劉宰在其所著《漫塘集·宜興漏澤園記》中指出漏澤園是爲「貧不能葬、遠不能歸者」而建立的福利機構，其建制「類祖浮屠法所由來，久不可驟革」〔註38〕。

〔註35〕　〔元〕脫脫等編：《宋史》卷六十二《志第十五·五行一下》，北京：中華書局，1977年版，第1370頁。

〔註36〕　〔清〕徐松輯：《宋會要輯稿·食貨》58之14～15，北京：中華書局1957年影印本，第5828頁上～下。

〔註37〕　《永樂大典》卷二二一七〈園〉條。轉引於黃敏枝：《宋代佛教社會經濟史論集》，臺北：臺灣學生書局，1989年版，第429頁。

〔註38〕　〔宋〕劉宰撰：《漫塘集》卷二十二《宜興縣漏澤園記》，載《宋集珍本叢刊》第七十二冊，北京：線裝書局，2004年版，第380頁上。

漏澤園一旦建成便需要人力進行守護管理，爲此朝廷特選派僧人擔當，並設立「守園僧」，紹興十四年（1144 年）宋高宗下詔在臨安府措置漏澤園，其所管轄的錢塘、仁和兩縣達到十二所之多，朝廷下令選僧兩名主管兩縣漏澤園守園等事宜。〔註 39〕守園僧一般是經過政府挑選的有德行及能力的僧人或童行，一方面通過挑選的僧眾可以更能勝任守護管理的工作，另一方面僧眾的選派還涉及漏澤園米糧經費、度牒、紫衣等的發放，因而守園僧的挑選是相當愼重的事。史料中就有因守園僧人工作不力而致使漏澤園荒廢的記載，諸如嘉定年間，台州（今臨海市）地方官員黃守嚳因僧人童行能力不任，導致「道攢路瘞，過者惻焉」，故而其後重新修築漏澤園。〔註 40〕孝宗淳熙九年（1182 年）時任韶州（今廣東韶關）知州的汪大定因光運寺一側的漏澤園常年缺少僧眾守護而荒廢，造成「遺骸多貯以瓶甖，垂之梁間，累累無數」的慘象，後汪知州用得來的善款將全部遺骸重新土葬。〔註 41〕由此還可以反映出即使是官方設置的慈善機構亦有監管不力的地方。

除了執行守墓這一任務外，守園僧還要將死者姓名、鄉貫、掩埋時間等載列簿記，以聽親屬享祭追薦。一般情況下，政府批准所建的漏澤園也都必須備案置籍，所以現猜測漏澤園的置籍檔案應該至少有兩份，對此有一則史料可以證明：南渡之後，縣及園各置圖籍，置櫃封鎖，縣令遷轉時亦需點檢移交。〔註 42〕也就是說州縣政府和漏澤園機構中各有一份圖籍檔案，至於兩份檔案是否完全相同，不得而知。但是應該可以想到各有一份簿籍檔案無疑有利於政府官員與僧眾處理好漏澤園的分管事務，可以提高雙方協作管理的效率。然而作爲官方機構，漏澤園最終的管理權還是屬於政府，故而州縣官員遷移調動之前需要將簿記檔案及櫃鎖等物點檢移交，此外州縣及所置漏澤園還要接受各路監司巡歷檢察。〔註 43〕一些在漏澤園

〔註39〕〔宋〕潛說友編：《咸淳臨安志》卷八十八《漏澤園》，載、《宋元方志叢刊》第四冊，1990 年版，北京：中華書局編，第 4175 頁上。

〔註40〕〔宋〕陳耆卿纂：《嘉定赤城志》卷五《公廨門二》，載《宋元方志叢刊》第七冊，1990 年版，北京：中華書局編，第 7320 頁下。

〔註41〕〔宋〕樓鑰撰：《攻媿集》卷一百零三《知江州汪公墓誌銘》，文淵閣《四庫全書》全文檢索電子版，上海人民出版社、迪志文化出版有限公司，1999 年版。

〔註42〕〔清〕徐松輯：《宋會要輯稿·食貨》60 之 4，北京：中華書局 1957 年影印本，第 5866 頁下。

〔註43〕〔元〕脫脫等編：《宋史》卷一百七十八《志第一百三十一·食貨上六》，北京：中華書局，1977 年版，第 4339～4340 頁。

置辦中有突出貢獻的僧行，也需州縣進行保明，並備申尚書省，這樣才能發給度牒。

　　誦經超度、修齋設醮，也是佛道界對於漏澤園事業的支持和維護，且是發揮佛道獨特社會功能的重要途徑和手段。南宋高宗時期近侍押班董仲永出資建造淨坊（亦即漏澤園），曰因果院，並派人斂收暴露遺骸，「歲時齋設經咒，令僧追薦。」〔註44〕徽宗宣和二年（1120年）漏澤園齋醮活動曾一度被取消，後高宗皇帝下詔措置各處漏澤園，「春冬醮祭猶存」，〔註45〕可以看出南宋朝廷對於道教參與漏澤園事業的支持。孝宗淳熙十一年（1184年）建寧府知府宋之瑞派人將城外兩百餘屍骸斂收並置於吉祥寺內，命桑門振拔幽滯，掩埋時「緇黃導前，幢蓋繽紛，闔郡官吏咸集，觀者塞塗，莫不合爪讚歎，甚是感泣。」〔註46〕這是南宋少數幾則僧道一起參與漏澤園法務活動的記載，從記載中看，僧人身著緇衣，道士佩帶黃冠，幢蓋紛紜，參加人數應該不少，而觀者塞塗，莫不合掌讚歎，甚是感泣，由此可見此次誦經超度、修齋設醮的活動亦帶來了正面積極的社會反響。總之，佛教僧眾主持的此類法務史料中不乏記載，在此不一一舉例。

　　綜觀以上所述，佛教僧眾參與漏澤園事務至少有以下幾個方面的積極影響，簡而言之，首先漏澤園是一項有益於社會民眾的公益事業，佛教僧眾的參與可以彌補漏澤園工作的諸多不足，一些諸如誦經、齋祭等法會只有僧眾的參與才能完成。其次漏澤園的設置及佛教的參與一定程度上緩和了社會階級矛盾、消除了社會恐慌，同時由於政府與佛教的相互協作亦起到了緩和政教關係的積極作用。最後，漏澤園為佛教提供了一個良好的發展平臺，僧眾通過參與其中，普世觀念和慈悲精神得以展現，這為佛教樹立良好的社會形象、及其快速的發展起到了巨大的推動作用。

〔註44〕〔宋〕曹勳撰：《松隱文集》卷三十六《董太尉墓誌》，載《宋集珍本叢刊》第四十一冊，北京：線裝書局，2004年版，第643頁下。

〔註45〕〔清〕徐松輯：《宋會要輯稿·食貨》60之7，北京：中華書局1957年影印本，第5868頁上。

〔註46〕〔清〕張琦修，清鄖山、蔡登龍纂等編：《康熙建寧府志》卷四十二《常平義塚記》，載《中國地方志集成·福建府縣志輯5》，上海書店、巴蜀書社、江蘇古籍出版社，2000年版，第627頁上。

第三節　南宋寺院慈善公益活動中的經濟因素

　　本節通過對南宋寺院慈善公益活動進行分析舉證，並結合其慈善公益活動的社會條件，揭示其用於慈善公益費用的來源途徑及其流向，並對寺院慈善活動的經濟收支作必要的討論，以揭示出社會慈善公益活動對於寺院本身的發展，尤其是對其經濟發展所帶來的積極意義。對於南宋寺院從事慈善救濟活動所帶來的宗教、政治等社會意義及影響，筆者在上節已經有所論述，但對於寺院救濟活動的費用來源途徑，雖然亦有所提及，但是卻不甚詳細，故在此擬結合寺院社會慈善與僧眾公益活動，諸如社會救濟、地方設施建設等內容進行更深一層的論述。

一、南宋寺院用於社會救濟的費用來源及其討論

　　筆者在第一節中亦談到，就南宋社會來看，許多慈善機構的設置都是政府和地方仕紳倡導建立的，在面臨社會危機時，他們都無疑例外地選擇僧眾來管理，尤其是漏澤園，主要是由僧眾來擔當主力，但是僧眾從事社會救濟活動則往往面臨一個慈善費用來源及支出的問題，這是一個最現實的問題，也可以說是寺院社會救濟活動中最重要的問題，就本章前兩節的敘述來看，僧眾從事慈善公益活動的費用主要的途徑就是政府撥濟或是仕紳捐助，而僧眾則負責提供人力及機構的日常管理，但是從「平糶倉」這一機構的設置記載來說，社會上用於災難救濟的米糧往往是寺院所繳納，另外單就慈善救濟來說，寺院也並非沒有米糧及經費的支出，如果再加上寺院所從事修建義井、義泉、水利工程、接待庵、橋樑、道路、公共浴室等社會公益活動的話，實際上寺院慈善公益活動的費用有相當一部分是寺院自籌解決的。

　　南宋寺院慈善救濟活動一個重要的來源就是政府撥濟或是仕紳捐助，這在諸如慈幼莊、居養院、養病坊、漏澤園等政府所設慈善機構中體現得相當清楚，而確切地說這些機構在社會救濟中其米糧的支給主要來自各自機構管轄的常平倉、平糶倉等義倉，而這自然要仰仗政府的撥放，關於政府撥放米糧以救濟貧民是否是出於無償救濟，筆者在本章第一節亦有提到，諸如「置場賑濟」，對此有學者認為：「賑濟貧民的舉措主要有無償賑濟、有償賑濟、冬季救寒等。無償賑濟有兩種：俵散、置場賑濟。所謂俵散是指負責賑濟的官吏，持錢米沿門發送到每戶需賑濟人手中。所謂置場賑濟是指將賑濟物品

集中於一處或數處，令受濟者持證前來領取。」〔註47〕此學者將「置場賑濟」
列為無償賑濟實際上並不準確，因為之前筆者亦曾談到在災荒之年政府置場
賑濟曾有出賣的記載，高宗紹興戊寅（1158 年）政府在平江府城（今蘇州）
覺報寺等八個地方加之吳縣、長洲縣尉司中置場賑糶，總共賣出米糧五萬石，
〔註 48〕這即是有償賑濟之例子，而這樣做除了有財政回籠的目的外，對於物
價的調控亦起到一定作用，而所收入的資金會不會用於從事慈善救濟的僧眾
作為其一部分活動費用，當然也還是極有可能的。從前幾節的論述中寺院僧
眾參與社會救濟，政府亦會給他們提供必要的經濟補助，對於工作突出者，
政府還有特別的獎賞，諸如賜予紫衣和度牒，孝宗乾道八年五月二十八日，
知饒州王秬言：

> 奉詔賑濟饑民，僧紹禧、行者智修煮粥供贍，計五萬一千二百
> 六十五人；僧法傳、行者法聚煮粥供贍，計三萬八千五百六十一人。
> 詔紹禧、法傳各賜紫衣，行者智修、法聚各賜度牒披剃。〔註49〕

又：

> 高宗南渡，民之從者如歸市。既為之衣食以振其飢寒，又為之
> 醫藥以救其疾病；其有隕於戈甲、斃於道路者，則給度牒瘞埋之。
> 若丐者育之於居養院；其病也，療之於安濟坊；其死也，葬之於漏
> 澤園，歲以為常。〔註50〕

實際上站在歷史的角度看中國慈善事業的發展，早在南宋時期社會上就已經
出現了現代意義上所謂的「互惠型慈善事業」，這一類型的慈善事業使全社會
的慈善力量都得到調動，並使其取得一定經濟上的實惠，所以從這個意義上
說，寺院從事社會救濟活動一定程度上帶動了其經濟的發展。

　　再次回到論述的起點，前面亦曾講到寺院從事慈善活動的一個重要來源
是政府撥濟或是仕紳捐助，但是應該注意的是，在社會救濟過程中，政府所

〔註47〕 譚鳳娥：《宋代的社會救濟事業述評》，《樂山師範學院學報》2003 年第 7 期，
　　　　 第 93 頁。
〔註48〕 〔清〕徐松輯：《宋會要輯稿·食貨》68 之 124，北京：中華書局 1957 年影
　　　　 印本，第 6315 頁下。
〔註49〕 〔清〕徐松輯：《宋會要輯稿·道釋》1 之 36，北京：中華書局 1957 年影印
　　　　 本，第 7886 頁下。
〔註50〕 〔元〕脫脫等編：《宋史》卷一百三十一《志第一百三十一·食貨上六》，北
　　　　 京：中華書局，1977 年版，第 4340 頁。

撥發的救濟糧有相當一部分是來自僧道的生產，從本章第一節列表中慈幼莊
〔註 51〕的例子可以看出，另外從「興化軍創立平糶倉」〔註 52〕中的例子亦可
以對此加以證明，此外「義田」的設置亦可以作爲例證，孝宗時期朱熹曾有
關於浙東的一則奏摺，其中講：

> 如令上戶、官戶、寺觀出田以充義田，此誠善矣，而本州卻令
> 下戶只有田一二畝者亦皆出田，或令出錢買田入官，而上戶田多之
> 人卻計會減縮，所出殊少，其下戶今既或被科出田，將來卻無充役，
> 無緣復收此田之租，乃是困貧民以資上戶，此一未盡善也。
>
> 臣愚欲望聖慈詳酌行下處州，止令合當應役人戶及官戶、寺觀
> 均出義田，罷去役首免排役。〔註 53〕

可見在此之前有一部分寺院的田產被列爲了「義田」，以其所產米糧用於社會
救濟，此外從朱熹的奏摺來看，其中一些貧戶的田產也被列爲「義田」，因而
受到朱熹的質疑，這從另一個角度看，義田的徵收要充分考慮到田產所有者
的承受能力，而寺院因爲享有比普通農戶更多的土地，因而承擔義田繳納對
其產生的壓力相對更小，這即爲政府向寺院徵繳義田的一個重要原因，而對
於寺院來說義田之繳納亦是其對於社會慈善事業的一個積極方面。最後關於
南宋時期寺院拿出救濟糧用以賑災的史料，筆者在前面幾節亦曾舉過本覺禪
院、萬歲寺的例子，故在此不再引證。

　　還必須注意的是政府在社會救濟中其資金來源亦是多樣化的，諸如有中
央的常平錢米、內藏庫、三司與戶部資金、朝廷封樁錢物、上供米糧、軍需
米糧和地方的省倉資金等。〔註 54〕然而包括兩宋在內的這段時期，因自然及
社會原因所造成的社會災難亦不少，對於自然災害的發生及影響，有學者曾
作出統計：「宋代自然災害發生頻率，超過中國歷史上的各個朝代。據不完全
統計，兩宋時期，僅水災、旱災、蝗災、地震、疾疫以及風、雹、霜災等 6

〔註 51〕〔宋〕周應合編：《景定建康志》卷二十三《城闕志四廬院》，載《宋元方志
　　　　叢刊》（第二冊），北京：中華書局編，1990 年版，第 1706 頁上。

〔註 52〕〔宋〕劉克莊撰：《後村居士集》卷二十二《興化軍創立平糶倉記》，載《宋
　　　　集珍本叢刊》第七十九冊，北京：線裝書局，2004 年版，第 609 頁上。

〔註 53〕〔宋〕滕琪撰：《經濟文衡續集》卷 15《役法類：論義役利害條件》，文淵閣
　　　　《四庫全書》影印本，上海出版社 1999 年版。

〔註 54〕郭文佳：《論宋代政府賑災的資金來源》，《中州學刊》2010 年第 1 期，第 173
　　　　～177 頁。

類主要災害就發生了 1219 次，平均每年達 3.8 次之多。層出不窮的災害帶來嚴重的社會問題，造成社會的無序和混亂，並對國家政權形成衝擊。」〔註55〕而就社會戰亂的發生，筆者上一節中亦作出統計，僅就南宋來說，自建炎元年至南宋滅亡的一百五十餘年間，南宋大規模的戰事有八十次之多，平均不到兩年便有一次較大規模的戰事，小規模的農民起義，從高宗到度宗、恭宗，單浙江各地人民起義就達四十二次之多。所以在政府進行社會災難救濟時，其所撥發的資金往往還是捉肘見襟，許多情況下還是要依賴於民間機構的資金投入，而僧眾因享有大量米糧錢財自然成為政府依賴的對象，故而對寺院進行和糴、徵稅及其他雜稅的徵收就成為一個重要的途徑，這在前面幾章筆者亦曾談到，故在此不再贅述。

根據以上所言，筆者意在指出寺院從事社會救濟其經費米糧即有寺院僧眾的貢獻，又有來自政府的米糧撥發，然而從政府與寺院之間的關係看，這些米糧有相當一部分是寺院所提供的，諸如「義田」、「平糴倉」等機構的米糧供應就有寺院的積極作為，這也證實了某些學者所認為的：「實際上，宗教的社會公益事業，宗教的社會救助功能，應當是一種社會事業交往、社會財富的再分配方式，同時也是一種社會價值的共享方式。」〔註56〕而從寺院從事社會慈善救濟活動來說，無論這是其主動或是被動的行為，它都會被政府視為一個巨大的慈善力量而加以利用。

二、寺院社會公益活動及其經濟因素——以南宋僧眾參與社會橋樑建造為例

以上就社會救濟這一慈善活動的內容進行了敘述，而就寺院從事諸如義井、義泉、水利工程、橋樑、接待庵等的建設這些社會公益活動並未涉及，因為筆者通過搜集史料及參考前人著作發現這樣的例子實在不勝枚舉，故而將其單獨討論，這樣做即是源於篇幅之考慮，又是考慮到寺院從事社會公益，諸如基礎設施建設、環境保護、護生放生等等活動，往往與社會救濟活動相比是有很大不同的，另外，關於寺院慈善公益活動，一些學者已經作過相關

〔註55〕陳安麗：《略論宋代的災害預防思想》，《北京聯合大學學報》（人文社會科學版），2008 年第 3 期，第 26 頁。

〔註56〕李向平：《宗教發展及其社會救助模式》，《江南大學學報》（人文社會科學版）2010 年第 3 期，第 26 頁。

探討，諸如臺灣學者黃敏枝先生在《宋代佛教社會經濟史論集》中已經討論得極其詳細，但是對於寺院及僧眾從事公益活動對於寺院經濟之影響卻討論得不多，這不得不是一件遺憾的事情，而筆者擬在此結合南宋時期寺院僧眾從事公益活動的具體事例（以社會橋樑建造爲例），及其前人之研究來探討僧眾參與公益活動的經濟因素，以及寺院經濟發展的基本特徵。

佛教歷來強調功德果報、以身布施等等思想，這些思想對於僧眾從事公共基礎建設無疑起到了重要的作用，就僧眾橋樑的建設來說，黃敏枝先生曾就《福建通志》所記載的情況進行過統計，她指出泉州晉江縣由僧眾興修的橋樑有十九座，占該縣宋代所修橋樑五十一座的百分之三十七點三，而泉州由宋代僧眾修建的橋樑有四十四座，占總數一百零七座的百分之四十一。另外黃先生就《福建通志》與《古今圖書集成》還進行對比考證，最後指出除了兩書中二十七座橋是重複外，彼此互見的尚有二十二座，故而僧眾興修的總數該是四十九座，比起《福建通志》的四十四座還要多出五座來。〔註57〕除了黃敏枝先生以上對於福建地區的大體估測統計外，還有學者亦曾有過統計，只是僅限於泉州府城，因爲泉州素有「閩中橋樑甲天下，泉州橋樑甲閩中」的說法，那麼關於宋時期泉州內的橋樑有多少爲僧眾所修造呢？據李玉昆的統計，《泉州府志》中標明僧侶參加建造的石橋共六十座，其中唐代一座、北宋十二座、南宋三十座、元代十三座、明代三座、年代不詳一座，而同一時期道士建造的橋僅有嘉定四年黃去華造的玉京橋一座。〔註58〕雖然筆者對於黃敏枝先生的統計並未進行考證，但是亦贊同兩位學者關於僧眾在橋樑建設中的巨大貢獻這一點，並且不否認僧眾從事這樣的公益活動是佛教福田思想、慈悲精神等信仰的內在支配，然而亦不能無視寺院從事社會公益活動而帶來的諸多經濟利益。

首先，關於僧眾從事修橋活動，筆者在此還尚有一些疑問，或者也可以說是與黃敏枝先生的某些見解有所不同，因爲經過筆者查閱相關材料，發現宋代僧眾在修橋這一活動中往往存在記載相矛盾的地方，舉「釋道詢修橋」這一例子來說，黃先生根據《福建通志》卷二百六十三所載內容，指出道詢

〔註57〕 黃敏枝：《宋代佛教社會經濟史論集》，臺北：臺灣學生書局，1989 年版，第129 頁。
〔註58〕 李玉昆：《僧侶在宋代泉州造橋活動中所起的作用》，《法音》1984 年第 2 期，第 41 頁。

修造橋樑達二百多座，且以個人之力量，居然能夠如此，恐怕在史上也是絕無僅有的。〔註 59〕實際上根據一些資料顯示這些橋不都是道詢依靠個人的力量所建的，關於這一點筆者在此暫且不論，因爲根據《福建通志》的記載知道道詢所建 200 座橋樑中僅有回龍橋、清風橋、鳳嶼盤光橋（寶祐間 1253～1258 年建）、青龍橋（寶祐間 1253～1258 年建）、獺窟嶼橋（開禧間 1205～1207 年建）、通郭橋（元大德十年 1306 年建）、彌壽橋（端平間 1234～1236年建）7 座有確切記載。〔註60〕這些記載中道詢所建獺窟嶼橋（開禧間建 1205～1207 年）最早，而所建通郭橋（元大德十年建 1306 年）則最晚，其中之間時間跨度大致爲一百年，這就說明道詢在建通郭橋時實際上已經不止一百歲了。如果《惠安縣志》中的記載可信的話亦可證明通郭橋並非道詢所建，因爲道詢此時已經早已圓寂了〔註 61〕，而實際上《惠安縣志》之《釋道詢》中亦並未指出此橋爲道詢所建，而現代學者李玉昆在其所作《僧侶在宋代泉州造橋活動中所起的作用》一文中同樣沒有指出。如果諸如黃先生所認同的，通郭橋爲道詢所建的話，那麼他建造的時候已經至少是一百二十歲了，以黃敏枝先生「以個人之力量，居然能夠如此」的說法來看，這也是匪夷所思的事情。雖然筆者對於道詢建造二百多座橋樑始終存有疑問，但是苦於沒有史料加以論證所以亦不敢妄自推翻，但是根據筆者上述的考證，通郭橋並非道詢所建應是事實。另外的問題是：南宋時期爲何僧眾如此熱衷於橋樑建設，這是否完全是出於僧眾社會公益之目的？筆者雖肯定大多數有其社會公益的成分在裏面，但同時亦認爲僧眾從事公益活動往往帶來一些利益，尤其是經濟利益，所以不能排除僧眾從事公益活動的這層功利性質，接下來筆者擬結合相關的史料對此進行實證對比分析。

〔註 59〕黃敏枝：《宋代佛教社會經濟史論集》，臺北：臺灣學生書局，1989 年版，第129 頁。

〔註 60〕〔清〕郝玉麟等監修：《福建通志》卷八《橋樑》，文淵閣《四庫全書》全文檢索電子版，上海人民出版社、迪志文化出版有限公司，1999 年版。

〔註 61〕關於道詢出生年齡問題，史料中都沒有確切記載，但是根據《惠安縣志》中的記載，出生及相關事蹟充滿了靈異，並不能完全可信，據《惠安縣志》記載：「道詢，白沙眞陽庵僧，俗姓王，母夢祥光孕十二月而生，幼兒靈異，宋開禧年間（1205～1207 年）建庵，障海爲田，坌其高處以爲庵址，時爲潮水所齧，道詢以扇麾之，曰：海於天地最大，豈不能盡寸讓耶？潮水立退三尺，以泥塞其銜捍，遂固……景炎元年（1276 年）賜號靈應大師，坐解於白沙寺。」載福建省惠安縣地方志編纂委員會編：《惠安縣志》卷三十，中國出版對外貿易公司福建分公司 1985 年 12 月承印，第 41 頁。

　　根據史料中所記載的僧眾建造橋樑的例子，有些是政府及士大夫們的倡導，且其中也有多指派僧人進行策劃管理及籌集建造費用的，有些情況是僧人自發組織募緣籌集費用，無論是何種情況，在修造橋樑前後，僧眾往往是即出錢又出力，這在《宋代佛教社會經濟史論集》一書中已經有不少的引證。〔註62〕結合此書中的一些例子，加之筆者的史料搜集，現總結出寺院僧眾進行橋樑修建的經費來源，主要有三項：政府仕紳資助、寺院僧眾捐款、百姓捐款（按：主要通過僧眾募緣的形式）。大多數情況下，僧眾修建橋樑其經費來源是這三條途徑，有些情況是寺院僧眾的個人捐款，諸如淳祐三年（1243年），史料記載：

　　　　瑞相院僧本源建石橋，架屋十七間，勢甚宏壯，本源世傳醫瘍

甚神，所得酬謝輒施以造橋。〔註63〕

有時僧眾造橋往往需要自己支出大部分的建造維修費用，如高宗紹興年間廣智寺僧可威，爲修復被洪水沖毀的石橋，募緣得金錢僅二十萬，後又傾竭衣缽二百萬，終於在孝宗隆興二年（1164年）的時候建成此橋。〔註64〕另外一些情況是僧人受政府官員委託派任進行募捐，諸如石馬橋宋嘉定間陳讜命僧師傑募建，上覆以亭爲間六十有奇。〔註65〕金雞橋是嘉定間（1208～1224年）郡守葉廷矽命僧守淨募捐，造石墩十七，高四十尺，架以木梁，覆以樓閣，後被水沖壞，郡守眞德秀又命僧惠魁修，僧介勝爲修造金雞橋和圭峰報親寺支費甄億。〔註66〕黃敏枝先生所引之例：平江府吳江縣長江橋於紹興四年（1134年）重建，由知縣委託給十個僧人負責，每個僧人負責其中一部分，這些僧人則分別獲得來自富室的金錢資助。〔註67〕有些時候是僧人提議眾人施錢建

〔註62〕 黃敏枝：《宋代佛教社會經濟史論集》，臺北：臺灣學生書局，1989年版，第127～137，186～190，413～416頁。

〔註63〕 〔宋〕潛説友編：《咸淳臨安志》卷二十一《疆域六之趙安橋》，載《宋元方志叢刊》第四冊，北京：中華書局編，1990年版，第3573頁下。

〔註64〕 〔元〕吳師道輯：《敬鄉錄》卷七《重修板橋記》，文淵閣《四庫全書》全文檢索電子版，上海人民出版社、迪志文化出版有限公司，1999年版。

〔註65〕 〔清〕郝玉麟等監修：《福建通志》卷八《橋樑》，文淵閣《四庫全書》全文檢索電子版，上海人民出版社、迪志文化出版有限公司，1999年版。據另一史料記載：「金馬橋舊名石馬，在文殊院前亦名文殊橋，宋紹興十年葉繼益建。」〔清〕郝玉麟等監修：《福建通志》（第二冊）卷二十九《津梁》，臺北：華文書局股份有限公司，1968年版，第689頁下。

〔註66〕 李玉昆：《僧侶在宋代泉州造橋活動中所起的作用》，《法音》1984年第2期，第42頁。

〔註67〕 黃敏枝：《宋代佛教社會經濟史論集》，臺北：臺灣學生書局，1989年版，第416頁。

造，諸如：安平橋在南安石井鎮，宋紹興八年（1138 年）僧祖派建議建一座石橋，當時得到鎮上黃濩及僧智淵的支持，並各施錢萬緡爲之〔註68〕。

　　除了以上所舉的事例外，南宋時期寺院建造橋樑的記載實際上還有很多，現代學者黃敏枝先生《宋代佛教社會經濟史論集》、楊倩描先生《南宋宗教史》、程光裕先生《宋元時代泉州之橋樑研究》〔註69〕、李玉昆先生《僧侶在宋代泉州造橋活動中所起的作用》等著述文字中都有所引用，可資參考，而在本文中筆者所要探討的重點還是要放到僧眾從事修橋造橋活動背後的經濟因素上來。關於這一點以上學者都未提，對此黃先生實際上已經有所總結，只是點到即止未曾更深一步，她指出：「僧徒何以願意作出這麼大的犧牲和這麼大的貢獻，除了可以推斷因爲受到福田思想影響外，也報著服務桑梓的心理，努力不懈地從事各種公益事業，藉興福以廣結善緣。不僅可以得到信徒的愛戴和信賴，同時也平添寺院的勢力和財富。因此無形中，寺院即隱然造成一股勢力，對於社會兼具指揮，領導和教化的地位。」〔註70〕黃先生在此已經指出僧眾從事橋樑建設這一公益活動並非沒有經濟利益可圖，另外從廣結善緣、提升影響力及公信力、挖掘信仰深度等各方面看，對於寺院長期的發展也無疑是非常有利的。

　　對於寺院通過公益活動獲得經濟利益，要從歷史實證的角度去看，最重要的是要弄清楚一個問題，即：通過僧眾募緣得到的善款，其資金周轉動向究竟如何？是否完全用於修橋，或是剩款移作他用，因爲現在有資料顯示修橋所剩餘的一部分錢財被列入寺院常住質庫或是通過設置寺庵、置田等途徑變相地歸入了寺院常住，當然這一部分錢往往是用作生息以作護橋之用，但是實際上也增加了寺院的常住資產。諸如閩縣的萬壽橋，最初是郡人王祖道於元祐八年所創的一座浮橋，其後由僧眾進行看守和管理，而當初建成之後還剩餘三千九百緡錢，這些錢大都以船板本錢（構成浮橋的船板）及大藤攬（連接各船板的藤條）本錢分給各大寺院，「俾歲取息，以待缺弊修造」，並創建天寧寺對各大寺院進行統一管理，「紹興十一年都

〔註68〕　〔清〕郝玉麟等監修：《福建通志》卷八《橋樑》，文淵閣《四庫全書》全文檢索電子版，上海人民出版社、迪志文化出版有限公司，1999 年版。
〔註69〕　本文載《宋史研究集》第六輯，臺北：中華叢書編審委員會印行，1971 年，第 313～334 頁。
〔註70〕　黃敏枝：《宋代佛教社會經濟史論集》，臺北：臺灣學生書局，1989 年版，第 152 頁。

管主僧僧珵立《規式》庵中，課督群行者甚力，輟前所給水手錢米入長生局爲度牒之本」，這也就是說主僧通過又立新規將支給水手（看守橋的水兵）的錢米放入長生庫生息，以作購買度牒的資本，後來這座浮橋改建爲石橋，所以船板及大藤攬就沒有必要存在了，代之以鐵索，橋道也日益浸壞，而天寧寺的管理也變得相當廢弛。〔註71〕這也可以看出，浮橋改成石橋之後寺院這部分用於管理浮橋的本錢實際上並未投入到石橋的管理中，故而最終造成了「橋道浸壞」的現象。

這也就說有些情況修完橋之後的餘款是發放給寺院的，寺院通過置田或是質庫生息來維持橋的管理，這一現象並不少見，諸如：

> 萬安橋又名洛陽橋，在皇祐年間義波、宗善費力頗多，其後在紹興八年因颶風造成損壞，郡守趙思誠將其修復，以餘金分諸刹權子母，爲修橋費。〔註72〕

這些錢亦是投入到寺院「子母」（按：「子」爲利息，「母」爲本金）中進行生息，以利息養橋。也有在橋上建庵的情況，並置田養庵，以庵養僧，故而再用僧養橋的例子，葉君澤自嘉定辛巳（1221年）至寶慶丁亥（1227年）建成善濟橋，建成之後在橋邊設置僧廬，以職守視，割田立墅，以備繕修。〔註73〕這種做法很好，但往往亦有反面事例，如紹興年間諸溪橋爲郡侯秘書林公建造，建成之後林公買田並將田租施給廣教院，以作僧徒管理橋樑之用，其記載：

> 嘗買田以爲歲修之備，立意固善做法非良，乃以田租屬之廣教院主僧去來不常，悉以所入資其妄用，橋之數圮不顧也，計田之入歲爲米二十五石有奇，與其斥爲緇徒蠶食之賫。〔註74〕

由此可見，這些僧眾拿到田租之費並沒有履行其護橋職責，而是妄用經費，進入個人腰包。此外還有一些情況值得關注，曾有一則記載：

〔註71〕〔宋〕梁克家修纂，福州市地方志編纂委員會整理：《淳熙三山志》卷五《地理類五‧浮橋》，福州：海風出版社，2000年版，第54頁。

〔註72〕〔清〕郝玉麟等監修：《福建通志》（第二冊）卷二十九《津梁》，臺北：華文書局股份有限公司，1968年版，第692頁下。

〔註73〕〔宋〕眞德秀撰：《西山先生眞文忠公文集》卷二十五《上饒縣善濟橋記》，上海：商務印書館，1937年版，第437頁。

〔註74〕〔宋〕汪應辰撰：《文定集》卷九《諸溪橋記》，文淵閣《四庫全書》全文檢索電子版，上海人民出版社、迪志文化出版有限公司，1999年版。

> 建炎二年，高陽公……逃乏興之罪，它不暇給，航敗板缺，投
> 步心惕，公患之，呼工師慮材竹、灰釘之屬，費直百三十萬郡有舡
> 官遂借木於場鬻朽贍用橋成，令過者人輸一錢，持以二僧，居半歲
> 盡償所貸。〔註75〕

從這則例子可以看出守橋的僧人還要收取過橋費，當然這一例子比較特殊，因爲官府借貸建橋，爲了還償貸款故而收取過一定費用亦無可厚非，畢竟這些費用不是用於支給寺院僧眾的。

從中可以看出，寺院及僧眾通過建橋這一公益活動並且獲得一定收入的情況還是存在，即使這不是出於寺院僧眾從事公益活動的主觀意願，但是客觀上還是在一定程度上增加了寺院的常住財產，而更重要的是，寺院用於養橋的田產收入及質庫利息既保證了寺院正常的經濟生產，又保證了公共設施的正常運營，同時又促進了寺院財產的收入，這一模式成爲現代意義上「互惠型公益」模式的一個最初樣態，故而理應受到積極的評價。

三、結語：參與社會慈善公益是南宋寺院經濟發展的良好契機

以上所述就寺院慈善救濟及橋樑修建這一公益活動而論，實際上關於南宋寺院公益活動還有諸如社會水利工程修建、義泉義井的開鑿、環境保護等等，這些事例亦有很多，不勝枚舉。但是單就以上兩小節所述就可以發現寺院從事慈善公益活動對其發展無疑是極具推動力的。

寺院從事慈善救濟活動在一定程度上緩解了社會矛盾，客觀上爲其自身經濟的發展提供了良好的政治環境，在現在看來寺院慈善救濟活動並非是寺院單方面所作的努力，而是還包括政府及民間力量，許多慈善活動都是在政府支持及引導下展開的，這再次表明：在佛教表現爲正統和符合教規的情況下，它也對合法政權的活動作出支持，但是，統治階級寄託於僧侶以及由佛教信仰引起的神力方面的希望，也含有宗教領域中的支持。〔註76〕也就是說慈善活動使佛教與世俗政權的價值觀念得到溝通，並在一定程度上彼此認同且相互支持。

〔註75〕〔宋〕洪适撰：《盤洲文集》，卷三十《知政橋記》，文淵閣《四庫全書》全文檢索電子版，上海人民出版社、迪志文化出版有限公司，1999年版。

〔註76〕〔法〕謝和耐著，耿昇譯：《中國5～10世紀的寺院經濟》，上海：上海古籍出版社，2004年版，第299頁。

　　在社會救濟過程中寺院提供必要的物質及精神支持，單從這一點看，似乎寺院的經濟不但沒有發展反而是丟掉了一部分財富，然而實際上並不能單純地看待這樣的情況，因為上面也已經提到，寺院從事社會救濟活動為其經濟發展開拓了有利的政治空間，這為寺院在長期發展的過程中撈取了充足的政治資本，從寺院長期的發展過程中無疑有利，這在一定意義上即帶有現代所謂的「投資慈善」之意味。除此之外，寺院從事社會救濟也實現了其信仰價值，並獲得民間信眾的支持，對其擴大宗教勢力及影響力有積極的作用，而站在世俗角度講，信眾則更樂意拿出一部分財富施捨寺院、供養僧眾，這顯然對寺院經濟的擴充有促進作用。

　　最後就寺院公益活動而言同樣是如此，實際上根據上節所述，通過做公益行義舉，寺院並非沒有經濟利益可得，當然對於這一情況不能將其視為一種世俗的「唯利益」論，而是應看作一種雙贏互惠的模式，通過公共設施建設一方面改善了寺院經濟發展的自然環境及外部物質條件，同時對於世人乃至是現在的人都帶來了福祉，從事社會公益事業在某種程度上說使其自身轉變成一種類似社會服務性的機構，使佛教對世俗社會的適應性得以加強，寺院自身的經濟發展亦產生了更為廣闊的「市場」空間。

第六章 南宋政權對寺院經濟的監理管控 [註1]

第一節 南宋中央政府的佛教管理制度

一、兩宋時期僧尼管理的中央機構

就佛教職能部門的管理而言，宋代經過了幾次較大幅度的部門調整，據劉長東先生在《宋代佛教政策論稿》中的研究，兩宋時期僧尼所屬機構從功德使到鴻臚寺，再到祠部，共發生過兩次變遷 [註2]。第一次職能部門的調整，發生在北宋神宗時期的元豐改制時期，實際上，在元豐官制改革之前，北宋政府的一些官員就已經意識到改革佛教管理制度的急迫性，希冀朝廷可以對佛教相關管理部門進行調整，以解決冗官冗兵冗費帶來的日益嚴重的財政問題。據史料記載：

> （眞宗咸平二年八月）（999 年）丙子（26 日），以司封郎中（按：人事部的官職）、知制誥（按：皇帝詔書撰寫官）朱昂爲傳法院譯經潤文官。始，太宗作《聖教序》，上亦繼作，悉編入經藏。上又嘗著《釋氏論》，以爲釋氏戒律之書，與周、孔、荀、孟跡異道同，大指勸人之善，禁人之惡，不殺則仁矣，不竊則廉矣，不惑則正矣，不

〔註 1〕 本章部分內容爲筆者主持的國家社科基金青年課題「宋代寺院經濟與政權管控策略研究」（批准號：17CZJ028）的階段性成果。

〔註 2〕 劉長東：《宋代佛教政策論稿》，成都：巴蜀書社，2005 年版，第 63 頁。

妄則信矣，不醉則莊矣。苟能遵此，君子多而小人少。又上生三途
之說，亦與三后在天，鬼得而誅之言共貫也。鹽鐵使陳恕嘗建議，
以為傳法院費國家供億，力請罷之，言甚懇切，上不許。〔註3〕

傳法院〔註4〕一個重要的職能就是從事佛經的翻譯，其部門一切支出全有政府
供應，在設立之初，太宗親身臨御，批准每年由國庫支付一億六十萬錢，度
僧定為十一人。這些金額是宋代政府的對外文化政策的一項支出，因此在傳
法院設置十八年後的真宗咸平二年（999 年），禮部侍郎陳恕上書抗議，謂傳
法院的經費上億，是不急之務。〔註5〕但是，對於這次上奏，真宗並沒有同意，
其沒有同意的原因其實在材料中可以略知一二：太宗皇帝曾撰寫《聖教序》，
繼任的真宗皇帝又撰寫《釋氏論》，作為佛教戒律之書，佛教思想歸旨，同孔
孟之道一樣，十分有利於世風教化、政治統治，所以從事經典翻譯的傳法院
十分重要，故而不可取締。

此事過去之後，在咸平六年（1003 年），時任開封府知府的陳恕又上言真
宗，從「僧官」委任的角度提出建議〔註6〕，其指出：

僧徒往西天取經者，諸蕃以其來自中國，必加禮奉。臣嘗召問，
皆罕習經藝而質狀庸陋，或使外域反生輕慢。望自今先委僧錄司試
驗經業，省視人材，擇其可者送府，出給公據。〔註7〕

陳恕認為外派取經的僧人資質平庸，建議「委僧錄司試驗經業，省視人材」，
此番建議受到了皇帝的採納，但是對於傳法院的存廢問題，皇帝採取了存而

〔註3〕 〔宋〕李燾撰：《續資治通鑒長編》（第四冊）卷四十五，北京：中華書局點
校本，1979 年版，第 961～962 頁。

〔註4〕 「又會要曰：太平興國五年詔，於太平興國寺大殿西，度地作譯經院，中設
譯經堂，東序為潤文堂，西序為正義堂，自是每誕節即獻經也。八年改為傳
法院，按隋有翻經館，唐初亦有翻譯之事，元和後廢。然則太宗之置茲院，
亦隋翻經館也。」參看〔宋〕高承撰：《事物紀原》卷七《筆受》，北京：中
華書局點校本，1989 年版，第 393 頁。

〔註5〕 〔日本〕中村元等著，余萬居譯：《中國佛教發展史》（上），臺北：天華出版
社事業股份有限公司，1984 年版，第 410 頁。

〔註6〕 《資治通鑒長編》卷二百二十八中載：「開封府尹舊領功德使，而左右街有僧
錄司，至於僧司差補，合歸府縣僧司。」按照舊例掌管僧尼的功德使，在宋
初經常由開封府尹兼任，對僧錄司實施監督。因此在這裡陳恕可以向皇帝提
出這樣的建議。參看〔宋〕李燾撰：《續資治通鑒長編》（第十六冊）卷二百
二十八，北京：中華書局點校本，1986 年版，第 5545 頁。

〔註7〕 〔宋〕李燾撰：《續資治通鑒長編》（第五冊）卷五十五，北京：中華書局點
校本，1980 年版，第 1210 頁。

不論的態度。對此日本學者中村元說道：「眞宗看了這份上書之後，知道學者對儒、佛、道三教的討論由來已久，尤其在前代，對宗教的詆毀更甚，但眞宗對此採取存而不論的態度，他認爲傳法院從事的任務是接待外來使節的鴻臚寺之任務，國家站在對外政策的立場，雖正當財政困難之際，也不可廢止。後來，當宋朝和遼、西夏的交戰陷於極端的財務困難之際，不得已必須採取強化稅收的政策，傳法院內惟一的中國籍譯經三藏惟淨見狀，便以傳法院內沒有可譯的原典爲理由，自請廢止傳法院。」〔註8〕關於惟淨此次自請廢止傳法院的事情，《宋朝事實類苑》記載：

> 譯經鴻臚少卿光梵大師惟淨，江南李王從謙子也。通敏有先識，解五天竺國梵語。慶曆中，朝廷百度例務減省，惟淨知言者必廢譯館，不若預奏乞罷之。「臣聞在國之初，大建譯園，逐年聖節，西域進經，合今新舊，何啻萬軸，盈函溢屋，佛語多矣。又況鴻臚之設，虛費祿廩，恩賜用給，率養尸位，欲乞罷廢。」仁宗曰：三聖（太祖、太宗、眞宗皇帝）崇奉，朕焉敢罷？且又睬貢所籍名件，皆異域文字，非鴻臚安辨？因不允。未幾，大中丞孔道輔果乞廢罷，上因出惟淨疏示之。方已。〔註9〕

實際上無論是官員或是從事譯經的僧人、僧官，都對傳法院的設置產生了不小的論議，這其中僧官由於被融置於政治體制之中，其往往站在政府管理角度進行參政議政等活動，所以作爲政教關係天平上的指針，他是明顯偏向於政權一方的。〔註10〕日本學者高雄義堅總結認爲，在中國佛教徒之間，佛教期望能超然國家權力之上，但儘管抱持著這種矜持的傾向，隨著與國家權力的接近，最後竟到了完全渾融其中的地步。〔註11〕

〔註8〕〔日本〕中村元等著，余萬居譯：《中國佛教發展史》（上），臺北：天華出版社事業股份有限公司，1984年版，第410頁。

〔註9〕〔宋〕江少虞撰：《宋朝事實類苑》（下冊），上海：上海古籍出版社，1980年版，第578頁。

〔註10〕劉長東先生總結說：「從政府以國法的形式對僧官職掌所作的內容規定，我們可見宋代的僧官主要是站在政府的立場，以『簿賬案牒、奔走將迎之勞』在對政府負責，作爲政教關係天平上的指針，他是明顯偏向於政權一方的。」詳細參看劉長東：《宋代佛教政策論稿》，成都：巴蜀書社，2005年版，第122～127頁。

〔註11〕〔日本〕高雄義堅等著，陳孝菁等譯：《宋代佛教史研究》，臺北：華宇出版社，1979年版，第36頁。

如果說傳法院在神宗即位之前還具有佛教管理方面的一部分職能的話，那麼在神宗元豐年間中的官制改革下則幾乎發揮不出什麼作用了。元豐元年（1078 年）慧詢申奏，以缺少翻譯人才爲由乞令罷廢傳法院，直到元豐五年（1082 年）七月八日，朝廷終於廢止了譯經潤文使以下之職，具體事務改屬禮部尙書。〔註 12〕可見，傳法院作爲鴻臚寺的一個部門，其存在的必要性以及改制的必然性是由當時的社會條件所決定的，一方面源於佛教翻譯人才的凋零，另一方面沒有從事譯經的充足的經費保障，三冗現象十分突出，因而對其進行大刀闊斧改革正當其時，所面臨的阻力也最小。對於元豐改制，鴻臚寺作爲僧尼所屬機構，其具體各部門職能是如何規定的，對此有史料記載，如下：

> 舊置判寺事一人，以朝官以上充。元豐官制行，置卿一人，少卿一人，丞、主簿各一人。卿掌四夷朝貢、宴勞、給賜、送迎之事，及國之凶儀、中都祠廟、道釋籍帳除附之禁令……其官屬十有二：往來國信所，掌大遼使介交聘之事。都亭西驛及管幹所，掌河西蕃部貢奉之事。禮賓院，掌回鶻、吐蕃、党項、女眞等國朝貢館設，及互市譯語之事。懷遠驛，掌南蕃交州，西蕃龜茲、大食、于闐、甘、沙、宗哥等國貢奉之事。中太一宮、建隆觀等各置提點所，掌殿宇齋宮、器用儀物、陳設錢幣之事。在京寺務司及提點所，掌諸寺葺治之事。傳法院，掌譯經潤文。左、右街僧錄司，掌寺院僧尼帳籍及僧官補授之事。同文館及管勾所，掌高麗使命。已上並屬鴻臚寺。中興後，廢鴻臚不置，併入禮部。〔註 13〕

從設置上來看，就佛教僧眾管理來看，鴻臚寺卿爲主官，掌管祠廟、道釋籍帳除附的禁令。寺務司、傳法院、左、右街僧錄司等亦各有相關職能。材料中還提到「中興後，廢鴻臚不置，併入禮部」，這事發生在南宋高宗建炎三年（1129 年），《宋會要輯稿》中記載：「高宗建炎三年四月十三日，詔鴻臚寺並歸禮部。」〔註 14〕對於此次將鴻臚寺並爲禮部，日本學者高雄義堅指出了一

〔註 12〕 〔日本〕中村元等著，余萬居譯：《中國佛教發展史》（上），臺北：天華出版社事業股份有限公司，1984 年版，第 410 頁。

〔註 13〕 〔元〕脫脫等編：《宋史》卷一百六十五《志第一百一十八・職官五》，北京：中華書局，1977 年版，第 3903 頁。

〔註 14〕 〔清〕徐松輯：《宋會要輯稿・職官》25 之 5，北京：中華書局 1957 年影印本，第 2916 頁下。

個基本原因：到了南宋，鴻臚寺與禮部併合後，就開始掌理簿籍的製作、出家乞度、僧官的補任、紫衣師號的授予等一切的教門事務。鴻臚寺之所以併入禮部，可能是因爲北宋末開始急劇增加的度牒發給或師號濫授等，迫使僧道的一切事務有必要交給祠部來管轄。〔註 15〕針對這個觀點，劉長東先生有不同的看法，他認爲：「關於僧尼所屬機構的第二次變遷，即在南宋初從鴻臚寺與祠部的共管而單隸於祠部的管轄，其原因恐非如高雄先生所說，是迫於北宋末急劇增加的度牒發放和紫衣濫授而有讓祠部統管僧道一切事務的必要。宋李心傳撰《建炎以來繫年要錄》卷二十二「建炎三年四月庚申」條，曾明確記載此次改制的規模和原因云：

> ……權罷秘書省，廢翰林天文局，並宗正寺歸太常；省太府、
> 司農寺歸戶部，鴻臚、光祿寺、國子監歸禮部，衛尉寺歸兵部，大
> 僕寺歸駕部，少府、將作、軍器監歸工部，皆用軍興並省也。〔註 16〕

此次的改制規模較大，不僅罷廢合併了一些省、寺、監，同時還大量地「減尚書六曹吏」〔註 17〕，其原因則是由於當時南宋和金的戰事正酣，軍事機構增加，故不得不削並行政機構以寬財力。而鴻臚寺在此次改制中，隨光祿寺和國子監一起，皆歸併於禮部了，其罷省只是「軍興並省」的大規模官制調整中的一環，恐與度牒和紫衣的發放濫授並無直接的關係。〔註 18〕

實際上，此次大規模的官制調整，既有社會時局的大背景，同時亦有政權制度、行政管理方面的考慮。一方面，此時宋金戰事正緊，軍費支出十分緊張，尤其是此前一年（建炎二年）高宗在揚州，四方貢賦，不以期至。〔註 19〕確實已經到了「公家無半年之儲，百姓無旬日之積」的地步了。高宗建立的南宋朝廷，最初的這幾年實際上一直處於崩潰的邊緣，而主戰派的代表人物李綱，在元年五月五日被任用爲宰相，卻一直被誣以「名浮於實，有震主

〔註 15〕〔日本〕高雄義堅等著，陳孝菁等譯：《宋代佛教史研究》，臺北：華宇出版社，1979 年版，第 42 頁。
〔註 16〕〔宋〕李心傳撰：《建炎以來繫年要錄》卷二十二「建炎三年己酉」，北京：中華書局，1956 年版，第 475 頁。
〔註 17〕〔宋〕李心傳撰：《建炎以來繫年要錄》卷二十二「建炎三年己酉」，北京：中華書局，1956 年版，第 475 頁。
〔註 18〕劉長東：《宋代佛教政策論稿》，成都：巴蜀書社，2005 年版，第 66～67 頁。
〔註 19〕〔元〕脫脫等編：《宋史》卷一百七十九《志第一百三十二・食貨下一》，北京：中華書局，1977 年版，第 4367 頁。

之威」，到被罷相僅歷時七十餘天。〔註20〕由此可見南宋朝中主戰主和之間的派系纏鬥十分激烈，在「和不可信，守未易圖，而戰不可必勝」〔註21〕，且財政面臨困難的情況下，加強統治階層內部關係、統一政治路線問題就成爲政府官制改革的一個必然趨勢。此外從部門行政層面來說，如王仲堯先生所說：「南宋將鴻臚寺併入禮部，實際上即撤銷鴻臚寺，這個機構變革舉動，出於深刻的制度原因。廢鴻臚寺，道釋管理事務歸屬祠部，即從制度上放棄中央政府對佛教事務宏觀掌控的部分權力域，改而對相對具體、微觀的部分事務領域加強管理，有利於提高行政效能。」〔註22〕另外還必須要指出的是，此次改制調整的原因雖然不是高雄先生所認爲的「緣於北宋末開始急劇增加的度牒發給或師號濫授」，但是此次改制調整卻對日後度牒的濫發以及師號的濫授，乃至僧團質量的低下產生了一定的影響〔註23〕，成爲影響南宋佛教經濟發展的一個不可忽視的重要因素。

二、南宋僧尼事務管理及度牒的鬻賣發授

宋代僧尼事務管理機構在形式上是承襲自唐代的舊制，從中央到州路，再到郡縣均設置有從事僧尼事務管理的政府部門。對此有材料記載：「唐革隋則，罷統而置錄，國朝沿唐之制，二京則置錄，列郡則置正，夫古今沿革雖

〔註20〕 〔元〕脫脫等編：《宋史》卷三百六十二《列傳第一百二十一・范宗尹》，北京：中華書局，1977 年版，第 11325 頁。

〔註21〕 〔宋〕李心傳撰：《建炎以來繫年要錄》卷五「建炎元年丁未」，北京：中華書局，1956 年版，第 122 頁。

〔註22〕 王仲堯：《南宋佛教制度文化研究》（上冊），北京：商務印書館，2012 年版，第 27 頁。

〔註23〕 日本學者中村元在其《中國佛教發展史》（上冊）中指出：「唐朝時期僧尼道士在剃度時，要先繳費，稱之爲香水錢，收費之後再發給度牒。到了宋朝比前朝更甚，實施了大規模的度牒買賣行爲，而且除了度牒之外，還出現了連紫衣牒、師號均可由政府出售的醜行，度牒的買賣在神宗時代，規定賣數年額一萬名，後來逐漸升高爲三萬、五萬，結果任何人只要有錢就能買到度牒，藉此隱匿財產。而且佛教教團內部的敗壞自然也無法避免……日益墮落乃勢所必然也。」詳細參看〔日本〕中村元等著，余萬居譯：《中國佛教發展史》（上），臺北：天華出版股份有限公司，1984 年版，第 415 頁。關於這一點，第四章「南宋時期僧團管理與寺院經濟」實際上已經有所提及了，在本章第二節，筆者擬再從「南宋僧官制度與僧尼事務管理」這一政府管理層面角度進行力所能及地解釋。

異，而所尸一也。」〔註24〕南宋初改制之後，鴻臚寺併入禮部，其所屬的一個部門祠部司便開始全面負責僧尼事務管理。對於祠部僧尼管理的各類事務，《宋會要輯稿‧職官》13 之 16 中規定：

> 祠部掌祠祭、畫日休假，令受諸州僧尼、道士女冠、童行之籍，給剃度受戒文牒而已。令史四人。元豐改制，郎中、員外郎始實行本司事，提領度牒所附禮部郎中，通行四司。分案有二：曰道釋。凡臣僚陳乞墳寺，試經撥放，該遇聖節始賜紫衣師號，諸州宮觀、寺院、僧尼、道士、童行整會，甲乙、十方住持教門事務，僧尼去失度牒改名回禮，僧道正、副遷補，拘收亡歿度牒，歸正換給、埋瘞等陣亡恩澤，陳乞比換紫衣師號，給降出賣書填翻改空名度牒等，皆屬之。曰詳定祠祭、太醫帳案，凡醫官磨勘八品駐泊差遣，太醫局生試補，祠祭奏告、奉安、祈禱，應道釋神祠加封賜額，諸色人陳乞廟令養老，侍從等除受奏舉醫人越試，宰執初除罷政遇大禮及知州帶安撫使、學士及管軍觀察使以上陳乞太醫助教等，拘催諸路僧道帳籍，皆屬之。又有製造窠案，掌製造、書寫、勘合綾紙度牒、紫衣師號及度牒庫官吏替上申請事。又有知雜、開拆司。吏額：主事一人，令史二人，手分九人，貼司七人。度牒庫隸焉。〔註25〕

從祠部事務機構的設置來看，其主官是郎中，其副官為員外郎，因此主持及管理僧道事務的主官，並非是所謂的佛教人士。這個材料主要涉及僧尼資格認定及授除事宜，有六個主要機構。其中提領度牒所，為提領所設置的提領、補領、勘驗度牒的部門，其職能似與舊制鴻臚寺的寺務司或提點所的職能相似，其上級主官不是祠部郎中，而是禮部郎中。關於為何提領度牒所直接為禮部郎中主管，關於這一點或有多方面的原因，從官制設置上，元豐改制之後，朝廷大員中的禮部尚書實際上主管「禮」、「祠」、「主」、「膳」四個司部事務〔註26〕，在實際運行中，禮部又為祠部、主客部、膳食部的上屬職能機

〔註24〕〔宋〕契嵩撰：《鐔津文集》卷 2，載《大正藏》第 52 冊，第 658 頁下。
〔註25〕〔清〕徐松輯：《宋會要輯稿‧職官》13 之 16，北京：中華書局 1957 年影印本，第 2672 頁上。
〔註26〕注：禮部、祠部、主客部、膳食部，有時出於精簡機構，節省開支的目的，不同部門的主官（郎中）可以由一人兼任，如建炎三年四月十三日，詔祠部郎官一員兼膳部，吏人減半。見〔清〕徐松輯：《宋會要輯稿‧職官》13 之 27，北京：中華書局 1957 年影印本，第 2677 頁下。

構，對其他三個部門具有整齊劃一的職能。這些司部下面又分「案」，類似於現在的辦事處、科室。

以上材料說明了「祠部」的職官設置，然而提領度牒所卻爲禮部司直接管轄，可見這個部門在當時，較之於其他部門更具有一些重要性或者特殊性。度牒本來就是禮部直接負責製作及銷毀〔註27〕，所以度牒管理事務是禮部主管業務之一，但是這個淺顯的事實不足以說明「提領度牒所附禮部郎中」究竟出於何種目的。可是如果從這個部門當時的具體職能及產生的社會背景去看，答案就十分顯而易見了——提領度牒所實際上並非一個常設機構，而是臨時設置的，提領度牒所全稱爲「提領新法度牒所」，這個機構主要按照南宋政府最新管理要求從事度牒的製造、鬻賣、補發勘驗等事務。從其設立及被罷廢雖然只經歷了一年的時間，但是這個機構的設置卻十分緊迫必要。從史料上看，其南宋建炎三年八月十三日的時候開始設置，《宋會要輯稿·職官》中記載：「八月十三日，詔戶部侍郎葉份提領新法度牒，就用見今提茶鹽印行使。」〔註28〕而到了第二年的八月十五日，朝廷下詔提領度牒所官吏並罷官，依省罷法，度牒事並撥歸禮部。〔註29〕南宋政府此時在提領所中另設專門從事度牒提領的處所，究其原因是因爲此時民間出現了大量的僞造度牒。之前也提及到，度牒在社會流通中，如同商品一樣，具備經濟買賣的功用，通過鬻賣度牒，對政府創收增收，解決財政困難意義十分重大，此外僞造度牒的大量出現絕對不利於佛教自身的發展，更不利於政府的財政收支，以及社會經濟秩序的正常運行，故而需要設置勘驗度牒眞僞、補領鬻賣合法度牒的重要職能部門。

實際上僞造度牒的出現不是南宋的時候才出現的，在北宋時期就曾多次出現，尤其是北宋末年宣和年間，僞造度牒的大量出現爲之前所未見，造成這一現象的原因或許主要有以下三個基本原因：其一、度牒具有經濟功能及特權屬性，故而存在利用度牒巧取豪利的不法份子。其二、社會印刷行業的

〔註27〕 建炎三年八月二十一日詔：「新法度牒左、右司郎官於禮部侍郎後繫銜。左右司言禮部書寫度牒，左右司郎官階銜在年月後，面背用印，致印文昏透不明，故有是命。」見於〔清〕徐松輯：《宋會要輯稿·職官》13 之 29，北京：中華書局 1957 年影印本，第 2678 頁下。
〔註28〕 〔清〕徐松輯：《宋會要輯稿·職官》13 之 27，北京：中華書局 1957 年影印本，第 2677 頁下。
〔註29〕 〔清〕徐松輯：《宋會要輯稿·職官》13 之 31，北京：中華書局 1957 年影印本，第 2679 頁下。

發展，致使度牒的偽造在技術上成爲可能。其三、政府部門缺乏對佛教的法治化管理，政府雖然頒佈有「偽印罪賞條法」，但是對於涉及度牒、紫衣、師號的相關違法行爲卻沒有專門的法律禁令，可以說偽造度牒的成本相比其他而言較低，直到南宋寧宗時期才出現專門針對此方面的法律彙編──《慶元條事法類》〔註 30〕。實際上針對偽造度牒氾濫的情況，北宋末年時期一些政府官員已經開始在積極呼籲朝廷加強法令，重典治亂，然而從南宋初年偽造度牒的社會存在情況來看，當時的效果並不明顯，這個應與北宋末年無法管控的動盪社會、政治時局等有重大關係。事實也表明，政府針對大量偽造度牒的管制措施，實際上在北宋滅亡之前的兩三年就已經不起效用了。《宋會要輯稿》中記載：

> 宣和六年（1124 年）閏三月二十八日，尚書省言：今措置僧道度牒、紫衣、師號下項：……一、偽造度牒、紫衣、師號從未有專一法禁，今後有犯，並依詐偽制書科罪，流罪配五百里，徒罪配鄰州。……一、依仿將仕郎、校尉綾紙體制，別立度牒、紫衣、師號新式，令禮部依此開板，改用黃紙，如法印造，眞楷書填。
>
> 奉御筆：僧道度牒、紫衣、師號，歲久偽冒者眾，又昨因改更德士，姦偽益多，無以甄別，及舊式全無體制，非所以示敕命之重。可依前件措置施行。自今除應副新邊及糴買併合給若干本外，更不取索。輒陳乞支降者，以違御筆論。雖奉專旨，並令禮部，執奏不行。〔註31〕

兩年之後北宋滅亡，以上度牒、紫衣、師號的相關規定並沒有執行下來，度牒等偽造濫發的現狀也完全沒有得到改觀，留給了南宋朝廷一個地地道道的爛攤子。故而對南宋朝廷來說，加強一系列的整頓規制就成爲迫在眉睫的任務。可以這樣說，南宋時期諸多社會問題仍然是北宋三冗問題的一個延續，就僧尼事務管理的層面來說，改革僧道管理機構的設置有利於較快緩解冗官冗費的問題，而通過僧尼身份的除授，尤其是度牒的發行，有利於增加政府

〔註30〕　《慶元條法事類》爲南宋謝深甫監修，全書共 80 卷，附錄 2 卷，所收爲南宋初年（1127 年）至慶元（1195～1200 年）間敕令、隨敕申明等，內容有職制、選舉、文書、權禁、財用、庫務、賦役、農桑、道釋、公吏、刑獄等十六門，各門之下又分若干類。

〔註31〕　〔清〕徐松輯：《宋會要輯稿·職官》13 之 26～27，北京：中華書局 1957 年影印本，第 2677 頁上～下。

財政收入，緩解軍費緊張的局面，有利於整頓僧團，優化佛教的社會發展環境，同時這些措施也有利於南宋政府權力與威信的確立鞏固。

南宋政府最初對僧道管理機構進行了改革，那麼改革後的機構具體管理情況是怎麼樣的？從本節一開始所引述的《宋會要輯稿》的材料看，祠部道釋案、詳定祠祭與太醫帳案、製造窠、知雜開拆司、度牒庫是具體從事度牒管理的「科室」，其具體管理職務已經規定得十分清楚了〔註32〕，祠部司分兩個「案」（按：職能部門，類似於現在的機關單位）：道釋案與詳定祠祭帳案。道釋案主要職責是受理官員申請功德墳寺事宜，負責出家者試經書籍的發放、紫衣師號的賜授，總管地方各州宮觀寺院、僧道等道場事務。此外，地方度牒的發放拘收、換補，僧道正、副官員的遷補等也是其重要職責。詳定祠祭帳案主要是從事地方僧道帳籍的管轄與拘催，在祠祭時進行奏告祈禱。這兩個部門之外還有從事具體工作的辦事機構，有製造窠、知雜開拆司及度牒庫。製造窠是掌管度牒、紫衣師號具體製造、書寫及驗對的作坊，同時製造窠還負責度牒庫官吏的替換申請。〔註33〕「知雜開拆司」中「開拆司」本就為三司〔註34〕的部門之一，「知雜開拆司」應是掌管文書、檔案、敕令、公告等文件的雜務部門。度牒庫為存藏度牒成

〔註32〕 具體可參看王仲堯：《南宋佛教制度文化研究》（上冊），北京：商務印書館，2012年版，第29頁。

〔註33〕 關於製造窠「掌度牒庫官吏替換申請」的說法，為王仲堯所著《南宋佛教制度文化研究》中的提法，關於製造窠職能設置，筆者沒有找到其他資料，但是從上面所引用的材料中可以很清楚地看到製造窠其實就是度牒的生產作坊，如果按照王仲堯先生所說「掌度牒庫官吏替換申請」的話，度牒庫應是其下屬機構。詳細參看王仲堯：《南宋佛教制度文化研究》（上冊），北京：商務印書館，2012年版，第29頁。

〔註34〕 鹽鐵、度支、戶部三司，鹽鐵司為管理鹽的生產買賣，及對礦業徵稅的部門。度支司為掌管全國財稅統計與支調的部門。戶部司為主管戶口、徭役賦稅以及貨幣發行製造等的部門。由於三司具有很強的經濟管理職能，其中涉及眾多檔案帳籍的登記管理，因而設置開拆司掌管宣敕及地方呈上來的公文帳籍檔案，再通過開拆司發放到其他具體管理部門。開拆司具體功能，《宋史》記載如下：「開拆司，判司官一人，以朝官充。掌受宣敕及諸州申牒之籍，發放以付三部，兼掌發放、勾鑒、催驅、受事。發放司，掌受三司帖牒而下之。太平興國年中置。勾鑒司，掌勾校三部公事簿帳。催驅司，掌督京城諸司庫務末帳，京畿倉場庫務月帳憑由送勾，及三部支訖內外奉祿之事。受事司，掌諸處解送諸色名籍，以發付三部。」詳見〔元〕脫脫等編：《宋史》卷一百六十二《志第一百一十五·職官二》，北京：中華書局，1977年版，第3810頁。

品及綾紙、雕版等材料的倉庫，其中設有監官、專副、庫子、裁剪匠、巡邏衛兵等職位。〔註 35〕

在祠部這一僧道管理機構的探討中，不能忽視其職事官——祠部郎中、員外郎的行政作用。祠部郎中及員外郎主要職責爲總體負責中央及地方祭祀大典、道釋、祠廟等政令事務。在《宋史》卷一百六三對祠部的介紹中，規定祠部郎中及員外郎要對「空名度牒」〔註 36〕數量進行把關，毋越常數。〔註 37〕「空名度牒」上除度僧名字是空白項以外，與一般的有名度牒在法律效用上是一樣的，都「繫絹紙打背，禮部長貳（按：正副職官員）、祠部郎官繫銜、押字，面用祠部印，並後郎官繫銜押字。」〔註 38〕

一般情況下，中央出於何種考慮向地方或者僧眾發放、兜售度牒，這個問題實際上在本書「南宋時期僧團管理與寺院經濟」一章，第一節「度牒與南宋寺院發展」中，已經作過力所能及的討論。從歷史上，「出賣度牒」最初開始就是爲了籌備軍費而有其先例的。《佛祖統紀》中記載：

> 至德元載（756 年）正月，范陽節度使安祿山反，五月玄宗太子百官，發長安將幸蜀，至馬嵬，百姓數千人請太子留東破賊室，金城沙門道平力勸議兵靈武，以圖收復，遂以平爲金吾大將軍，至臨泉屢與賊戰，大破之。事定行封平固辭，乃勅住崇福興慶二寺，賜紫衣金帛，七月太子即位於靈武，尊玄宗爲太上皇，帝在靈武，以軍需不足，宰相裴冕請鬻僧道度牒，謂之香水錢。〔註 39〕

除兜售外，對一些別有奇能、別有貢獻的僧人、童行也往往給予紫衣、度牒的恩賜，諸如孝宗乾道八年（1172 年）五月二十八日，知饒州王秬言：「奉詔

〔註 35〕〔清〕徐松輯：《宋會要輯稿·職官》13 之 40～41，北京：中華書局 1957 年影印本，第 2684 頁上～下。

〔註 36〕「空名度牒」顧名思義就是不寫人名的度牒，這種度牒仍然具有法律效用，其最早起於唐肅宗時期，史料記載：「食貨志曰：肅宗至鳳翔府，明年鄭叔清議，以天下用度不充，諸道得召人納錢，給空名牒度僧道，則是空名度牒，自肅宗始也。」史料載於〔元〕熙仲集：《歷朝釋氏資鑒》卷 7，載《卍新纂續藏經》第 76 冊，第 197 頁上。空名度牒的發行在一定程度上可以簡化授賜流程，節省部分政府開支，但是另一方面也極易造成冒名購買、虛假剃度、僧尼質量僞濫等等社會亂象。

〔註 37〕〔元〕脫脫等編：《宋史》卷一百六十三《志第一百一十六·職官三》，北京：中華書局，1977 年版，第 3852～3853 頁。

〔註 38〕〔清〕徐松輯：《宋會要輯稿·職官》13 之 32，北京：中華書局 1957 年影印本，第 2680 頁上。

〔註 39〕〔宋〕志磐撰：《佛祖統紀》卷 40，載《大正藏》第 49 冊，第 375 頁下。

賑濟饑民，僧紹禧、行者智修煮粥供贍，計五萬一千三百六十五人；僧法傳、行者法聚煮粥供贍，計三萬八千五百六十一人。」詔紹禧、法傳各賜紫衣，行者智修、法聚各賜度牒披剃。〔註40〕諸如這樣的例子在整個南宋時期實在不勝枚舉。

　　相比北宋時期，南宋政府通過鬻賣度牒的史料記載明顯更多，臺灣學者黃敏枝先生在其《宋代佛教經濟史論集》中研究匯總出兩宋時期度牒出賣及售價的大體情況，現根據黃先生的研究，單就南宋時期度牒鬻賣及價目情況轉引羅列，並作些許修改，如下表〔註41〕：

南宋政府度牒鬻賣情況簡表

時間	數量（道）	每道價格	史料出處	備註
高宗初年（1127 年）	紫衣 13500 貫師號 10000 貫		《紫微集》卷二十四	湖南糴米項下，另有度牒 35000 貫。
建炎二年（1128 年）		110 貫	《宋會要輯稿·職官》13 之 28	
建炎三年（1129 年）七月		120 貫	《宋會要輯稿·職官》13 之 28；《建炎以來繫年要錄》卷二十五	10 貫為綾紙錢，賜張浚度牒二萬道，權住試經、撥放，完全出售空名度牒。
紹興二年（1132 年）三月	50000 或 60000 多	200 千	《建炎以來繫年要錄》卷五十一；《宋會要輯稿·職官》13 之 33	其間無一人試經者，又詔復試經。
紹興四年（1134 年）九月			《建炎以來繫年要錄》卷八十	賜趙鼎度牒 20000 道，每道 200 千（川陝荊襄）。
紹興六年（1136 年）七月			《建炎以來繫年要錄》卷一百；《宋會要輯稿點道釋》1 之 33	諸州試經給降度牒權住三分之一，民間價止值 30 千。

〔註40〕〔清〕徐松輯：《宋會要輯稿·道釋》1 之 36，北京：中華書局 1957 年影印本，第 7886 頁下。

〔註41〕具體參看黃敏枝：《宋代佛教社會經濟史論集》，臺北：臺灣學生書局，1989 年版，第 390～393 頁。

時間	數量（道）	每道價格	史料出處	備註
紹興七年（1137年）			《宋會要輯稿·職官》13 之 33	曾詔令停賣，不果行。
紹興九年（1139年）八月			《宋史》卷二十九《高宗紀》	度牒紫衣師號二百萬緡付陝西軍儲。
紹興十一年（1141年）三月			《宋史》卷二十九《高宗紀》	張浚進四川一地鬻田及賣度牒錢六十三萬緡。
紹興十二年（1142年）五月四日			《宋會要輯稿·職官》13 之 33	停賣度牒，紫衣師號除應軍需外，餘並住給。
紹興十三年（1143年）正月			《宋會要輯稿·職官》13 之 33	停賣度牒，紫衣師號亦停賣，舊有未賣者拘收，停賣年久，僧徒漸少，寺院多有戶絕產。
紹興十九年（1149年）			《宋會要輯稿·職官》70 之 33；《建炎以來繫年要錄》卷一百五十九	四川宣撫使鄭剛中違命賣度牒，得錢五十五餘萬緡。
紹興三十一年（1161年）二月	數萬道	510 貫省陌	《宋會要輯稿·職官》13 之 34；《宋史》卷三十二《高宗紀》；《皇宋中興兩朝聖政》卷四十六	住賣已二十多年，自是金亮南侵，兵端再起，又賣度牒以應急，其中 10 貫爲綾紙工本費。時增價以賣，因住賣久，故銷路佳，乃立省陌之法，以七十七爲一百。
紹興三十一年（1161年）十一月		312 貫	《宋會要輯稿·職官》13 之 35	或作 300 貫，減價以售。
紹興三十二年（1162年）十月		312 貫	《宋會要輯稿·職官》13 之 35	原立每道價 512 貫，權減每道價 312 貫。

時間	數量（道）	每道價格	史料出處	備註
隆興元年（1163年）		300 貫	《建炎以來朝野雜記》甲集卷十五	以國無積蓄，軍需孔亟，但無法增加出售度牒數量，乃以增價爲之。
隆興二年（1164年）三月	20000	250 千	《建炎以來朝野雜記》甲集卷十五；《宋會要輯稿‧職官》13 之 35	民間大以爲擾，侍御周元特言於上，乃損爲 250 千。
乾道三年（1167年）	103000 餘	300 千	《皇宋中興兩朝聖政》卷四十六	
乾道四年（1168年）	10000		《建炎以來朝野雜記》甲集卷十五；《宋會要輯稿‧職官》13 之 35；《宋會要輯稿‧職官》41 之 50	自紹興三十一年（1161 年）二月再賣度牒，至乾道五年（1169 年）共九年間，計賣十二萬道，試經、撥放尚不計在內，自是停賣度牒。
乾道六年春（1170年）	10000	400 貫	《宋會要輯稿‧職官》13 之 35、36、40	復賣，五年（1169年）末停賣是爲了增價之故。現錢會子各半，舊法每道價 500 貫。
淳熙四年（1177年）十月		450 貫至500 貫	《宋會要輯稿‧職官》13 之 36	錢會各半，民間事先呈買增至 500 貫以上，官價乃上漲50 貫，有至500 貫以上。蜀中賣錢引 710 貫。
淳熙五年（1178年）六月		川錢引八百千	《宋會要輯稿‧職官》13 之 37	四川總領所出賣度牒價，原由銅錢 400 貫至 450貫，折合川錢引717 道增爲 900道，緣無人承買則減之。

時間	數量（道）	每道價格	史料出處	備註
淳熙九年（1182年）五月	10000	500貫	《宋會要輯稿·職官》13之38	詔禮部給降1000道就南庫出賣。
淳熙十二年（1185年）四月		700貫	《宋會要輯稿·食貨》8之46	
淳熙十四年（1187年）七月		700貫	《宋會要輯稿·食貨》41之17	
紹熙二年（1191年）二月		700貫	《宋會要輯稿·食貨》52之29	
紹熙四年（1193年）	10000餘	800貫	《宋會要輯稿·食貨》68之94	100道下江東浙東提舉司。
開禧元年至三年（1205～1207年）	數十萬	800貫	《愧郯錄》卷九	開禧邊釁之啓，帑用不繼，給牒頗多。
嘉定二年（1209年）		800貫	《宋會要輯稿·瑞異》2之28	江東提舉司奏，欲令禮部支降度牒一百道付本司。
嘉定五年至十七年（1212～1224年）		1500緡	《宋史》卷一百八十一《食貨下三》	嘉定五年，湖廣餉臣王釜，請以度牒、茶引兌第五界舊會，每度牒一道，價千五百緡，又貼搭茶引一千五百緡，方許收買，期以一月。

　　上表羅列的內容雖然是關於政府度牒撥發出賣的情況，但是卻也可以反映出政府部門事務管理中的一些問題。禮部祠部雖然是僧尼事務管理的職能部門，但是往往很多情況下，其部門權力並不能得到很好地自我發揮。南宋陸游曾在其《老學庵筆記》中記載說：

　　　　自元豐官制，尚書省復二十四曹，繁簡絕異。京師有語曰：吏
　　勳封考，筆頭不倒；户度金倉，日夜窮忙；禮祠主膳，不識判硯；
　　兵職駕庫，典了襪褲；刑都比門，總是冤魂；工屯虞水，白日見鬼……
　　〔註42〕

〔註42〕　〔宋〕陸游撰：《老學庵筆記》卷六，北京：中華書局點校本，1979年版，第82頁。

「禮祠主膳」四個部門不識筆硯，似乎是誇張之語，但是略微也可感覺到其部門職能的體現發揮是不到位的，故引來這樣的評議。實際上從以上史料的相關內容也可以看出來，禮部政策的出臺，尤其是度牒發售事宜，並不是其所能主導的，而是要在其他中央部門，或者地方官員根據各方面形勢，向朝廷提出請求，再由朝廷向禮部下詔撥放度牒。其實這個道理很簡單，很多情況下戶部或者兵部往往面臨財政軍費等問題，故而向朝廷建議鬻賣度牒，以「香水錢」來緩解財政、軍費等危機，甚至有不惜冒險違命朝廷旨意進行度牒售賣的情況。諸如上表中所引用的材料：「四川宣撫使鄭剛中違命賣度牒，得錢五十五餘萬緡。」〔註43〕黃敏枝先生在引用這則材料的時候，將其列為紹興十九年的事情，實際上，鄭剛中違命賣牒的事情發生在此年之前，紹興十九年鄭剛中宣撫使的職務已經被罷免，而且此時正在接受諸多朝臣的指控，其被指控的罪名包括違命賣牒、奢侈貪饕、妄作威福、罔上不忠、敗壞軍政等罪。〔註44〕關於鄭剛中的「罪名」及其被罷免的原因，有學者概況說，諸如出賣度牒、置監鑄錢等均屬於中央的權力；將都轉運司併入宣撫司，違背了財權分立的國策。而諸如「全不遵奉」、「輒違朝命」、「擅便支使」的實質含義就是地方離心力增強，直接威脅到中央的權威，導致鄭剛中罷免的真實原因在於中央與臣下、中央與地方在權力分配中的衝突。」〔註45〕可以說，正是由於存在地方與中央之間的諸多行政管理上的、經濟權利方面的矛盾，許多情況下導致中央政策的游移不定，在度牒發授問題上存在諸多的政策轉向。但是無論政策如何轉向，其大規模的發授在那個歷史時代下、社會時局下，並非單純地出於宗教管理之目的，甚至並不是出於宗教管理之目的，而是出於經濟財政、軍費支度的考慮，這是無需再贅述的。

三、中央集權下的南宋僧官制度

關於兩宋時期僧官制度的研究，謝重光、白文固、劉長東、王仲堯、游

〔註43〕〔清〕徐松輯：《宋會要輯稿・職官》70之33，北京：中華書局1957年影印本，第3961頁上。

〔註44〕〔宋〕李心傳編撰：《建炎以來繫年要錄》卷一百五十六「紹興十七年丁卯」，北京：中華書局，1956年版，第2540頁。

〔註45〕何玉紅：《地方權威與中央控制——論鄭剛中之死》，《社會科學戰線》2010年第3期，第80頁。

彪、高雄義堅〔註46〕等幾位先生已經在各自相關著作中有過詳盡的研究，在此筆者不再贅述，僅就中央集權下的南宋時期僧官制度，及其背後涉及到的政治經濟關係略作嘗試性管窺。

之前亦曾提到宋代政府對於佛教事務的指令及管理往往是多重性的，白文固先生認為這是宋代的一個基本特徵，此種情況的出現，既是唐宋以來封建中央集權一再強化的結果，也是佛教適應能力和妥協性格的反映，也就是說，在長期的封建社會中佛教對儒學倫理一直採取迎合、附會，融合的立場結果不僅使其在教義上逐漸成為儒家倫理的補充，而且在僧團管理形式上也逐漸成為封建官僚機構的附庸，不過政府曹司多是政令節制機構，具體的宗教事務還得由僧司衙署去做。〔註47〕從事佛教事務管理的僧司衙署為僧錄司，這樣的衙署中央地方都有設立。先從中央僧錄司機構說起，在元豐改制之前，從事僧官補授的中央機構是「左右街僧錄司」，這個部門是鴻臚寺的下屬機構，除了補授僧官之外，還掌管僧尼帳籍的工作。左右街僧錄司這一機構的官員職位按照高下等級之分，分為：左右街僧錄、左右街副僧錄、左右街都監、左右街首座、左右街鑒義，共計十員。據高雄義堅先生的研究，南宋時雖在文獻上屢見左右街僧錄、同鑒義的名稱，但卻未能找到講經論首座的名稱。也許是被廢止了，又崇寧元年（1102年）在兩街設立了額外守闕鑒義之額外僧官，因此可以斷定總共有僧錄、副僧錄、鑒義及額外鑒義四種。蓋額外鑒義之設立，是因為空名度牒的發行和紫衣師號的濫授等，造成事務急劇增加的結果。〔註48〕關於中央僧官的職位設置上，劉長東先生認為高雄忽略了在左右街僧錄兩個官職之上，還有一個更高的「都僧錄」之職。〔註49〕

〔註46〕詳細參看謝重光、白文固：《中國僧官制度史》第六章「宋代的僧官制度」，西寧：青海人民出版社，1990年版。劉長東：《宋代佛教政策論稿》第三章「宋代的僧官制度」，成都：巴蜀書社，2005年版。王仲堯：《南宋佛教制度文化研究》上編「行政機制與寺院體制」，北京：商務印書館，2012年版，第29頁。游彪：《宋代寺院經濟史稿》第一章「佛教寺院管理制度」，保定：河北大學出版社，2003年版，第243頁。〔日本〕高雄義堅等著，陳孝菁等譯：《宋代佛教史研究》第二章「宋代的僧官制度」，臺北：華宇出版社，1979年版，第36頁。
〔註47〕謝重光、白文固：《中國僧官制度史》第六章「宋代的僧官制度」，西寧：青海人民出版社，1990年版，第158頁。
〔註48〕〔日本〕高雄義堅等著，陳孝菁等譯：《宋代佛教史研究》，臺北：華宇出版社，1979年版，第46頁。
〔註49〕劉長東：《宋代佛教政策論稿》，成都：巴蜀書社，2005年版，第81頁。

除了左右街僧司錄這一中央級僧署機構外，還有地方級的僧署機構僧正司，設有僧正、副僧正、僧判職位，又在僧正之上設立「都僧正」之職。有時，在諸如五台山和天台山這樣的佛教名山中，往往也單獨設有山門僧司、山門都僧正職務。〔註 50〕此外縣級地方也設置有僧官，這樣的例子雖然並不多見，但也是存在的，北宋官員余靖曾在仁宗康定二年（1041 年）作有《廣州南海縣羅漢院記》，其中記述：

> 爾時，檀越麥延紹等五十餘人列名，請今住持僧法宗建剎奠居，以奉西方之教……人地相高，眾所推擇，遂選爲縣僧首。凡僧之董領教門者，國曰統，曰錄，郡曰正，縣曰首。苟非才出輩類，孰能得之？法宗師，本郡人，姓陳氏。幼以經業自進，長以戒行自守，遂能闡揚佛事，化其聚落，咸使信向，稱爲一邑之首。〔註 51〕

另外根據《續資治通鑑長編》的一則記述，其中提到有「府縣僧司」之說：

> 開封府推官陳忱言同入內供奉官曹貽孫，同集僧眾於開寶寺定奪僧志滿可爲福聖院主以聞。詔：「開封給牒差，自今寺院有闕當宣補者，罷宣補及差官定奪，止令開封府指揮僧錄司定奪，准此給牒。」開封府尹舊領功德使，而左右街有僧錄司，至於寺僧差補，合歸府縣僧司，而相承奏稟降宣。上欲澄省細務，諸如此類悉歸有司。
>
> 〔註 52〕

結合以上兩則材料來看，最基層的僧官職務是縣級的「僧首」，關於「僧首」一職只見於北宋前期，而關於後期以及南宋時期縣鎮一級是否仍然有此職，文獻無徵。作爲僧官，從中央到地方，其具體職能是什麼，是否具有實際職權，關於這個問題，有不同的答案，難以一言以蔽之。但是無論是否具有實際的職務權力，從以上材料來看，僧官類似於現在的各級佛教協會會長、副會長等職，其往往既是佛教寺院的主持僧人，又是各級「政協委員」，既是佛教事務的管理者，同時又參與國家政治生活，參政議政，執行及推動國家佛教政策的實施，規範佛教自身的發展。所以僧官較之於一般的僧眾，往往別具奇能，政府理應在德才兼備、能力超眾的僧眾中進行擇選。

〔註 50〕 劉長東：《宋代佛教政策論稿》，成都：巴蜀書社，2005 年版，第 89～90 頁。

〔註 51〕 〔宋〕余靖撰：《武溪集》卷七《寺記上》，載《宋集珍本叢刊》第三冊，北京：線裝書局，2004 年版，第 471 頁下。

〔註 52〕 〔宋〕李燾撰：《續資治通鑑長編》（第十六冊）卷二百二十八，北京：中華書局點校本，1986 年版，第 5545 頁。

那麼，僧官是否具有實際職權？其具體職務內容爲何？游彪先生就「中央僧官系統」進行研究時指出：「實際上，從宋初一直到宋神宗這段時間裏僧錄司並無多少實際職權可言，其職掌差不多被功德使、祠部等世俗官僚機構瓜分殆盡。」〔註53〕實際上僧官作爲活躍在政治場域中的僧人，其與世俗政權之官員自然有所不同，在教權依附於政權的現實狀況下，僧官所具有的權力勢必不能與世俗官員相比，但是作爲行政體制下的一份子，僧官是否完全沒有職權，也不宜一言定之。諸多史料記載，諸如在純佛教事務管理中，僧官具有一定的職權。眞宗咸平（998～1003年）初年的時候，贊寧曾被任命爲東京右街僧錄，不久之後轉任左街僧錄，其曾撰有《大宋僧史略》一書，其中有記述：

> 今大宋止行師號紫衣，而大德號許僧錄司簡署，先是開寶至太平興國四年以前，許四海僧入殿庭，乞比試三學，下開封府功德使差僧，證經律論義，十條全通賜紫衣……僧道紫衣師號唯兩街僧錄道錄所薦得入內，是日授門下牒，謂之簾前師號。給紫衣四事，號簾前紫衣，此最爲榮觀也，其外王侯薦者，間日方出節制簾問牧守轉降而賜也……〔註54〕

在僧官自身的補錄、紫衣師號的賜授上，僧官的推薦意見也是值得朝廷參考的，經僧官推薦的獲得師號紫衣的僧人有時會受到朝廷財物的賞賜，同時還會具有相比於一般僧眾更多的經濟特權，從這個角度講，某些僧官的職權還是比較重要的。但是，不論在北宋，還是南宋，諸多僧官也確實存在沒有職務實權的情況，或者許多職務實權是由朝廷臨時賦予的，這充分體現出宋代政治行政體制中「官、職、差遣分授」〔註55〕的特點。諸如宋仁宗天聖八年（1030年）五月，開封府言：「勘會左右街僧正、僧錄管幹教門公事，其副僧

〔註53〕游彪：《宋代寺院經濟史稿》，保定：河北大學出版社，2003年版，第1～2頁。

〔註54〕〔宋〕贊寧撰：《大宋僧史略》卷3，載《大正藏》第54冊，第249頁中。

〔註55〕宋初統治者把官與實際職權分開授受，以京朝官出任地方差遣，並且明確規定地方差遣三年或四年更換一次，從而使官員內外相調，上下沉浮，難以在地方統治機構中專權。這從任官制度上堵塞了分裂割據的漏洞，對「挫銷外重分裂之勢」，鞏固封建國家的統一起到了積極作用。官、職、差遣分授制度，把官、職、差遣離而爲三，對官員實行分別收受，往往出現「差遣罷，而官、職尚存，職落而官如故」的情況。詳細內容可參看賈玉英：《試論北宋的官、職、差遣分授制度》，載《河南大學學報》（哲學社會科學版）1987年第四期，第19頁。

錄、講經論首座、鑒義並不管幹教門公事，詔今後左右街副僧錄並同管幹教門公事。」〔註56〕由此可以看出左右街副僧錄之前並不管幹教門公事，只有下詔之後才被賦予了行政管理權。又如太宗時期的僧官贊寧，其「初補左街講經首座，知西京教門事，咸平初加右街僧錄」〔註57〕，贊寧僧官職務初爲「左街講經首座」〔註58〕，被詔令主管「西京教門之事」後才掌握職權。

雖然僧官往往不具有職權，但是這不能斷定，他們不具有特權，事實上不論是在政治上，還是經濟上，僧官都具有比一般僧眾更多的特權，尤其是對中央僧官來說。諸如南宋時期，僧人若訥主持上天竺寺時，曾多次被皇帝召見，先後被封爲右、左僧錄，統轄禪教律三宗〔註59〕，後又被特授兩街都僧錄，可謂風光無兩，《佛祖統紀》卷十七《慧光若訥法師傳》中記載：

> ……遷上竺命師首眾，既沒，詔師嗣居之。乾道三年（1167年）春二月，駕幸上竺，展敬大士，問光明懺法之旨，師答曰：「梵釋天帝四大天王……故帝王士庶皆可修持。」上說（悅），授右街僧錄，既而詔於山中建十六觀堂，仍放其制作堂於大內。四年夏召師內宿觀堂論道，四月八日，召師領徒五十人，入內觀堂修金光護國法。上問曰：佛法固妙安得如許經卷。師曰：有本者如是。上然之，進左街僧錄慧光法師……上召師入禁中，爲王說法摩頂……十一年（1184年），退處興福，特授兩街都僧錄。時光宗在東宮。書歸隱之扁以賜之，仍制贊以褒稱其德，孝宗退養重華宮，召注金剛經，肩輿登殿止宿殿廬，注成以進。上披覽益有省發……紹熙二年（1191年），謐宗教廣慈法師普照之塔。〔註60〕

之前亦就上天竺寺的賜田情況及與皇家之密切關係進行過論述〔註61〕，在上

〔註56〕〔清〕徐松輯：《宋會要輯稿・道釋》1之11，北京：中華書局1957年影印本，第7874頁上。

〔註57〕〔元〕念常集：《佛祖歷代通載》卷18，載《大正藏》第49冊，第659頁中。

〔註58〕宋志磐所撰：《佛祖統紀》有「勅史館編修贊寧知西京教門事」之語，「左街講經首座」與「史館編修」應都是從事經文史學等文字編輯工作，故而確實不掌握職權。詳細參看〔宋〕志磐撰：《佛祖統紀》卷43，載《大正藏》第49冊，第401頁中。

〔註59〕冷曉著：《杭州佛教史》，杭州：杭州市佛教協會出版，1993年版，第313頁。

〔註60〕〔宋〕志磐撰：《佛祖統紀》卷17，載《大正藏》第49冊，第263頁上。

〔註61〕關於這一點可參看本書第一章第二節的內容，從目前的史料及寺志來看，南宋時期政府一直未曾間斷過賜田的寺院爲上天竺寺，根據《天竺寺志》的記載，南宋歷史上有記載的賜田記錄達八次之多，從高宗紹興三年開始自南

天竺寺擔任主持，且被多次授予僧官，圓寂後亦被追諡塔號，可見其所享受的特權待遇非一般僧眾所能比。就南宋中央層面的僧官群體來說，諸如若訥法師的例子還有一些，《佛祖統紀》卷四十八中記載：

> 紹定二年（1229 年），有旨……詔法昭法師住下天竺，尋遷上天竺，補右街鑒義，賜佛光法師，進錄左街賜金襴袈裟。召見倚桂閣對御稱旨，時集慶寺新成，有旨命法照開山，力辭，舉白蓮觀主南峯誠法師以代。明年誠公入寂。詔佛光兼住持，轉左右街都僧錄，御書「晦巖」二大字賜之，又於天基節召見延和殿講華嚴經，大書靈山堂以賜，東宮成引見復古殿講般若經。並賜紫金襴衣，齋於明華殿。〔註62〕

南宋淳祐元年（1241 年）理宗曾御書《聖教序》，並玉手爐，賜上天竺同庵憲法師，補左右街都僧錄，新上天竺五百羅漢閣，御書「超諸有海」四大字以賜。〔註63〕

　　從以上幾則材料可以看出，中央僧官的設置往往是皇帝直接賜授的，這種任命看似是十分隨意的，然而實則不然，但凡被中央任命為僧官的，大都是德才兼備、能力出眾的高僧大德。這種由皇帝直接任命的方式，與北宋時期中央僧官的任命形式十分不同。關於這一點劉長東先生曾就兩宋時期僧官任命制度進行對比總結，其認為從北宋時期的僧官任命來看，無論是次補制還是考試制度，除少數的僧官可能出自皇帝的內降而差補外，較少見皇帝親自插手僧官任命之事，而且以內降、特旨差補僧官，也會被大臣們認為是不合制度而要遭到論列反對的。〔註64〕但是到了南宋，中央賜授僧官的情況卻

末年一直未曾間斷，而且從賜田的數量上看最少的為十頃，最多達五十頃之多，諸如紹興三年賜平江府一塊莊田二十頃、淳熙十一年賜秀州田十頃、嘉定六年賜崇德縣田十五頃，最多的一次為理宗景定三年賜湖州府德清、烏程、歸安、長興縣田五十頃。這種情況即使是在中國各朝歷代都是極為少見的。詳細參看〔明〕釋廣賓纂：《杭州上天竺講寺志》，杭州：杭州出版社，2007年版，第 173～174 頁。

〔註62〕〔宋〕志磐撰：《佛祖統紀》卷 48，載《大正藏》第 49 冊，第 432 頁中。

〔註63〕〔宋〕志磐撰：《佛祖統紀》卷 48，載《大正藏》第 49 冊，第 432 頁中。

〔註64〕劉長東先生認為在地方僧官的任命上，北宋和南宋似無甚變化，皆採用的是「次補」的方式，如《宋會要輯稿・道釋》1 之 11 所云：（大中祥符）八年（1015 年）七月，詔今後諸州軍監僧、道正有闕，委知州、通判於見管僧、道內，從上選擇，若是上名人不任勾當，即以次揀選有名行、經業及無過犯為眾所推堪任勾當者，申轉運司，體量詣實，令本州軍差補勾當訖奏，候及五年依

大有其例，一時特補僧官的現象十分普遍，有時又有爲新冊封的貴妃修福而
賜授僧官者，諸如紹興二十四年（1154 年）二月乙巳下詔：

> 保義郎合門只候劉勤進職二等忠翊郎，劉願特除合門祗候，僧
> 悟正與補左街僧錄，右武大夫劉允升特轉遙郡二官，以貴妃進封推
> 恩也，他親屬補轉官者四人……〔註65〕

除了進封推恩以外，在祈雨祈晴的法事中出力頗多的僧人，往往也會被賜授
僧官稱號。如《佛祖統紀》中記述的善月法師的事蹟：

> 嘉定八年（1215 年）夏旱，詔迎大士於明慶，車駕親幸致拜。
> 命師恭禱，朝注暮洽，上大悅，特補左街僧錄……紹定五年（1232
> 年）春，有旨再領上竺。〔註66〕

又《佛祖統紀》卷四八中關於文果大師的記載：

> 紹定（1232 年）五年，詔雲間文果住下天竺寺，遣中使齎御盒，
> 賜無量壽佛像建閣，嚴奉奎章大書其扁昭回雲漢，時上竺虛席，京
> 兆端明趙公與權奉無以易文果，詔曰可。是歲天旱，請觀音大士出
> 明慶寺，師入奉謝，御駕幸寺請禱，師啓白詞意簡切，上契宸衷，
> 駕回而雨，即頒左街僧錄，及佛慧大師之號。〔註67〕

與北宋相比，南宋時期都城祈雨赴寺院開啓道場的情況明顯增加，其中較
多地是在明慶寺和上天竺靈感觀音寺，在距離皇宮較遠的上天竺寺，皇帝
不便親赴，於是一般由侍從大臣代行。〔註 68〕宋朝各任皇帝幾乎都有親赴
宮觀寺院道場祈雨祈晴的記載，反映出宋代對於農業生產的積極重視，而
在祈雨祈晴中出力頗多的僧眾往往會受到皇帝賞賜，自然是可以想見的。

先降指揮施行。見〔清〕徐松輯：《宋會要輯稿·道釋》1 之 11，北京：中華
書局 1957 年影印本，第 7874 頁上。除次補外，地方僧官也有由皇帝親自任
命者。後景德二年（1005 年）四月宋眞宗親自閣試選拔僧官，大中祥符三年
（1010 年）開始實施考試制，後通過考試的方式選拔僧官又幾經興廢。南宋
時期中央僧官的任命，在我們所掌握的材料中，未見有採用考試制的情況，
似又回到眞宗以前的次補制。對此可詳細參看劉長東：《宋代佛教政策論稿》，
成都：巴蜀書社，2005 年版，第 95～108 頁。

〔註65〕〔宋〕李心傳撰：《建炎以來繫年要錄》卷一百六十六「紹興二十四年甲戌」，
北京：中華書局，1956 年版，第 2711 頁。
〔註66〕〔宋〕志磐撰：《佛祖統紀》卷十八，載《大正藏》第 49 冊，第 238 頁中。
〔註67〕〔宋〕志磐撰：《佛祖統紀》卷四十，載《大正藏》第 49 冊，第 432 頁中。
〔註68〕汪聖鐸：《宋代政教關係研究》，北京：人民出版社，2010 年版，第 305 頁。

另外，值得注意的是，參與祈雨祈晴的僧眾往往會受到賞賜，並且以制度
化的形式規定確定下來，諸如宋神宗熙寧元年（1068 年）十二月二十四日，
三司奏曰：

> 準詔今後應奉道場之物悉準舊例，然禱雨雪或有未應，則計日
> 支賜，倍有煩費。欲望除本命、生辰、年交、保夏道場僧道恩例準
> 舊外，非泛供設滿一月，班首人十五千，餘各十千。一月外只依一
> 月。例半月以上，及二七日、七日、三日，皆遞減半，惟衣服仍舊。
> 從之。〔註69〕

由此可見，祈雨晴保豐收這是僧道為國效忠的一大途徑，同時亦可以獲得物
質獎勵，雖然這一制度的推行，在南宋時期似乎並沒有得到有效的貫徹〔註
70〕，但是通過賜授僧官、給予師號紫衣等形式，很大程度上應被視為一種經
濟獎勵的表現。

除了祈雨祈晴的活動外，僧眾參與皇家貴胄功德墳寺的服務活動，也往
往會被賜授僧官及物質賞賜，這樣的例子實在不勝枚舉〔註71〕，諸如高宗時
期紹興五年（1135 年）正月十五日：

> 詔左鑒義德信特補右街副僧錄，主管教門公事，令承替思彥住
> 持圓覺院，依舊崇奉太上本命香火。

> （高宗）紹興三十年（1160 年）七月六日，中書詔皇后功德院
> 住持天竺時思薦福寺慈授法燈大師子琳，特與補右街鑒義。

孝宗時期，乾道元年（1165 年）十月六日：

> 詔天竺時思薦福寺係壽皇太上皇后功德寺，住僧右街鑒義子
> 琳，特補右街僧錄，監寺僧利宗特補右街鑒義。〔註72〕

理宗時期寶祐元年（1253 年）：

〔註69〕〔清〕徐松輯：《宋會要輯稿・禮》18 之 12，北京：中華書局 1957 年影印本，
第 738 頁下。

〔註70〕汪聖鐸先生認為僧徒啟道場祈雨祈晴封建國家是要給予物質報酬的，然其制
度的原委、演化已難考詳。參看汪聖鐸：《宋代政教關係研究》，北京：人民
出版社，2010 年版，第 305 頁。

〔註71〕關於這一點，劉長東先生已經作過許多引證，為了突出本節結構的完整性，
筆者擬再做些引述。詳細內容參看劉長東：《宋代佛教政策論稿》，成都：巴
蜀書社，2005 年版，第 110～112 頁。

〔註72〕〔清〕徐松輯：《宋會要輯稿・道釋》1 之 12，北京：中華書局 1957 年影印
本，第 7874 頁下。

皇后謝氏功德寺成，命撰額曰「嘉德永壽」。以首座寶鑒大師時舉應詔補右街鑒義，開山弘傳天台教觀。三月賜度牒二十本，米四百石，修上天竺觀音堂。〔註73〕

淳祐戊申（1248年）葬貴妃賈氏於山之左，肇建寶坊，賜以今額，命天台宗師圓庵果爲開山，率其眾人而居之……景定壬戌（1262年），葬周漢國公主於山之右……嗣領教事者初岩監、石庭生並賜紫衣，加右街鑒議。〔註74〕

相比北宋，南宋功德墳寺的建立十分普及〔註75〕，諸如本書前幾章節所論，功德墳寺的建立使一部分世俗權貴和僧眾緊密地走到了一起，這極大得方便了世俗權貴對於寺院財產的侵奪，許多功德墳寺實質上已經淪爲權貴的家廟或是私人佛堂，正如一些學者所說：「私人佛堂的設立，是大戶人家對寺院常住越來越廣泛的控制之起源。它還向富裕世俗人提供一種干涉僧伽事務的藉口。」〔註76〕在這樣一種形勢下佛教內部發展亦愈來愈世俗化、政治化了。因此從這個角度講，僧官的賜授或者選拔在一定程度上，適應了封建王權政治統治之需要。

第二節　南宋政府對寺院經濟的管控

王仲堯先生曾在《南宋佛教制度文化研究》一書前言中指出：「在南宋特定歷史階段中，佛教在與外部制度環境的互動中建立起與時代較適應的制度文化關係，國家意志與佛教意志比較和諧，因爲制度安排已足以體現主體追求的文化價值，主體利益被制度設置包含於其中，所以很多事情不需要佛教

〔註73〕〔宋〕志磐撰：《佛祖統紀》卷48，載《大正藏》第49冊，第433頁中。

〔註74〕〔元〕黃溍撰：《金華黃先生文集》卷十二《南天竺崇恩演福寺記》，載《續修四庫全書》第1323冊，上海：上海古籍出版社，2002年版，第215頁上。

〔註75〕白文固通過查閱《咸淳臨安志》並對南宋末年臨安地區的功德寺觀數量進行考察，最後統計出南宋末年臨安一府共有寺院（括尼庵）734所，其中親王、嗣王、宰執、貴妃的功德寺24所，皇后的攢宮及太子、親王等人的攢所14所，嬪妃、大臣、內侍等人的香火院21所，外戚、節度使的墳寺7所，皇家及官府的祝道場3所，另有賈似道生祠及親王祠堂2所，共計71所，約占全府寺院總數的10%。詳細內容可參看白文固：《宋代的功德寺和墳寺》，《青海社會科學》2000年第5期，第78頁。

〔註76〕〔法〕謝和耐著，耿昇譯：《中國5～10世紀的寺院經濟》，上海：上海古籍出版社，2004年版，第303頁。

在制度框架中再爭取，體現在現實中，佛教對制度安排不但少有牴觸，而且積極肯定、有效利用，成爲其他朝代罕有的現象，從而達到使制度功能最佳化的一種文化狀態。」〔註 77〕不論從文化發展之角度，還是具體從此時期佛教對於政權的效忠及服務態度行爲上，不難看出南宋時期佛教制度與政權之間的關係，確實可以體現如上的一種和諧狀態，但是從寺院經濟的發展以及從政府對於寺院經濟之規制管控方面來看，其呈現出來的狀態則可以說是一種鬥智鬥勇的「對立統一」關係，對於佛教經濟發展，政府並沒有因爲其階級屬性、教職神聖性等內容，而另外對其進行另類的管制規範，大部分情況下，對寺院土地、手工業、商業等的管理仍然是被置於世俗化的社會經濟管理中，然而又在個別情況下，寺院經濟的發展還享受到來自政府的特權優惠，這又實在不是政府一時的心血來潮所作出的決定，其背後存在著利益的相互輸送、交換與轉嫁，體現出政府主導寺院社會經濟發展，及對其管控策略的特殊性與靈活性，當然，政府對於寺院經濟的管控，不一定一直都起效用，政策失範的情況也往往存在。

一、政府佛教管理制度與寺院經濟關係散論

佛教寺院的發展不獨是一個自由、自主發展的過程，而是受到世俗政權較深的影響，由於諸多寺院的建立、田產的獲得、主持僧職務的授賜都由官宦或政府在背後支持，同時叢林制度、戒律規範等佛教自身制度的構置也爲寺院經濟發展作了相應規制，因而寺院經濟的發展是受到特定條件約束的。另一方面，世俗政權，尤其是在三冗問題較爲突出的兩宋時期，政府爲解決社會危機、維護自身發展統治，也勢必會在寺院經濟發展過程中實施監理管控，利用寺院經濟緩解政府財政及社會危機問題。這種對寺院經濟發展的控制及利用，在政府佛教管理制度的設置中就已經體現出來了。關於佛教自身制度，及對寺院經濟的影響，在本書前面的章節中已經有所探討，而在此節中筆者擬就政府層面上對佛教管理制度的具體內容，來看其與寺院經濟發展的關係問題。

南宋政府佛教管理制度具體體現爲中央及地方各級僧尼管理機構、中央及地方各級僧官制度、度僧制度、主持敕差制度等，這些制度的設置爲規範

〔註77〕王仲堯：《南宋佛教制度文化研究・前言》（上冊），北京：商務印書館，2012年版，第 1 頁。

佛教事務發展提供了重要的政治組織保障，但是另一方面卻也對佛教自身經濟發展產生了重要影響。

中央及地方各級僧尼管理機構對於寺院經濟的影響，突出地體現在度牒的鬻賣發授上，其對於僧團的影響及佛教經濟自身發展帶來的衝擊是十分明顯的。日本學者中村元先生對此有過總結：「到了宋朝比前朝更甚，實施了大規模的度牒買賣行為，而且除了度牒之外，還出現了連紫衣牒、師號均可由政府出售的醜行，度牒的買賣在神宗時代，規定賣數年額一萬名，後來逐漸升高為三萬、五萬，結果任何人只要有錢就能買到度牒，藉此隱匿財產。而且佛教教團內部的敗壞自然也無法避免……日益墮落乃勢所必然也。」〔註78〕除了度牒的發授以外，還有紫衣師號的賜授及鬻賣問題，紫衣師號的問題則直接跟僧眾免丁錢的繳納數額有直接的關係。〔註79〕此外能夠獲得紫衣師號的僧眾亦必須有相應資格，其中對於社會經濟發展之貢獻往往作為賜授資格的一個衡量標準，另外也還需要經過所在州路郡縣政府管理部門的擔保舉薦才可。〔註80〕所以無論是政府度僧還是紫衣師號的賜授上，都與佛教的經濟發展有積極的關聯，畢竟相比一般百姓而言，僧眾是具有經濟特權的一部分群體。道理很簡單，政府具有度僧、賜紫及師號的絕對權力，因而在政治制度設計的源頭上，也就決定了僧眾的經濟特權是被政府賦予的，這是政府僧眾管理制度與寺院經濟發展相關性的一條基本的歷史邏輯。

之前亦討論過寺院主持僧在寺院經濟活動中的重要作用，可以說寺院諸經濟活動基本實行「主持負責制」，故而從主持任命制度上進行規導管理，就成為十分有效的政治手段，體現出政府佛教管理制度的務實性。在主持選任方式上，兩宋時期佛教寺院一般可分為十方主持制寺院、甲乙徒弟制寺院、敕差主持制寺和功德墳寺，其中甲乙徒弟制為寺院主持指派僧人擔任其後主

〔註78〕 詳細參看〔日本〕中村元等著，余萬居譯：《中國佛教發展史》（上），臺北：天華出版股份有限公司，1984 年版，第 415 頁。

〔註79〕 關於紫衣師號與免丁錢的繳納數額的關係可參看本書第四章「南宋免丁錢的徵收與南宋寺院等級分化」一節。

〔註80〕 臺灣學者黃敏枝先生研究總結出敕賜紫衣師號的對象不下十四種，其中品德道行俱佳，僧臘高深的僧人。凡擔任僧正滿七年，別無私罪，且於本州授業者得由州司代為保證的僧人。或者從事慈善、支持政府相關活動，出力出物頗多的僧眾，都可以有獲賜紫衣或者師號的資格。詳細可參看黃敏枝：《宋代佛教社會經濟史論集》，臺北：臺灣學生書局，1989 年版，第 450～451 頁。

持，往往一般是師徒自相傳承。十方主持制寺院選任主持，一般在高僧大德中推選而出，並獲得地方官府的任命。敕差制寺院主持由皇帝直接任命，功德墳寺由本家（建造寺院者）自主延請。〔註 81〕關於甲乙徒弟制的寺院，政府對其主持的選任，以及由此帶來的經濟財產的繼承關係給予律法上的保護，諸如南宋《慶元條法事類》卷五十《道釋門》中規定：

> 諸非十方寺觀主首身死，或有故不應住持者，聽兄弟，（如有向
> 上尊長住持者，從眾保明，先差補。）無兄弟，以所度及兄弟所度
> 之人繼紹。非祖師營置者，以所度人主持，無所度人，以同師兄弟。
> （並以現闕日在觀寺及判憑出外未及半年，並幹辦本觀寺事僧、道，
> 依名次先後為次。未回者，以次人權。其出外幹辦本觀寺事及一年，
> 非幹辦本觀寺事通及半年，未回者，不在繼紹之限。）即意在規圖，
> 臨時回禮者不用此令。〔註 82〕

這段文字是政府關於甲乙制主持繼承關係的法律界定，在主持繼任問題上，政府規定主持的師兄弟，較主持的徒弟更具有繼任主持的優先權，這種適用於祖師營置寺，亦即祖師主持僧、主持僧的師兄弟等共同營置創建的寺院。如果在非祖師營置的寺院，則又是另一種繼承關係了，劉長東先生曾研究指出：而在新創寺的承續優先權上，主持的徒弟之所以排序於主持的師兄弟之前，又是因為在創置寺產的第一世主持的關係上，主持的徒弟為近，而主持的師兄弟為遠。〔註 83〕因此主持承替之際，為不引起法眷間的糾紛，政府有必要進行相關法律的規定與干涉。

與甲乙制寺院相比，十方制寺院的主持任命體現出的政治制度化程度則更高，《慶元條法事類》中對十方制寺院主持承替的律條是：

> 諸十方觀寺，住持僧、道闕，州委僧、道正司，集十方觀寺主
> 首選舉有年行學業，眾所推服僧、道，次第保明申州，州審察定差，
> 無，即官選他處為眾所推服人，非顯有罪犯及事故不得易替。〔註 84〕

〔註 81〕關於甲乙制、十方制、敕差主持制寺院的介紹研究可參看劉長東：《宋代佛教政策論稿》第五六兩章，成都：巴蜀書社，2005 年版，第 176～339 頁。

〔註 82〕〔宋〕謝深甫等撰：《慶元條法事類》卷五十《道釋門一》，載《續修四庫全書》第 861 冊，上海：上海古籍出版社，2002 年版，第 541 頁下。

〔註 83〕劉長東：《宋代佛教政策論稿》，成都：巴蜀書社，2005 年版，第 249 頁。

〔註 84〕〔宋〕謝深甫等撰：《慶元條法事類》卷五十《道釋門一》，載《續修四庫全書》第 861 冊，上海：上海古籍出版社，2002 年版，第 541 頁下。

可見在十方寺院主持承換的過程中，政府具有最終的決定權，其程序是先有本州的僧正司召集十方寺院的主首（寺院監寺之異稱），從中選舉出僧臘較高，德行學業都被眾人所推服的候選人，鑒明其身份行為，並作擔保，上報寺院所在的州，再由州級官府審查候選人確定最終主持人選。如果寺院沒有這樣的候選人，則由官府從他處寺院中進行擇選，擇選出來的主持如果不是有犯罪行為或者出現事故，不得改換。

有些情況，是甲乙制改十方制的例子，有三種基本情況，其一是甲乙制寺院中出現有違法亂紀活動，政府依法可以將其改為十方制寺院。其二是甲乙制寺院僧眾主動申請改為十方制寺院。其三是無有可承繼者或者破敗而無法修繕的甲乙制寺院，政府可以將其改為十方制寺院。由於十方制較之甲乙制更易於政府實施監理管控，故而自然受到政府的大力支持，同樣亦有法令條目的規定：

> 諸僧、道犯私罪杖以下經決，若公罪徒，各不以赦前後，不得承續為主首。即本觀寺僧、道赦後犯私罪徒，累及三人；或犯私罪杖，累及七人，若奸盜情重，主首（綱維非）。知而不舉，申尚書禮部，改為十方住持。〔註85〕

> 即本雖甲乙承續，其徒弟願改充十方者，聽。無人繼紹或毀壞觀寺不能興葺者，準此，仍申尚書禮部。〔註86〕

> 諸觀寺改充十方住持而主首或徒弟妄訴訟，及乞改為甲乙承續者，杖一百；即私自改或不申官而私以本觀寺人承續，並官司故縱，各加二等。若係戶絕而擅住持者，準此，並許人告。僧、道正司知而不舉，與同罪。〔註87〕

一旦寺院由甲乙制改為十方制，如果有反悔以致於告官的，或者私自又改回甲乙制寺院的，又或者不稟明官府，私自選定主持僧的，依照政府法律應給予定罪處罰，如果地方僧官知而不舉，同樣會受到處罰。

〔註85〕〔宋〕謝深甫等撰：《慶元條法事類》卷五十《道釋門一》，載《續修四庫全書》第 861 冊，上海：上海古籍出版社，2002 年版，第 542 頁上。

〔註86〕〔宋〕謝深甫等撰：《慶元條法事類》卷五十一《道釋門二》，載《續修四庫全書》第 861 冊，上海：上海古籍出版社，2002 年版，第 552 頁下。

〔註87〕〔宋〕謝深甫等撰：《慶元條法事類》卷五十《道釋門一》，載《續修四庫全書》第 861 冊，上海：上海古籍出版社，2002 年版，第 541 頁上。

在法律制度層面上，政府規定了主持任選的程序，並對地方僧官及禮部
祠部的法律職責作了規定，這一方面保證了寺院的合法運行，爲寺院財產的
承繼、經濟活動的正常運營提供了必要的政治保障和法律依據。另一方面法
律制度的建立也爲政府干預、監理、管控寺院提供了重要的手段和契機。就
寺院經濟發展來說，除了佛教自身制度的保障，還有如上針對僧道的管理制
度，除此之外還有世俗法律條令等制度。僧眾雖然作爲教職工作人員，具有
所謂宗教上的「神聖性」意蘊，但是仍然也還是社會的一份子，故而要接受
世俗法律的約束，其經濟活動也應按照世俗法令的相關規定開展，這也是寺
院經濟活動之所以極具宗教世俗化特點的內在要求。在此引用《名公書判清
明集》中的一則「白蓮寺僧如璉論坡田」〔註 88〕的材料加以說明。這則材料

〔註88〕　〔宋〕黃幹撰：《勉齋集》卷三十二《白蓮寺僧如璉論陂田》，文淵閣《四庫
　　　　全書》全文檢索電子版，上海人民出版社、迪志文化出版有限公司，1999 年
　　　　版。並見於中國社會科學院歷史研究所、宋遼元金史研究室點校：《名公書判
　　　　清明集》（下冊），北京：中華書局，1987 年版，第 580〜581 頁。較爲詳細的
　　　　記載：「金溪縣白蓮寺僧如璉經轉運司論金溪縣尉看定薛家陂田，不還本寺耕
　　　　種，仍將行者勘杖一百，在縣身死，所斷不當事，送本縣看詳。今將案牘參
　　　　照，係白蓮寺論佃客蔣某擅於本院未曾開墾田內強栽禾稻，續係蔣某稱是盧
　　　　將領宅耕種。金溪縣送將蔣某勘斷，又續係盧將領宅於貴溪縣論白蓮寺爭占
　　　　自己所栽木，又續係盧嘉猷於本州島府判廳、提舉使衙論強塞水圳，有妨水
　　　　利，遂行下金溪縣丞廳看定。偶金溪縣尉權丞送將白蓮寺所訟田不得耕種，
　　　　仍將行者某人從杖一百勘斷。以本縣丞尉親至地頭，必須究見事理，合得允
　　　　當。而寺僧如璉不能無辭者，則以其間不得其平者有二事，其一謂田乃寺田，
　　　　不應不得爲主，其二謂行者從杖不當。今照得上件爭訟，本縣縣尉何不索出
　　　　兩縣幹照，從實打量，若盧家所置薛思惠產，不曾推流，則不應越港占白蓮
　　　　之田，僧寺之田若敏步見在，則亦不應並緣沙漲，輒行開墾，阻遏水勢，如
　　　　此則不待辯而自明矣。今不行打量，而憑空便行理斷，此不可曉一也。盧嘉
　　　　猷初得於貴溪縣爭白蓮寺之田，次則經通判廳，又次則經提舉司爭水圳，而
　　　　帶及田事，其前後詞反覆不同，此不可曉二也。盧嘉猷之田在港東，白蓮寺
　　　　之田在港西，若盧嘉猷委是田被水沖沒於東，而復生於西，亦當經官標拋，
　　　　豈得遽自栽種，而反行論訴，此不可曉三也。又田在港東，而論港西水圳，
　　　　又別無幹照見得有古水圳處來歷，白蓮寺乃有薛家借圳幹照，若盧家得薛家
　　　　產，亦港西下流，則借圳可也，豈可訟乎？此不可曉四也。盧嘉猷所論者水
　　　　圳，縣尉乃不定奪水圳，而反及水港，此不可曉五也。若謂不合將遺洲開田
　　　　衝破港東之田，則栽田者乃盧嘉猷，初非白蓮寺之罪，何故卻將行者勘斷？
　　　　此不可曉六也。兩家之訟，初爭田，次則捨田而爭水圳，其終又捨水圳而爭
　　　　水港，及所種田以阻遏水勢，乃盧嘉猷，而非行者，乃將行者勘斷一百，既
　　　　欲聽贖斯可已矣，何至必加之杖，而使之抑鬱以死乎？此不可曉七也。觀其
　　　　所看定如此，則其所論田之形，水之勢，亦恐未能盡當事情，提舉寺丞於所

主要記述說：金溪縣白蓮寺僧如璉，經轉運司（按：地方最高的司法審判機構）指出本縣縣尉斷案不當，轉運司便將此案送臨川縣知縣黃干進行定斷，經縣丞尉走訪調查，並參看口供案牘之後，進行了重新審理。此案前因後果是：由於河流改道之故，該縣盧嘉猷將軍家在河東的一塊田地被沖毀，將軍家的佃客蔣某無地可種，就將河西屬於白蓮寺的一塊荒地強行耕種，被寺僧告上官府，金溪縣縣尉遂將蔣某勘斷。之後盧嘉猷又以白蓮寺院堵塞水渠，妨害水利爲由將白蓮寺告於府衙，使府司便將寺院的行者勘杖一百，打死在縣衙。最後黃榦認定，此案前審官偏袒盧嘉猷太過，未辨曲直，未得實情，憑空理斷而導致了最終的誤判。

對於這則例子實際上已經不需要再進行過多的解讀了，寺院經濟的發展完全融入到世俗化的社會進程中，所以其中存在的諸多問題及亂象也必然要通過世俗社會的政治行政、法律條令等制度進行指導與規範。

不僅是在法律設置上，就僧官具體管理上來看，中央及地方各級僧官對於寺院的經濟發展亦有監督指導作用，而寺院亦積極尋求與政府官員的對接與合作，《禪苑清規》中有記載如下：

> 監院、維那內推排一人，外頭首內推排一人，並前資勤資推排有心力、曉叢林、慣熟了事者數人，具合用錢物行李人轎等，或舟船要用之物。官疏、院疏、僧官疏、諸院長老疏、施主疏、閒居官員疏、住持帖、本州縣開報彼處州縣文書、官員書信、院門茶榜，並須仔細備辦，如法安置。如錢物之類須選一僧主管收支，不得多用亦不得太儉，防避官中點檢，並不得張皇聲勢，出於不意爲上……

〔註89〕

從上記載可以看出寺院在推選主持僧的過程中，政府官員、僧官、閒居官員、州縣等政府官員與機構的重要作用，而且其中亦提到「如錢物之類須選一僧主管收支，不得多用亦不得太儉，防避官中點檢」，由此可以看出政府相關人員有時會對寺院財產用度進行抽查點檢。關於這一點《禪苑清規》亦有記載：

申之後，判令兩家並不得耕種，則亦已覺尉司所以右盧嘉猷者太過，而未必盡得其實也。今已斷者不可復贖，已死者不可復生，而吏革受財曲斷，其事已在赦前，皆可勿問，而所爭之田，欲乞上司再委官前去地頭體究，方見著實，庶絕詞訟。申都運、提舉使衙，取指揮。」

〔註89〕〔宋〕宗賾著，蘇軍點校：《禪苑清規》，鄭州：中州古籍出版社，2001年版，第90頁。

> 官員、檀越、尊宿、僧官及諸方名德之人入院相看，先令行者
> 告報堂頭，然後知客引上並照管人客安下去處，如尋常人客只就客
> 位茶湯，欲往堂頭庫下及諸僚相看，只令行者相引……〔註90〕

這裡面也提到官員及僧官往往會去「堂頭庫下」進行查看，這其中就有對於寺院經濟發展進行監理檢查、指導管控之意圖。

總而言之，政府的佛教管理制度對於寺院經濟的發展具有重要的影響，首先，從制度設計上來說，南宋寺院主持制度、主持選任制度、僧官任用制度、度僧制度等均體現出世俗政權的權力意志，在對寺院經濟中最活躍的要素——僧眾的管理監督，在制度源頭上就已經開始了。其次在具體行政管理上，寺院經濟的發展要受到官員、僧官、州縣相關部門的監理管控，並被列入到社會經濟管理中，且以法律條令的形式被確立下來。最後，從之前各章節的論述中，無論是寺院財產的獲取、田產的稅收，還是手工業及商業的運營，無一例外都有政府的參與，政府對於寺院經濟的干涉實際上是無處不在的。可以這麼說，政府佛教管理制度對於寺院經濟發展之間的關係是辨證統一的，相關制度對寺院經濟發展起著調控管控的作用，同時寺院經濟的發展亦有突破制度限制的趨向，並在一定程度上迫使政府佛教管理制度進行必要的調整，政府對於寺院經濟管控的手段因此也更具有策略性及多樣化。

二、政府對寺院經濟具體管控策略之事例舉隅

南宋皇帝對佛教的態度以宋高宗的一段話最具代表性，《宋會要輯稿》記載曰：

> 朕觀昔人有惡釋氏者，欲非毀其教，滅絕其徒，有喜釋氏者，
> 即崇尚其教，信奉其徒，二者皆不得其中。朕於釋氏，但使其大
> 盛耳。〔註91〕

為了防止佛教大盛以致於威脅到世俗政權的統治，對佛教經濟加以管控就成為一個基本的途徑。上節已經作過嘗試性的探討，南宋政府對於寺院經濟的

〔註90〕〔宋〕宗賾著，蘇軍點校：《禪苑清規》，鄭州：中州古籍出版社，2001年版，第44頁。

〔註91〕〔清〕徐松輯：《宋會要輯稿·道釋》1之34，北京：中華書局1957年影印本，第7885頁下。

管控，實際上從制度設置上就已經開始了，突出地表現在度僧制度、主持任命制度、僧官制度、佛教法律管理制度等等，此外社會各類制度對於佛教經濟的發展同樣具有制約規範、監理管控的效用。根據前章節對於寺院經濟農業、手工業、商業等的研究討論亦可以清楚地看到，政府對於寺院經濟相關政策及具體管控並不是單調的、被動的，而是充滿策略的，應時而動的。現舉隅政府對寺院經濟具體管控策略的幾則事例：

（一）政府對寺院田產「實封法」的實施

就寺院主持僧的任命來說，政府具有絕大多數的主導權，同時對於主持僧的考核也是由政府主導開展的，其中一個重要的考核指標就是經濟貢獻指標。諸如田產「實封法」的實施，對此有記載說：

> 閩多佳剎，而僧尤盛。一剎虛席，群衲動色，或挾書尺、竭衣盂以求之，有司視勢低昂、貲厚薄而畀焉。先輸貲，後給帖，福曰實封，莆曰助軍。〔註92〕

南宋時期由於財政緊張，往往需要出售大量的田產以回籠資金，寺院亦成為其銷售的對象，在寺院購買政府官田時，往往要按實封法來實施，實封類似於現在的拍賣，以土地出價最高者得之。在福州地區為「實封」，在莆田地區則謂之「助軍」。關於寺院「實封法」的實施，南宋紹興二十九年（1159年）閏六月十二日，侍御史朱倬上奏朝廷言之：

> 「臣聞昔偽閩時，以八州之產分三等之制，膏腴者給僧寺、道觀，中、下者給土著流寓。至其末流，貿易取金，自劉鋹始，由是利分私室，士競干求。其後張守遂與土居士大夫謀為實封之說，存留上等四十餘剎以待真僧傳法，餘悉為實封金多者得之，歲入不下七八萬緡，以是助軍兵春冬二衣，餘寬百姓非泛雜科，時寔便之。沈調帥閩，則以為奇貨，豐寺大剎，悉貲入己……」從之。〔註93〕

「以八州之產分三等之制，膏腴者給僧寺、道觀，中、下者給土著流寓」，這是五代時期閩太宗王延鈞的做法，以致使閩地區寺院經濟盛極一時。南宋吳潛亦曾說：「寺觀所在不同，湖南不如江西，江西不如兩浙，兩浙不如閩

〔註92〕〔宋〕劉克莊撰：《後村先生大全集》卷一百五十八《明禪師墓誌銘》，載《宋集珍本叢刊》第八十二冊，北京：線裝書局，2004年版，第592頁上。

〔註93〕〔清〕徐松輯：《宋會要輯稿·食貨》26之42，北京：中華書局1957年影印本，第5254頁下。

中。」〔註94〕由此亦可以看出自五代至南宋，福建寺院經濟始終十分可觀，如果政府加以利用，對於緩解財政、軍需匱乏的社會問題勢必會有重要的幫助。在南宋初期，張守知任福州時曾與當地官員率先實行實封法，「存留上等四十餘剎，以待眞僧傳法，餘悉爲實封，金多者得之，歲入不下七八萬緡，以是助軍兵春冬二衣，餘寬百姓非泛雜科。」從記載上看，這些田產歲入極爲豐富，應是品質不錯的田地，資助軍兵春冬二衣綽綽有餘，亦起到了緩解社會壓力的作用。劉克莊曾對南宋後期福建地區寺院接受實封的情況有所記載，他說：

> 閩中僧剎千五百區，舊例，住持入納，以十年爲限，謂之實封。
>
> 官府科需，皆僧任之，不以病民，近以州用不足，減爲七年或五年，
>
> 甚者不一歲，託以詞訟，數易置，由是困弊。〔註95〕

也就是說官府將田產賜予寺院，並任寺院住持進行管理，屆時收取田產科敷，如出現州用不足亦即財政短缺的情況時，政府則將住持任期縮短，由十年改爲七年或五年，甚至一年，通過這種方式每立一次住持便可向寺院徵收大量田稅，而且由於主持爲政府任命賜封，其與政府間的合作也就相對緊密。從政教關係的角度看，通過實封制政府實際上強化了寺院經濟及住持任命的把控大權。

關於政府對寺院實施「實封」這樣的現象如何認識？曾有學者認爲：地方官將寺院主持選任行爲「貨幣化」，可謂「生財有道」，是否眞能「助軍兵春冬二衣，餘寬百姓非泛雜科」不得而知，但寺院主持肥缺爲「金多者得之」卻是事實。地方官吏發「權力尋租」之財，覬覦主持名位之僧行「跑官」、「買官」之實，權錢交易、官僧「雙贏」之風盛行，叢林惡化自然是遲早的事。〔註96〕實際上確如學者所說，「實封」實現了官僧之間的雙贏，也出現了「跑官」、「買官」之弊。但是，其中有幾點仍需得到注意：首先，通過官方賣田增加經濟收入，讓有經濟能力、管理作務水平的群體進行農業生產，這個自宋代開國之初，並伴隨整個兩宋時期，始終沒有間斷過，實際上官方賣田已經成爲政府的一項基本的土地利用政策，尤其是「進入南宋後，國家處於戰爭狀態。戰則軍需浩繁，力已不支；和則需駐重兵守邊。又需歲歲向金人納幣，

〔註94〕〔宋〕吳潛撰：《許國公奏議》卷二《奏論計畝官會一貫有九害》，載《宋集珍本叢刊》第八十四冊，北京：線裝書局，2004 年版，第 84 頁上。

〔註95〕〔宋〕劉克莊撰：《後村先生大全集》卷一百四十六《忠肅陳觀文神道碑》，載《宋集珍本叢刊》第八十二冊，北京：線裝書局，2004 年版，第 471 頁下。

〔註96〕黃奎：《政治視角中的禪宗清規》，載李申、陳衛平主編：《哲學與宗教》（第二輯），2008 年版，第 122～123 頁。

數目巨大，更是一沉重負擔，政府的正常賦稅收入，遠不足以應付急需。在羅掘既窮之後，遂大量出賣官田，藉以取得一筆現成收入……政府爲了盡可能多賣出官田，對買田人特給予種種優惠條件，如減免數年田租和徭役，以廣招徠。」〔註97〕關於「實封」得到的田產有沒有後續的賦稅政策優惠不得而知，但是一般能通過「實封」而獲得田產的寺觀在經濟實力上勢必不弱，所以「實封」這一賣田行爲在特定歷史時期是具有一定積極意義的，促進了土地資源的合理利用和開發。其次，材料中記載「存留上等四十餘剎以待眞僧傳法，餘悉爲實封金多者得之，歲入不下七八萬緡」，可知對於「實封」的推行，政府是之前做過預案的，而並不是一味在南宋疆域全面推開這一做法，而且關於對寺觀實施「實封」，在歷史史料中，也僅僅限於寺觀經濟較爲發達的閩越地區，其他地區幾無記載。最後，寺觀花錢買田在南宋並不是稀奇之事，通過「實封」得來的田產，其歸屬問題在史料中沒有直截了當地指出，只是說通過「實封」可以獲取主持僧職務，「住持入納，以十年爲限」、「官府科需，皆僧任之，不以病民」、「近以州用不足，減爲七年或五年，甚者不一歲」，從中可以看出，實封得來的田地可能只是具有使用權，所有權仍然在政府手裏，使用期限十年、七年、五年不等。當然，由於政府享有田產的絕對所有權，而寺觀只是具有暫時的使用權，所以這也往往造成在州用不足，缺少財政收入之時，政府利用各種藉口及手段，將實封出去的田產提前收回，重新進行「實封」或者鬻賣，故而一系列的「困弊」藉此產生了，諸多訴訟亦由此而來，產生了十分嚴重的影響。

此爲政府對於寺院農業經濟的管控策略手段，實出於社會時局的困窘，並且爲防止寺院經濟過分膨脹，而作出的不得已之策，這樣的情況在史料中並不多見。因爲「實封法」僅爲地方政府官吏奏請朝廷而後實施的地區性的政策做法，在中央層面上並沒有相關法律條令對其進行規範約束，因而也極易引起政策上的、操作上的失範。

（二）政府對於僧眾販茶活動的政策引導

除了上述針對寺院土地田產的管控策略之外，政府還有針對寺院商業活動的管制策略，突出體現在寺院販茶活動中。關於兩宋時期茶葉的販賣問題，在朝廷中曾多次引起有關「榷茶制度」的爭論。北宋開國初，在江南地區實

〔註97〕傅築夫：《中國封建社會經濟史》（第五卷），北京：人民出版社，1989年版，第 164 頁。

施榷茶，將茶葉的產銷收歸政府，民間但凡觸犯茶法者，根據法律條令，自沒收、罰款、杖流，甚至處死。〔註98〕另一方面，由於榷茶制度的實施，往往造成「粗精不校，咸輸榷務。商人弗肯售，久即焚之」的狀況，官員楊允恭曾對此指出：「竭民利而取之，積腐而棄之，非善計也。」至道初，官員劉式又建議請廢緣江榷務，許商人過江，聽私貨鬻。」〔註99〕對於宋代榷茶制度的實施，曾有現代學者分析指出：「茶的產銷應由民間自由經營，不宜由官家壟斷，道理是非常明顯的。政府實行榷茶制度的目的，原是為了增加一點現成收入，事實上收入並沒有增加多少，而社會經濟已明顯地遭到破壞。茶法，既有損於民，又無益於國。由此，刑獄日繁，嚴刑難禁，徒滋紛擾，得不償失。」〔註100〕在群臣對榷茶制度一片質疑聲中，仁宗嘉祐四年（1059年）二月皇帝終於下詔盡馳茶禁，詔曰：

> 自唐建中時始有茶禁，上下規利，垂二百年……官受濫惡之入，歲以陳積，私藏盜販，犯者實繁，嚴刑重誅，情所不忍。是於江湖之間幅員數千里為陷以害吾民也。朕心惻然，念此久矣，間遣使者往就問之，而皆驩然願弛其禁，歲入之課，以時上官……〔註101〕

然而，到了北宋末年徽宗時期，朝廷對於嘉祐茶法又有所動搖，在朝官蔡京的主持下，又正式恢復了榷茶舊制，從此茶之禁榷便一直貫徹下去了。〔註102〕

在這樣一個大的社會政策環境中，寺院的貨茶活動也發生著一些較為明顯的變化，這些變化主要還是來自於政府方面，一方面政府榷茶制度對於寺

〔註98〕 史料記載：「（乾德二年八月）辛酉，初令京師、建安、漢陽、蘄口，並置場榷茶。自唐武宗始禁民私賣茶，自十斤至三百斤，定納錢決杖之法。於是令民茶折稅外悉官買，民敢藏匿而不送官及私販鬻者，沒入之。計其直，百錢以上者，杖七十，八貫加役流。主吏以官茶貿易者，計其直，五百錢，流二千里，一貫五百及持杖販易私茶為官司擒捕者，皆死。」載於〔宋〕李燾撰：《續資治通鑒長編》（第二冊）卷五，北京：中華書局點校本，1979年版，第131頁。

〔註99〕 〔元〕脫脫等編：《宋史》卷三百九《列傳第六十八‧楊允恭傳》，北京：中華書局，1977年版，第10161頁。

〔註100〕 傅築夫：《中國封建社會經濟史》（第五卷），北京：人民出版社，1989年版，第598頁。

〔註101〕 〔宋〕李燾撰：《續資治通鑒長編》（第十四冊）卷一百八十九，北京：中華書局點校本，1985年版，第4550頁。

〔註102〕 關於宋代榷茶政策的變遷可參看傅築夫：《兩宋社會經濟史》第八章第二節「茶的禁榷與茶的自由經營被扼殺」，北京：人民出版社，第592～606頁。

院具有強大約束力的同時，又有針對寺院販茶活動的專門政策，且政策在北宋末與南宋初期有幾次轉變。先是嘉祐茶禁的放開到徽宗崇寧元年（1102 年）榷茶舊制的恢復，史料記載：

> 「徽宗崇寧元年十二月八日，尚書右僕射蔡京等言：……其勾集園戶，籍會戶數，酌量年例所出，約人戶可賣之數，年終立爲茶額，所有復行禁榷條法，檢會大中祥符所行舊法，並慶曆後來私販害公之弊，取今日可行者，酌中修立，接續爲法，頒降施行。」從之。〔註 103〕

崇寧元年重新實施榷茶舊法之後，這一舊法在一定程度上並沒有出現積極的效果，不然不會出現崇寧四年（1105 年）八月十七日的禁令，史料記載說：

> 應在任官親戚，及非在任官、僧道、伎術人、軍人、本州島縣公人及犯罪應贖人，不得請引販茶，如違，其應贖人杖一百，餘人徒三年。〔註 104〕

這一禁令涉及到僧道，可謂更加細化了，由此可見之前的近三年時間仍舊有僧眾請引販茶，或者出現有私自販茶的情況。私自販茶的情況實際上一直都存在，且更加隱蔽化，甚至嚴格的禁令也無法杜絕私自販茶的情況，所以政和三年（1113 年）二月十九日尚書省上呈文書，指出：

> 提舉福建路茶事司狀：「一體訪得本路產茶州諸軍寺觀園圃，甚有種植茶株去處，造品色等第臘茶，自來拘籍，多是供贍僧道外，有妄作遠鄉饋送人事爲名，冒法販賣，官司未有關防，伏望立法行下，以憑遵守。」
>
> 詔：「諸寺觀每歲摘造到草臘茶，如五百斤以下，聽從便吃用，即不得販賣，如違，依私茶法，茶五百斤以上，並依園戶法。」
>
> 〔註 105〕

將崇寧四年和政和三年的這兩條材料對比來看，第一條中政府明確規定寺院不得請引販茶，這就在國家法律意義上規定了寺院僧道從事茶葉販賣的非法

〔註 103〕〔清〕徐松輯：《宋會要輯稿・食貨》30 之 32，北京：中華書局 1957 年影印本，第 5334 頁下。

〔註 104〕〔清〕徐松輯：《宋會要輯稿・食貨》32 之 6，北京：中華書局 1957 年影印本，第 5360 頁下。

〔註 105〕〔清〕徐松輯：《宋會要輯稿・食貨》32 之 3〜4，北京：中華書局 1957 年影印本，第 5359 頁上〜下。

性，用行政手段強行制止私販行爲，而且對販賣行爲一旦查出則處以重刑。
但是在第二條中，政府則允許寺院茶葉產量在超過五百的前提下從事販賣活動，這實際上亦肯定了寺院在特殊情況下從事茶葉販賣活動的合法性，對寺院販茶行爲採用適當的靈活政策，並結合相關法律進行必要控制和規範。而到了南宋時期，情況則更有大的變化，《建炎以來繫年要錄》卷一百六十三中記載：

> 湖州地區產茶諸縣各有園戶，祖宗朝並無茶稅，州縣舊來立歲額每畝輸三斤，已自非法，比年官司又於額外抑配園戶茶引，僧人茶鈔，武康一縣，園戶買茶引每畝出鈔三百文足，僧人買茶鈔每名出錢三貫六百文足。〔註106〕

到了南宋初期，政府不但要徵收茶稅，反而還主動額外抑配園戶茶引，並對所配茶引的寺院索要高價。從這種趨勢可以看出：寺院販賣茶葉的商業活動這期間一直沒有停止過，或是採用非法私販的手段，或是採用合法手段，而對於寺院非法販茶的現象，南宋初期政府採用收稅這一經濟調控手段對茶戶進行徵收，並且以畝爲徵收標準，這在一定程度上限定了茶戶販茶數量，同時既增加了政府稅收，又增加了政府茶葉專賣的產量，可謂一舉三得，而對於寺觀販茶材料中政府雖不明令禁止，但是卻配給寺院茶引並索要高價，並且是以僧人「個人」爲單位標準進行徵收，可以看出這期間政府並不希望寺院過多地從事販茶，故而採用徵稅或是以僧人「個人」爲單位標準進行茶引的高價抑配。

　　實際上，本書之前章節亦曾對南宋寺院販茶活動進行過討論〔註107〕，並且認爲相比專業從事茶葉種植及生產的茶園戶來說，寺院茶葉的產量畢竟還是有限，加之僧眾需求旺盛，其茶葉產量往往尙且不夠自身生活需求，又談何銷售的問題，因而茶引這一販賣許可證往往對大多數的寺院來說如同毫無價值的廢紙。

（三）政府對於僧眾從事手工業活動的監理管控

　　相比於榷茶政策的實施，南宋政府對於寺院手工業的管理則更爲積極開

〔註106〕〔宋〕李心傳撰：《建炎以來繫年要錄》卷一百六十三「紹興二十二年壬申」，北京：中華書局，1956年版，第2654頁。

〔註107〕詳細內容可參看本書第二章「對南宋時期寺院生產經營的多棱透視」之第三節「南宋寺院商業經營活動之分析」。

放，因爲兩宋時期不僅有官辦的手工作所，還允許民營手工場所的存在。官辦的手工作所有時會安置在寺觀宮院中，諸如元豐五年（1082 年）二月乙卯裁造院言：

> 繡造儀鸞司什物，欲依文思院繡扇例，均與在京諸尼寺宮院。

> 詔三司：除三院及下西川繡造外，募人承攬。〔註108〕

又崇寧三年三月八日，試殿中少監張康伯言：

> 今朝庭自乘輿服御，至於賓客祭祀用繡，皆有司獨無纂繡之功。

> 每遇造作，皆委之閭巷市井婦人之手，或付之尼寺，而使取直焉……

> 〔註109〕

南宋亦有將織造作所設置在寺院內的，如：

> 建炎三年，都大茶馬司織造錦綾被褥，折支黎州等處馬價，自是私販之禁興，又以應天、北禪、鹿院寺三處置場，織造其錦，自眞紅被褥而下凡十餘品，於是中國織紋之工轉而衣被椎髻駃舌之人矣，乾道四年，又以三場散漫，遂即舊廉訪司潔己堂創錦院，悉聚機戶其中，猶恐私販不能盡禁也〔註110〕……

〔註108〕 〔宋〕李燾撰：《續資治通鑒長編》（第二十二冊）卷三百二十三，北京：中華書局點校本，1990 年版，第 7778 頁。

〔註109〕 〔清〕徐松輯：《宋會要輯稿・職官》29 之 8，北京：中華書局 1957 年影印本，第 2991 頁下。

〔註110〕 〔明〕楊慎撰：《全蜀藝文志》卷 56《蜀錦譜》，北京：線裝書局，2003 年版，第 1680 頁。在本書第二章第二節中，筆者針對此則材料曾試作如下分析：成都大茶司馬在應天、北禪、鹿院寺三處置場，織造錦綾被褥，根據清朝黃廷桂所編修《四川通志》所記載當時的情況，北禪寺在成都南充縣（南宋時爲潼川府路的順慶府所轄）北二里。應天寺在雙流縣（南宋時爲成都府所轄）南八里，而鹿苑寺在蒼溪縣（南宋時爲寧武軍，建炎時爲蜀北抗擊金軍的前沿陣地）北關外，三個寺院相隔距離比較長，按照現在的觀點看成都大茶司在這三個寺院分別建造紡織作坊實際上很不便於管理，而最終亦驗證了這一點，故乾道四年（1168 年），政府又以三場散漫爲由，將作坊搬至舊廉訪司的潔己堂並創立錦院。諸如一些學者所認爲的：「一般來說，寺院往往是地區的商業活動中心，寺院周圍形成了手工業品的生產及交易場所，宗教節日同時也是集市交易日；大寺院在集市上設有『邸舍』、『邸店』或『鋪店』，既供往來行人歇息，亦有出售貨物的櫃檯。」可看何蓉：《佛教寺院經濟及其影響初探》，《社會學研究》第 4 期，2007 年，第 77～78 頁。）從這種角度看政府官方手工業場設置在寺院以便於手工產品的出賣及流通應該是可想而知的，諸如北宋時期的大相國寺便是一個很好的例證，（可參看〔宋〕孟元老撰：《東京夢華錄》，北京：中國商業出版社，1982 年版，第 20 頁。）然而關於在寺院建造官方手工業場是否另有原因，諸如出於戰爭物資供給或是其經費

官營的手工作坊往往羅聚英才以用之，諸如以上繡作、織羅作，又比如燒朱作，也是令僧人擔任技師的，記載說：

> 後苑燒朱所，掌燒變朱紅，以供丹漆作繪之用，太平興國三年置，令僧德愚、德隆於後苑中合煉。咸平末權停，大中祥符初復置。天禧五年，僧惟秀省其法，以內侍一人監之。〔註111〕

從所有權上，官辦的手工作所當然不能算作寺院經濟財產，即使有僧尼在裏面從事作務，也只是受雇於官方，領取雇傭工資。而由寺院從事的手工作坊，存在兩種基本形式，一種是官方在寺院內設置的，另一種是寺院自己進行的作務經營，前一種雖在寺院內，仍不能算作寺院財產，諸如以上提到的繡作、織羅作，以及前章節提到的一些寺院內的碾磑設備〔註112〕。第二種寺院自己經營的手工作坊，也要受到政府法律條令的限制，進行合法經營，遵從市場秩序。對於僧尼從事一般的手工業經濟活動，政府是支持的，甚至會如前面所說，將官方手工業場所設置在寺院內，雇傭僧尼從事相關生產活動。但是對於一類較為特殊的手工業，政府態度則十分謹慎，甚至不惜通過強權法令進行干涉，這類特殊的手工業以礦冶業為代表。「礦冶業是宋代地方官手工業的一個重要項目。宋王朝和過去歷代王朝相同，對鐵、銅、金、銀、鉛、錫、水銀、朱砂等金屬礦和非金屬礦的開採冶煉均實行禁榷，所有權由國家壟斷，在產地設監，礦冶場務有專官管理。但實際採煉則由該地方坑冶戶承包，按政府規定的數量繳納歲課，這是用抽稅辦法，實行國有民營，這與上述各種官手工業直接由政府召募或雇工經

籌集的考慮，因為材料中顯示所生產的衣物用於「折支黎州等處馬價」，而鹿苑寺恰恰在黎州（利州）地區，所以南宋初期政府在蜀北抗擊金軍的前沿陣地鹿院寺所在地區建造紡織場，並將產品用於提供軍備衣料及與折支馬匹。此外關於三個寺院手工場的設置是否出於戰爭一時的應急需要，也值得考慮，根據所引史料乾道四年（1168 年）政府以三場散漫為由，將作坊搬走，因為之前曾出現「私販」及「衣被椎髻缺舌之人（多指少數民族）」的混亂現象，但是從歷史的發展看，當時是南宋與金簽訂隆興和議之後四年，宋金關係與之前相比稍有所緩和，故而此時期政府將三所紡織作坊搬走，合置於錦院進行統一管理也不是沒有可能性。

〔註111〕〔清〕徐松輯：《宋會要輯稿・職官》36 之 76，北京：中華書局 1957 年影印本，第 3109 頁下。

〔註112〕詳細參看本書第二章「對南宋時期寺院生產經營的多棱透視」第二節「對寺院手工業的再認識」中的具體內容，其中講到許多「碾磑」，是官家在寺院中設置的，所以寺院中的「碾磑」不一定都是寺院常住物。

營實有所不同。」〔註113〕僧人從事礦冶業，這在南宋史料中並不多見，但也並非沒有，有史料記載：

> 西融州有鉛坑，鉛質極美，桂人用以製粉，澄之以桂水之清，故桂粉聲聞天下，桂粉舊皆僧房罨造，僧無不富，邪僻之行多矣。厥後，經略司專其利，歲得息錢二萬緡，以資經費。群僧乃往衡嶽造粉，而以下價售之，亦名桂粉。雖其色不若桂，然桂以故發賣少遲。〔註114〕

鉛相對一般金屬有重要的經濟價值，因為可以作為鑄錢和製造其他日用品的重要金屬。另外，鉛又是製造鉛粉的重要原材料，鉛粉在古代用途十分廣泛，有用作顏料、冶金的，甚至又有用作化妝品及藥品的。故而兩宋時期對於鉛的禁榷十分嚴格，南宋時期繼續沿用了北宋的政策：

> （紹興五年三月）乙未，初榷鉛錫，應產鉛錫冶坑，盡行封樁，具數並價申部，令榷貨務依鹽法措置，印造文引，許客人算清給賣，齎赴指定州軍坑場，又請通行興販……增立賞罰，用總制司請也。〔註115〕

雖然對鉛的禁榷十分嚴格，但是還是出現了私自煉造的事情，居然還有僧人參與其中，上述材料中僧人的身份是否是由政府授權的「坑冶戶」？不是很好判斷，但是從「僧房罨造，僧無不富，邪僻之行多矣」來看，這批僧人應是私自罨（按：通「掩」）造，未得到政府的正式授權，從「邪僻之行多矣」的情況來看，政府對其行為不可能沒有大體掌握，故而後來經略司將生產權進行控制，「群僧無利可圖，乃往衡嶽造粉」，如果這批僧眾沒有得到授權而私自製粉，按照當時的法令應該判以重刑〔註116〕，何以讓其可以再往衡嶽造

〔註113〕 傅築夫：《中國封建社會經濟史》（第五卷），北京：人民出版社，1989年版，第311頁。

〔註114〕 〔宋〕周去非著，楊武泉校注：《嶺外代答》卷7《鉛粉》，北京：中華書局，1999年版，第277～278頁。

〔註115〕 〔宋〕李心傳撰：《建炎以來繫年要錄》卷八十七「紹興五年乙卯」，北京：中華書局，1956年版，第1445頁。

〔註116〕 《慶元條法事類》卷二十八《榷禁》中規定：「諸私有鉛（夾雜者並黃丹砂子，並烹煉淨鉛計數）一斤笞五十，二十斤加一等，過杖一百，三十斤加一等，罪止徒三年。出產地分私烹煉加一等。」〔宋〕謝深甫等撰：《慶元條法事類》卷二十八《榷禁》，載《續修四庫全書》第861冊，上海：上海古籍出版社，2002年版，第333頁下。

粉，這是一個十分值得玩味的問題。另外，這些僧眾其背後是否有官府的庇護支持，或者說這些是否為真正的僧人亦很值得思考，但是囿於史料的缺失，這些問題恐怕不易確切作答。

（四）政府對於僧眾免丁錢的徵收

以上分別以田產「實封」、寺院販茶、僧眾從事手工業的事例，來說明政府對寺院經濟的具體管控策略，這些策略往往通過政治制度、經濟管理、法律約束、強制禁令等形式展開，直接對僧眾手工業具體活動進行監理管控，除此之外，為遏止僧眾政治經濟特權的擴大，還有一種更為直接顯白的形式，就是針對僧眾本身進行徵稅，這類形式就是之前講到過的「免丁錢」。

對僧尼進行「免丁錢」的徵收始於南宋高宗時期，並且政府針對佛道、佛教內部禪、律、教三派、有無師號紫衣等等劃分，採用不同的徵稅標準，《宋會要輯稿》中對此有所記載：

> 紹興十五年（1145 年）正月二十七日臣僚言：「州縣坊郭鄉村人戶既有身丁，即充應諸般差使，雖官戶、形勢之家，亦各敷納免役錢，唯有僧道例免丁役，別無輸納，坐享安閒，顯屬僥倖。乞令僧道隨等級高下出免丁錢，庶得與官、民戶事體均一。」戶部言：「今措置到下項：甲乙住持律院並十方教院、講院僧散眾，每名納錢五貫文省；紫衣二字師號，納錢六貫文省；只紫衣無師號同。紫衣四字師號，每名納錢八貫文省；紫衣六字師號，每名納錢九貫文省；知事，每名納錢八貫文省；住持僧職法師，每名納錢一十五貫文省。十方禪院僧散眾，每名納錢二貫文省；紫衣二字師號，每名納錢三貫文省；只紫衣無師號同。紫衣四字師號，每名納錢五貫文省（原書天頭注云：「五」一作「四」，按本書食貨六六之二作「四」）紫衣六字師號，每名納錢六貫文省；知事，每名納錢五貫文省；住持長老，每名納錢一十貫文省。宮觀道士散眾，每名納二貫文省；紫衣二字師號，每名納錢三貫文省；只紫衣無師號同。紫衣四字師號，每名納錢四貫文省；紫衣六字師號，每名納錢五貫文省；知事，每名納錢五貫文省；知觀法師號，每名納錢八貫文省，（道正副等同）。」詔依。〔註117〕

〔註117〕〔清〕徐松輯：《宋會要輯稿・食貨》12 之 9～10，北京：中華書局 1957 年影印本，第 5012 頁上～下。

從這段引文中可以看出免丁錢徵收的一個突出原因，在於有朝官認爲鄉村百姓有身丁勞役、官戶及富裕人家雖不服丁役，但是可以繳納免役錢，而作爲教職人員的僧道既不用服勞役，又不繳納免役錢，所以建議朝廷根據僧道等級高下徵收免丁錢，與官、民戶事體均一。可以看出，免丁錢的繳納是對治社會時局弊病的，從社會管理者的角度講，這一政策的推行可謂正當其時。從免丁錢的徵收標準來看，依據僧道等級高下來劃分的細則又十分具有針對性，可謂一個醞釀十分成熟的提案，後得到詔行。所以說免丁錢的徵收是社會時局倒逼中央政府的一個改革政策〔註118〕，是南宋王朝爲增強社會生產力，增加財政經濟收入而做出的創新性舉措，這種對僧道徵收免丁錢的做法在南宋之前是沒有過的。

此外，僧道免丁錢的徵收也是統治階級緩和內部矛盾的一個應對舉措，僧道作爲「坐食階層」有一定的階級特權，如果僧道的政治或者經濟特權超出世俗官僚所能承受的範圍，則往往引起政教矛盾。實際上儒釋道三教關係始終是封建統治的一個突出問題，而佛教經濟的過分膨脹、僧眾權力的過分強大勢必引起世俗政權的忌憚，產生激烈的政教矛盾。因此，對於僧道徵收免丁稅一定程度上有利於緩解世俗政權與宗教教權之間的矛盾。

最後，來看僧道免丁錢的徵收標準，從材料上看，可以很清楚地看到佛教教派及僧眾等級差別在繳納免丁錢數額上的不同，可見這樣一種劃分標準去徵收免丁錢是十分不公平的，這勢必引來僧眾的非議。〔註119〕白文固曾認爲：「出現這種畸輕畸重的情況，推測除了宗教崇仰方面的因素外，似乎再無更恰當的解釋。」〔註120〕實際上，比較好理解，免丁錢的徵收勢必會引起佛教與道教人士的普遍反對，其實施的阻力自然不小，而就佛教內部而言，禪

〔註118〕 游彪先生認爲：「從客觀上看，南宋初期，戰爭頻仍，軍費開支浩大，迫使統治者不得不採取措施廣開財源，通過各種渠道聚斂錢財。此外，寺觀、僧尼經濟力量日益強大，封建政府採用一些措施加以控制，這就是徵收僧道免丁錢的原因了。」詳細參看游彪：《宋代寺院經濟史稿》，保定：河北大學出版社，2003年版，第175頁。

〔註119〕 關於免丁錢的徵收與南宋政府管理問題，在本書第四章「南宋時期僧團管理與寺院經濟」第二節「南宋免丁錢的徵收與佛教內容分化」中有過探討，筆者在此不再贅述。

〔註120〕 白文固、趙春娥：《中國古代僧尼名籍制度》，西寧：青海人民出版社，2002年版，第154～155頁。

宗相比教、律兩派則具有更大的政治影響力，其教派僧眾人數也最多〔註121〕，為盡可能緩解免丁錢的徵收阻力，故而在徵收數額上，禪宗僧眾相對要少。就免丁錢來說，禪宗享有更多享受優惠的特權，這種政策自然也招致了其他教派僧眾的不滿，而南宋政府根據這種情況亦作出了相對應的調整。〔註122〕

　　實際上，免丁錢的徵繳雖然有緩和政教矛盾之意義，但是由於政府為盡可能避免這一政策的推行所帶來的巨大壓力，故而有意作出對佛道、禪教的不平等對待，這樣又恰恰加重了佛教的內部分化，加深了佛教教派之間的矛盾，而這似乎為南宋後期佛教五山十剎的等級評定設置了一個重要的伏筆。但是無論如何，對僧道免丁錢的徵收有時代的必然性，是政府規範宗教管理的一次重要實踐，對於防止佛教經濟過分膨脹起到了一定的抑制作用，所以應給予全面及客觀的評價。

第三節　總結：政權網格下寺院經濟發展之總體特徵

　　在政權網格化下的寺院經濟，其發展並不是主觀的「一意孤行」，而是要

〔註121〕　筆者在本書第四章「南宋時期僧團管理與寺院經濟」第二節「南宋免丁錢的徵收與佛教內容分化」中有過探討，認為：禪僧所繳納的免丁錢相比律僧、教僧來說要少得多，這意味著禪僧所享受到的經濟特權更大，如果這一點不好理解的話，最好的實證就是五山十剎，當然五山十剎是之後的事情了，如果不從五山十剎上看，可以進行史實對比，諸如虎丘紹隆（南宋紹興六年示寂）、大慧宗杲、大禪了明、密庵咸傑、佛照德光、破庵祖先、無準師範、石溪心月、虛堂智愚等等皆是活躍在南宋政壇上的高僧，皆有著極為光鮮豔麗的政治背景和威震四方的宗教影響力，可以說南宋時期禪宗的高僧大德幾乎全部出於徑山派（大慧一派）和虎丘派（紹隆一派），這兩派許多高僧都成為後來五山十剎的住持僧。

〔註122〕　〔宋〕李心傳撰：《建炎雜記甲集》，卷15《財賦二·僧道免丁錢》中記載：「紹興二十四年（1154年），以紫衣師號不售，乃詔：律院有紫衣師號者，輸錢視禪剎，禪僧及宮觀道士有者，輸丁錢一千三百有奇，至今以為例。（乾道癸巳八月）初取免丁時立法年六十以上及病廢殘疾者聽免，後詔七十以上乃免之。」詳細參看〔宋〕李心傳撰：《建炎雜記甲集》，卷15《財賦二·僧道免丁錢》，文淵閣《四庫全書》全文檢索電子版，上海人民出版社、迪志文化出版有限公司，1999年版。可見這次政府意在縮小各教派免丁錢的徵收數額，以緩和教派之間的矛盾，另外在規定中縮小了教派內部僧眾免丁錢的徵收數額，此種做法應是緩和本寺院普通僧眾與高級僧眾之間的矛盾。但是在癸巳年（乾道九年，1173年）八月的時候，政府又將本來在乾道元年發布的「六十以上及病廢殘疾者聽免」的規定改了過來，從而又加重了普通僧眾的負擔。

在相互關係的建構中循途守轍，其經濟發展的要求往往要體現雙方的共同意志。段玉明老師在其《相國寺：在唐宋帝國的神聖與凡俗之間》一書中指出：「寺院生活受到了佛法和俗法的雙重規約，最終放棄了曾經享有的治外法權。但正像陳觀勝（Kenneth K.S. Ch'en）所指出的，此一放棄經過了「長期的精神鬥爭」〔註123〕。而且，言其放棄也僅只是事實的一個方面。當寺院被迫作出此一讓步時，他並不是一無所獲。作為回饋，在寺院之中形成的一些儀式和活動被有效地組織進了帝王政治的網絡……就此而言，與其將之視為一個出讓的過程，毋寧視為一個交換的過程或更妥當。然需說明的是，這個過程的最後完成其實是在宋代……」〔註124〕從南宋政權與寺院經濟發展關係來看這種「交換的過程」就更加容易理解了，而在這樣的交換過程中，寺院經濟發展則呈現出一系列十分鮮明的總體特徵。

現結合本章及前面章節的相關論述，總結南宋寺院經濟在政權網格中發展的總體特徵，如下：

（一）南宋寺院經濟規模具有差異性

寺院經濟的發展總是呈現出地域差異〔註125〕，這是古來有之的一種現象。宋理宗時期，重臣「許國公」吳潛上奏指出：「寺觀所在不同，湖南不如江西，江西不如兩浙，兩浙不如閩中。」〔註126〕也可以從一個側面反映出寺院經濟發展趨勢的某種差異性。事實上，寺院經濟發展的社會差異並不是自南宋才開始，放到歷朝歷代都有這樣的特徵，但是南宋時期，政府針對寺院經濟發展的相關政策之多、政策的影響力之深、涵蓋範圍之廣，是前朝各代所無法比擬的。諸如針對寺院土地的「實封」、「授賣」政策、針對寺院販茶活動的相關政策、官方手工作所對於僧尼的雇傭政策、針對寺院田產兩稅及雜項攤牌等各類稅收政策、針對僧眾的免丁錢徵收政策等等，除此之外，還有社會法律條令等政策也都會對寺院經濟發展產生多方面的影響。而由於地

〔註123〕Kenneth K.S. Ch'en The Chinese Transformation of Buddhism, Princeton: Princeton Unversity Press, 1973. P69.

〔註124〕段玉明：《相國寺——在唐宋帝國的神聖與凡俗之間》，成都：巴蜀書社，2004年版，第207～208頁。

〔註125〕關於這一點游彪先生在其《宋代寺院經濟史稿》第八章「寺院經濟的地域差異」中已經有過探討總結，具體參看游彪：《宋代寺院經濟史稿》，保定：河北大學出版社，2003年版，第210～235頁。

〔註126〕〔宋〕吳潛撰：《許國公奏議》卷二《奏論計畝官會一貫有九害》，載《宋集珍本叢刊》第八十四冊，北京：線裝書局，2004年版，第84頁上。

域的限制、時局的影響、政策的不合理執行，加之寺院之間本就存在的權力等級分化等等狀況，都造成寺院經濟發展的諸多差異。

那麼是否與政權合作較爲積極緊密的寺院、地處政權中心的寺院、享受政策優惠更多的寺院就一定比其他寺院經濟上更具優勢？答案不可一概而論，畢竟不同寺院之間也是存在較大差異的，即使處於政權中心的寺院之間同樣如此。與政權關係較爲緊密的寺院確實往往會得到皇室敕賜、官宦施捨的田產，其經濟規模往往比一般寺院更加雄厚。這些與政權關係較爲緊密的寺院包括皇家（御前）寺院（淨慈寺、靈隱寺、三天竺、明慶寺、徑山寺等寺院）、皇家及后妃功德寺、追薦皇帝的寺院（諸如報恩光孝寺）、名勝地寺院、地方官宦捨田寺院等等。〔註127〕但是，如果以十方制與甲乙制寺院作一下實證對比來看，十方主持制寺院較之於甲乙主持制寺院往往享受到更多政策上的優惠〔註128〕，但是由於主持僧最終由官府認定，因此也具有一些政治體制化中的弊端，以致出現十方制寺院經濟敗落，並最終改回甲乙制寺院的例子。諸如《至元嘉禾志》中《本覺禪院記》中記載：

> 余嘗慨近世大禪刹，號稱領袖，往往視如傳舍，占一席於偏廡，
> 以苟朝夕，顧視橐中貲聚，足以易善地望豐報，而心猿氣馬，已坐
> 馳於南北東西數千里之外。以故鐘鼓不鳴，□□，蓋障不蔽風雨，
> 金仙梵帝樓觀丹青之飾塵煙晦蒙脫，粟藜莧之供無以繼，在在皆然
> 也。遠老（按：宗遠禪師）攻苦食淡，銖積寸累，不以一毫私其身，
> 勤勞三載，起廢而一新之……〔註129〕

十方制主持往往會被政府派往不同的寺院任職，所以造成主持僧僅僅將寺院作爲臨時的「傳舍」及作爲獲取豐厚貲財的「善地」，長期以往則造成寺院的毀廢，本覺禪院的例子突出說明寺院政治體制化帶來的經濟發展弊端，但是根據此則材料的後續記載來看，後「淳祐辛亥（1251 年），太監趙公與訔來守

〔註127〕汪聖鐸：《宋代政教關係研究》，北京：人民出版社，2010 年版，第 699～706 頁。

〔註128〕諸如在免丁錢的繳納上，《宋會要輯稿・食貨》12 之 9 中記載：「戶部言：今措置到下項甲乙主持律院並十方教院、講院僧，散眾每名納錢五貫文省……十方禪院僧，散眾每名納錢二貫文省。」載〔清〕徐松輯：《宋會要輯稿・食貨》12 之 9，北京：中華書局 1957 年影印本，第 5012 頁上。

〔註129〕〔元〕徐碩撰：《至元嘉禾志》卷二十二《本覺禪院記》，載《宋元方志叢刊》第五冊，北京：中華書局編，1990 年版，第 4581 頁上。

是邦」，於是禮請宗遠禪師主持本覺禪院，將其改成了甲乙主持制的律院，後「勤勞三載，起廢而一新之」。〔註130〕

看來，本覺禪寺最終也還是在政權的支持下，在僧眾的努力下重新復興了。事實上絕大多數與政權密切相關的寺院，由於受到政策的支持，其經濟發展之路確實十分廣闊，但是又由於這樣的寺院對於世俗政權的依賴性之大，超乎尋常，其經濟發展的背後實際上隱藏著不可預知的風險。

此外，南宋寺院經濟發展趨勢的差異性，許多情況下亦是由政府相關政策的不合理制定，以及管理的失範而導致的，諸如田產賦稅政策的不合理實施，免丁錢徵收政策的等級化對待，「五山十剎」制度的制定推行等等，都在很大程度上加劇了寺院經濟的分化。

（二）南宋寺院經濟活動的政治彌散性

已故的華裔美國社會學家楊慶堃先生曾對中國社會的宗教進行研究，並且總結認爲，與西方制度性的宗教不同，作爲分散性宗教的中國民間信仰，其擁有神學理論、崇拜對象及信仰者，於是能十分緊密地滲透進一種或多種的世俗制度中，從而成爲世俗制度的觀念、儀式和結構的一部分。制度性宗教作爲一個獨立的系統運作，而分散性宗教則作爲世俗社會制度的一部分發揮功能。〔註131〕與傳統的土生土長的中國民間宗教不同，佛教雖然也可被視爲民間宗教的一種，但是從教義思想、僧團組織、叢林制度等方面來看，其自身宗教制度化的程度還是很高的〔註132〕，伴隨著佛教中國化的歷史趨向，尤其是當佛教被全面置於政權網格中時，雖然在宗教制度方面有其自主性，然而其諸如經濟活動的發展卻並不完全由其自主決定，而是受到世俗政權的監理管控，成爲被用來服務於王朝統治的一種手段，所以佛教雖然有其自主開展經濟活動的願望與能力，但是在王權政治下，其或主動、或被動地作爲「世俗社會制度的一部分在發揮作用」。從南宋寺院經濟的具體活動和社會發

〔註130〕〔元〕徐碩撰：《至元嘉禾志》卷二十二《本覺禪院記》，載《宋元方志叢刊》第五冊，北京：中華書局編，1990年版，第4581頁上。

〔註131〕楊慶堃著，范麗珠譯：《中國社會中的宗教——宗教的現代社會功能與其歷史因素之研究》，上海：上海人民出版社，2007年版，第268～269頁。

〔註132〕楊慶堃先生認爲：「在中國，制度性宗教主要表現爲普世性宗教，諸如佛教和道教，以及其他宗教和教派團體。」詳細參看楊慶堃著，范麗珠譯：《中國社會中的宗教——宗教的現代社會功能與其歷史因素之研究》，上海：上海人民出版社，2007年版，第269頁。

展來看，此時期佛教是積極向政權靠攏的，並通過其經濟活動為政權提供服務，同時國家政權也為寺院經濟的發展提供了諸多便利條件，並對寺院經濟加以全方位的利用，以度過社會的諸多危機，穩固政治秩序。所以寺院經濟活動不僅僅是「荷擔如來家業」的必然要求，其體現出來的政治意義在那個時代更為強烈，甚至可以說這些活動本身，在客觀上就是「社會政治活動」的一種特殊的體現，只是披上了所謂「宗教的外衣」。從這個方面去看，南宋寺院經濟活動的政治彌散性便體現無疑了。

可以再進一步作實證的分析與總結，從南宋寺院經濟的建立及發展，以及諸多社會政治制度對這些活動的影響約束來看，世俗政權是寺院經濟活動的最終主導者，而僧眾則是以世俗政權代理人的身份直接參與寺院經濟活動，而主持僧則是世俗政權中在寺院中的最高級的、最親密的代理人。從寺院經濟的建立與發展來看，作為寺院最基礎的財產——田產，如果僅用以滿足寺院僧眾基本需求，只是作為僧眾修行的一種「善增上緣」的話，仍然可以被簡單地看作是寺院自給自足自養的「封閉型」經濟，但是當寺院擁有大量來自於政府的賜田、捨田、官賣田之後，其生產經營的方式就發生了改變，普請製更多地被租佃制所替代，而寺院經濟基礎強大的同時亦必然帶來其政治話語權，及其政治特權地位的提升，其政治階級屬性就體現得更為顯著了。

同時另一方面，寺院之所以有大量的土地，主要源於政權的施捨或賜授，其經營活動亦有義務為政府服務，並適度接受來自政權的監理管控，而且還必須向世俗政權繳納兩稅及承擔各類雜項攤牌。可以說，世俗政權向寺院提供田產以作供養之時，寺院也要向政權提供相應的「供養」，兩者之間呈現出「一損俱損，一榮俱榮」的相互關係，寺院經濟活動中總的政治關係就體現在這個大的方面，而這樣的政治關係彌散在寺院田產經營、手工業、商業等諸多方面的經濟活動中。

寺院經濟活動的政治性體現在其要為世俗政權服務外，還突出地體現在寺院經濟管理大權掌握在主持僧手中，而主持僧的任用大權則由世俗政權掌握，這樣寺院經濟的管理權實際上亦被世俗政權所操控，佛教上層僧侶與世俗政權的這種關係，一方面加劇了佛教制度及其發展的政治化，尤其是僧官制度、度僧制度、僧尼管理制度的確立鞏固，為推動佛教制度的政治化提供了重要的組織保障。另一方面，在寺院經濟發展的過程中，不同宗派的寺院、同一宗派的寺院、同一寺院的僧眾，其內部也在發生著重

大的分化，無論從經濟活動管理權上，還是從政治特權上，不平等的現象是普遍存在的，從佛教在南宋後期的發展來看，「五山十刹」制度〔註 133〕的確立是這種不平等現象的必然結果，同時也是南宋寺院經濟活動政治彌散性的最突出的引證。

（三）南宋寺院經濟發展的官方體制化

隨著社會經濟文化的發展，加之政治無時無刻地施加影響，南宋寺院經濟呈現出多樣化的發展面貌，其社會參與意識亦達到前所未有的程度，寺院自身的發展與社會物質進程並沒有保持著較大的距離，除此之外，寺院經濟在與政權相互影響、發生作用的過程中，其諸多經濟活動背後所屬宗教的思維方式、價值判斷等也在發生著急劇的變化，寺院作爲「個體」，亦逐漸向世俗政權的同僚以及代理人的身份轉變。曾有學者對南宋政治經濟進行研究總結，把寺觀與皇室、貴族、官僚、地主、富商並列爲宋代六大兼併勢力。〔註134〕寺院成爲一大兼併勢力，其大的社會政治背景在於政府「不抑兼併」的土地政策，導致了宋代土地所有權的國有向私有的轉移，追根究底，背後是由政府支持策動的。

從之前的討論也可以看出，無論寺院如何不想被政府管控監理，並試圖擺脫政治體制的影響而獨立開展經濟活動，寺院經濟的發展被全面置於政治網格之中的趨勢絕對不能避免，即使政治體制暫時無法有效管控寺院諸多經濟活動，乃至寺院通過辭任主持、逋賦逃稅、法律訴訟等政治經濟法律手段進行抗爭，寺院經濟發展的官方體制化都無法被阻止。諸如主持的政府任命、免丁錢的徵收、僧官的設置種種，都是寺院經濟「官方體制化」的突出代表事例，這些事例十分明確地反映出：當政權無暇、也沒有能力全面管控寺院經濟諸多活動時，則會積極尋求對寺院經濟活動中最活躍的、起主導作用的人，即僧侶的管控，特別是高級僧侶。

〔註133〕關於「五山十刹」具體制度的研究討論，可參看劉長東先生《宋代佛教政策論稿》一書第七章「宋代五山十刹制」，見於該書第349～379頁，成都：巴蜀書社，2005年版。關於「五山十刹」的經濟活動，筆者在本書各別章節中也有以「靈隱寺」、「徑山寺」、「上天竺寺」等諸山佛刹爲例子的討論，在此不再贅述。另外，王仲堯先生《南宋佛教制度文化研究》一書中，亦有以「五山十刹」爲個案，關於其經濟活動的詳細討論。具體可參看王仲堯：《南宋佛教制度文化研究》（下冊），北京：商務印書館，2012年版，第549～562頁。

〔註134〕吳泰：《宋朝史話》，北京：北京出版社，1987年版，第240～241頁。

　　通過賜授主持、度牒、師號紫衣、僧官等手段，積極扶植代理人往往起到十分明顯的效果，曾有學者對從事政府宗教管理職務的僧官進行研究，總結指出：「從政府以國法的形式對僧官職掌所作的內容規定，我們可見宋代的僧官主要是站在政府的立場，以『簿賬案牒、奔走將迎之勞』在對政府負責，作爲政教關係天平上的指針，他是明顯偏向於政權一方的。」〔註135〕日本學者高雄義堅曾總結認爲，在中國佛教徒之間，佛教期望能超然國家權力之上，但儘管抱持著這種矜持的傾向，隨著與國家權力的接近，最後竟到了完全渾融其中的地步。〔註136〕由此可見，在南宋世俗政權的統治管理之下，寺院即使存在與世俗政權進行經濟鬥爭的行爲和意念，最終還是避免不了要積極尋求與政權的合作，與之成爲一個利益的共同體，並在其中進行著自我解構與自我建構。

〔註135〕劉長東：《宋代佛教政策論稿》，成都：巴蜀書社，2005 年版，第 122～127 頁。
〔註136〕〔日本〕高雄義堅等著，陳孝菁等譯：《宋代佛教史研究》，臺北：華宇出版社，1979 年版，第 36 頁。

參考文獻

一、部書叢書

1. 《大正藏》、《卍新纂續藏經》，中華電子佛典協會編，2008 年版。
2. 《宋元方志叢刊》，北京：中華書局，1990 年版。
3. 《宋集珍本叢刊》，北京：線裝書局，2004 年版。
4. 《中國佛寺叢刊》，揚州：廣陵古籍刻印社，1996 年版。
5. 《歷代碑誌叢刊》，南京：江蘇古籍出版社，1998 年版。
6. 《中國方志叢書》，臺北：成文出版社，1983 年版。
7. 《續修四庫全書》，上海：上海古籍出版社，2002 年版。
8. 《石刻史料新編》，臺北：臺灣新文豐出版公司，1982 年版。
9. 《唐宋史料筆記叢刊》，北京：中華書局，1986 年版。
10. 景印文淵閣本《四庫全書》，臺北：臺灣商務印書館，1984 年影印本。
11. 文淵閣《四庫全書》全文檢索電子版，上海人民出版社、迪志文化出版有限公司，1999 年出版。

二、古籍著作

1. 〔宋〕惠洪撰《禪林僧寶傳》，載《卍新纂續藏經》第 79 冊。
2. 〔吳越〕景霄纂《四分律鈔簡正記》，載《卍新纂續藏經》第 43 冊。
3. 〔北宋〕李昉等編《太平廣記》，北京：中華書局，1961 年版。
4. 〔清〕董誥等編《全唐文》，北京：中華書局影印本，1983 年版。
5. 〔元〕脫脫等編《宋史》，北京：中華書局，1977 年版。
6. 〔梁〕僧祐撰《弘明集》，載《大正藏》第 52 冊。

7. 〔宋〕淨善重集《禪林寶訓》，載《大正藏》第 48 冊。

8. 〔宋〕宗賾著，蘇軍點校《禪苑清規》，鄭州：中州古籍出版社，2001 年版。

9. 〔元〕德輝重編《勅修百丈清規》，載《大正藏》第 48 冊。

10. 〔宋〕釋道誠集《釋氏要覽》，載《大正藏》54 冊。

11. 〔清〕徐松輯《宋會要輯稿》，北京：中華書局，1957 年版。

12. 〔宋〕周去非著，楊武泉校注《嶺外代答》，北京：中華書局，1999 年版。

13. 〔唐〕李延壽撰《南史》，北京：中華書局，1975 年版。

14. 〔宋〕洪邁撰，何卓校點《夷堅志》，北京：中華書局，1981 年版。

15. 〔民國〕黃瑞撰《台州金石錄十三卷（附磚錄五卷闕訪四卷)》，民國五年劉氏嘉業堂刊本。

16. 〔宋〕梁克家修纂，福州市地方志編纂委員會整理《淳熙三山志》，福州：海風出版社，2000 年版。

17. 〔明〕明河撰《補續高僧傳》，載《卍新纂續藏經》第 77 冊。

18. 〔唐〕義淨撰《西域求法高僧傳》，載《大正藏》第 51 冊。

19. 〔唐〕李林甫等纂，陳仲夫點校《唐六典》，北京：中華書局，1992 年版。

20. 〔宋〕道原撰《景德傳燈錄》，載《大正藏》第 51 冊。

21. 〔宋〕善卿編正《祖庭事苑》，載《卍新纂續藏經》第 64 冊。

22. 〔宋〕釋寶曇撰《橘洲文集》，日本元祿 11 年刊本。

23. 〔元〕徐碩撰《至元嘉禾志》，載《宋元方志叢刊》，北京：中華書局編，1990 年版。

24. 〔元〕陳櫟撰《定宇集》，載景印文淵閣本《四庫全書》第 1205 冊，臺北：臺灣商務印書館，1984 年影印本。

25. 〔南宋〕佚名編錄，中國社會科學院歷史研究所、宋遼元金史研究室點校《名公書判清明集》，北京：中華書局，1987 年版。

26. 〔宋〕林希逸撰《竹溪鬳齋十一槁續集》載《宋集珍本叢刊》第八十三冊，北京：線裝書局，2004 年版。

27. 〔明〕釋廣賓纂《杭州上天竺講寺志》，杭州：杭州出版社，2007 年版。

28. 〔明〕田汝成輯撰《西湖遊覽志餘》，上海：上海古籍出版社，1980 年版。

29. 〔明〕釋際禪纂《淨慈寺》（二），載白化文、張智主編《中國佛寺叢刊》第 64 冊，揚州：廣陵古籍刻印社，1996 年版。

30. 〔清〕孫治撰《靈隱寺志》，載白化文、張智主編《中國佛寺叢刊》第 60 冊，揚州：廣陵古籍刻印社，1996 年版。

31. 〔明〕田汝成輯撰《西湖遊覽志》，上海：上海古籍出版社，1980 年版。

32. 〔宋〕周必大撰《廬陵周益國文忠公集》，載《宋集珍本叢刊》第五十一冊，北京：線裝書局，2004 年版。

33. 〔宋〕潛説友編《咸淳臨安志》，載中華書局編《宋元方志叢刊》（第四冊），1990 年版。

34. 〔元〕劉一清撰《錢塘遺事》，上海：上海古籍出版社，1985 年版。

35. 〔明〕陳邦瞻撰《宋史紀事本末》，北京：中華書局，1977 年版。

36. 〔宋〕王禹偁撰《王黃州小畜集》，載《宋集珍本叢刊》第一冊，北京：線裝書局，2004 年版。

37. 〔宋〕李燾撰《續資治通鑒長編》（第八冊），北京：中華書局點校本，1985 年版。

38. 〔宋〕陸游撰《渭南文集》，載《陸游集》第五冊，北京：中華書局點校本，1976 年版。

39. 〔宋〕陳造撰《江湖長翁文集》，載《宋集珍本叢刊》第六十冊，北京：線裝書局，2004 年版。

40. 〔宋〕蘇頌撰，王同策等點校《蘇魏公文集》，北京：中華書局，1988 年版。

41. 〔宋〕劉克莊撰《後村先生大全集》，載宋集珍本叢刊第八十二冊，北京：線裝書局，2004 年版。

42. 〔明〕吳之鯨撰《武林梵志》，杭州：杭州出版社，2006 年版。

43. 〔明〕釋方策編《善權寺古今文錄》，載北京圖書館藏《古籍珍本叢刊》（影印清抄本）第 118 冊，北京：書目文獻出版社。

44. 〔宋〕羅濬等撰《寶慶四明志》（清咸豐四年刊本），載《中國方志叢書》（第 574 號），臺北：成文出版社，1983 年版。

45. 〔清〕釋德介纂《天童寺志》（上），載白化文、張智主編《中國佛寺叢刊》第 84 冊，揚州：廣陵古籍刻印社，1996 年版。

46. 〔清〕阮元編錄《兩浙金石志十八卷（附補遺一卷)》，載中國東方文化研究會歷史文化分會編《歷代碑誌叢刊》第十九冊，南京：江蘇古籍出版社，1998 年版。

47. 〔宋〕陳淳撰《北溪先生大全文集》，載《宋集珍本叢刊》第七十冊，北京：線裝書局，2004 年版。

48. 〔宋〕曹勳撰《松隱文集》，載《宋集珍本叢刊》第四十一冊，北京：線裝書局，2004 年版。

49. 〔宋〕奎光撰《徑山志》，載杜潔祥主編《中國佛寺志》（第一輯）第 32 冊，臺北：明文書局，1980 年版。

50. 〔明〕黃宗羲編《明文海》（第一冊），北京：中華書局，1987 年版。

51.〔明〕陳岩撰《九華詩集》，載《宋集珍本叢刊》第九十冊，北京：線裝書局，2004 年版。

52.〔宋〕普濟編《五燈會元》，載《卍新纂續藏經》第 80 冊。

53.〔清〕徐景熹修，魯曾煜等撰《福州府志》（第二冊）（清乾隆十九年刊本），載《中國方志叢書》（第 72 號），臺北：成文出版社，1983 年版。

54.〔宋〕張淏撰《寶慶會稽續志》，載《宋元方志叢刊》（第七冊），北京：中華書局編，1990 年版。

55.〔宋〕龐元英撰《談藪》，載〔元〕陶宗儀編《說郛》，北京：中國書店，1986 年版。

56.〔宋〕沈作賓修，施宿等纂《嘉泰會稽志》，載《宋元方志叢刊》（第七冊），北京：中華書局編，1990 年版。

57.〔宋〕陸游撰《老學庵筆記》，北京：中華書局點校本，1979 年版。

58.〔宋〕孟元老撰《東京夢華錄》，北京：中國商業出版社，1982 年版。

59.〔宋〕沈遼撰《雲巢編》，載《宋集珍本叢刊》第二十三冊，北京：線裝書局，2004 年版。

60.〔宋〕蔡絛撰《鐵圍山叢談》，北京：中華書局，1983 年版。

61.〔宋〕岳珂撰《桯史》，北京：中華書局，1981 年版。

62.〔宋〕蘇軾撰《蘇軾文集》，北京：中華書局 1986 年版。

63.〔漢〕班固撰《漢書》（第八冊），北京：中華書局，1962 年版。

64.〔唐〕義淨譯《根本說一切有部毘奈耶》，載《大正藏》第 23 冊。

65.〔唐〕義淨譯《根本薩婆多部律攝卷》，載《大正藏》第 24 冊。

66.〔宋〕周應合編《景定建康志》，載《宋元方志叢刊》第二冊，北京：中華書局編，1990 年版。

67.〔清〕郝玉麟等監修《福建通志》（第二冊），臺北：華文書局股份有限公司，1968 年版。

68.〔宋〕宗曉編《四明尊者教行錄》，載《大正藏》第 46 冊。

69.〔清〕謝啓昆編《粵西金石略》，載《石刻史料新編》第 1 輯，臺北：臺灣新文豐出版公司，1982 年版。

70.〔宋〕謝深甫等撰《慶元條法事類》，載《續修四庫全書》第 861 冊，上海：上海古籍出版社，2002 年版。

71.〔宋〕馬端臨撰《文獻通考》，北京：中華書局，1986 年版。

72.〔宋〕葉紹翁撰《四朝聞見錄》，北京：中華書局，1989 年版。

73.〔宋〕道隆編《偃溪和尚語錄》，載《卍新纂續藏經》第 69 冊。

74.〔宋〕惟康編《無文道璨禪師語錄》，載《卍新纂續藏經》第 69 冊。

75.〔宋〕眞德秀撰《西山先生眞文忠公文集》，上海：商務印書館，1937 年版。

76.〔宋〕劉克莊撰《後村居士集》，載《宋集珍本叢刊》第七十九冊，北京：線裝書局，2004 年版。

77.〔宋〕枯崖圓悟編《枯崖漫錄》，載《卍新纂續藏經》第 87 冊。

78.〔元〕釋念常撰《佛祖歷代通載》，載《大正藏》第 40 冊。

79.〔宋〕岳珂撰《愧郯錄》，載王雲五等編《叢書集刊初編》第 842 冊，上海：商務印書館，1935 年版。

80.〔元〕永中補、〔明〕如巹續補《緇門警訓》，載《大正藏》第 48 冊。

81.〔宋〕陳亮撰《龍川集》，載《宋集珍本叢刊》第六十五冊，北京：線裝書局，2004 年版。

82.〔元〕張鉉編《至正金陵新志》，載《宋元方志叢刊》（第六冊），北京：中華書局編，1990 年版。

83.〔元〕佚名編撰，李之亮校點《宋史全文》，哈爾濱：黑龍江人民出版社，2005 年版。

84.〔明〕朱國楨撰《湧幢小品》，北京：中華書局，1959 年版。

85.〔宋〕李心傳撰《建炎以來朝野雜記》，北京：中華書局，2000 年版。

86.〔宋〕莊綽撰《雞肋編》，北京：中華書局，1983 年版。

87.〔宋〕趙彥衛撰《雲麓漫鈔》，北京：中華書局，1996 年版。

88.〔宋〕志磐撰《佛祖統紀》，載《大正藏》第 49 冊。

89.〔宋〕周密撰《癸辛雜識》，北京：中華書局，1988 年版。

90.〔明〕程敏政撰《篁墩程先生文集》（正德二年跋刊本第九冊），京都大學附屬圖書館 2002 年館藏。

91.〔宋〕祝穆纂《新編古今事文類聚前集》，和刻本第 21 冊。

92.〔元〕覺岸編《釋氏稽古略》，載《卍新纂續藏經》第 49 冊。

93.〔明〕顧炎武著，黃汝成集釋《日知錄》，上海：上海古籍出版社全校本，2006 年版。

94.〔宋〕陳耆卿纂《嘉定赤城志》，載《宋元方志叢刊》（第七冊），北京：中華書局編，1990 年版。

95.〔清〕張琦修，清鄒山、蔡登龍纂等編《康熙建寧府志》，載《中國地方志集成·福建府縣志輯5》，上海書店、巴蜀書社、江蘇古籍出版社，2000 年版。

96.〔宋〕劉宰撰《漫塘集》，載《宋集珍本叢刊》第七十二冊，北京：線裝書局，2004 年版。

97.〔西晉〕法立、法炬譯《佛說諸德福田經》，載《大正藏》第 16 冊。

98. 〔東晉〕慧遠撰《無量壽經義疏》卷上，載《大正藏》第 37 冊。

99. 〔姚琴〕鳩摩羅什譯《大智度論》，載《大正藏》第 25 冊。

100. 〔宋〕高承撰《事物紀原》，北京：中華書局點校本，1989 年版。

101. 〔宋〕江少虞撰《宋朝事實類苑》（下冊），上海：上海古籍出版社，1980 年版。

102. 〔宋〕契嵩撰《鐔津文集》，載《大正藏》第 52 冊。

103. 〔元〕熙仲集《歷朝釋氏資鑒》，載《卍新纂續藏經》第 76 冊。

104. 〔宋〕李心傳編撰《建炎以來繫年要錄》北京：中華書局，1956 年版。

105. 〔宋〕余靖撰《武溪集》，載《宋集珍本叢刊》第三冊，北京：線裝書局，2004 年版。

106. 〔宋〕贊寧撰《大宋僧史略》，載《大正藏》第 54 冊。

107. 〔元〕黃溍撰《金華黃先生文集》，載《續修四庫全書》第 1323 冊，上海：上海古籍出版社，2002 年版。

108. 〔宋〕吳潛撰《許國公奏議》，載《宋集珍本叢刊》第八十四冊，北京：線裝書局，2004 年版。

109. 〔明〕楊慎撰《全蜀藝文志》，北京：線裝書局，2003 年版。

110. 佚名《四部律並論要用抄》，載《大正藏》第 85 冊。

111. 〔宋〕滕珙撰《經濟文衡續集》，文淵閣《四庫全書》全文檢索電子版，上海人民出版社、迪志文化出版有限公司，1999 年出版。

112. 〔元〕吳師道輯《敬鄉錄》，文淵閣《四庫全書》全文檢索電子版，上海人民出版社、迪志文化出版有限公司，1999 年出版。

113. 〔清〕郝玉麟等監修《福建通志》，文淵閣《四庫全書》全文檢索電子版，上海人民出版社、迪志文化出版有限公司，1999 年出版。

114. 〔宋〕汪應辰撰《文定集》，文淵閣《四庫全書》全文檢索電子版，上海人民出版社、迪志文化出版有限公司，1999 年出版。

115. 〔宋〕洪适撰《盤洲文集》，文淵閣《四庫全書》全文檢索電子版，上海人民出版社、迪志文化出版有限公司，1999 年出版。

116. 〔宋〕陳傅良撰《止齋集》，文淵閣《四庫全書》全文檢索電子版，上海人民出版社、迪志文化出版有限公司，1999 年出版。

117. 〔宋〕周必大撰《文忠集》，文淵閣《四庫全書》全文檢索電子版，上海人民出版社、迪志文化出版有限公司，1999 年出版。

118. 〔元〕盛如梓撰《庶齋老學叢談》，文淵閣《四庫全書》全文檢索電子版，上海人民出版社、迪志文化出版有限公司，1999 年出版。

119. 〔宋〕李覯撰《旴江集》，文淵閣《四庫全書》全文檢索電子版，上海人

民出版社、迪志文化出版有限公司，1999 年出版。

120. 〔明〕彭大翼撰《山堂肆考》，文淵閣《四庫全書》全文檢索電子版，上海人民出版社、迪志文化出版有限公司，1999 年出版。

121. 〔宋〕李綱撰《梁谿集》，文淵閣《四庫全書》全文檢索電子版，上海人民出版社、迪志文化出版有限公司，1999 年版。

122. 〔宋〕袁燮撰《絜齋集》，文淵閣《四庫全書》全文檢索電子版，上海人民出版社、迪志文化出版有限公司，1999 年出版。

123. 〔宋〕樓鑰撰《攻媿集》，文淵閣《四庫全書》全文檢索電子版，上海人民出版社、迪志文化出版有限公司，1999 年出版。

124. 〔明〕楊士奇、黃維等編《歷代名臣奏議》，文淵閣《四庫全書》全文檢索電子版，上海人民出版社、迪志文化出版有限公司，1999 年出版。

125. 〔宋〕秦觀撰《淮海集》，文淵閣《四庫全書》全文檢索電子版，上海人民出版社、迪志文化出版有限公司，1999 年出版。

126. 〔清〕謝旻等監修《江西通志》，文淵閣《四庫全書》全文檢索電子版，上海人民出版社、迪志文化出版有限公司，1999 年出版。

127. 〔宋〕黃震撰《黃氏日抄》，載景印文淵閣本《四庫全書》第 708 冊，臺北：臺灣商務印書館，1984 年版。

128. 〔宋〕王炎撰《雙溪類稿》，文淵閣《四庫全書》全文檢索電子版，上海人民出版社、迪志文化出版有限公司，1999 年版。

129. 〔宋〕王十朋撰《梅溪後集》，文淵閣《四庫全書》全文檢索電子版，上海人民出版社、迪志文化出版有限公司，1999 年出版。

130. 〔宋〕黃榦撰《勉齋集》，文淵閣《四庫全書》全文檢索電子版，上海人民出版社、迪志文化出版有限公司，1999 年出版。

131. 〔宋〕鄭虎臣編《吳都文粹》，文淵閣《四庫全書》全文檢索電子版，上海人民出版社、迪志文化出版有限公司，1999 年出版。

132. 〔宋〕衛涇撰《後樂集》，文淵閣《四庫全書》全文檢索電子版，上海人民出版社、迪志文化出版有限公司，1999 年出版。

133. 〔元〕歐陽玄撰《圭齋文集》，卷 6《分宜縣學復田記》，文淵閣《四庫全書》全文檢索電子版，上海人民出版社、迪志文化出版有限公司，1999 年出版。

134. 〔宋〕陳著撰《本堂集》，文淵閣《四庫全書》全文檢索電子版，上海人民出版社、迪志文化出版有限公司，1999 年出版。

三、現代著作

1. 劉元春《化導與反思——佛教入世之道》，北京：中國社會科學出版社，

2004 年版。

2. 游彪《宋代寺院經濟史稿》，保定：河北大學出版社，2003 年版。

3. 黃敏枝《宋代佛教社會經濟史論集》，臺北：臺灣學生書局，1989 年版。

4. 葛兆光《中國思想史——導論：思想史的寫法》，上海：復旦大學出版社，2004 年版。

5. 李向平《佛教信仰與社會變遷》，北京：宗教文化出版社，2007 年版。

6. 覺醒主編《都市中的佛教》，北京：宗教文化出版社，2004 年版。

7. 段玉明《中國寺廟文化》，上海：上海人民出版社，1994 年版。

8. 曾棗莊、劉琳主編《全宋文》，上海：上海辭書出版社。

9. 汪聖鐸《宋代政教關係研究》，北京：人民出版社，2010 年版。

10. 楊倩描《南宋宗教史》，北京：人民出版社，2008 年版。

11. 漆俠《宋代經濟史》，北京：中華書局，2009 年版。

12. 胡素馨主編《寺院財富與世俗供養》，上海：上海書畫出版社，2003 年版。

13. 高容盛、范金民主編《江南社會經濟研究·宋元卷》，北京：中國農業出版社，2006 年版。

14. 張曼濤主編《現代佛教學術叢刊》第九冊，臺北：大乘文化出版社，1980 年版。

15. 程民生《宋代物價研究》，北京：人民出版社，2008 年版。

16. 張國剛主編，邢鐵著《中國家庭史》（第三卷），廣州：廣東人民出版社，2007 年版。

17. 林天蔚《宋代香藥貿易史》，臺北：文化大學出版部，1986 年版。

18. 黃純豔《宋代海外貿易》，北京：社會科學文獻出版社，2003 年版。

19. 劉秋根《中國典當制度史》，上海：上海古籍出版社，1995 年版。

20. 楊天宇《周禮譯著》，上海：上海古籍出版社，2004 年版。

21. 賴永海主編《中國佛教通史》南京：江蘇人民出版社，2010 年版。

22. 唐代劍《宋代道教管理制度研究》，北京：線裝書局，2003 年版。

23. 王曾瑜《宋代階級結構》，北京：中國人民大學出版社，2010 年版。

24. 漆俠《中國經濟通史·宋代卷》，北京：經濟日報出版社，1999 年版。

25. 白文固、趙春娥《中國古代僧尼名籍制度》，西寧：青海人民出版社，2002 年版。

26. 冷曉《杭州佛教史》，杭州：杭州市佛教協會，1993 年版。

27. 張國剛《佛學與隋唐社會》，石家莊：河北人民出版社，2002 年版。

28. 浙江人民出版社編《浙江風物志》，杭州：浙江人民出版社，1985 年版。

29. 福建省惠安縣地方志編纂委員會編《惠安縣志》，福州：中國出版對外貿易公司福建分公司，1985 年版。

30. 謝重光、白文固《中國僧官制度史》，西寧：青海人民出版社，1990 年版。

31. 劉長東《宋代佛教政策論稿》，成都：巴蜀書社，2005 年版。

32. 王仲堯《南宋佛教制度文化研究》，北京：商務印書館，2012 年版。

33. 傅築夫《中國封建社會經濟史》（第五卷），北京：人民出版社，1989 年版。

34. 段玉明《相國寺——在唐宋帝國的神聖與凡俗之間》，成都：巴蜀書社，2004 年版。

35. 吳泰《宋朝史話》，北京：北京出版社，1987 年版。

四、中譯及外文著作

1. 〔美〕伊利亞德著，楊素娥譯《聖與俗——宗教的本質》，臺北：桂冠圖書公司，2000 年版。

2. 〔法〕謝和耐著，耿昇譯《中國 5～10 世紀的寺院經濟》，上海：上海古籍出版社，2004 年版。

3. 〔美〕斯圖沃德 Stewart 編，周偉馳等譯《當代西方宗教哲學》，北京：北京大學出版社，2006 年版。

4. 〔美〕羅納德‧L‧約翰斯通著，尹今黎等譯《社會中的宗教》，成都：四川人民出版社，1991 年版。

5. 〔日〕仁井田陞《唐宋法律文書的研究》，京都：東方文化研究所，1967 年版。

6. 〔日〕中村元等著，余萬居譯《中國佛教發展史》（上），臺北：天華出版社事業股份有限公司，1984 年版。

7. 〔日〕高雄義堅等著，陳孝菁等譯《宋代佛教史研究》，臺北：華宇出版社，1979 年版。

8. 〔美〕楊慶堃著，范麗珠譯《中國社會中的宗教——宗教的現代社會功能與其歷史因素之研究》，上海：上海人民出版社，2007 年版。

9. Kenneth K.S. Ch'en The Chinese Transformation of Buddhism, Princeton: Princeton Unversity Press, 1973.

五、中外期刊論文

1. 張蕾蕾《佛教寺院經濟研究小史》，載《法音》2015 年第 2 期。

2. 閔麗《2000 年以來國內宗教學理論研究述評》，載《宗教學研究》2008 年第 2 期。

3. 羅顥《試論都市佛教與人間佛教之關係及展開》，載覺醒主編《都市中的佛教》，北京：宗教文化出版社，2004 年版。

4. 徐國棟《現代的新財產分類及其啓示》，載《廣西大學學報》（哲學社會科學版）2005 年第 6 期。

5. 游彪《宋代「禁寺觀毋市田」新解》，載《中國經濟史研究》2002 年第四期。

6. 林悟殊《從百丈清規看農禪——兼論唐宋佛教的自我供養意識》，載《寺院財富與世俗供養》，上海：上海書畫出版社，2003 年版。

7. 屠水根、余秋珠、章祥富《徑山禪茶的歷史文化和發展前景》，載《中國茶葉加工》2010 年第 2 期。

8. 郭萬平《日僧南浦紹明與徑山禪茶文化》，載《浙江工商大學學報》2008 年第 2 期。

9. 陳堅《論〈商君書〉中的「精神重農主義」——兼談中國佛教「農禪並重」的「普請製」》，載《華南農業大學學報》（社會科學版）2008 年第 2 期。

10. 李幫儒《我國古代農禪的特徵》，載《安徽農業科學》第 36 卷，2008 年第 23 期。

11. 羅小奎《中國古代農禪詩初探》，載《農業考古》2007 年第 3 期。

12. 全漢昇《宋代寺院所經營之工商業》，載《現代佛教學術叢刊》第九冊，臺北：大乘文化出版社，1980 年版。

13. 季子涯《宋代手工業簡況》，載《歷史教學》1955 年第 5 期。

14. 王利華《古代華北水力加工興衰的水環境背景》，載《中國經濟史研究》2005 年第 1 期。

15. 譚徐明《中國水力機械的起源、發展及其中西比較研究》，載《自然科學史研究》，1995 年第 1 期。

16. 何蓉《佛教寺院經濟及其影響初探》，載《社會學研究》2007 年第 4 期。

17. 王方中《宋代民營手工業的社會經濟性質》，載《歷史研究》1959 年第 2 期。

18. 程民生《試論南宋經濟的衰退》，載《中國經濟史研究》1989 年第 3 期。

19. 黃純豔《論南宋東南茶法》，載《廈門大學學報》（哲學社會科學版）2001 年第 3 期。

20. 段玉明《唐宋大慈寺與成都社會》，載《宗教學研究》2009 年第 2 期。

21. 謝重光《晉唐寺院的商業和借貸業》，載《中國經濟史研究》1989 年第 1 期。

22. 郭正忠《南宋海外貿易收入及其在財政歲賦中的比率》，載《中華文史論叢》1982 年第 1 期。

23. 杜經國、黃挺《潮汕地區古代海上對外貿易》，載《潮學研究》第二期，汕頭：汕頭大學出版社，1994 年版。

24. 劉泳斯《南宋佛教與金融司法實踐》，載《世界宗教文化》2015 年第 3 期。

25. 王曾瑜《宋朝的兩稅》，載《文史》1982 年第十四輯。

26. 汪聖鐸、馬元元《黃敏枝〈宋代敕賜寺田表〉補正辨析》，載《河北大學學報》（哲學社會科學版）2009 年第 1 期。

27. 王文書《宋代的榷醋和醋息錢》，載《河北大學學報》（哲學社會科學版），2011 年第 2 期。

28. 楊柳、赫麗君《逃稅原因淺析》，載《經營管理者》2010 年第 3 期。

29. 華山《南宋統治階級分割地租的鬥爭——經界法和公田法》，載《山東大學學報》1960 年第 1 期。

30. 曹旅寧《試論宋代的度牒制度》，載《青海師範大學學報》（社會科學版）1990 年第 1 期。

31. 傅庠《南宋前期的財政虧空與度牒出賣述補》，載《齊魯學刊》1988 年第 3 期。

32. 翁禮華《佛門度牒與金融財政》，載《中國財政》2008 年第 8 期。

33. 白文固《宋代僧籍管理制度管見》，載《世界宗教研究》2002 年第 2 期。

34. 白文固《宋代的功德寺和墳寺》，載《青海社會科學》2000 年第 5 期。

35. 劉軍峰《南宋漏澤園事業與佛教僧眾的參與》，載《法音》2011 年第 12 期。

36. 余日昌《佛教慈善的理論支撐》，載《南京工業大學學報》（社會科學版）2009 年第 3 期。

37. 何建明《中國佛教慈善思想的現代傳統》，載《中國哲學史》2009 年第 3 期。

38. 譚鳳娥《宋代的社會救濟事業述評》，載《樂山師範學院學報》2003 年第 7 期。

39. 郭文佳《論宋代政府賑災的資金來源》，載《中州學刊》2010 年第 1 期。

40. 陳安麗《略論宋代的災害預防思想》，載《北京聯合大學學報》（人文社會科學版），2008 年第 3 期。

41. 李向平《宗教發展及其社會救助模式》，載《江南大學學報》（人文社會科學版）2010 年第 3 期。

42. 李玉昆《僧侶在宋代泉州造橋活動中所起的作用》，載《法音》1984 年第 2 期。

43. 程光裕《宋元時代泉州之橋樑研究》，載《宋史研究集》第六輯，臺北：中華叢書編審委員會印行，1971 年版。

44. 何玉紅《地方權威與中央控制——論鄭剛中之死》，載《社會科學戰線》，2010 年第 3 期。

45. 賈玉英《試論北宋的官、職、差遣分授制度》，載《河南大學學報》（哲學社會科學版）1987 年第 4 期。

46. 黃奎《政治視角中的禪宗清規》，載李申、陳衛平主編《哲學與宗教》（第二輯），2008 年版。

47. Weller、張士江、劉培峰、鄭筱筠《對話宗教與慈善公益》，載《世界宗教文化》2011 年第 2 期。

48.〔日本〕塚本善隆《宋代的財政困難與佛教》，載《東洋史論集》1930 年《桑原先生紀念文集》。

49.〔美〕弗里德里克·費勒（Frederck Ferre）《技術信仰與基督徒的懷疑》，載〔美〕斯圖沃德 Stewart 編，周偉馳等譯《當代西方宗教哲學》，北京：北京大學出版社，2006 年版。

後　記

　　書稿已經完結兩天了，後記卻遲遲無法動筆，才感覺文字是多麼貧乏，此刻，它的確沒有辦法完整準確地表達出那種複雜的內心感受，或欣喜快慰、或愜意滿足，又或是出離了怡悅而歸於平淡，而現在更多的是，在冷靜了兩天之後，我開始有些驚悸不安，以致於惶惶然了！如果書中存在嚴重的常識錯誤、邏輯錯亂，該教我如何面對讀者，面對出版社，面對一直以來悉心教導我的老師呢？！……好在還有明天，還可以繼續努力，「醜媳婦」早晚是要見「公婆」的，書中錯訛恐怕難免，還請讀者批評指正，學術研究的提升有賴於大家的幫助！

　　一部書的寫作是一個煎熬的過程，需要作者沉澱下來，全身心地投入其中，同時還要受之於其他的善緣方便、契機巧合，其中所折射出來的光芒往往是隱秘而偉大的。諸如這本書稿，早在 2013 年，得益於我的博士生導師段玉明先生的極力推薦，可以修改後在中國大陸一家出版社出版，雖然那時候已經博士畢業，仍蒙先生的厚愛提攜，感恩之際卻又深以自咎，因爲工作繁忙，擔心修改不好，所以只好謝絕先生的美意。而就在那時候，我決定繼續「南宋寺院經濟與社會」的思考和研究，希望不辱師門，不辜負先生的期望和關懷，兜兜轉轉兩年下來，許多的內容也已經作了必要的修訂完善，在 2016年，先生又跟我提起這篇書稿，並將其推薦給臺灣花木蘭文化事業有限公司，於是我決定再作一次修改完善，幾經輾轉終成定稿，其中艱辛不足爲道，唯有叩首感恩，感謝先生對我的不離不棄。

　　與其說「情不知所起，一往而深」，不如說「情就在那裡，不來不去」，這部書稿的背後滲透著濃濃的師徒恩情，也飽含著父母的舐犢深情，含辛茹

苦的父母——劉西水先生、李天芬女士爲我的成長、學習、工作創造了優厚的條件，他們雖然看不懂這部書稿，但是我相信他們能夠理解他們的兒子在學術研究工作中的那份努力與執著。感恩妻子孫耀霞女士，除了工作以外還要承擔日常家務和撫養教育兩個小兒的重任，由於她的無私奉獻和支持，我才有充足的精力和時間來完成這部書稿的撰寫和修訂。還有我的那兩個寶貝兒子晨悅、藝檸，他們不曾埋怨我這個父親的全然不稱職，這讓我深深地感到羞慚，就把這份書稿當作彌補他們的一份禮物吧！

感謝王大偉、李湖江兩位老師，感謝日本好友大澤邦由，感謝興福普超法師、田偉老師、李建柱老師！天空因雲朵而美麗，山川因河流而美麗，花朵因綠葉而美麗，生活因有你們而美麗，願我們的友誼地久天長！感謝那些不能具道的親朋好友！感謝並致敬各學術界的前輩們！黃敏枝、白文固、游彪、王仲堯等諸位先生，本文參考了你們大量的文獻資料，這是你們用多年來的心血和汗水，孜孜不倦所得來的寶貴財富，卻被我無償享用，對此我將永懷感恩之情！

感謝並致敬花木蘭文化事業有限公司楊嘉樂老師，花木蘭文化事業有限公司董事長高小娟女士，未曾與你們謀面，卻完全能體會到你們是在從事一項多麼神聖的事業！我願努力向你們學習，推動中國傳統文化的傳播與發展。

劉軍峰
2017 年 10 月於南京水佐崗 49 號